CYKLOS

Stefan Pfeiffer

Südwest-Frankreich per Rad

(Auvergne - Aquitanien - Pyrenäen)

Ein CYKLOS-Fahrrad-Reiseführer

Verlag Wolfgang Kettler

Stefan Pfeiffer

Südwest-Frankreich per Rad

(Auvergne - Aquitanien - Pyrenäen)

Ein CYKLOS-Fahrrad-Reiseführer

Verlag Wolfgang Kettler

Bibliografische Information Der Deutschen Bibliothek
Die Deutsche Bibliothek verzeichnet diese Publikation in der Deutschen Nationalbiografie; detaillierte bibliografische Daten sind im Internet über http://dnb.ddb.de abrufbar.

Fotos: Stefan Pfeiffer

Das Frontispiz zeigt ein Herrenhaus im Cantal (Auvergne) im Frühling.

3. Auflage 2005
Redaktionsschluß: 30.08.2005

ISBN 13: 978-3-932546-30-3
ISBN 10: 3-932546-30-X

Druck: Druckhaus Köthen

Inhalt

Eine Etappen-Übersichtskarte befindet sich am Ende des Buches (ausklappbar).

Verwendete Symbole in Anschriften:
✆: Telefon, 🖷: Telefax

Aktualisierungen zu allen Büchern aus unserem Programm finden Sie im Internet unter:
www.kettler-verlag.de

Ich danke

Martin Kömhoff, Sigrun Kreuser, Andreas Villwock, Angelika Jungmann, Michael Weirich, Fritz Treugut, Ingo Schulz, Friedrich Hammerstein, Christoph Kuse, Maria Göser, Stefanie Andelfinger, Walter Klötzer, Eckart Fitschen, Karin Lehra, Christoph Schober, Nadja Hashem, Holm Kühne, Karen Schulz, Wolfgang Kuske, Gerrit Menke, Wolfgang Dörner, Markus April, Maaike Meijer, Dirk Pfaue, Susanne Staubli, Michael Kirschbaum, Lennart Koschella, Stephan Blachut, Annette Härdter, Patrick Vogel, Wolfgang Artner, Chr. Reiser, Franziska Nägeli, S. Schmid, Christian Fox, Thomas Rimer und Mirjam Gassmann.

für ihre wertvollen Hinweise und

meiner Familie
für ihre unendliche Geduld und Hilfe bei der Erstellung des Buches.

Stefan Pfeiffer

... und immer ein Stück weiter

Ein purpur schimmerndes Meer, dessen Brandung gegen die rostroten Felsen der Küste rollt; das Hinterland immergrün und vom Fenchelduft oder den leuchtenden Farben der Felder erfüllt; tiefe Schluchten, die von Flüssen in jahrtausendelanger Arbeit durch mächtigen Kalkfelsen gegraben wurden; harmonisch geschwungene Vulkane aus längst vergangenen Zeiten mit glasklaren Kraterseen oder mit Gras bewachsenen Kuppen; mit Schlössern gesäumte Flüsse, deren Frühnebel die Uferhänge in einem unwirklichen Licht erscheinen läßt; Altstädte mit Bürgerhäusern aus Gotik und Renaissance – Freilichtmuseen gleich; großartige romanische Kirchen mit Kuppeln oder Türmen, mit Kreuzgängen und Portalen, Figuren oder Ornamenten geschmückt; mit lebhaftem Treiben erfüllte Wochenmärkte, Betriebsamkeit in den Städten, Urlaubsstimmung und Strandlaune in den Feriendomizilen, Frömmigkeit in den Wallfahrtsorten –

Landschaften, Kulturstätten und Menschen in unglaublicher Vielfalt: Das zeichnet den Südwesten Frankreichs aus.

Wer mit dem Fahrrad unterwegs ist, bewegt sich langsam genug, um die Landschaft zu erleben, und schnell genug, um einen Wechsel bewußt wahrzunehmen. Und so radelt man unabhängig von der Geschwindigkeit und Streckenlänge seine eigene Tour ... und immer ein Stück weiter.

Alle großen Sehenswürdigkeiten und landschaftlich schönen Strecken werden vom Etappennetz dieses Führers erfaßt. Das Buch nennt Radfahrerunterkünfte, gute Landstraßen und ruhige Nebenstraßen. Doch um Auswahlhilfen zu geben, das Hintergrundwissen über Südwestfrankreich zu vertiefen und erste Eindrücke zu vermitteln, wurde in dem Führer auch auf den allgemeinen Teil besonderer Wert gelegt. Im ersten Abschnitt finden sich somit Informationen über Land und Leute, über Südwestfrankreich insgesamt wie über die Besonderheiten der einzelnen Regionen, ihre Unterschiede in Topografie, Klima, Geschichte.

Im Anschluß an die Hintergrundinformationen sind jene kleinen Dinge zusammengestellt, die der Besucher Frankreichs wissen sollte und möchte, wie z.B. Einreisebedingungen, geeignete Landkarten, Eisenbahnstrecken, Unterkünfte, Kulinarisches oder Details zu geeigneten Fahrrädern.

Der eigentliche Fahrrad-Reiseführer beginnt erst danach. Um einen weitgehend individuellen Reiseverlauf zu ermöglichen, ist Südwestfrankreich in 165 (auf der am Ende des Buches befindlichen Übersichtskarte ersichtliche) Etappen aufgeteilt.

Wer erste Anregungen für die Streckenauswahl sucht, kann eine Vorstellung der Regionen und Etappenwertungen zu Hilfe nehmen. Dazu werden Schwierigkeitsgrade der Etappen sowie die landschaftlichen und kulturellen Höhepunkte herausgestellt.

Die durchnumerierten Teilstrecken sind mit Kartenskizzen und Streckenverlauf ausführlich beschrieben, Städte und Sehenswürdigkeiten, teilweise mit Rasterstreifen hervorgehoben, behandelt. Detailinformationen zu einem Ort stehen im allgemeinen nur in jeweils einer Etappenbeschreibung; sie sind über das Register am Ende des Buches schnell zu finden.

Die Streckenführung der Etappen ist speziell auf die Belange des Fahrrad-Touristen abgestimmt: Weitestgehend werden Nebenstraßen benutzt, allzu starke Steigungen vermieden, landschaftlich und touristisch interessante Stätten ausgesucht.

Die Routenempfehlung beinhaltet keine Vorschriften über die zu vollbringende Tagesleistung – die Länge der Tagesstrecken bestimmt jeder ausschließlich selbst. Anfang- und Endpunkt der Etappen haben somit nichts mit dem Tagespensum zu tun.

Namen von Ortschaften und Regionen Frankreichs werden durchweg in französischer Schreibweise aufgeführt, also in der Form, in der sie Ihnen bei Ihrer Reise auch auf Schildern und Landkarten begegnen.

Die in den Beschreibungen enthaltenen Details über Ortschaften sollen sowohl der Vorauswahl der jeweils zu Aufenthalt und/oder Übernachtung angepeilten Dörfer und Städte dienen als auch touristische Tips vor Ort geben. Sie nehmen Ihnen jedoch nicht das Selbstentdecken der Orte ab.

Die Auswahl der Informationen ist darauf gerichtet, daß sie einen guten Mittelweg zwischen den strikten Vorschriften üblicher Rad-Wanderführer und den für Radtouristen unbrauchbaren Angaben gewöhnlicher Reiseführer bieten. Anhand dieses Fahrrad-Reiseführers allein werden Sie aber keine eigenverantwortliche Frankreichreise unternehmen können: als Ergänzung sind gute Straßenkarten unbedingt erforderlich. Die nötige Präzision einer vielfarbigen Karte kann mit den in diesem Buch enthaltenen Skizzen (bei einem Maßstab von ca. 1:400.000) schon aus rein technischen Gründen nicht erreicht werden.

Damit Sie nicht mit dem aufgeschlagenen Buch in der Hand durch Frankreich fahren müssen und womöglich dabei die besten Eindrücke verpassen, ist es in höchstem Maße sinnvoll, die Streckenführung im voraus mit einem Stift oder Textmarker auf die von Ihnen benutzte Karte zu übertragen. Markieren Sie sich Punkte mit Besonderheiten, zu denen Sie Informationen dann an Ort und Stelle nachschlagen können; auf diese Art und Weise ist auch die Umkehrung einer Etappenbeschreibung kein Problem.

Um die Nutzung auch anderer Reiseführer über Frankreich zu erleichtern, sind die Anknüpfungspunkte auf der Übersichtskarte dargestellt. Bei der Konzipierung der Führer wurde Wert darauf gelegt, daß sich die Etappennetze ergänzen. Zu „Südost-Frankreich per Rad" bestehen zudem Überschneidungen, die eine Anknüpfung erleichtern: die östlichsten Etappen dieses Führers sind zugleich die westlichsten des anderen.

Land und Leute

In der Altstadt von Toulouse

Fläche und Topografie

Frankreich umfaßt 543.965 km². Es ist damit mehr anderthalbmal so groß als Deutschland und macht hinsichtlich eines Radreiseführers eine Beschränkung auf einen Teil des Landes erforderlich. Dieser Führer erfaßt das Gebiet südlich der Linie La Roche-sur-Yon – Poitiers – Clermont-Ferrand und westlich der Linie Clermont-Ferrand – Le Puy-den-Velay – Montpellier, also mehr als ein Viertel Frankreichs.

Das Relief ist sehr vielfältig: Hochgebirge und Ebenen, Hügellandschaften und Hochplateaus.
Aufgrund des zum Teil gebirgigen Charakters Südwestfrankreichs spielt die Topografie bei der Routenauswahl eine große Rolle (s. zu den Schwierigkeitsgraden die „*Etappenwertungen*"). Gegenden mit höheren konditionellen Anforderungen sind allerdings häufig landschaftlich reizvoller. Man sollte diese beiden Aspekte daher gut abwägen. Um die Entscheidung zu erleichtern, sind den Etappenbeschreibungen Höhenangaben vorangestellt und im Text die größeren Steigungen mit ungefährer Länge und Prozentzahl aufgeführt. Allerdings werden nur durchschnittliche Angaben gemacht, dementsprechend können z.B. 5 % auf 10 km streckenweise sehr anstrengend sein.
Neben den anstrengenderen Etappen lassen sich jedoch in Südwestfrankreich noch genügend flache oder wenig hügelige Strecken finden, um für jede Kondition eine passende Route zusammenstellen zu können. Teilweise können die einfachen Strecken sogar mit einem – ansonsten reiseuntauglichen – Dreigangrad zurückgelegt werden: etwa im Niederen Languedoc oder entlang der Atlantikküste. Und – bei geschickter Kombination der Etappen und Ausnutzen der Zugverbindungen kann man größere Steigungen vermeiden und dennoch recht weit in das Landesinnere vorstoßen. Besonders geeignet und zudem landschaftlich sehr reizvoll sind die Routen entlang den Flüssen Dordogne, Lot und Tarn.

Die Atlantikküste mit ihrem Hinterland ist weitgehend flach oder wellig, das Land bleibt unter 100 m. Im Poitou wird diese Grenze zwar überschritten, an der Topografie ändert sich aber noch wenig. Erst weiter östlich baut sich das Land allmählich zum Zentralmassiv auf. Bereits im Limousin sind einige, wenngleich kleinere Gebirgszüge zu überwinden. Doch erst an der Grenze zur Auvergne und zum Département Aveyron werden Höhen von mehr als 500 m überschritten. Die größeren Flußtäler bleiben bis dahin sogar noch unterhalb 200 m. Dann jedoch wird es steiler. Um über das Zentralmassiv in das Rhônetal zu gelangen, muß man Höhen von über 1000 m überqueren (lediglich im Oberen Languedoc gibt es niedrigere Übergänge). Wenn man allerdings einmal oben ist, kann man in West-Ost-Richtung damit rechnen, keine großen Höhenunterschiede zwischen Paß und Tal mehr überwinden zu müssen, da die Bergspitzen im Lauf der Jahrmillionen abgetragen wurden und die Landschaft damit vielerorts schon fast einen hügeligen Charakter hat. Ausnahmen ergeben sich nur bei der Durchquerung des Allier- (östlich Clermont-Ferrand) oder Loiretals. Solch große Taleinschnitte sind in Nord-Süd-Richtung noch häufiger zu durchqueren, was eine Überquerung des Zentralmassivs in dieser Richtung wesentlich schwieriger macht.

Demgegenüber sind die Pyrenäen als ein junges Faltgebirge anders strukturiert. Die Berge sind nicht nur höher (3404 m, Pico de Aneto, gegenüber 1885 m, Puy de Sancy, im Zentralmassiv), sie sind auch steiler. Dennoch kann man unmittelbar am Fuß der Pyrenäen entlangfahren und doch meist unterhalb 600 m bleiben. Die Pyrenäen bestehen nämlich im wesentlichen aus nur einem Höhenzug, von dem die Täler in Nord- oder Süd-Richtung ausgehen. Erst im Ostteil kommen Seitenzüge mit Erhebungen über 3000 m hinzu. Nach Norden fällt das Land rasch ab, Foix etwa liegt 380 m hoch, keine 40 km vom Höhenzug (über 2700 m) entfernt!

Zwischen Pyrenäen und Zentralmassiv bietet sich nur ein schmaler Durchschlupf, der Seuil de Naurouze, um unterhalb 200 m vom Atlantik zum Mittelmeer zu gelangen. Östlich von Toulouse endet das Aquitanische Becken, das weitgehend unterhalb 250 m bleibt, aber reichlich hügelig ist, wenn man es von West nach Ost durchquert. Jenseits des Seuil de Naurouze beginnt das Languedoc, wo das Land, begrenzt von Zentralmassiv und Mittelmeer, bis hin zur Ebene des Roussillon im Süden und zum Rhônedelta im Nordosten die 250 m-Grenze nicht überschreitet.

Truyère-Stausee

Klima

In Frankreich lassen sich in den Sommermonaten zwei Klimascheiden beobachten. Die eine trennt den Süden vom Norden und liegt etwas südlich der Begrenzung dieses Reiseführers. Die andere grenzt den Mittelmeerraum ab, also Roussillon und Languedoc.

In großen Teilen Südwestfrankreichs ist die Niederschlagsmenge relativ gering, so daß man im allgemeinen davon ausgehen kann, zumindest im Sommer eine Fahrradtour ohne längere Regenpausen durchführen zu können. In manchen Gebieten müssen jedoch das ganze Jahr über Niederschläge einkalkuliert werden. Dazu zählen vor allem Poitou und Limousin sowie die Höhenlagen und südlichen Randgebiete (Cevennen und Montagne Noire) des Zentralmassivs. Besonders niederschlagsreich ist auch die Nordseite der Pyrenäen und dabei besonders der westliche Teil, dessen Einflußbereich noch einige Kilometer die Atlantikküste hinaufreicht. Allgemein nehmen die Temperaturen im Süden mit steigender Meereshöhe ab, liegen jedoch im Sommer überall auf einem hohen Niveau und ebenso wie in den übrigen Jahreszeiten über denen in Mitteleuropa.

Das atlantische Klima beeinflußt ganz Südwestfrankreich, von den Pyrenäen bis hinter Toulouse und zum westlichen (etwa bei Aurillac) und südlichen (in den Cevennen) Teil des Zentralmassivs. Es ist gekennzeichnet durch mittlere bis niedrige Jahresniederschläge über das ganze Jahr verteilt, lediglich im Hochsommer etwas weniger. Sonnenwahrscheinlichkeit und Temperaturen sind im Garonnetal von der Gironde bis Toulouse am höchsten und übersteigen im Sommer häufig die 30 °C-Grenze. Bei den angenehmen Temperaturen in den Höhenlagen, also im Zentralmassiv und den Pyrenäen, ist jedoch Vorsicht geboten! In der Höhe ist die Sonneneinstrahlung wesentlich intensiver und heimtückischer, weil man sie zunächst kaum bemerkt. Und da man, sofern die Sonne scheint, ihr als Radfahrer ständig ausgesetzt ist, sollte man sich dagegen immer gut schützen.

Das Klima, das im Innern des Zentralmassivs (etwa in Le Puy) vorherrscht, unterscheidet sich vor allem durch seine Niederschlagsmengen vom Atlantischen Klima der Randgebiete. Absolut gesehen sind sie das ganze Jahr über erheblich geringer und verteilen sich zudem anders. Im Winter regnet halb soviel nieder wie im Sommer. Die Zahl der Sonnentage ist ähnlich hoch wie am Atlantik.

Demgegenüber ist das mediterrane Klima gekennzeichnet durch heiße, trockene Sommer, niederschlagsreiche Herbstmonate und milde Winter. Die Temperaturen und insbesondere die Zahl der Sonnentage liegen noch über denen im übrigen Südwesten Frankreichs, Niederschlagsmengen jedoch kaum darunter, was auf die extrem unterschiedliche Verteilung im Jahr zurückzuführen ist. Die Mengen im Oktober und November allein machen fast ein Drittel des gesamten jährlichen Niederschlags aus, während es im Sommer kaum regnet. Aber wenn es regnet, dann ordentlich. Die Niederschläge fallen meist wolkenbruchartig innerhalb weniger Stunden oder Tage.

Ein weiterer, für den Radfahrer wichtiger Klimaaspekt sind die Windverhältnisse. Fast das ganze Jahr über sind in Südwestfrankreich die Westwinde vom Atlantik wetterbestimmend. Entsprechend sind die Etappen grundsätzlich von West nach Ost beschrieben. Im Sommer allerdings reicht ihr Einfluß, vor allem in Hochdruckgebieten, weniger weit in das Landesinnere. Sofern überhaupt ein Wind weht, bläst häufig vom Mittelmeer (also von Osten) der Autan über das Languedoc bis in das Aquitanische Becken hinein.

Als Reisezeit kommt grundsätzlich das ganze Jahr in Frage, wobei es im Winter auf dem Rad auch entlang der Mittelmeerküste ungemütlich sein kann. Und da im späten Herbst die meisten Niederschläge fallen, ist dort die beste Reisezeit zwischen März und September. Besonders heiß und trocken wird es im Sommer im Garonnetal, so daß allgemein in Südwestfrankreich der Frühling und späte Sommer (Mitte August bis September) zu empfehlen sind. Am Atlantik, in den Pyrenäen, Poitou, Limousin und Auvergne hingegen kann auch das Radeln im Juni und Juli sehr angenehm sein. Im Gebirge beginnt es erst im Mai, warm und grün zu werden. Vorher können die noch winterkahlen Bäume das Naturerlebnis trüben (entsprechend schön wird es dort im September und Oktober).

Aufgrund der sich ändernden Klimaverhältnisse können diese Angaben jedoch nur ein wager Hinweis sein. Jedes Jahr hält eben seine eigenen Wetterüberraschungen bereit.

Bevölkerung

Frankreich gehört zu den eher dünnbesiedelten Ländern Europas: 58,6 Millionen Einwohner (ohne Überseegebiete) hat das ganze Land, was einer Bevölkerungsdichte von 108 Einw./km² entspricht. Dabei hat das Gefälle zwischen Großstadtregionen und ländlichen Gebieten durch die Landflucht in den letzten Jahrzehnten ständig zugenommen. Wie in zentralistisch regierten Staaten üblich, ist die Hauptstadtregion am dichtesten besiedelt. In Groß-Paris leben etwa 900 Einw./km² (absolut ca. 10 Mio). Die größeren Städte und Industriegebiete stehen dieser Dichte kaum nach, bei allerdings erheblich geringeren absoluten Einwohnerzahlen. Die größten in Südwestfrankreich sind (Stadtgebiet, in Klammern Großraum): Toulouse, 360.000 (600.000); Bordeaux, 210.000 (690.000); Montpellier, 210.000; Clermont-Ferrand, 140.000; Limoges, 130.000; Poitiers, 80.000. Das Land ist allgemein sehr dünn besiedelt. Keines der Départements weist eine Bevölkerungsdichte von 150 Einwohnern je Quadratkilometer auf. Einige sind sogar so menschenleer, daß sie von weniger als 30 E./km² bewohnt werden. Dazu zählen weite Gebiete in den Pyrenäen und dem Zentralmassiv: die Départements Gers, Ariège, Lot, Cantal und Lozère.
Durchschnittlich, wohlgemerkt! So wohnen etwa in weiten Gebieten des am dünnsten besiedelten Départements Lozère weniger als 5 E./km²!

In Frankreich leben rund 4,5 Millionen Ausländer, vor allem Portugiesen (22 %), Spanier (15 %), Italiener (13 %) und – entsprechend der französischen Kolonialvergangenheit – Algerier (20 %), Marokkaner (8 %) Tunesier (4 %) und Schwarzafrikaner (3 %). Die meisten davon sind – nach Paris – in Südfrankreich zu finden, wohl der geringeren Entfernung und des Klimas wegen. Allerdings weisen die Städte des Südostens mit Lyon, St-Etienne und Grenoble weitaus stärkere Anteile auf als die im Südwesten. Dort liegen sie deutlich unter 10 %. Probleme gibt es allenfalls durch die Flüchtlinge aus Algerien, die sich nach dem Unabhängigkeitskampf vornehmlich im Roussillon angesiedelt haben.
Aufgrund der vielen Nordafrikaner verwundert es nicht, daß die Muslime die zweitgrößte Religionsgemeinschaft des Landes bilden, mit 3 Mio. sind sie dreimal so zahlreich wie die Protestanten und mehr als viermal soviel wie die Juden. Mit 81 % der Bevölkerung gehört die Mehrheit der römisch-katholischen Kirche an.

Die Religion spielt besonders in ländlichen Gebieten auch heute noch eine Rolle. Vielerorts werden regelmäßig Wallfahrten organisiert, vor allem nach Lourdes. Dabei ist der Umgang der Franzosen mit ihrer Religion eher pragmatisch als dogmatisch was nicht nur durch die moderne Lebenseinstellung zu verstehen ist. Auch der schlagartige Einflußverlust kirchlicher Instanzen während der französischen Revolution (etwa bei der Erziehung) hat seinen Teil dazu beigetragen. Zwar hat sich die Kirche wieder erholt, die strikte Trennung von Staat und Kirche jedoch blieb bis heute bestehen. So beziehen etwa französische Priester ihre Einkommen aus den Kollekten und nicht aus Steuern.

Diese Einstellung zusammen mit der hohen Immigration und Ghettoisierung der Einwanderer hat in der letzten Zeit zu einer anschwellenden Ausländerfeindlichkeit (begleitet von Übergriffen und Kriminalität) geführt.

Begeisterter als bei der Religionsausübung sind die Franzosen, wenn es um die „Grande Nation" geht. Wenn es gilt, französisch zu sein, zu leben und es zu zeigen. Diese patriotische Einschätzung schließt alles ein: Architektur und Wirtschaftsgüter, Küche und Weinkeller, Sprache und Urlaubsziele. Fremdsprachenkenntnisse sind in Frankreich eine Rarität; je nach Region und Bevölkerungsschicht kann es durchaus vorkommen, daß Franzosen einen radebrechenden Ausländer schlichtweg ignorieren. Und da über 80 % der Franzosen ihren Urlaub im eigenen Land (und meist im Familienkreis) verleben, kommen die wenigsten selbst einmal in die Lage, Ausländer zu sein.

Bemerkenswert ist auch die Unbekümmertheit, mit der die meisten Franzosen immer noch die in Deutschland so populären Umweltprobleme behandeln. Dabei gründet sich ihre Einstellung weniger auf schlichte Ignoranz als auf die ihnen eigene Auffassung vom „Wesentlichen". Zum Beispiel haben alle Regierungen gleich welcher Partei im Sinne der „Unabhängigkeit der nationalen Energieversorgung" den Ausbau der Atomkraft vorangetrieben, als in Deutschland längst die große Diskussion um deren Sicherheit entbrannt war. Allerdings ist in letzter Zeit die Stimme der Umweltschützer lauter geworden, wenngleich sie sich auf konkrete Projekte und weniger auf eine grundsätzliche Einstellung bezieht. So hat z.B. die heftige Diskussion um den Bau eines Staudamms an der Haute-Loire (bei Le Puy) zu breiten Protesten der Bevölkerung geführt.

Im Freizeitleben der Franzosen nimmt das Fahrrad einen festen Platz ein. Praktisch überall kann man damit rechnen, unterwegs auf Einheimische zu treffen, die sich nach Feierabend oder am Wochenende für ein Ründchen in den Sattel schwingen. Noch beliebter, weil geselliger und weniger anstrengend, ist das in ganz Südfrankreich verbreitete „Boule".

Vor allem im Mittelmeerraum fehlt in keinem Ort ein Bouleplatz, auf dem abends bei einem Gläschen Pastis mit Metallkugeln Jagd auf eine kleine Zielkugel („cochonnet") gemacht wird. Ein anderes Freizeitvergnügen ist „Bal-Trap", eine kostengünstigere Variante des Tontaubenschießens mit Kunststoff-Zielen. Das ebenfalls populäre Jagen ist zwar eine weniger exklusive Angelegenheit als in deutschen Landen, dennoch einer bürgerlichen Oberschicht vorbehalten. Ein beliebtes Jagdrevier etwa ist das Médoc, übrigens mit ebenso engagierten wie erfolglosen Naturschützern (s.o.).

Eine andere Vorliebe gilt den Festivals. Nahezu jede größere Stadt veranstaltet ein oder mehrere Festivals zu den verschiedensten Themen. Da die Termine jedes Jahr wechseln, sollte man sich vor der Reise einen aktuellen Terminplan besorgen (s. „*Informationsmaterial*"). Beispiele sind das Musikfestival der Mittelmeerküste, der Karneval in Limoux, das internationale Tanzfestival in Montpellier, viele Sommerkonzerte in Klöstern, die Renaissance-Festspiele von Salers, das Europäische Festival für Straßentheater in Aurillac, das Folklore-Festival und Fest des Vogelkönigs in Le Puy, das Comic-Festival von Angoulême und das Internationale Jazzfestival in Limoges.

Von einzelnen Festen abgesehen, wird man jedoch städtische Vergnügungen in der französischen Provinz vergeblich suchen. Nach Sonnenuntergang findet das Leben im allgemeinen in den eigenen vier Wänden statt. Dementsprechend sind fast überall spätabends die Bars und Cafés geschlossen. Nur in den wenigen Großstädten existieren Ansätze einer nächtlichen Kneipenkultur.

Dies braucht allerdings kein Hinderungsgrund zu sein, Einheimische kennenzulernen. Im Gegenteil, gerade Radtouristen gegenüber ist vielen Einheimischen, vor allem in ländlichen Gebieten, Gastfreundschaft kein Fremdwort. So kann es durchaus vorkommen, daß man von der Straße weg zum Kaffeetrinken oder Abendessen eingeladen wird. Dabei können eigenes Interesse am Land und persönliche Radfahrererlebnisse die Gesprächsbereitschaft und Aufgeschlossenheit der Gastgeber nur fördern. Wer daher wenigstens Grundkenntnisse der französischen Sprache besitzt, wird nicht zuletzt durch diese Kontakte mit der Bevölkerung das Land kennenlernen, seine Eigenheiten und seine Probleme.

Zeugen der Geschichte

Die ältesten menschlichen Spuren in Südwestfrankreich stammen aus der Altsteinzeit (600.000-10.000 v. Chr.). So fand man im Périgord 150.000-50.000 Jahre alte Skelettreste vom Neandertaler-Typus. Einen wenn auch schütteren Einblick in das Leben der frühen Jäger- und Sammlerkulturen bietet neben Knochen- und Werkzeugfunden vor allem die bemerkenswerte Höhlenkunst des Cro-Magnon-Menschen. Sie entwickelte sich 40.000-10.000 v. Chr. im franko-kantabrischen Raum, u.a. im Périgord, Quercy und in Randgebieten der Pyrenäen.

Ab 6000 v. Chr. entstanden nach dem Auftreten des Homo sapiens die Bauern- und Hirtenkulturen. Man begann, Keramiken zu brennen, und im heutigen Frankreich entwickelte sich die mit dem Totenkult zusammenhängende Megalithkultur, die um 2000 v. Chr. ihren Höhepunkt erreichte. Noch heute sind Dolmen über ganz Frankreich verteilt, die meisten allerdings im Nordwesten des Landes. Besonders beeindruckende Exemplare sind in der Vendée zu finden. Bronze- und Eisenzeit hielten erst im letzten vorchristlichen Jahrtausend Einzug bei den damaligen Bewohnern Frankreichs, die von den antiken Hochkulturen Ligurer genannt wurden.

Um 500 v. Chr. wanderten die Kelten ein, die sich mit den Ligurern allmählich vermischten. Zur gleichen Zeit kolonisierten die Griechen die Mittelmeerküste; als erste Stadt gründeten sie 600 v. Chr. Massalia (Marseille). Ihr vornehmliches Ziel war es, Handel zu treiben, und so versuchten sie, sich mit den Einheimischen trotz gelegentlicher Scharmützel zu arrangieren. Da die griechischen Niederlassungen wie die kelto-ligurischen befestigten Städte in der Folgezeit meist überbaut wurden, ist von ihnen nur noch wenig erhalten (z.B. Ensérune bei Béziers).

Im 2. Jh. v. Chr. kamen die Römer. Kurz zuvor hatten sie den 2. Punischen Krieg gewonnen und die Karthager aus Spanien vertrieben. Um den Landweg zwischen Italien und dem eroberten Land zu sichern, bauten sie eine Straße aus, die Via Domitia, und errichteten neue Städte, wie z.B. Narbo (Narbonne). Die ansässigen Stämme, die sie Gallier nannten, wurden „befriedet“, d.h. Aufstände wurden niedergeschlagen, und Ende des Jahrhunderts befand sich ein breiter Küstenstreifen fest in römischer Hand. Auch die Kimbern und Teutonen, zwei germanische Stämme, konnten ihnen letztendlich die Herrschaft nicht streitig machen. Denn trotz anfänglicher Erfolge während ihrer jahrelangen Wanderung quer durch Mittel- und Westeuropa wurden sie 102/101 v. Chr. vom eigens herbeigerufenen römischen Heer unter Marius in zwei fürchterlichen Gemetzeln aufgehalten.

58-51 v. Chr. eroberte Caesar das restliche Gallien. Die denkwürdige Niederlage von Gergovia (bei Clermont-Ferrand) war für ihn nicht mehr als ein Schönheitsfehler. Nachdem der Widerstand der gallischen Stämme gebrochen war, hielt die römische Zivilisation Einzug im Land, und Augustus verkündete die Pax Romana, den römischen Frieden, der 400 Jahre andauern sollte. Die Gallier begannen, sich mit römischem Leben anzufreunden, und übernahmen Roms Recht und Verwaltung. Die gallo-römische Mischkultur hinterließ vor allem in der enger an Rom gebundenen Provinz Narbonensis, die den gesamten Südosten umfaßte, tiefe Spuren. Die technischen Leistungen beim Bau von Aquädukten, Straßen und Städten lassen sich noch heute im Mittelmeerraum betrachten.

Dort kam auch das Christentum nach Gallien. Es war zunächst nur eine von vielen Religionen und hatte einige Pogrome zu überstehen, bis Konstantin der Große 313 im Toleranzedikt von Mailand allen Christen Glaubensfreiheit zubilligte. Bald wurde die christliche Kirche neben dem Staat eine zweite Ordnung. Zur gleichen Zeit bröckelte im Norden die Grenze zu den Germanen. Trier mußte aufgegeben werden, und die Hauptstadt der drei Gallien (Britannien, Gallien, Spanien) wurde nach Arles verlegt, das daraufhin zu einem Kulturzentrum aufblühte.

Im 5. Jh. waren die germanischen Stämme nicht mehr zu halten. Vandalen und Sweben durchquerten Gallien; Franken, Westgoten und Burgunder ließen sich dort nieder und gründeten neue Staaten. Doch hatten Westgoten- und Burgunderreich nicht lange Bestand, da sie bereits im 6. Jh. von den Franken überrollt wurden. Diese dehnten ihren Herrschaftsbereich beständig aus, bis er ganz Frankreich, Deutschland und Norditalien umfaßte. Lediglich in Spanien stießen sie bald auf ihre Grenzen. Dort hatten mittlerweile die Araber die Macht übernommen und drängten zu Beginn des 8. Jh. nach Südwestfrankreich vor. Doch bei Poitiers konnten sie vom fränkischen Hausmeier, dem Karolinger Karl Martell, geschlagen und wieder hinter die Pyrenäen zurückgetrieben werden. Die Karolinger waren inzwischen zu Königen aufgestiegen, als Karl der Große versuchte, die Araber auch aus Spanien zu vertreiben; doch erlebte er bei Saragossa ein Debakel und mußte umkehren. Beim Rückzug verlor er am Paß von Roncesvalles durch aufständische Basken auch noch seine gesamte Nachhut unter Führung des Roland (worauf sich das Rolandlied gründet).

Als nach Karl dem Großen das Reich geteilt wurde, entstanden drei Staaten: Frankreich, Deutschland und Italien. Keines dieser drei Königreiche war jedoch ein Nationalstaat in heutigem Sinne, da aufgrund schwacher Zentralgewalten einzelne Territorien de facto die Macht ausübten. Als Wirtschaftsform wie als Herrschaftsinstrument setzte sich das Feudalsystem durch, das sich auf den Landbesitz bezog und hierarchisch nach Lehnsherren und Vasallen gegliedert war.

Im Süden des heutigen Frankreichs besaßen jedoch – noch in römischer Tradition – vor allem die Städte die Autorität, während die Feudalherren entweder geringe politische Bedeutung hatten oder selber Bürger waren. Zwei Städte dehnten ihren Herrschaftsbereich besonders weit aus: Toulouse und Arles. Toulouse gehörte als Grafschaft zum Königreich Frankreich, Arles wurde 879 sogar ganz unabhängig und 1033 dem Staufferreich (Hl. Römisches Reich) einverleibt, so daß das ganze Mittelalter hindurch die Rhône die Grenze zwischen Frankreich und Deutschland bildete (bis 1481, als die Provence an Frankreich fiel).

Der Südwesten war seit 1154 Teil des Angevinischen Reiches. 1066 hatte Herzog Wilhelm aus der Normandie England erobert und damit den Grundstein für den jahrhundertelangen Streit zwischen englischen und französischen Königen gelegt. Als Heinrich II. aus dem Haus Anjou 1154 den englischen Thron bestieg, gehörte zusammen mit den Besitzungen seiner Gattin Eleonore von Aquitanien mehr als die Hälfte Frankreichs und ganz England zu seinem Reich. Das gefiel den französischen Königen natürlich weniger, und es gelang ihnen, die Engländer 1214/1259 fast völlig aus Frankreich zu vertreiben. Zwar verblieb Aquitanien in englischem Besitz, aber es mußte die Lehnshoheit des französischen Königs anerkennen.

Nach dem Tod Karls des Großen kehrten in Europa fast anarchistische Zustände ein. Da die Zentralgewalten immer mehr die Kontrolle verloren, herrschten vielerorts Willkür und Schutzlosigkeit. Zwar fanden die Südfranzosen in den Städten Halt, doch ihr Weltbild war erschüttert. Auf der Suche nach Form und Ordnung fanden die Menschen die Kirche, die ja auch die Menschenliebe predigte. Zudem erfüllte sie den Wunsch nach Wundern und Heiligen, worauf überall in Europa neue Klöster gegründet wurden und eine wahre Massenreligiosität einsetzte. Menschen aller Schichten folgten den Kreuzzügen ins Heilige Land und pilgerten zu den Stätten der Reliquienverehrung. Wichtigster Wallfahrtsort war Santiago de Compostela in Nordwestspanien, wo man das Grab des Apostels Jakobus meinte gefunden zu haben. Auf vier Haupt- und mehreren Nebenrouten zogen die Menschen von Kloster zu Kloster, quer durch Frankreich und Nordspanien. Sogar ein Reiseführer stand ihnen dabei zur Verfügung. Noch heute finden sich entlang den Routen bedeutende sakrale Bauwerke, meist mit eigenen Reliquien ausgestattet. Beispiele finden sich u.a. in Le Puy, Conques und Toulouse.

Während die Laienbildung immer mehr verkümmerte, wurden die Klöster zu geistigen und kulturellen Zentren in Frankreich. Dies brachte auch wirtschaftlichen Reichtum mit sich, der den Bau von größeren Kirchen und Klostergebäuden ermöglichte. Eine neue Kunstrichtung entstand, die Romanik. Die Kirchen wurden eingewölbt und erhielten mit Skulpturen und Ornamenten verzierte Kapitelle und Portale. Gerade durch den verbreiteten Analphabetismus erhielten die bildlichen Darstellungen der Bibel große Bedeutung. Viele der Pilgerzentren lagen im Süden des Landes, wo sich eine Reihe verschiedener Stilrichtungen entwickelte. Im Limousin gab der feste Granit eine schlichtere Bauweise vor, in der Auvergne wurden die Kirchen in Pyramidenform errichtet, und im Roussillon deuten die wuchtigen Türme auf den Einfluß der Lombardei hin. Auch wenn im Spätmittelalter in einigen Städten der gotische Kathedraltyp aus dem Norden importiert wurde (z.B. in Clermont-Ferrand und Toulouse), blieb die Romanik in Südwestfrankreich vorherrschend.

Der Reichtum stieg der Kirche bald zu Kopf, so daß mehrere Reformbewegungen, u.a. die der Zisterzienser, versuchten, durch Rückbesinnung auf christliche Ideale der drohenden Dekadenz zu entkommen. Die meisten Kirchenvertreter hatten freilich nichts dagegen, sie streckten ihre Finger nun sogar nach weltlicher Macht aus. Papst Gregor VII. wollte diesen Anspruch durchsetzen und verkündete 1075 ein geradezu größenwahnsinniges Dekret, in dem es u.a. hieß „Der Papst ist der einzige Mensch, dem alle Fürsten die Füße küssen". Auch wenn sich der Primatanspruch auf Dauer nicht durchsetzen konnte, war die Kirche eine weltliche Macht geworden.

In Südwestfrankreich konnten sich die Bischöfe allerdings nur in wenigen Städten durchsetzen (Le Puy, Albi u.a.). Dennoch fanden dort die häretischen Bewegungen besonderen Anklang. Wegen des für den Laien enttäuschenden Zustandes der offiziellen Kirche breiteten sich im 12. Jh. die Katharer (oder Albigenser) aus, die einer dualistischen Glaubenslehre (Gut und Böse) folgten und eine streng pazifistische Einstellung vertraten. Die Fürsten duldeten ihre Lehre, allen voran Raymond VI. von Toulouse. Ihre rasche Ausbreitung beunruhigte Papst Innozenz III. jedoch derart, daß er zum Kreuzzug gegen die Albigenser aufrief. Nach 20 Jahren (1209-1229) gelang es Simon de Montfort, in mehreren blutigen Gemetzeln Fürsten und Bevölkerung der Krone und Kirche wieder gefügig zu machen. Für die Grafschaft Toulouse war dies der Anfang vom Ende: 1271 fiel sie an die Krone. Doch waren damit keineswegs Häresie und – meist unabhängig davon – politischer Widerstand der Bevölkerung vollständig beseitigt. Als Folge hob die Inquisition an, die wie im restlichen Europa das Land mit unzähligen Ketzerprozessen überflutete.

Im 14. Jh. geriet Europa in eine schwere Krise, der letztlich die Grundlegung der modernen Welt folgte. Hungersnöte, Seuchen und eine große Pestepidemie dezimierten die Bevölkerung. Hinzu kam, daß sich zunehmend die Abschottung des Abendlandes gegenüber den nichtchristlichen Kulturen bemerkbar machte. Die Verweltlichung und Prachtentfaltung der Kirche erreichten ihren Höhepunkt. Als der Papst endgültig überreizte, begannen sich sogar die Bischöfe stärker an die Interessen des Landes zu halten als an die der Kurie. Auch die Fürsten wehrten sich, und der Papst geriet in Bedrängnis. Clemens V. wurde abhängig von Philipp IV., dem französischen König, und siedelte 1309 nach Avignon über. Dort änderte sich die Lebenshaltung der Päpste keineswegs; ein ausgeklügeltes Rechts- und Finanzsystem verhalf ihnen zu verschwenderischer Hofhaltung. Bemühungen, den Papst wieder nach Rom zurückzuholen, führten zum Großen Schisma: Die Christenheit hatte zwischen 1378 und 1409 zwei, bis 1417 sogar drei Päpste gleichzeitig.

Bei diesen Zuständen wurde die Forderung nach Reformen laut. Alle drei Päpste wurden schließlich abgesetzt und ein neuer gewählt. 1438 entstand die französische Nationalkirche, innere Reformen scheiterten jedoch. So fand zwar die

Foto rechts: Kathedrale Sainte-Cécile in Albi

Kirche ihre Einheit wieder, ihre Verweltlichung hingegen konnte nicht beseitigt werden. Während in Frankreich die Kirche einen relativ großen Einfluß behielt, erstarkten in Italien und Deutschland politische und wirtschaftliche Kraft der Bürger; Laienbildung und -kunst nahmen Aufschwung. Der Städtehandel wurde intensiviert, es entstanden Humanismus und Renaissance.

In Frankreich dagegen verlief der Bruch mit dem Mittelalter bedeutend langsamer, wozu nicht zuletzt innenpolitische Schwierigkeiten beitrugen. 1328 starben nämlich die Kapetinger aus, und sowohl das Haus Valois als auch der englische König erhoben Anspruch auf den französischen Thron. Als Folge dieses Erbstreits brach 1339 der Hundertjährige Krieg aus. Von ihrem französischen Besitz in Aquitanien breiteten sich die besser ausgerüsteten Engländer schnell über den ganzen Südwesten Frankreichs aus, bis nach dem Frieden von Brétigny (1360) für neun Jahre Ruhe herrschte. Dann gelang es den Franzosen, die Engländer in einem Kleinkrieg derart zu zermürben, daß diese sich 1380 auf wenige Stützpunkte zurückziehen mußten (u.a. Bayonne, Bordeaux). Doch damit war der Krieg keineswegs beendet; 1415 nutzten die Engländer erneute innerfranzösische Querelen aus und eroberten nach und nach Aquitanien zurück und ganz Nordfrankreich dazu. Erst das durch Jeanne d'Arc entfachte französische Nationalgefühl vermochte, 1429 in Orléans die Wende zu erzwingen und die Engländer wieder zurückzudrängen. 1453 schließlich fand der Krieg nach der Schlacht bei Castillon-la-Bataille ohne offiziellen Friedensschluß ein Ende. Als seine Zeugen stehen noch heute in den damaligen Grenzgebieten (Périgord, Limousin u.a.) zahlreiche Burgruinen, sowie Schlösser, die in der Folgezeit aus den mittelalterlichen Burgen erbaut wurden.

Als Ergebnis des Hundertjährigen Krieges entstand der französische Nationalstaat. Frankreich begann, sich immer stärker zu zentralisieren. Das politische, kulturelle und wirtschaftliche Gewicht verlagerte sich nach Norden. Nur relativ wenige Städte konnten von dem florierenden europäischen Handel profitieren (Toulouse, Pézenas, Sarlat u.a.). So verwundert es nicht, daß die Abneigung gegenüber dem Norden und dem König unverändert groß war. Als eine Gegenmaßnahme bemühte sich die Krone im 13.-14. Jh., in der Grafschaft Toulouse die dort aus wirtschaftlichen und politischen Gesichtspunkten initiierten Bastide-Gründungen fortzusetzen und nach der Eroberung der Grafschaft zu eigenen Zwecken zu nutzen. Die auf dem Reißbrett entstandenen Städte sollten durch diverse Privilegien (z.B. Steuervergünstigungen) neue, natürlich der Krone gefügige Bürger anlocken. Auch wenn die meisten Projekte fehlschlugen, behielten die Könige diese Politik bis in das 14. Jh. bei, da zu ihrem Wunsch, im Süden Fuß zu fassen, strategische Gesichtspunkte im Hundertjährigen Krieg hinzukamen.

Nach der Vertreibung der Engländer und der damit einhergehenden Stärkung der Zentralgewalt entstand die Bestrebung, ein Frankreich in seinen „natürlichen Grenzen" zu bilden: im Süden entlang der Küste (Atlantik und Mittelmeer) und Gebirge (Pyrenäen und Alpen). Nur so sind die Kriege zu verstehen, die mit Katalonien bzw. Spanien und Italien in den folgenden Jahrhunderten geführt wurden. Im Südwesten fiel schließlich 1659 im Pyrenäenfrieden Nordkatalonien, das Roussillon, an Frankreich.

Die noch immer ungelösten kirchlichen Probleme führten zur gleichen Zeit zur Glaubensspaltung. Von Deutschland und der Schweiz aus verbreitete sich im 16. Jh. die Reformation über fast ganz Europa. In Frankreich fiel der Calvinismus vor allem beim emanzipierten Bürgertum und im Süden auf fruchtbaren Boden. Doch der von kirchlichen Einflüssen abhängige König wollte die Ausbreitung der französischen Protestanten (Hugenotten) verhindern, was 1562 zum Ausbruch der Religionskriege führte. In Südwestfrankreich wüteten beide Teile gleichermaßen und zerstörten gegenseitig ihre Stützpunkte. Besonders Katharina von Medici und der Hugenottenführer Vivans machten sich dabei einen Namen; die eine durch die Batholomäusnacht, in der sie 1572 Tausende von Hugenotten ermorden ließ, der andere in den folgenden Jahren durch seine Schreckensherrschaft im Südwesten. Erst als der Bourbone Heinrich IV., selbst ein Hugenotte, den Thron bestieg, kehrte wieder Ruhe ein. Er konvertierte zur Beschwichtigung der Katholiken und verkündete 1598 im Edikt von Nantes die Glaubensfreiheit.

Doch schon bald erinnerten sich die Bourbonen nicht mehr an ihren toleranten Vorfahren und unterdrückten die Hugenotten endgültig. 1628 bereitete ihnen Kardinal Richelieu mit der Eroberung von La Rochelle den Anfang vom Ende, das 1685 mit der Aufhebung des Edikts durch Ludwig XIV. besiegelt war. Eine halbe Million Hugenotten verließen das Land.

Ludwig XIV. forcierte die Zentralisierung noch, wodurch Südfrankreich vollends in die Bedeutungslosigkeit absank. So erklärt es sich, daß aus den folgenden Epochen nur wenige Baudenkmäler im Süden zu finden sind. Lediglich die Bürgerhäuser in den größeren Städten zeugen von der weiteren Entwicklung der Architektur. Die Malerei allerdings ist auch in den Museen Südwestfrankreichs recht stark vertreten, besonders die aus neuerer Zeit. Die Côte Vermeille im Roussillon zog noch vor der Provence zahlreiche Künstler an.

Der Absolutismus Ludwigs XIV. und seiner Nachfolger bewirkte neben der Stärkung der Zentralgewalt und dem Anwachsen der außenpolitischen Bedeutung Frankreichs auch das Aussaugen der Bevölkerung. Der soziale Zündstoff entlud sich schließlich 1789 in der Französischen Revolution. In einem Zustand permanenter Gärung durchlief das Land verschiedenste Regierungsformen, von einer Demokratie über die Diktatur Robespierres bis hin zum Kaiserreich Napoleons I. Im französischen Alltag wirken einige Folgen der Revolution bis heute fort, etwa die Verwaltungsreformen, die Einführung des metrischen Systems und die Verfassung des Bürgerlichen Rechts, des Code Civil. Weniger erfreulich waren die Folgen des Bruchs mit der Kirche: Überall im Land wurden die Einrichtungen der Kirchen zerstört. Vor allem die Bemalungen sind unwiderruflich verloren. Ein seltenes Zeugnis des vorrevolutionären Kircheninneren ist die Kathedrale von Albi.

Napoleon I. ließ die Franzosen auch nach Beendigung der Revolution nicht zur Ruhe kommen; nach mehreren Kriegen beherrschte er 1812 fast ganz Kontinentaleuropa. Erst das Debakel seines Rußlandfeldzuges, dem über 600.000 Menschen zum Opfer fielen, leitete seinen Untergang ein. 1814 mußte er nach Elba emigrieren und wurde nach seiner Hundert-Tage-Herrschaft im folgenden Jahr nach St-Helena deportiert.

Auf dem Wiener Kongreß 1814/15 wurde Frankreich dank des Verhandlungsgeschicks seines Delegierten Talleyrand in den Grenzen von 1792 wiederhergestellt und erhielt als Regierungsform eine konstitutionelle Monarchie. Diese hatte bis 1848 Bestand, als das durch die Industrialisierung erstarkte Bürgertum die Zweite Republik ausrief. Doch schon 1852 wurde durch die Kaiserkrönung Napoleons III. erneut eine Monarchie eingeführt. Das zweite Kaiserreich war sowohl wirtschaftlich als auch außenpolitisch anfangs recht erfolgreich, fand jedoch 1870/71 nach dem deutsch-französischen Krieg ein Ende. Die sich anschließende Dritte Republik hatte zwar die Abtretung Elsaß-Lothringens zu verkraften, konnte im übrigen aber am weiteren ökonomischen Aufschwung Europas teilnehmen. Im Zeitalter der großen Eisenkonstruktionen baute Gustave Eiffel nicht nur einen Turm in Paris, sondern auch ein gigantisches Viadukt über die Truyère bei St-Flour.

Die französische Republik war außenpolitisch anfangs isoliert, konnte sich daraus jedoch nach dem Beginn deutsch-englischer Interessenkonflikte befreien. An dem Ringen um europäische und koloniale Machtansprüche entzündete sich schließlich der Erste Weltkrieg, der 1914-18 in großen Teilen Nordostfrankreichs stattfand und an den im Süden nur die Denkmäler in den Dörfern erinnern. Auch der Zweite Weltkrieg hinterließ kaum Spuren in Südwestfrankreich; die Besetzung durch deutsche Truppen 1940 vollzog sich im Norden, ebenso die Rückeroberung 1944 durch die Alliierten, deren Bombardements bis zur Gironde nach Süden reichten. Royan etwa wurde fast vollständig zerstört. Ein unrühmliches Kapitel war die Vichy-Regierung unter Marschall Pétain, der in Kollaboration mit den Deutschen über den „unbesetzten" Südosten regierte.

Obwohl die 1946 gegründete Vierte Republik außenpolitisch als eine der Siegermächte zur Gründung von internationalen Organisationen beitrug bzw. ihnen früh beitrat, hatte sie einige innenpolitische Schwächen. So ließ sich De Gaulle 1958 die Verfassung der Fünften Republik mit großen Machtbefugnissen des Staatspräsidenten auf den Leib schneiden. Außenpolitisch schaffte er sich erst einmal die Unruheherde in Afrika vom Hals, um sich dann der Rolle Frankreichs als europäischem Gegengewicht zu den USA zu widmen. Er baute eine Atomstreitkraft auf, die „Force de Frappe", und verließ den Streitkräfteverbund der NATO. Seine Nachfolger setzten diese Politik fort. Noch heute sieht sich Frankreich als Garant und Motor europäischer Eigenständigkeit, der die Integration Europas in der Europäischen Union weiter vorantreibt. Unerläßlich dafür war die Aussöhnung mit Deutschland: Der Freundschaftsvertrag jährte sich 2003 zum 40. Mal.

Sprache

Das Französische ist die im ganzen Land dominierende Sprache und die einzige, die im Amtsgebrauch zugelassen ist.

Diese Stellung verdankt es der im Absolutismus vorangetriebenen Zentralisierung. Damals begann die ursprünglich nur im Norden gesprochene „Langue d'Oil", allmählich die bislang in Südfrankreich vorherrschende „Langue d'Oc" (Okzitanisch oder Provenzalisch) zu verdrängen. Diese Entwicklung wurde nach der Französischen Revolution noch beschleunigt. Damit wurde eine lange Sprachtradition beendet, die im Mittelalter in den Liedern der Troubadoure auch große literarische Bedeutung besessen hatte.

Als Umgangssprache war die Langue d'Oc allerdings bis in das 19. Jahrhundert noch bei vielen Südfranzosen in Gebrauch.

In neuerer Zeit flackerten hin und wieder Bestrebungen auf, der alten Sprache besonders in der Literatur wieder mehr Beachtung zu schenken, um das okzitanische Selbstverständnis zu stärken. Doch derlei Wiederbelebungsversuchen war nur wenig Erfolg beschieden. Lediglich Ende des 19. Jahrhunderts gelang einer Dichtergruppe ein literarischer Durchbruch. Wesentlichen Anteil daran hatte Frédéric Mistral (1830-1914), dem für seine Dichtungen 1904 der Nobelpreis verliehen wurde.

Auch wenn das sprachliche Engagement inzwischen wieder eingeschlafen ist, hat man in Toulouse ein okzitanisches Zentrum eingerichtet. An der heutigen Dominanz des Französischen, also der Langue d'Oil, freilich ändert dies nichts. So merkt man allenfalls an der Aussprache, daß man mit einem Südfranzosen spricht. Insbesondere die geringe oder sogar fehlende Nasalierung zählt zu ihren Eigenheiten.

Allerdings haben zwei sprachliche Minderheiten im Süden Frankreichs (neben Italienisch auf Korsika und in Savoyen) eine regionale Bedeutung: Baskisch und Katalanisch. Wenn diese Sprachen auch nicht eine so große Rolle spielen wie in den angrenzenden Provinzen Spaniens, so werden sie doch von immerhin 0,2 bzw. 0,3 Mio. Franzosen als Muttersprache beherrscht. Die Verbreitung des Baskischen beschränkt sich auf den Westen des Départements Pyrénées-Atlantiques, die des Katalonischen auf das Département Pyrénées-Orientales, das im Alltag nach dem historischen Namen Roussillon genannt wird.

Staat und Verwaltung

Frankreich ist ein zentralistisch regierter Staat, der seit der Revolution von 1789 in Départements gegliedert ist. Diese sind weiter unterteilt in Arrondissements, Cantons und Communs (Gemeinden). Während erstere nur der Entlastung der Départementsverwaltung dienen, haben die Gemeinden eine gewisse politische Bedeutung.

Die Départements sind nach der alphabetischen Reihenfolge ihrer Namen durchnumeriert. Durch später erforderlich gewordene Unterteilungen vor allem des Pariser Raumes hat sich die Zahl von ursprünglich 90 auf mittlerweile 95 Départements erhöht (96, falls man die Unterteilung Korsikas in die Départements 20A und 20B einrechnet). Verwendung finden diese Nummern sowohl auf Autokennzeichen (als letzte Ziffern) als auch bei den Postleitzahlen (als erste Ziffern).

In den 1960er Jahren wurden die wirtschaftlichen Nachteile der Untergliederung in flächenmäßig kleine Départements immer deutlicher. Selbst regionale Entscheidungen wurden vielfach in Paris von Beamten getroffen, die das jeweilige Gebiet kaum kannten. Versuche, größere Gebietskörperschaften einzuführen, scheiterten zwar, aber 1972 wurde beschlossen, 22 Wirtschaftsregionen einzuführen, in denen sich jeweils mehrere Départements zusammenschließen sollten, um nun gemeinsam wirtschaftliche und infrastrukturelle Fragen anzugehen. Die Regionen bekamen zum Teil die Namen der historischen Provinzen, die während der Revolution im Zug des totalen Bruchs mit der Vergangenheit abgeschafft worden waren.

Seit der Verfassungsreform von 1958, mit der die fünfte Republik begann, ist Frankreich eine Präsidialdemokratie; der vor allem für innen- und außenpolitische Krisenfälle mit hohen Machtbefugnissen ausgestattete Staatspräsident wird vom Volk direkt auf sieben Jahre gewählt. Das Parlament besteht aus zwei Kammern: der Nationalversammlung (auf fünf Jahre gewählte 577 Mitglieder) und dem Senat (auf neun Jahre gewählte 322 Mitglieder). Obwohl der Ministerpräsident als Regierungschef vom Staatspräsident ernannt wird, richtet sich die Regierung faktisch nach der Zusammensetzung der Nationalversammlung. Die Zentralregierung bestimmt nicht nur die nationale Politik, sondern lenkt über die Ernennung der Leitung untergeordneter Instanzen indirekt auch die meisten regionalen Angelegenheiten (s.o.).

Symbol des französischen Staates ist seit der Revolution von 1789 unverändert die „Tricolore", die Staatsfahne mit den drei senkrechten Streifen in den Farben blau-weiß-rot.

Départements in Südwestfrankreich und die Zuordnung zu den Wirtschaftsregionen

09 Ariège (Midi-Pyrénées)
11 Aude (Languedoc-Roussillon)
12 Aveyron (Midi-Pyrénées)
15 Cantal (Auvergne)
16 Charente (Poitou-Charentes)
17 Charente-Maritime (Poitou-Charentes)
19 Corrèze (Limousin)
23 Creuse (Limousin)
24 Dordogne (Aquitaine)
30 Gard (Languedoc-Roussillon)
31 Haute-Garonne (Midi-Pyrénées)
32 Gers (Midi-Pyrénées)
33 Gironde (Aquitaine)
34 Hérault (Languedoc-Roussillon)
36 Indre (Centre)
40 Landes (Aquitaine)
43 Haute-Loire (Auvergne)
46 Lot (Midi-Pyrénées)
47 Lot-et-Garonne (Aquitaine)
48 Lozère (Languedoc-Roussillon)
63 Puy-de-Dôme (Auvergne)
64 Pyrénées-Atlantiques (Aquitaine)
65 Hautes-Pyrénées (Midi-Pyrénées)
66 Pyrénées-Orientales (Languedoc-Roussillon)
79 Deux-Sèvres (Poitou-Charentes)
81 Tarn (Midi-Pyrénées)
82 Tarn-et-Garonne (Midi-Pyrénées)
85 Vendée (Pays de la Loire)
86 Vienne (Poitou-Charentes)
87 Haute-Vienne (Limousin)

Übersichtskarte: Départements und Wirtschaftsregionen

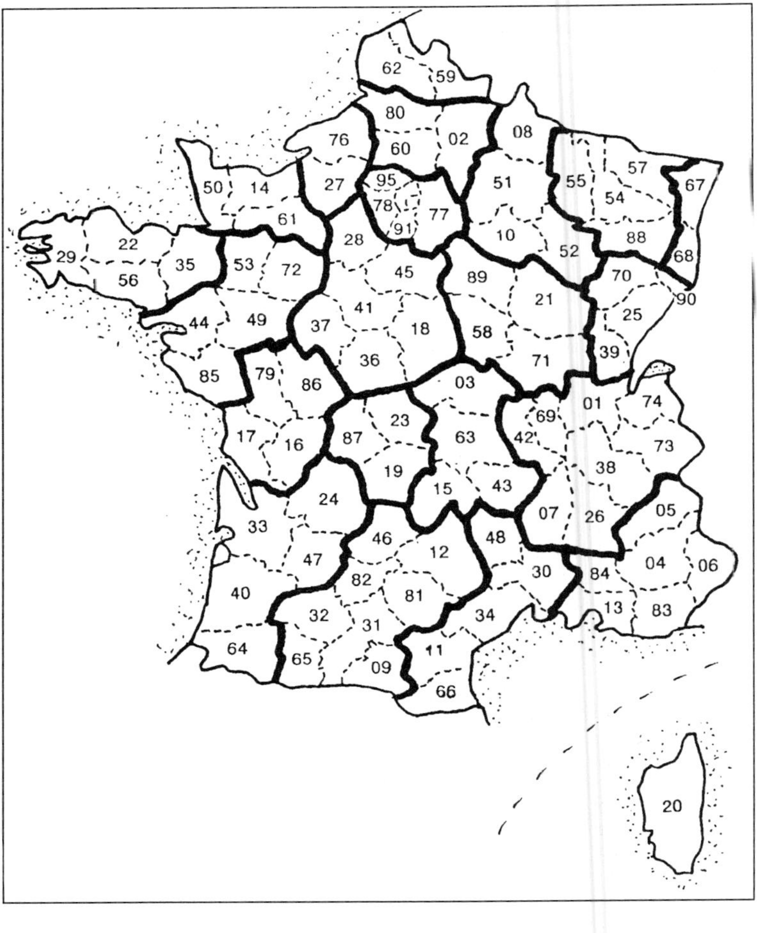

Wirtschaft, Tourismus

Frankreich ist ein hochentwickelter Industrie- und Dienstleistungsstaat. Der Anteil der Industrie an der Wirtschaftsleistung beträgt fast ein Drittel, der der Dienstleistungen über zwei Drittel, während die Landwirtschaft lediglich 2 % beiträgt. Über die Hälfte des Außenhandels wird mit Ländern der Europäischen Union abgewickelt. Wichtigster Handelspartner ist die Bundesrepublik Deutschland (17 %).

An erster Stelle bei den Exporten rangieren Maschinen und Kraftfahrzeuge mit einem nicht unerheblichen Anteil an Rüstungsgütern. Dann folgen chemische Produkte, Stahl und Textilien. Insgesamt stellt die Industrie weit über 50 % der Ausfuhrgüter. Eine gewisse Bedeutung haben aber auch landwirtschaftliche Erzeugnisse wie Obst, Gemüse, Wein, Parfümerien und vor allem Getreide. Frankreich ist nach den USA und Kanada drittgrößter Getreideexporteur der Welt.

Industrie und Landwirtschaft sind höchst ungleichmäßig über das Land verteilt. Die größten Industriegebiete Südwestfrankreichs liegen im Raum Bordeaux. Auch in vielen anderen Großstädten, allerdings für den Radfahrer weniger unangenehm, spielt die Industrie eine wichtige Rolle. Demgegenüber sind weite Landstriche in Aquitanien, der Saintonge (nordöstlich der Gironde) und Gascogne sowie im Languedoc landwirtschaftlich geprägt. Im Zentralmassiv und den Pyrenäen werden nur in den zugänglichen Gegenden Felder bestellt und das übrige Land, soweit es nicht zu unwirtlich oder von Wäldern bedeckt ist, als Weiden für die Viehzucht genutzt.

Wie in allen Industriestaaten ist in den letzten Jahren der Anteil des Dienstleistungssektors an der Wirtschaftsleistung ständig gestiegen. Dabei spielt für Frankreich der Tourismus eine wichtige Rolle, und zwar nicht nur wegen des Überschusses im internationalen Reiseverkehr (über 3 Mrd. Euro jährlich), sondern auch weil die Zahl der Urlauber, die im eigenen Land bleiben, besonders groß ist (s. auch „Bevölkerung“).

Die beliebtesten Reiseziele, auch der Ausländer, sind die Küsten. Und die ältesten. Bereits im 19. Jahrhundert hatte sich die High Society in dem mondänen Seebad Biarritz eingenistet. Doch nach dem Zweiten Weltkrieg kam der Massentourismus auf, und mit der Idylle war es schnell vorbei. Ähnlich erging es, allerdings erst später, anderen Küstenorten. Im Languedoc entstanden sogar ganze Ferienstädte aus der Retorte, um den bis dahin noch ungenutzten, kilometerlangen Sandstrand besser erschließen zu können. Am Atlantik verlief die Entwicklung anders, Klima und unattraktives Hinterland mögen dabei eine Rolle gespielt haben. Auf Touristenrummel trifft man daher lediglich in den neu entstandenen Orten, die meist nur über Stichstraßen zu erreichen sind. Dazwischen liegt schier endloser, fast unberührter, aber auch schwer zugänglicher Sandstrand. Anders sieht es um das Bassin d'Arcachon aus, wo sich ein Ort an den anderen reiht. Gleichermaßen überlaufen ist die südliche Verlängerung der Küste im Baskenland um Biarritz.

Das landschaftlich und kulturell interessantere Binnenland wird von ausländischen Touristen merkwürdigerweise kaum besucht. Eine gewisse Rolle spielen lediglich Städtetourismus und Studienreisen, die die größeren Sehenswürdigkeiten abklappern. Für die Franzosen jedoch haben sich einige Gebiete zu beliebten Reisezielen auch für längere Aufenthalte entwickelt. So wird man in der Auvergne oder im Périgord (Dordogne) vor allem auf französische Urlauber treffen.

Hochsaison ist Juli/August, wenn ganz Frankreich Ferien macht. In dieser Zeit sind Reservierungen – und sei es von unterwegs einen Tag vorher – sehr ratsam. Die Gegenden, in denen viele Ausländer ihren Urlaub verbringen (z.B. an Mittelmeer und Atlantik), sind auch schon früher gut besucht. Dort reicht die Saison von Ostern bis Mitte September.

Da man als Radfahrer sehr viel Zeit „unterwegs" verbringt, auf der Straße, in der Landschaft, wird man im Binnenland auf kleinen Sträßchen erst bei Erreichen der Sehenswürdigkeiten bzw. Städte auf Touristen treffen. Ausnahmen sind die spektakulären Landschaftsabschnitte, wie z.B. die Schluchten von Tarn, Ardèche und Verdon. Möchte man eine Stadt in der Hochsaison möglichst in Ruhe besichtigen, so sollte man dies morgens (vor 11 Uhr) oder abends zur Essenszeit tun. Das gleiche gilt für an sich schöne, aber stärker befahrene Streckenabschnitte (s. in den einzelnen Etappenbeschreibungen).

Das Reisen

Alte „Touristenwerbung" in Saint-Flour, Auvergne

Informationsmaterial

Zuständig für allgemeine Informationen über Frankreich und touristisches Werbematerial sind folgende Stellen der französischen Fremdenverkehrswerbung.

Internet (für alle Länder): www.franceguide.com

Für Deutschland:
„Maison de la France"
Westendstr. 47
60000 Frankfurt
✆ 0190 570025, 🖹 0190 599061
eMail: info.de@franceguide.com

Für Österreich:
„Maison de la France"
Argentinierstr. 41a
1040 Wien
✆ 0900 250015, 🖹 (01) 5032871
eMail: info.at@franceguide.com

Für die Niederlande:
„Maison de la France"
Prinsengracht 670
1017 KX Amsterdam
✆ 0900 1122332, 🖹 (020) 6203339
eMail: info.nl@franceguide.com

Für die Schweiz:
„Maison de la France"
Rennweg 42, Postfach 7226
8023 Zürich
✆ 0900 900699, 🖹 (01) 2174617
eMail: info.zrh@franceguide.com

„Maison de la France"
c/o SNCF-RailEurope
11 rue de Lausanne
1201 Genève
✆ 0900 900699
eMail: info.ch@franceguide.com

Dort bekommt man u.a. folgende Publikationen (die Informationspolitik der Fremdenverkehrsämter ist aber sehr unzuverlässig, so daß häufig ein Teil dieses Materials auch auf ausdrückliche Anforderung nicht zugesandt wird):

Listen privater Fahrradvermieter, Routenvorschläge für meist kurze Radtouren in ausgewählten Regionen, eine allgemeine Broschüre über Urlaub in Frankreich mit nützlichen Anschriften; regionale Broschüren zu jedem Teil des Landes (Wünsche müssen genau bezeichnet werden, sonst kommen in der Regel nur nichtssagende Werbeprospekte); übergeordnete Themen wie „Natur erleben", „Schlösser, Museen, Denkmäler", „FKK", „Feste in Frankreich" etc.; regionale Campingplatz- und Jugendherbergsverzeichnisse nach Wunsch (letztere meist nicht vorrätig).

Die Prospekte zum Fahrradtransport in der französischen Eisenbahn, zu den übrigen Niedrigpreisunterkünften und ähnlich nützliches Material werden von den Fremdenverkehrsämtern hingegen nicht bereitgestellt, man muß sich dafür an die entsprechenden Stellen (s.u. & s. *Verkehrsverbindungen in Frankreich, Ein Dach überm Kopf*) direkt wenden. Das empfiehlt sich auch bei den meisten anderen Detailinformationen – das Verhalten der Fremdenverkehrsämter (im Ausland) läßt einen bisweilen daran zweifeln, ob sie tatsächlich für ihr Land werben wollen.

Während der Reise in Frankreich erhält man Informationen zur jeweiligen Region am zuverlässigsten im örtlichen Office de Tourisme (OT) bzw. beim Syndicat d'Initiative (SI) – wobei jedes OT gleichzeitig das SI beherbergt (= „OTSI"), nicht aber umgekehrt –, die meist mit einem international üblichen Schild „Tourist Information" gekennzeichnet sind. Das Netz der Informationsbüros ist vor allem in der Hauptsaison sehr dicht; in der Nebensaison haben viele kleinere jedoch geschlossen. Die Adressen finden sich in den Ortsbeschreibungen weiter hinten.
Die Büros verfügen in der Regel nicht über Material anderer Städte!
Ein Verzeichnis aller Offices de Tourisme und Syndicats d'Initiative, Anschriften, eMail-Adressen, touristische Beschreibung vieler Städte und Orte, Hotels, Restaurants u.a. (fr. / engl.) finden Sie im Internet unter www.tourisme.fr.

Regionale Fremdenverkehrsämter in Frankreich

Ansonsten kann man sich direkt an die regionalen Fremdenverkehrsämter (Comité Régional de Tourisme) in Frankreich wenden, die in der Regel zuverlässig gewünschte Detailinformationen zusenden (Broschüren meist in deutsch, Adressenlisten häufig nur in französisch):

Aquitaine
Cité Mondiale, 23 parvis des Chartrons
33074 Bordeaux Cedex
✆ 0556017000
℻ 0556017007
www.tourisme-aquitaine.info

Auvergne
44 av des Etats-Unies
63057 Clermont-Ferrand Cedex 1
✆ 0473294949
℻ 0473341111
www.auvergne-tourisme.info

Languedoc-Roussillon
20 r de la République
34000 Montpellier
✆ 0467228100
℻ 0467580610
www.sunfrance.com

Poitou-Charentes
60 rue Jean-Jaurès
86002 Poitiers Cedex
✆ 0549501050
℻ 0549413728
www.poitou-charentes-vacances.com

Limousin
27 boulevard de la Corderie
87031 Limoges Cedex
✆ 0555451880
℻ 0555451818
www.tourismelimousin.com

Midi-Pyrénées
54 boulevard de l'Embouchure
31022 Toulouse Cedex 2
✆ 0561135548
℻ 0561471716
www.tourisme-midi-pyrenees.org

Anreise

Kein Problem bildet die Anreise nach Frankreich; als unmittelbares Nachbarland Deutschlands und der Schweiz gibt es eine Vielzahl günstiger Möglichkeiten. Einen Unterschied macht es lediglich, ob Sie mit dem eigenen Rad anreisen und in welchem Landesteil Sie beginnen wollen.

Mit dem Fahrrad

Wer mit dem Rad nach Südwestfrankreich vorstoßen möchte, findet in den CYKLOS-Fahrrad-Reiseführern *Nordost-Frankreich per Rad* und *Südost-Frankreich per Rad* die schönsten Strecken ausführlich beschrieben.

Mit dem Auto

Nur für Rundreisen sinnvoll ist die Anreise mit dem Auto, da man dabei ja am Startort die Fahrradreise auch beenden muß. Für einen Kostenvergleich müssen die Autobahngebühren beachtet werden, die in Frankreich nicht einheitlich sind. Neuere Autobahnen sind in der Regel teurer.

Mit der Eisenbahn

Diese Anreiseform wurde in der Vergangenheit von den meisten Frankreichreisenden gewählt, denn sie war aus jeder Gegend möglich und dank des umfangreichen französischen Streckennetzes auch mit erträglichem Zeitaufwand zu absolvieren.

Leider ist ein Versand der Fahrräder nicht mehr möglich. Damit wird für viele die Anreise per Bahn an Bedeutung verlieren.

Die einzige Möglichkeit ist der begleitete Fahrradtransport. Dieser ist bei Anreisen ab Grenze (z.B. Strasbourg) grundsätzlich in den entsprechend gekennzeichneten Zügen kostenlos möglich (s. *„Verkehrsverbindungen in Frankreich“).* In internationalen direkten Zügen von und nach Frankreich gilt dies nur bedingt (Radtransport in D kostet € 8/16), z.B. Frankfurt – Strasbourg – Mittelmeer, Stuttgart – Strasbourg – Lyon oder mit der CityNightLine von Frankfurt/München nach Paris. Aktuelle Informationen gibt es bei der DB-Fahrrad-Hotline:
✆ 01805 151415.
S. auch im Internet unter www.bahn.de, dort unter Service/bahn&bike.

Grenzüberschreitende Zugverbindungen nach Südfrankreich bestehen an die Mittelmeerküste (über Straßburg oder Genf nach Lyon und weiter bis Montpellier) sowie nach Paris. Dort ist meist der Bahnhof zu wechseln, bevor es

Richtung Bordeaux, Toulouse (vom Gare d'Austerlitz) oder Clermont-Ferrand (vom Gare de Lyon) weitergeht.

Für die Züge nach Paris bietet die SNCF Sondertarife an, die an bestimmte Fristen gebungen sind. Fahrkarten für innerfranzösische Verbindungen können auch außerhalb Frankreichs gekauft werden.

Mit dem Flugzeug

Für Fahrradreisende ist das Flugzeug angesichts vieler Sonderangebote erwägenswerte Anreisemöglichkeit geworden. Zudem geht's so natürlich schneller. Von Deutschland aus bestehen Flugverbindungen nach Paris von allen größeren Flughäfen. Die Schweiz hat ab Basel, Zürich und Genf, Österreich ab Wien, die Niederlande ab Amsterdam eine Luftverbindung mit Frankreich. Fast alle diese Flüge werden täglich bedient, die meisten Strecken von der französischen Gesellschaft Air France, zusätzlich die meisten deutschen Verbindungen von der Lufthansa und Eurowings, die schweizerischen von Swiss, die österreichischen von den Austrian Airlines.

Im Südwesten Frankreichs können nur zwei Städte aus dem Ausland direkt angeflogen werden: *Bordeaux* von Genf, München, Amsterdam, Brüssel und Straßburg sowie *Toulouse* von Amsterdam, Brüssel, Bremen, Hamburg-Finkenwerder (Airbus), Frankfurt, München, Straßburg und Genf. Im Südosten sind Lyon, Marseille und Nizza Ziele von Direktflügen. Insgesamt werden die Flughäfen im Südosten wesentlich häufiger angeflogen, so daß es dort auch öfter Sonderangebote (und Charterflüge im Sommer) gibt als im Südwesten.

Von Paris aus bestehen Anschlußmöglichkeiten zu folgenden südwestfranzösischen Flughäfen: Biarritz, Bordeaux, Clermont-Ferrand, Limoges, Lourdes, Montpellier, Pau, Perpignan, Poitiers und Toulouse. Diese Flüge werden von der Air France oder kleineren Regionalgesellschaften durchgeführt. Allerdings sind innerfranzösische Flüge selbst bei Nutzung eines Sondertarifs recht teuer.

Die Fluggesellschaften bieten unter bestimmten Bedingungen (hauptsächlich zeitliche Restriktionen) preisgünstige Tarife an. Jedoch sollte man bei diesen Sondertarifen berücksichtigen, daß sie häufig an einen Ort für Ankunft und Abflug binden, also ähnlich der Anreise per Auto die Fahrradtour als Rundreise geplant werden muß.

Da es sich bei allen Verbindungen um Linienmaschinen handelt, steht der Mitnahme von Fahrrädern prinzipiell nichts im Weg. Erforderlich jedoch ist die Anmeldung dieses „Sondergepäcks", da die Transportkapazität in der Regel beschränkt ist; die Air France hält in solchen Fällen eine Kartonverpackung für Fahrräder (kostenpflichtig) bereit. Bedenken sollte man allerdings, daß bei Anschlußflügen über Paris meist ein Umsteigen erforderlich ist, da internationale Flüge in der Regel auf dem Flugplatz Charles-de-Gaulle landen (im Norden), nationale aber meist von Orly starten (im Süden von Paris). Trotz eines regelmäßigen Pendelbusverkehr muß beim Gepäcktransfer (Fahrrad) mit Problemen gerechnet werden.

Anfallendes Übergepäck wird theoretisch mit 1 % des Erste-Klasse-Flugpreises berechnet; in der Praxis entfällt das jedoch meist aus Kulanz. Viele Gesellschaften berechnen mittlerweile den Fahrradtransport je Streckenabschnitt mit ca. 25 Euro; dafür steht aber dann das volle Freigepäck zur Verfügung.

Sinnvoll ist in jedem Fall die Beschränkung auf nicht zu viele Gepäckstücke. Wer außer mit dem Fahrrad mit vier Packtaschen, Zelt, Isomatte und Schlafsack fliegt, darf sich nicht wundern, wenn das Abfertigungspersonal die Übergepäcktoleranz als etwas zu weit ausgereizt ansieht. Vorsichtshalber sollte man kleine, aber schwere Dinge (z.B. Werkzeug, Fotoapparat, Reiseführer etc.) ins Handgepäck nehmen, das meist nicht gewogen wird, obwohl es theoretisch zur Freigepäckgrenze zählt.

Die meisten Fluggesellschaften verlangen gewisse Veränderungen am Fahrrad für den Transport: meist Lenker in Längsrichtung verdrehen, Pedale abschrauben (nicht nach innen schrauben, da beim Schieben des Rads die Gefahr besteht, daß das Schaltwerk verbogen wird!), Luft aus den Reifen lassen. Es empfiehlt sich somit, frühzeitig am Flughafen zu sein, um das Rad sicher mitzubekommen – und das ggf. notwendige Werkzeug bereitzuhalten. Üben Sie die notwendigen Handgriffe vorher zu Hause, und sei es, um sicher sein zu können, daß die Schrauben nicht festsitzen (das Linksgewinde des linken Pedals beachten!); lassen Sie die Luft nicht vollständig ab, damit der Reifen sich beim evtl. Schieben des Fahrrades zum Flugzeug nicht von der Felge lösen kann. Falls gleichzeitig Tiere im Frachtraum transportiert werden, herrscht dort Druckausgleich, so daß ein Luftablassen aus den Reifen unnötig ist. Meist kann sich das Verladepersonal auf den Flughäfen aber nicht verkneifen, dennoch selbst Hand ans Ventil zu legen. Eine vollständige Verpackung hingegen wird zwar häufig gewünscht, ist jedoch meist nicht erforderlich und dann auch nicht zu empfehlen. Das Personal geht erfahrungsgemäß mit einem Fahrrad, das sich schieben läßt, wesentlich pfleglicher um als mit einem vollständig (z.B. in einem Karton) verpackten, das getragen und geworfen werden kann/muß.

Mit dem Bus

Eine weitere attraktive Möglichkeit, nach Südwestfrankreich transportiert zu werden, bietet der Fahrradbus, bei dem die Fahrräder in einem speziellen Anhänger befördert werden (allerdings nur im Juli/August). Die Preise liegen je nach Zielort bei € 200-230. Das Programm „Bike & Bus“ wird von vier Veranstaltern angeboten, einer davon steuert Ziele in Südwestfrankreich an: Pont du Gard (s. Südost-Frankreich per Rad, Anschluss über Etappen 163-165) bzw. Perpignan (s. Etappe 66), Saintes (s. Etappe 9) bzw. Bordeaux (s. Etappe 15) und Creysse (s. Etappe 90). Gabelfahrten (mit unterschiedlichem Ankunfts- und Abfahrtsort) sind z.T. möglich. Abfahrtsorte sind Osnabrück, Dortmund, Köln. Günstige Bahntickets zu den Abfahrtsorten werden vermittelt.

Für nähere Informationen und Buchungen wendet man sich am besten direkt an den Veranstalter:

Natours Reisen
Untere Eschstr. 15
49179 Ostercappeln
✆ (05473) 9229-0
📠 (05473) 8219
www.natours.de

Die niederländische Variante, der *Fietsbus*, hat (2005) gleich vier Busstrecken Richtung Südwest-Frankreich im Angebot, die meisten ebenfalls nur im Juli/August. Die Preise liegen je nach Zielort und Termin bei € 190-220. Abfahrtsorte sind Amsterdam, Utrecht, Breda bzw. auf einer Route Eindhoven und Maastricht. Für Reisende aus den Niederlanden meist, aus Nordwestdeutschland teils eine günstige Variante.

Für nähere Informationen und Buchungen wendet man sich am besten ebenfalls direkt an den Veranstalter:

Cycletours
Buiksloterweg 7A
1031 CC Amsterdam
✆ (020) 5218400
📠 (020) 6269024
www.cycletours.nl

Einreise

Dokumente

Personalausweis oder Reisepaß genügen. Wer länger als drei Monate bleiben will und EU-Bürger ist, muß vor Ort eine *Carte de Séjour* beantragen. Dies entspricht der Meldepflicht in Deutschland beim Einwohnermeldeamt. Schweizer benötigen bei einem mehr als dreimonatigen Aufenthalt ein Visum.

Nicht-EU-Bürger können sich (auf Englisch) informieren unter: www.diplomatie.gouv.fr/venir/visas/index.htm

Zoll und Devisen

Die Einfuhr von Zahlungsmitteln ist unbegrenzt. Bei der Ausfuhr aus Euro-Land sind bei größeren Beträgen allerdings Formalitäten zu beachten.

Für die Ein- und Ausfuhr von Waren gelten folgende Beschränkungen; maßgeblich für die Gültigkeit ist immer das Land, aus dem Sie einreisen, nicht Ihre Nationalität.

Bei Einreise aus Nicht-EU-Ländern (z.B. Schweiz):

⇨ 200 Zigaretten oder 100 Zigarillos oder 50 Zigarren oder 250 g Tabak; 1 Liter Spirituosen oder 2 Liter Wein, Sherry o.ä.; 50 g Parfüm oder ¼ l Eau de Toilette; 500 g Kaffee; 100 g Tee; Medikamente für den Eigenbedarf; sonstige Waren im Wert von € 175 (Personen über 15 Jahre). Geldeinfuhr über 7600 € muss deklariert werden.

Dinge des persönlichen Bedarfs (sprich Reisegepäck) sind immer zollfrei. Dazu zählt auch die Mitnahme von Reiseproviant.

Für die Einreise aus EU-Ländern sind obige Güter für den Eigenbedarf zollfrei. Einschränkungen gelten lediglich, wenn man die gekauften Waren nicht selbst transportiert oder die Mengen auf einen kommerziellen Zweck hindeuten.

Um Schwierigkeiten zu vermeiden, sollten bei alkoholischen Getränken und Tabakprodukten folgende Grenzen nicht überschritten werden (die Angaben gelten als Richtwerte, um den „persönlichen Bedarf" zu beschreiben):

⇨ 800 Zigaretten, 400 Zigarillos, 200 Zigarren, 1 kg Tabak, 10 Liter Spirituosen, 20 Liter Sherry o.ä., 90 Liter Wein, 110 Liter Bier.

Verkehrsverbindungen in Frankreich

Fast jeder Fahrradreisende wird in die Lage kommen, während einer Frankreichreise ein Binnen-Verkehrsmittel zu nutzen, sei es im Zug der An- und Rückreise oder zur Querverbindung zwischen verschiedenen Landesteilen. Die in Frage kommenden Verkehrsverbindungen einzelner Städte sind in den jeweiligen Etappenbeschreibungen aufgeführt.

Eisenbahn

Das Netz der französischen Eisenbahngesellschaft *Societé Nationale de Chemin Fer* (SNCF) ist recht dicht und erschließt nahezu jede Region des Landes. Fast alle Strecken werden mehrmals täglich befahren, die Preise liegen unter dem in Mitteleuropa üblichen Niveau. Es gelten zwei Preiskategorien: Freitag und Sonntag nachmittags und abends (blaue Periode) sind Tickets teurer als in der übrigen Zeit (weiße Periode).

Ermäßigungen sind z.T. an die blaue Periode gebunden, z.T. werden für sie die höheren Rabatte gewährt.

Der Fahrradtransport mit der SNCF ist bisweilen etwas umständlich. So ist zwar grundsätzlich die Fahrradmitnahme als Handgepäck möglich, und das sogar kostenlos. Allerdings kann verlangt werden, Fahrradhüllen in den Maßen 90 x 120 cm (in Fachgeschäften) zu kaufen, das Vorderrad abzumontieren und die Gabel nach innen zu drehen.

In einigen Fern- und fast allen Regionalzügen (mit Fahrradsymbol gekennzeichnet; ca. 2000 in ganz Frankreich) kann das Rad in den Gepäckabteilen unverpackt mitgenommen werden. Allerdings ist dies auf den vorhandenen Platz beschränkt (ca. 3 Räder pro Zug). So ist es Glücksache, ob man den gewünschten Zug auch benutzen kann. Hinzu kommt, daß die Kennzeichnung nicht immer stimmt. Manche Züge haben kein Symbol, aber Gepäckabteil (also Radmitnahme möglich), andere haben eines, fahren aber ohne Gepäckabteil.
Auch in einigen TGVs können Fahrräder nach Reservierung mitgenommen werden, so z.B. im TGV Méditerranée (Kosten: € 10).

Grundsätzlich möglich ist der Transport in den „Autotrains“ oder „Autorail“, die nicht etwa Autoreisezüge, sondern Dieseltriebwagen (Schienenbusse) sind.

Ein Fahrradversand ist auch innerhalb Frankreichs nicht möglich.

Auskünfte über die diversen Verbindungen, Ermäßigungen, Sondertarife sowie Reservierungen (für Gruppen unbedingt zu empfehlen) und Broschüren (z.B. „Le guide Train + Vélo“) sind nicht mehr direkt in Deutschland erhältlich, denn die

SNCF hat ihr Büro in Frankfurt geschlossen. Diese Funktion hat jetzt das deutschsprachige Service Center in Strasbourg übernommen.

➩ 20 Place de la Gare, 67000 Strasbourg
✆ 0033 892353536
🖷 0033 388158501
Internet: www.sncf.de (dt.) oder www.sncf.com

Flugzeug

Der innerfranzösische Flugverkehr ist nur im Zusammenhang mit Flügen über Paris (oder Korsika) für Fahrradreisende von Bedeutung. Soweit für die Anreise wichtig, ist darauf bereits im betreffenden Kapitel eingegangen worden.

Busverkehr

Da in der Regel ohne Fahrradtransport, dürfte die Fortbewegung per Bus für den Radfahrer recht uninteressant sein.

Fähren

In manchen Fällen können Fährverbindungen durchaus sinnvoll in eine Fahrradreise integriert werden, etwa bei Abstechern zu Inseln. Drei Fährverbindungen werden von den Etappen dieses Buches benutzt: zwei bei der Überquerung der Gironde, eine bei der des Bassin d'Arcachon.

Darüber hinaus bieten einige Schiffslinien Ausflugsfahrten an, z.B. auf der Charente.

Übersichtskarte: Eisenbahnstrecken in Südfrankreich

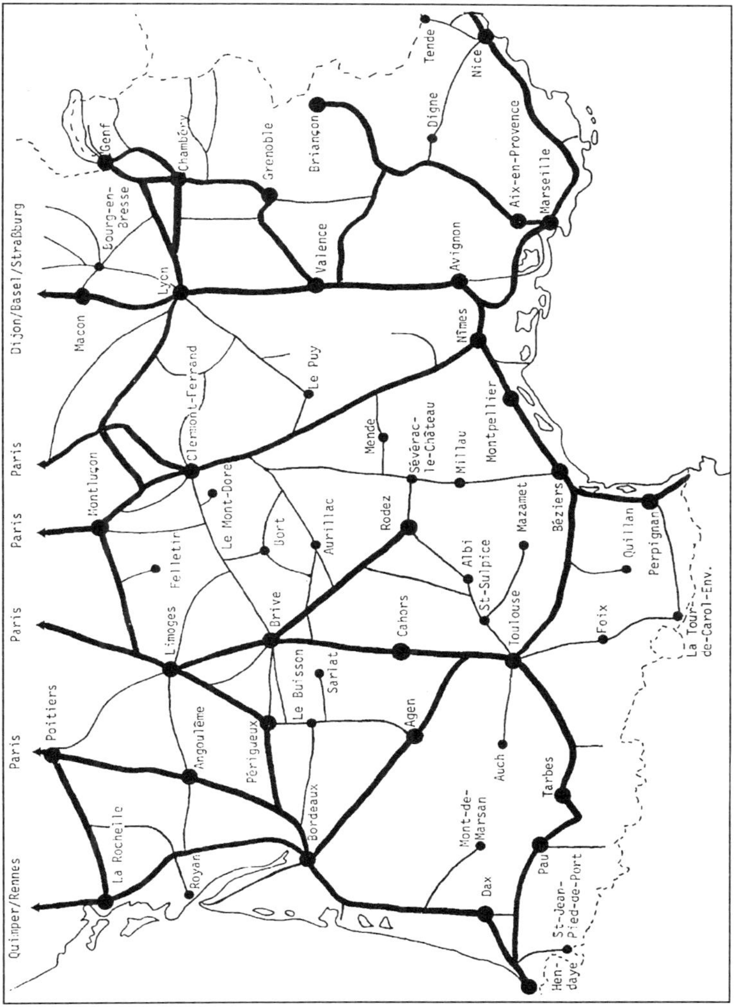

Auf den Straßen

Die französischen Verkehrsregeln unterscheiden sich nur geringfügig vom international üblichen Standard, und auch die meisten Schilder sind identisch mit den in anderen europäischen Ländern verwendeten. Besonders hingewiesen sei dennoch auf den Umstand, daß die Ampelbau-Lobby außerhalb von Großstädten wenig erfolgreich war und man deshalb nicht unbefangen von einem Grünlicht zum nächsten fahren kann. Die Vorfahrt ist stets zu beachten, und die hat grundsätzlich, wer von rechts kommt. Sofern nicht ein besonderes Vorfahrt gewährendes Schild (auch als Text „Passage Protégé") oder Haltelinien auf dem Asphalt den Querverkehr stoppen, muß man selbst auf Überlandstraßen immer damit rechnen, Vorfahrt gewähren zu müssen. Das gilt, wie mittlerweile international üblich, auch für denjenigen, der in einen Kreisverkehr einfahren möchte. Manchmal wird durch das Schild „Vous n'avez pas la priorité" zusätzlich auf diesen Umstand hingewiesen.

Fahrradwege sind in Frankreich sehr selten und nur im Bereich einiger weniger Großstädte, entlang dem Canal du Midi und an der Atlantikküste anzutreffen. Sie sind mit dem üblichen blau-weißen Schild gekennzeichnet. Außerhalb von geschlossenen Ortschaften dürfen Radfahrer Fußgängerwege benutzen; die meisten Landstraßen verfügen aber weder über befestigte Randstreifen noch über Fußwege.

Alle außerörtlichen Straßen sind in Frankreich mit Nummern ausgestattet, die sich nach der verwaltungsmäßigen Zuständigkeit richten: Nationalstraßen sind landesweit mit N-Nummern durchnumeriert (z.B. „N756"), Straßen mit D-Nummern liegen in der Verantwortung des jeweiligen Départements. Es gibt daher in aneinandergrenzenden Bezirken stets gleiche Straßennummern für ganz verschiedene Strecken; in der Regel wechselt die Nummer an der Départementgrenze. Eine Ausnahme machen jene Straßen, die im Zug einer Reform vor etwa 20 Jahren von früheren Nationalstraßen zu D-Straßen gemacht wurden: in den meisten Fällen ist die alte N-Nummer beibehalten worden, so daß z.B. aus einer N753 die D753 wurde. Die gleiche Reform hat außerdem eine alte Standardregel über das Verkehrsaufkommen aufgehoben: Heute gibt es viele D-Straßen mit starkem Autoverkehr; das Schema „N-Straße viel Verkehr, D-Straße wenig Verkehr" gilt nicht mehr. Aussagekräftiger als die Numerierung sind die Farbkennzeichnung und die Breite der Straßen auf den Landkarten: Rot markierte Straßen haben durchweg stärkeren Autoverkehr als gelb gekennzeichnete, breit eingedruckte Strecken sind stärker befahren als dünn gezeichnete. Am geeignetsten für den Fahrradverkehr sind folglich die weißen Straßen. In einsameren Gegenden jedoch, etwa in Teilen des Massif Central, können sogar breite Nationalstraßen angenehm zu befahren sein (s. in den einzelnen Etappenbeschreibungen).

Die (auf den Landkarten nicht eingedruckten) C- und V-Nummern, manchmal auf Schildern genannte Kantonal- und Dorfstraßennummern, spielen in der Praxis keine Rolle. Desweiteren gibt es Autostraßen (mit N-Nummern) und Autobahnen (mit A-Nummern), beide wie überall für Radfahrer verbotenes Terrain.

Die Art des Straßenbelags ist in Frankreich sehr unterschiedlich. Neben glattgebügelten Asphaltpisten trifft man hin und wieder auf löchrige Straßen oder solche mit hohem Teeranteil, der sich in der Hitze schon einmal verflüssigen kann und dann zu schmatzenden Fahrgeräuschen führt. Häufiger noch sind sehr rauhe Straßen, bei denen die oberste Schicht aus eingewalztem Schotter besteht. Für den Radtouristen bedeutet dies, daß eine Frankreich-Fahrradreise mit neuen Reifen nicht zu geringer Breite (s. „*Das Fahrrad*") angetreten werden sollte. Doch selbst wenn im Durchschnitt die Straßen etwas schlechter sind als in Deutschland, die meisten werden das Fortkommen nicht nennenswert behindern.

Sehr gut ist durchweg die Beschilderung auch kleiner Nebenstraßen. Außer den oft etwas nichtssagenden Fernwegweisern ist gewöhnlich mindestens ein nahgelegener Ort aufgeführt, so daß die Orientierung auf Landkarten stark erleichtert wird. Als zusätzliche Hilfe können die recht zuverlässigen Straßennummern dienen, die auf fast allen Schildern und Kilometersteinen zu sehen sind. Unbeschildert bzw. lediglich mit Hinweisen auf einzelne Gehöfte versehen sind nur die Stichstraßen zu kleinen Weilern, die als Durchgangsstrecke nicht genutzt werden können und in der Regel auf der Michelinkarte nicht enthalten sind. Der Versuch, über derartige Straßen ohne entsprechend detaillierte Karten ein Ziel zu finden, wird deshalb normalerweise scheitern. Alle Nebenstraßen, die regionale Verbindungen herstellen, sind hingegen ausreichend beschildert.

Blick auf Clermont-Ferrand mit der Kathedrale Notre-Dame

Karten

Frankreich gehört zu den Reiseländern, für die vorzügliche Karten zur Verfügung stehen, die zudem noch recht preiswert sind.

Nur für die Grobplanung geeignet sind die zahlreichen Karten in Maßstäben von 1:750.000 bis 1:1.000.000, die das ganze Land in einem einzigen Blatt abbilden. Auf solchen Karten mit kleinem Maßstab läßt sich allenfalls ein allgemeiner Überblick vermitteln. Für die detaillierte Streckenplanung, die Umsetzung der Streckenskizzen dieses Buches und zur Benutzung während der Reise sind hingegen Karten mit größerem Maßstab erforderlich. Zwei geeignete Kartensätze bieten sich für Fahrradreisende an.

Die Vermessungsarbeit wird in Frankreich vom Institut Géographique National (IGN; www.ign.fr) durchgeführt, das auch eigene Kartenserien herausgibt. Die Karten der Reihe „Touristique Local / Carte de Promenade" im Maßstab 1:100.000 (jetzt mit blauem Deckblatt, war früher grün) sind die einzigen IGN-Blätter, die für Radtouristen brauchbar sind; sie enthalten alle (auch kleinste) öffentlichen Straßen und teilweise auch sonstige Wege, geben deutlichen Aufschluß über den innerörtlichen Verlauf von Durchgangsstraßen und verfügen über Höhenlinien. Von ihrem Informationsgehalt her sind sie ideal für Radfahrer, zumal sie seit neuestem auch touristische Informationen erhalten. Allerdings kommt aufgrund des recht großen Maßstabs bei einer längeren Reise ein beträchtlicher Papierstapel zusammen. Zudem können sie durch die Höhenlinien mitunter verwirren.

Die IGN-Karten sind außerhalb Frankreichs fast nur in guten Reisebuchhandlungen (ca. € 6,60), im Land aber in nahezu jeder Buch- und Zeitschriftenhandlung erhältlich. Vom gleichen Institut gibt es auch eine „rote Reihe" im Maßstab 1:250.000, die für radtouristische Zwecke zu stark vereinfacht ist. Vom Kauf ist daher abzuraten.

Obwohl nahezu im gleichen Maßstab, ist dank einer sehr gründlichen redaktionellen Bearbeitung die Karte 1:200.000 des Reifenherstellers Michelin erheblich besser als die rote Reihe des IGN. Sie verfügt zwar nicht über Höhenlinien, wohl aber über Höhenangaben zu einzelnen Punkten, was in der Regel ausreicht. Alle, auch kleinste, Verbindungsstraßen sind enthalten, nur Zufahrten zu einzelnen Weilern und Gehöften, die bei der Reihe 1:100.000 des IGN vorhanden sind, fehlen auf der Michelinkarte.

Ganz Frankreich ist in zwei Kartensätzen abgebildet: in meist 1-2 Départements umfassende, gelb-orange Gebietskarten (Serie „local", je € 6,50, in F € 4,50) in leicht variierenden Maßstäben (1:150.000 bzw. 1:175.000) mit vollständigen Ortsverzeichnissen und Stadtplänen, und in mehr als doppelt so großen rot-orangen Regionalkarten (je € 7,50, in F € 5,70), die etwas unhandlicher und weniger informativ, aber übersichtlicher sind, wenn es gilt, größere Streckenabschnitte zu planen bzw. zu bewältigen. Welche Kartenblätter für die Regionen dieses Reiseführers in Frage kommen, zeigen die unten stehenden Übersichten. Beide Kartensätze sind in Deutschland in guten Buchhandlungen, in Frankreich in nahezu jeder Buch- und Zeitschriftenhandlung erhältlich (zumindest die Karten der jeweiligen Region).

Aufgrund der stetigen und sehr zuverlässigen Aktualisierung der Michelinkarten, die auch neueste Veränderungen am Straßennetz (z.B. Umgehungsstraßen) verwertet, ist vor allem die Serie „Local" sehr gut für Fahrradfahrer geeignet. Die Streckenbeschreiben und Skizzen dieses Buches gehen deshalb davon aus, daß mindestens die Michelinkarte, ansonsten die Serie 1:100.000 des IGN benutzt wird. Bei Verwendung anderer Karten ist eine zufriedenstellende Übertragung der Streckenskizzen im allgemeinen nicht möglich.

Außerdem wird nachdrücklich empfohlen, stets nur die neuesten Ausgaben der Michelinkarten zu benutzen. Im Bau befindliche Strecken (z.B. Umgehungsstraßen) werden zwar meist schon angekündigt, korrekte Einzeichnung ist aber nur auf neuen Blättern anzutreffen. Da solche Straßen in Frankreich oft sehr schnell gebaut werden, können 2-3 Jahre alte Karten in wichtigen Punkten schon veraltet sein. Lassen Sie ggf. vorhandene ältere Blätter deshalb lieber zu Hause, und kaufen Sie für wenige Euro die neueste Ausgabe.

Michelin-Karten für das Gebiet dieses Reiseführers

Gebietskarten (Serie „Local"):

324	Charente, Charente-Maritimes
325	Creuse, Haute-Vienne
326	Allier, Puy-de-Dôme
329	Corrèze, Dordogne
330	Cantal, Lozère
331	Ardèche, Haute-Loire
335	Gironde, Landes
336	Gers, Lot-et-Garonne
337	Lot, Tarn-et-Garonne
338	Aveyron, Tarn
339	Gard, Hérault
342	Hautes-Pyrénées, Pyrénées-Atlantiques
343	Ariège, Haute-Garonne
344	Pyrénées-Orientales

Regionalkarten (Serie „Regional"):

521	Poitou-Charentes
522	Auvergne-Limousin
524	Aquitaine
525	Midi-Pyrénées
527	Languedoc – Rousillon

Reiseführer und Literatur

Reiseführer

Der Reiseführermarkt, vor allem jener der Provence, ist durch sein riesiges Angebot nahezu unüberschaubar. Daher soll im folgenden eine kleine Auswahl getroffen werden.

Reiseführer Natur: Südliches Frankreich. BLV, München (ein wertvoller Begleiter für Naturfreaks).

DuMont-Kunstreiseführer: Das Poitou. DuMont Buchverlag, Köln (detaillierte Beschreibungen von Städten und Sehenswürdigkeiten, weniger von Landschaften, auf wissenschaftlichem Niveau; weitere Bände sind vergriffen).

Richtig Reisen: Languedoc und Roussillon, DuMont Buchverlag, Köln (lesenswerter Führer mit vielen persönlichen Wertungen).

DuMont-Reisetaschenbücher: Auvergne und Cevennen, Bordeaux und Atlantikküste, Pyrenäen. DuMont Buchverlag, Köln (abgespeckte „Richtig Reisen"-Bände, die angesichts ihres geringen Gewichts gut zur Ergänzung mitgenommen werden können).

CYKLOS-Fahrrad-Reiseführer: Nordost-Frankreich per Rad, Südost-Frankreich per Rad, Jakobsweg per Rad. Verlag Wolfgang Kettler, Neuenhagen.

Michelin-Reiseführer: Atlantikküste, Auvergne. Pneu Michelin, Paris (detailliert und übersichtlich; gut verständlicher allgemeiner Teil, beschreibt auch Strecken, die frz. Führer umfassen aber nur jeweils kleine Gebiete).

Michael Müller: Südfrankreich. Martin Velbinger Verlag (praktisches und vielgelobtes Reisehandbuch).

Reise-Know-How (Verlag Rump): Südwestfrankreich – Aquitanien & Atlantikküste (aktueller, reichhaltiger Individualführer)

Literatur und Reisebücher

Für die Reisevorbereitung empfehlen sich einige interessante Lesebücher, seien es Reiseerzählungen oder Stimmungsbilder der Franzosen.

GEO Special: Frankreichs Süden. Verlag Gruner & Jahr, Hamburg (1999)

Ulrich Wickert, *Frankreich – Die wunderbare Illusion.* Verlag Hoffmann und Campe, Hamburg, und Heyne Verlag, München (TB-Ausgabe).

Prestel-Landschaftsbücher: Frankreichs Süden. Prestel Verlag, München

Hans-Georg Deggau, *Befreite Seelen - Die Katharer in Südfrankreich.* DuMont Buchverlag, Köln

Ulf Diederichs, *Märchen aus Frankreich.* Rowohlt Taschenbuchverlag, Reinbek

Birgit Vanderbeke, *Gebrauchanweisung für Südfrankreich*, Piper Verlag

Kurt Tucholsky, *Ein Pyrenäenbuch.* Rowohlt Taschenbuchverlag, Reinbek (Bd. 474)

Tympanon der Kirche Sainte-Foy in Conques

Ein Dach überm Kopf

Frankreich verfügt als bedeutendes Reiseland über eine Vielzahl an Übernachtungsmöglichkeiten, so daß Reiseführer schnell an die Grenzen ihrer Möglichkeiten stoßen. Das „Selbst-Entdecken“ französischer Gastlichkeit soll dem Reisenden daher nicht abgenommen werden. Allerdings sind zur Hauptreisezeit (Juli/August, s. „Wirtschaft, Tourismus“) Vorbuchungen sehr ratsam.

Wer sich im voraus nicht festlegen möchte, wird daher in Orts- und Unterkunftswahl gelegentlich flexibel sein müssen – und sich mitunter abends, wenn es schon dunkel geworden ist, über ausgebuchte Unterkünfte ärgern. Daher ist es zu empfehlen, spätestens am Anreisetag selbst einmal bei der gewünschten Unterkunft anzurufen.

Hotels

Die Zahl der französischen Hotels ist so groß, daß selbst reine Hotelführer (wie Michelin „France“) eine Auswahl treffen müssen. Daher werden in diesem Buch nur ausgewählte Hotels genannt, vor allem in Städten und einsameren Gegenden. Dabei wurde besonderer Wert auf das Preis-Leistungs-Verhältnis gelegt. Gibt es an einem Ort mehrere Hotels, so sind in der Regel die preiswerteren der jeweiligen Komfortkategorie aufgeführt. Sterne in diesem Buch zeigen nur die *Preis*kategorie an (jeweils für ein Doppelzimmer):

*	bis € 25
**	bis € 40
***	bis € 60
****	über € 60

Hotels der höchsten (Preis-)Kategorie sind in diesem Führer in der Regel nicht teurer als € 100. Als Orientierung über die Verteilung der Hotels können die Michelinkarten dienen. Jeder in dem Hotelführer erwähnte Ort ist rot unterstrichen. Allerdings sind auch Restaurants im Führer enthalten, so daß nicht jeder unterstrichene Ort ein Hotel haben muß.

Auskünfte über die Hotels vor Ort geben die Syndicats d'Initiative. Da die Hotels große Unterschiede im Komfort aufweisen, läßt sich für jeden Geldbeutel die passende Unterkunft finden. Es gibt eine amtliche, fünfstufige Klassifizierung mit Sternen (die wie gesagt nichts mit denen in diesem Führer zu tun haben), der fast alle Hotels unterliegen. Hotelzimmer werden grundsätzlich nicht je Person sondern je Zimmer bezahlt; das (oft kärgliche) Frühstück wird meist gesondert (je Person) berechnet. Allerdings beginnen die Preise für Hotelzimmer in Häusern der einfachsten Kategorie schon bei etwa € 15-20 und sind somit selbst für Alleinreisende erschwinglich. Wer zu zweit unterwegs ist, für den können solche Hotels eine erwägenswerte Alternative zu den Niedrigpreisunterkünften (s.u.) darstellen.

Eine Besonderheit im Klassifizierungssystem sind die *Logis de France*, kleine Hotels mit leicht gehobenem Standard, die im allgemeinen in Küche und Keller regionale Spezialitäten anbieten. Sie sind mit öffentlichen Zuschüssen renoviert worden und verfügen über ein besonders gutes Preis-Leistungs-Verhältnis. Daher findet sich in diesem Führer ein hoher Anteil von den Logis de France angeschlossenen Hotels. Ein Verzeichnis kann vom Französischen Fremdenverkehrsbüro angefordert werden (s. *„Informationsmaterial“)*.

Viele kleine Hotels haben einen festen Ruhetag, häufig den Sonntag, an dem nur ein Minimum an Service vorhanden ist und in der Regel keine Neuankömmlinge aufgenommen werden.

Privatzimmer

Privatunterkünfte sind in Frankreich schon wegen der vergleichsweise niedrigen Hotelpreise seltener. Während „Gîtes Ruraux“ als Ferienwohnungen und -häuser nur wochenweise anzumieten sind, bieten sich *„Chambres d'Hôtes“* (Gästezimmer) durchaus für Radwanderer an. Sie liegen verstreut in überwiegend ländlichen Gegenden und werden meist überraschend am Wegesrand auftauchen. Manchmal sind sie mit einem „Table d'Hôtes“ (Mahlzeitenzubereitung) kombiniert. Die Preise sind sehr unterschiedlich; im allgemeinen muß man mit € 25-40 für eine und € 30-50 für zwei Personen (inkl. Frühstück) rechnen. Meist stehen 2-4 Betten in einem Zimmer zur Verfügung. Für einen Radfahrer ist es wenig sinnvoll, Chambres d'Hôtes als Etappenziel anzusteuern, da die Wahrscheinlichkeit groß ist, daß sie belegt sind. Sie werden daher in diesem Führer nicht genannt. Die eigene Entdeckungsfreude bleibt davon natürlich unberührt.

Einige Gastgeber sind der Organisation „Gîtes de France“ angeschlossen, die ein zentrales (französischsprachiges) Verzeichnis herausgibt. Zimmer müssen direkt beim Gastgeber reserviert werden. Das Verzeichnis *Chambres et Tables d'hôtes* kann für ca. € 15 bezogen werden. Man kann es entweder im Internet bequem über die Organisation direkt oder über den Buchhandel bestellen (mit kleinem Preisaufschlag).

Die Gîtes de France geben noch weitere Verzeichnisse heraus (u.a. die Gîtes d'étape und Camping à la ferme, s.u.):

➪ Maison des Gîtes de France et du Tourisme Vert (kurz: Gîtes de France)
59 rue Saint-Lazare
F-75439 Paris Cédex 09
✆ (0033) 149707575
🖷 (0033) 142812853
www.gites-de-france.fr

Übersichten über Privatzimmer (meist Teilverzeichnisse des oben genannten) werden von manchen regionalen Fremdenverkehrsämtern gratis zugesandt.

Niedrigpreisunterkünfte

Das Angebot an Niedrigpreisunterkünften ist in Frankreich erheblich größer als von Tourismusbehörden angegeben. Die meisten bei den Informationsbüros erhältlichen Verzeichnisse sind entweder unvollständig, veraltet oder umfassen nur ein kleines Gebiet. So existieren zwei Jugendherbergsverbände und neben den Gîtes de France noch weitere regionale Organisationen für Wandererunterkünfte, die sich gegenseitig totschweigen. In allen Vereinigungen gibt es angeschlossene kommunale oder von Institutionen betriebene Häuser; häufig anzutreffen sind „Foyer des jeunes travailleurs" (F.J.T. – Arbeiterwohnheime, Freizeitheime) und die „Centres internationals de séjour" (C.I.S. – vorrangig für Jugendliche gedachte internationale Begegnungszentren). Kein Wunder also, daß in Frankreich niemand einen Überblick über diese Unterkünfte hat.

In diesem Radreiseführer sind alle Niedrigpreisunterkünfte entlang den einzelnen Etappen, soweit bekannt (Stand 2005), aufgeführt (Ausnahme: Campingplätze bei allzu großer Zahl). Da es aber ständig Veränderungen gibt, die trotz der vollständigen Überarbeitung bei jeder Auflage nicht alle erfaßt werden können, ist es ratsam, sich bei den Unterkünften während der Reise telefonisch zu erkundigen.

Jugendherbergen

In Frankreich konkurrieren zwei Jugendherbergsverbände, die beide Verzeichnisse von (natürlich nur ihren eigenen) Jugendherbergen herausgeben. Je nach Vorrat sind diese beim Fremdenverkehrsamt erhältlich.

Im einzelnen gibt es folgende Verbände, deren Verzeichnis man am besten bei den angegebenen Anschriften anfordert:

➪ Fédération Unie des Auberges de Jeunesse (FUAJ)
27 rue Pajol
F-75018 Paris
✆ (0033) 144898727
🖷 (0033) 144898710
www.fuaj.org

Die FUAJ ist das einzige französische Mitglied im Internationalen Jugendherbergsverband IYHF und dementsprechend auch im Internationalen JH-Verzeichnis aufgeführt (allerdings unvollständig). Sie ist wie üblich einheitlich durchstrukturiert; die etwa 200 Herbergen sind in fünf Komfortkategorien eingestuft. Die aktuell gültigen Preise sind im nationalen Verzeichnis aufgeführt. Sie weisen eine recht große Spanne auf (ca. € 7-20).

Fast alle Häuser haben Selbstkocherküchen, bieten aber in der Regel zumindest das spärliche französische Frühstück an. Die Jugendherbergen sind mindestens von 8 h bis 10 h und von 17 h und 22 h geöffnet.

➪ Ligue Française pour les Auberges de la Jeunesse (LFAJ)
67 r Vergniaud Bat. K
F-75013 Paris
✆ (0033) 144167878
📠 (0033) 144167880
www.auberges-de-jeunesse.com

Die LFAJ ist zwar ein Mitbegründer der IYHF, dort aber kein Mitglied. Die Ausweise der anderen JH-Verbände werden dennoch anerkannt. Die inzwischen nur noch 50 Häuser des Vereins – viele sind in den letzten Jahren zur FUAJ abgewandert – bilden einen lockeren Zusammenschluß und haben keine einheitlichen Bedingungen. Sowohl die Preise auch auch Öffnungszeiten und Standard schwanken stark. Nur in seltenen Fällen befinden sich Herbergen der LFAJ in den gleichen Orten wie die der FUAJ. Im Verzeichnis des Verbandes stehen Entfernungen zu Haltestellen und Übernachtungskonditionen. Danach kostet eine Nacht ca. zwischen € 10 und 15, manchmal bis zu € 30, mit Halbpension ca. € 20. Zusätzlich ist eine telefonische Rückfrage vor allem wegen der Öffnungszeiten außerhalb der Hauptsaison anzuraten, da das LFAJ-Verzeichnis aufgrund ständiger Änderungen viele Ungenauigkeiten und manche Fehler enthält.

Die LFAJ gibt eigene Mitgliedskarten heraus (entweder als Jahreskarte € 10,70 unter 26 J. bzw. € 15,25 über 26 J. oder als Tageskarte € 1,50 pro Nacht).

Die Übernachtung in einer FUAJ-Jugendherberge setzt außer einem gültigen Jugendherbergsausweis des Heimatlandes die Benutzung eines Leinenschlafsacks oder eines Mumienschlafsacks (Daune oder Kunstfaser) voraus. Da die Ausstattung der Häuser mit Decken oft mangelhaft ist und diese zudem in den Wandererunterkünften (s.u.) meist nicht gestellt werden, ist es ratsam, statt des JH-Schlafsacks gleich einen Mumienschlafsack mitzunehmen. Man kann zwar in allen Häusern auch Bettwäsche mieten (ca. € 3), was aber bei häufigem Herbergswechsel ein teurer Spaß wird (bei der LFAJ z.T. im Preis eingeschlossen).

Wer vom Mahlzeitenangebot der Herbergen unabhängig sein möchte, kann in den meisten Herbergen in der Gästeküche sein Essen selbst zubereiten. Allerdings sind die Küchen im Vergleich mit anderen Ländern nicht übermäßig gut ausgestattet. Welche Häuser Gästeküchen haben, steht in den beiden Herbergsverzeichnissen. Die Küchen sind übrigens nur für Einzelwanderer gedacht; größere Gruppen werden an das Mahlzeitenangebot der jeweiligen Herberge verwiesen.

Einige Herbergen haben nur während der Sommerferien geöffnet und sind manchmal außerhalb dieser Zeit als Gruppenunterkunft im Einsatz. Falls bei einer solchen Gelegenheit das Haus nicht ausgebucht ist, nehmen die Leiter manchmal auch Einzelgäste an. Ein Anruf ist bei solchen Häusern ggf. stets angebracht; die Öffnungszeiten (im Jahr) stehen in den JH-Verzeichnissen und sind außerdem in den Orts- und Etappenbeschreibungen vermerkt.

Gîtes d'étape

Fast wichtiger für Radtouristen, weil zahlreicher und meist ganzjährig nutzbar, sind die „Gîtes d'étape", nur für nichtmotorisierte Reisende (Wanderer, Radfahrer, Reiter, Kanufahrer) gedachte Unterkünfte auf jugendherbergsähnlichem Niveau. Das heißt z.B. auch, daß es nicht überall Bettwäsche gibt. Die Gîtes befinden sich meist in ländlicher Umgebung nahe bei Fernwanderwegen, werden teils von kommunalen Verbänden, teils von Bauern oder anderen Privatleuten unterhalten und bieten außer einem Bett und einer einfachen, aber vollständigen Sanitärausstattung bis auf wenige Ausnahmen durchweg Küchen und Aufenthaltsräume. Manchmal wird auch Abendessen angeboten.

Während der Hauptsaison ist immer, in der Zwischensaison zumindest an Wochenenden telefonische Rückfrage wegen einer etwaigen Ausbuchung anzuraten, da die meisten Gîtes nur höchstens 20 Gäste beherbergen können. Außerdem sind die Häuser oft abseits des in der Adresse angegebenen Ortes gelegen und dadurch nicht immer ohne weiteres zu finden; manchmal ist der Schlüssel auch an anderen Stellen zu bekommen. Soweit bekannt, sind diese Informationen in den Etappenbeschreibungen enthalten. Die Preise sind sehr uneinheitlich, liegen aber meist auf Jugendherbergsniveau. Entsprechend der Hotelklassifizierung werden auch die Gîtes in Preiskategorien – soweit bekannt – eingeteilt. Anders als bei den Hotels schwanken die Gîte-Preise saisonal sehr stark, z.T. muß im Sommer das Doppelte des Nebensaisonpreises gezahlt werden. Die Preisangaben beziehen sich stets auf die Hochsaisonpreise (pro Person):

*	bis € 15
**	bis € 20
***	bis € 25
****	über € 25

Die Gîtes d'étape sind in verschiedenen Organisationen zusammengeschlossen, die meist regional begrenzt sind. Eine Ausnahme macht der bereits erwähnte Verband „Gîtes de France" (s. Privatzimmer), in dessen Verzeichnis *„Gîtes d'étape et de séjour"* (€ 9) Gîtes d'étape aus fast ganz Frankreich aufgeführt sind. In manchen Gebieten ist das Angebot allerdings recht dürftig (einige Dép. sind gar nicht enthalten), so daß es sich mitunter lohnt, in Gebieten mit eigenen Organisationen deren Verzeichnisse anzufordern. Dazu zählen vor allem:

➪ Chamina
5 rue Pierre-le-Vénérable
B.P. 436
F-63012 Clermont-Ferrand Cedex 1
✆ (0033) 473928144
🖹 (0033) 473916224
www.chamina.com

Das Verzeichnis „Le Colporteur" deckt das gesamte Zentralmassiv und angrenzende Regionen ab (die Regionen Auvergne und Limousin sowie die Départements Dordorgne, Lot, Aveyron, Lozère und Loire). Es ist recht umfangreich und übersichtlich aufgebaut. Die dort existierenden Gîtes sind mit Nennung des Ortes auf mehreren Karten eingezeichnet. Darüber hinaus werden Anregungen für sportliche Aktivitäten gegeben (Rafting, Klettern, Reiten etc.). Bei Chamina kann man auch spezielle Wander- und Mountain-Bike-Führer anfordern.

➪ CIMES – Pyrénées
B.P. 24
F-65420 Ibos
✆ (0033) 562900992

Die von dieser Organisation zugesandte Liste führt von West nach Ost quer durch die gesamten Pyrenäen. Leider sind die darauf enthaltenden Angaben nicht sehr ausführlich.

Darüber hinaus verschicken einige „Comités Départementaux de Randonnée Pédestre" und „Comités Régionaux de Randonnée Pédestre" Adressen von Gîtes ihres Départements bzw. ihrer Region. Adressen können bei den regionalen Fremdenverkehrsämtern oder beim nationalen Dachverband erfragt werden:

➪ Fédération Française de la Randonnée Pédestre (FFRP)
9 rue Geoffroy Marie
F-75009 Paris
✆ (0033) 148018080
🖹 (0033) 142466840
www.ffrandonnee.fr

Studentenwohnheime

Für Studenten besteht die Möglichkeit, in französischen Universitätsstädten in Wohnheimen zu übernachten. Einer bilateralen Regierungsvereinbarung entsprechend wurde ein „Deutsch-Französischer Sozialausweis" geschaffen, der berechtigt, subventionierte Universitätseinrichtungen auch im jeweils anderen Land in Anspruch nehmen zu dürfen. Dies umfaßt in erster Linie die Wohnheime und Mensen.

Um sich anzumelden, sollte man sich zunächst vor Ort an das Studentenwerk (CROUS) wenden, wo man erfährt, welches Wohnheim Plätze frei bzw. geöffnet hat. In den Semesterferien sind die Einrichtungen nur teilweise geöffnet. Die Adressen der CROUS, die entlang den beschriebenen Strecken liegen, sind in den jeweiligen Etappenbeschreibungen aufgeführt.

Warme Mahlzeiten in der Mensa und Übernachtungen sind für Inhaber des Sozialausweises, der bei jedem deutschen Studentenwerk erhältlich ist, günstiger als bei Vorlage des Internationalen Studentenausweises (s. „Service").

Camping

Frankreich ist ein ausgesprochenes Campingland mit fast 10.000 Plätzen. Angesichts dieser großen Zahl zur Verfügung stehender Plätze existiert kein vollständiges Verzeichnis; man kann aber regionale Übersichten vom Fremdenverkehrsamt gratis erhalten. Die unterste, aber stilvollste Ausstattungsstufe ist das sogenannte *„Aire naturelle"* (naturbelassenes Areal).

In der gleichen familiären Kategorie ist *„Camping à la ferme"* (Camping auf dem Bauernhof) anzusiedeln. Die Adressen der dem Verband „Gîte de France" angeschlossenen „Campings à la ferme" können in einem eigenen Verzeichnis für € 9 von den oben genannten Adresse angefordert werden (s. Privatzimmer).

Die übrigen Campingplätze unterliegen einem „Sterne"-Klassifizierungssystem. Die einfachen 1-Sterne-Plätze bieten eigentlich nur Sanitäreinrichtungen, auf 2-Sterne-Plätzen gibt es zumindest Versorgungseinrichtungen in der Nähe, 3-Sterne-Plätze haben Gemeinschaftsräume und Einkaufsmöglichkeiten auf dem Platz, die Luxusplätze mit 4 Sternen sind besonders schön gelegen und haben umfangreiche Gemeinschaftseinrichtungen, teils auch gastronomische Versorgung. Einige Campingplätze vermieten Zelte und Bungalows.

Die Preise für die Übernachtung sind unterschiedlich (je nach Standard des Platzes) und liegen im allgemeinen bei € 7-15 für Alleinreisende, für jede weitere Person zusätzlich € 2-5. In touristischen Gebieten, insbesondere an der Küste, können sie jedoch erheblich darüber liegen (bei über € 30).

A la belle étoile

Grundsätzlich ist Wildcampen zwar verboten, mit Einwilligung der Grundstückseigentümer (ggf. der Gemeindeverwaltung) aber durchaus möglich. Und wer, etwa bei einem Bauern, um die Erlaubnis bittet, wird nicht selten in ein Gespräch verwickelt. Es ist also ein guter Anlaß, Kontakt mit Einheimischen zu bekommen. Zudem bietet sich dabei eher einmal die Möglichkeit, das Zelt wegzulassen, also unter freiem Himmel zu schlafen (dies auch die Bedeutung der Überschrift). Und das ist ein unvergeßliches Erlebnis! Zumal es die Wetterverhältnisse in Südfrankreich schon häufiger zulassen als in Mitteleuropa.

Doch wenn auch nicht wie bei Campingplätzen mit dem Diebstahl einzelner Ausrüstungsteile zu rechnen ist, besteht mancherorts die Gefahr, dafür ganz ausgeplündert zu werden (oder schlimmeres), vor allem wenn man außerhalb eines Privatgrundstückes schläft (besonders im Hinterland der Mittelmeerküste, dort auch Waldbrandgefahr). Daher sollte man unbedingt beherzigen, auf Privatgrundstücken oder so zu campieren, daß der Schlafplatz nicht von irgendeiner Straße oder befahrbarem Weg einsehbar ist!

Kulinarisches

Keine Frage, die französische Küche ist ausgezeichnet! Das beruht nicht zuletzt darauf, daß die Franzosen den Mahlzeiten eine große Bedeutung beimessen. Auf Qualität wird ebenso geachtet wie auf Variantenreichtum. Es gilt, eher viele Gänge zu kreieren als sich von einer Zutat allein zu füllen. Das könnte etwa so aussehen: zunächst einen Apéritif, dann die Vorspeise (Pastete, Quiche oder Suppe), Fleisch mit Beilagen, Salat, schließlich einen oder mehrere Desserts (Flan, Kuchen, Obst oder Käse) und eine Tasse Kaffee. Dazu wird meist Wein gereicht. Im Alltag erfährt dies Menü natürlich Einschränkungen. Aber beim Besuch eines Restaurants wird man mit dieser Abfolge rechnen können, wobei ein Apéritif eigentlich immer, der Kaffee meistens und der Wein manchmal extra bezahlt werden muß. Das preiswerteste Menü kostet in kleineren Restaurants meist zwischen € 10 und 20 (mittags häufig billiger als abends). Einzeln zusammengestellte Mahlzeiten (à la carte) sind erheblich teurer. Die Standardöffnungszeiten sind mittags 12-14 Uhr, abends 19-22 Uhr.

Bei Restaurants muß man allerdings unterscheiden zwischen der „Grande Cuisine“ der Schlemmerlokale und der Alltagsküche. Letztere legt ein meist größeres Gewicht auf regionale Besonderheiten und ist qualitätsmäßig trotz der niedrigeren Preise recht ordentlich. Solche Restaurants sind über das ganze Land verstreut, in abgelegeneren Gebieten natürlich seltener (dort oft mit Hotels kombiniert).

Wesentlich häufiger hingegen sind Cafés anzutreffen, in denen es zwar auch Kaffee gibt (wenig, aber stark), die prinzipiell aber mit einer Kneipe gleichzusetzen sind. Manche von ihnen werden zu den oben genannten Essenskernzeiten zu Restaurants erweitert, servieren aber auch sonst oft Kleinigkeiten wie z.B. belegte Baguettes. Sie öffnen in der Regel gegen 9 h morgens und bleiben durchgehend bis zum frühen Abend einsatzbereit. Übrigens sind Cafés auch Verkaufsstellen für Tabakwaren (sofern mit einem rautenförmigen „TABAC“-Schild gekennzeichnet).

Bisher ist eine Mahlzeit noch völlig unbeachtet gewesen: das Frühstück. Und nicht zu Unrecht, denn das „petit déjeuner“ spielt bei den Franzosen eine Nebenrolle und fällt dementsprechend mager aus: ein Stück Baguette oder Croissant (Hörnchen), etwas Butter und Belag, sowie ein Bol (Schale) Milchkaffee. Das reicht natürlich nicht, um einen Radfahrermagen zufriedenstellen zu können. Daher sollte man sein Frühstück etwas erweitern. Etwa indem man sich in den zahlreichen Patisserien (Konditoreien) eines der köstlichen französischen Teilchen kauft oder bei der Brotwahl variiert. Das ist allerdings gar nicht einfach, da einzig das Baguette subventioniert wird, es damit wesentlich billiger ist als andere Brotsorten und folglich seine Nachfrage am größten ist. Doch man sieht immer häufiger auch Mischbrote in den Regalen, was noch vor einigen Jahren (ebenso wie Frischmilch übrigens) undenkbar gewesen wäre.

Wer sich hauptsächlich selbst versorgt, etwa mit einem Campingkocher ausgerüstet oder in den Gîtes d'étape, der wird schnell feststellen, daß die französische Eßkultur nicht nur die Ausbreitung der Fast-Food-Betriebe behindert, sondern auch den Absatz von Fertiggerichten. Vier, fünf Sorten, dann kennt man das entsprechende Repertoire der Supermärkte. Man muß also entweder eine kleine Küche mit sich führen, doch öfter ein Restaurant aufsuchen oder aber seine Liebe zu Ravioli entdecken.

Essen

Jede Region hat ihre eigenen Spezialitäten und gastronomischen Hochburgen. In Aquitanien ist dafür das Périgord bekannt, in dessen Eichenwäldern Trüffel wachsen, die alljährlich mit großem Aufwand gesucht werden. Sogar Schweine sollen dafür noch eingesetzt werden. Diese finden dann noch eine zweite Verwendung: Sie werden zu Pâté verarbeitet. Gleiches Schicksal erleiden die Gänse, die die berühmte Stopfleber (foie gras) liefern. Gelangt man zur Küste, findet man auf den Speisekarten Meeresfrüchte aller Art. Besonders bekannt sind das Becken von Arcachon und die Seudremündung (nördlich der Gironde) für die Austernzucht. In La Rochelle kann man zahlreiche Leckereien genießen, etwa gekochte Muscheln in weißer Soße (Mouclade), Schnecken oder der eiweiß- und vitaminreiche Hummer.

Die vielen Wälder bescheren der überwiegend ländlichen Gastronomie des Limousin die Zutaten, z.B Steinpilze und Eßkastanien. Auch Trüffel kann man bekommen. Nur sind es dort die Enten, deren Leber zu Pastete verarbeitet wird. Auch das Zentralmassiv ist eine ärmere Region, in der die Landwirtschaft eine große Rolle spielt. Bei den Mahlzeiten wird meist das gegessen, was der eigene Boden hergibt. Die Küche ist dementsprechend deftig bäuerlich. Spezialitäten sind vor allem ein Kirschpudding (Clafoutis), aus Nüssen zubereitete Desserts, sowie die hier besonders zahlreichen Käsesorten: aus Kuhmilch hergestellter Cantal und Bleu d'Auvergne, der berühmte Schafskäse Roquefort sowie verschiedene Ziegenkäsesorten.

Weiße Bohnen sind ein Grundbestandteil der Mahlzeiten im Toulousain. Besonders berühmt geworden ist das Cassoulet, das sogar den Weg in die Dose gefunden hat. Es besteht neben den Bohnen aus verschiedenen Fleischsorten, meist Schwein oder Hammel.

An der Mittelmeerküste wird viel mit Fisch und Schalentieren gekocht. So findet im Languedoc Stockfisch Verwendung. Außerdem kommen noch die typisch mediterranen Zutaten hinzu, wie Paprika, Auberginen und Zucchini, die zu Ratatouille verarbeitet werden. Daß der Genuß dieses Gerichts vielen Mitteleuropäern Magenschmerzen bereitet, liegt vor allem am reichlichen Gebrauch von Olivenöl. Die Saucenpalette verdankt ihre Vielfalt nicht nur den Weinen, sondern auch den zahlreichen Gewürzen, die dort überall wachsen: Thymian, Majoran, Fenchel, Beifuß, Basilikum, Salbei, Knoblauch, Lorbeer, Rosmarin ...

Trinken

Lieblingsgetränk aller Franzosen zum Essen ist der Wein, den es bekanntlich in so vielen Sorten gibt wie kaum in einem anderen Land. Extrem groß ist vor allem das Angebot an preiswerten, einfachen Landweinen, die auch in Restaurants erheblich billiger serviert werden als in deutschen Landen. Die Hauptanbaugebiete Südwestfrankreichs liegen an der Gironde (Bordeaux, Médoc, Bergerac) und entlang der Mittelmeerküste (Roussillon, Corbières, Minervois, Côteaux du Languedoc). Daneben gibt es noch kleinere Gebiete, wie z.B. am Lot (Cahors).
Gerade in Südfrankreich sieht man tagsüber in den Cafés aber kaum jemanden mit einem Weinglas in der Hand (allenfalls Touristen). Der wird nämlich nur zu Mahlzeiten getrunken. Vielmehr nimmt man zwischendurch Pastis oder Pernod zu sich, zwei Anisschnäpse, die auch gerne als Apéritif verwendet werden.

Im Südwesten werden zwei berühmte Weinbrände destilliert: Cognac und Armagnac. Letzterer stammt aus Teilen der Dép. Gers und Lot-et-Garonne. Der Cognac ist entstanden, weil der Wein dieser Region mit dem nahen Bordeaux nicht mithalten konnte. Es ist in sieben einzelne Gebiete (crus) eingeteilt, die ebenso die Qualität (und den Preis) des Cognacs bestimmen wie sein Alter.

Vor allem in der Auvergne ist der aus dem Burgund stammende Cassis verbreitet. Ein Schuß dieses schwarzen Johannisbeerlikörs wird bei der Herstellung des ansonsten aus Weißwein bestehenden Kir verwendet, wie der Pastis ein beliebter Apéritif.

Die übrigen alkoholischen Getränke Frankreichs stammen aus dem Norden, was natürlich nicht heißt, daß sie nicht auch im Süden konsumiert würden.
Genannt seien der Cidre, ein Apfelwein, der Calvados, der aus Cidre destilliert wird, Champagner und – Bier.
Dieses Gebräu ist seit etlichen Jahren auch in Frankreich stetig auf dem Vormarsch. Während die Importbiere aus Belgien und den Niederlanden meist stark mit Zucker und ähnlichen Zutaten versetzt und somit weitgehend ungenießbar sind, können die bekannteren Marken des Elsaß (z.B. Kronenbourg) durchaus Bierfreunde zufriedenstellen, auch wenn Schnellzapfmethode und oft winzige Gläser nicht nur bei umfangreicherem Bierkonsum wenig Freude bereiten.

Das wichtigste Getränk für Radtouristen aber blieb bislang unerwähnt. Köstlich erfrischend und ein Genuß für jeden, der unter der Sonne des Midi daherrollt. Gemeint ist Wasser. Davon sollte man, besonders bei großer Hitze, reichlich zu sich nehmen, damit man viel schwitzen kann. Denn dies ist die Klimaanlage des Radfahrers (aber nicht vergessen, besonders bei längeren Reisen, ausgeschwitzte Mineralsalze wieder zuzuführen). In den meisten Bergregionen tauchen am Straßenrand immer wieder kleine Brunnen auf, die quellfrisches Wasser liefern. Zudem ist das Wasser der Dorfbrunnen solcher Gebiete meist trinkbar. Ansonsten gibt es wohlschmeckendes Wasser zu kaufen, sei es still oder leicht mit Kohlensäure versetzt (eau minérale gazeuse). Auch steht bei Mahlzeiten neben Wein grundsätzlich eine Karaffe Wasser auf dem Tisch.

Geld

Frankreich ist Euroland, insofern kann man sich nun die lästige (und teure) Umtauscherei sparen – solange man freilich nicht aus der Schweiz kommt.

Wer unterwegs Geld benötigt, kann mit seiner EC-Karte (mittlerweile von „Eurocheque-" in „Electronic Cash"-Karte umgetauft) mit dem Maestro-Zeichen an jedem Geldautomat mit seiner Geheimzahl Bargeld abheben, u.U. sogar gebührenfrei (bei der Hausbank erkundigen). Dies ist zwar auch mit Kreditkarten möglich, in der Regel jedoch teurer. Eine Abhebung mit deutschem Postsparbuch ist im Ausland generell nicht mehr möglich, wohl aber mit der Postbank-SparCard.

Kreditkarten sind in Frankreich stark verbreitet. Standard ist die Carte Bleue, die dem VISA- und dem Mastercard-System angeschlossen ist. Insgesamt ist die VISA-Karte jedoch häufiger anzutreffen. Mit Karten anderer Organisationen kann man nur wenig anfangen.

Blick auf den Puy de Dôme

Briefpost

Die französische Post arbeitet so schnell und zuverlässig, wie man es von allen mittel- und westeuropäischen Ländern gewohnt ist. Allerdings gehört zu dieser Norm auch, daß sich die Leerungszeiten der Briefkästen je nach Ort stark unterscheiden. In Städten trifft man manchmal auf mehrere Einwurfschlitze mit verschiedenen Bestimmungen: Meist wird dabei zwischen Stadt bzw. Département und „autres destinations“ (andere Bestimmungsorte) unterschieden, manchmal gibt es welche nur für „cartes postales“. Im Normalfall werden Briefe und Karten in die Heimat eine knappe Woche unterwegs sein.

Die Portokosten betragen:

⇨ für Postkarten und Standardbriefe (bis 20 g) € 0,46 in alle deutschsprachigen Länder und die Niederlande; nach anderen Ländern gelten teils höhere Tarife. Über die vollständige Preisliste informiert der Internetauftritt der französischen Post: www.laposte.fr.

Briefmarken werden in Frankreich nicht nur in Postämtern, sondern auch in den als „Bureau de Tabac“ mit einem Rautenschild besonders gekennzeichneten Cafés verkauft (s. „Kulinarisches“). Zudem sind sie oft zusammen mit dem Kauf von Postkarten erhältlich.

In Frankreich existiert ein Postleitzahlensystem, das dem deutschen, schweizerischen und österreichischen ähnelt und fünfstellig numerisch ist. Die Départementskennzahl (s. „Staat und Verwaltung“) stellt die ersten beiden Ziffern dar, die letzten zwei Stellen sind der Stadtleitzahl bzw. bei größeren Orten dem Zustellungsbezirk vorbehalten. Zur Vermeidung von Verwechslungen und Fehlleitungen ist es erforderlich, im Auslandsbriefverkehr das Bestimmungsland unter den Ort zu schreiben oder sein Nationalitäts-Kennzeichen der Postleitzahl mit einem Bindestrich voranzustellen, also:

– nach Frankreich „F-“
– aus Frankreich nach Deutschland „D-“
nach Österreich „A-“
in die Schweiz „CH-“
in die Niederlande „NL-“

Wer unterwegs Post erhalten möchte, kann sie sich postlagernd („poste restante“) in eine Stadt zuschicken lassen und bei dem betreffenden Postamt gegen Entrichtung einer Gebühr und Vorlage eines Passes oder Ausweises abholen (bei Städten mit mehreren Postämtern bei der Hauptpost, wenn nicht anders vermerkt).

Telefon

Das Telefonsystem Frankreichs entspricht größtenteils europäischen Normen. Die *France Télécom* hat das Netz ihrer öffentlichen Telefone vollständig auf Telefonkarten (*télécarte*) umgestellt; zahlreiche Apparate können zudem mit VISA-Kreditkarten benutzt werden. Das Netz ist ausgezeichnet: Ob in einsamen Gebirgsgegenden oder mitten auf dem Strand am Mittelmeer, Telefonzellen gibt es reichlich. Die „télécarte“ ist in Postämtern, Tabakläden, Bahnhöfen und weiteren gekennzeichneten Verkaufsstellen erhältlich, und zwar mit 50 oder 120 Gebühreneinheiten.

Desweiteren gibt es eine (kostenlos erhältliche) Telefon-Kreditkarte (*Carte France Télécom*), deren Besorgung und Abrechnung (über Kreditkarten oder Bankkonten) für einen kürzeren (Urlaubs-)Aufenthalt aber unrationell sein dürfte Wer's dennoch probieren möchte, findet Informationen im Internet unter www.francetelecom.fr.

In den Zellen kann man sich auch anrufen lassen, ein entsprechendes Schild mit der jeweiligen Telefonnummer ist meist schon von außen deutlich erkennbar.

Es gibt generell zwei Tarife: mo-fr 8-19 h voller Tarif, ansonsten gilt eine Ermäßigung von ca. 30 %. Eine Übersicht über die innerfranzösischen Gebühren befindet sich in jeder Telefonzelle.

Die Gebühren für Auslandsgespräche richten sich ebenfalls nach Zielland und (der gleichen) Tageszeit und sind auf einer Tabelle in den Telefonzellen abzulesen (auch im Internet, s.o.).
Bei der Direktwahl gelten folgende Vorwahlnummern:
– nach Deutschland **0049**
– nach Österreich **0043**
– in die Schweiz **0041**
– in die Niederlande **0031**

Im Anschluß an diese Ziffernfolge sind dann die Ortskennzahl des Zielortes – wie üblich bei Auslandsgesprächen ohne die Anfangs-Null – und die Rufnummer des Teilnehmers zu wählen.

Bei Gesprächen aus allen mitteleuropäischen Ländern nach Frankreich gilt die Vorwahl **0033**. *Wichtig:* Die Anfangs-Null der französischen Nummer entfällt. obwohl sie bei innerfranzösischen Gesprächen *immer* mitgewählt werden muß!

Wer auf sein Handy auch auf dem Rad nicht verzichten möchte, wird in Frankreich ein vertrautes System vorfinden: Es gibt drei Mobilfunkanbieter, von denen zwei den GSM-900-Standard (D-Netze), einer den 1800-Standard (E-Netz) nutzen. Ähnlich wie in Deutschland decken die D-Netze nahezu das ganze Land ab, während sich das E-Netz bisher auf Ballungsräume beschränkt. Dafür ist letzteres günstiger, besonders ins Ausland.

Welche Dienste, insbesondere Weiterleitungen und SMS, man mit welchem Netz nutzen kann, hängt von den Roaming-Verträgen des eigenen Anbieters ab. Man sollte sich vor der Abreise also genau erkundigen, um während der Reise und vor allem nach der Rückkehr (auf der Telefonrechnung) keine unliebsamen Überraschungen zu erleben.

Im einzelnen gibt es folgende Netzanbieter (Landescode für Frankreich ist 208):
- France Télécom Mobiles (Netzcode 01, GSM 900)
- Société Française du Radiotéléphone (Netzcode 10, GSM 900)
- Bouygues Télécom (Netzcode 20, GSM 1800)

Viaduc-de-Garabit, Truyèretal

Zeiten und Normen

Uhrzeit

Wer nach Frankreich reist, kann die Bedienungsanleitung für seinen Chronometer zu Hause lassen: es gilt Sommer wie Winter die gleiche Zeit wie in Mitteleuropa. Eine Umstellung der Uhr entfällt also.

Öffnungszeiten

Geschäfte

Die Ladenöffnungszeiten werden in Frankreich sehr frei gehandhabt; sie werden im großen und ganzen den Inhabern überlassen. Die Geschäfte öffnen meist um 8.30/9.00 h, legen eine Mittagspause ein (meist 12-14 h, teils aber auch länger oder um eine halbe Stunde verschoben) und schließen gegen 19.00/19.30 h. Dies gilt für mo-sa, allerdings mit einigen Einschränkungen und Ergänzungen:

– Einige Läden haben entweder am Samstagnachmittag oder Montagvormittag geschlossen, viele beide Male, und manche gar den ganzen Montag.

– Sonntagvormittags haben die meisten Bäckereien, teilweise auch Metzgereien geöffnet. Einige Bäckereien sind mit Lebensmittelläden kombiniert, so daß dann auch andere Versorgungsgüter erhältlich sind. Solche Geschäfte sind vor allem in Dörfern und kleineren Städten anzutreffen.

– Eine empfehlenswerte Möglichkeit, zu frischen Lebensmitteln (außer Brot und Fleisch vor allem Obst und Gemüse) zu kommen, ergibt sich beim Markt, der meist samstags abgehalten wird (s. auch in den Ortsbeschreibungen).

– Die übrigen Lebensmittel kann man sich am billigsten in den „Hypermarchés" besorgen, die fast immer am Stadtrand liegen, meist aber gut ausgeschildert sind. Sie sind preiswerter als die „Alimentations" in den Städten, allerdings auch unpersönlicher: Sie haben meist riesige Ausmaße mit 20 Kassen und mehr. Darunter befindet sich oft eine „caisse rapide" für wenige Artikel. Ihre Öffnungszeiten hängen stark von der Größe der Stadt oder dem touristischen Aufkommen ab: Am Mittelmeer wird man auf Supermärkte treffen, die bis 21 h und auch sonntags geöffnet haben. Häufig entfällt bei ihnen auch die Mittagspause.

– Eine weitere Steigerung stellen die „Centres Commerciales" dar, in denen nicht nur Lebensmittelläden, sondern auch andere Geschäfte untergebracht sind (Blumen, Kleidung etc.). Diese gigantischen Einkaufszentren, am Rand von Großstädten oder in Gebieten mit viel Tourismus, haben ebenfalls ausgedehntere Öffnungszeiten.

Bars, Cafés, Restaurants

Die gastronomischen Betriebe Frankreichs sind streng danach zu unterscheiden, ob sie nur flüssige oder auch feste Nahrung anbieten (s. „Kulinarisches"). Bars und Cafés sind im allgemeinen wie Lebensmittelgeschäfte von morgens bis 19.30 h geöffnet, allerdings ohne Mittagspause – in dieser Zeit machen sie nämlich den größten Umsatz. Nur ein kleinerer Teil aller Cafés bleibt auch abends dem Dienst am Kunden verpflichtet. Einige Cafés haben zusätzlich eine Lizenz zum Verkauf von Tabakwaren und sind außen mit einem roten rautenförmigen Schild „Tabac" gekennzeichnet.

Restaurants beschränken ihre Öffnungszeiten durchweg auf die wenigen Stunden, in denen französische Normalbürger Nahrung zu sich nehmen: mittags 12-14 h, abends 19-22 h. Das gilt auch dann, wenn Cafés zu den Essenszeiten zu Restaurants erweitert werden, da außerhalb dieser Zeiten die Küche nicht besetzt ist.

Touristeninformationsbüros

Fast jeder einigermaßen große Ort Frankreichs besitzt eine Informationsstelle für Touristen, die vom Verkehrsverein („Syndicat d'Initiative") unterhalten wird, teilweise als „Office de Tourisme" (bei größeren Orten oder Sehenswürdigkeiten). Es gibt keine Regel für die Öffnungszeiten dieser Büros; allerdings sind die Informationsstellen kleinerer Ortschaften meist nur in der französischen Hauptsaison (Juli/August) geöffnet.

In Gebieten mit sehr starkem touristischen Andrang wird man auch sonntags ein offenes Touristbüro finden. Als Pauschalanschrift dienen grundsätzlich „Syndicat d'Initiative", die Postleitzahl und der Ortsname. In den Ortsbeschreibungen dieses Buches sind die jeweiligen Büros mit Anschrift und Telefonnummer aufgeführt.

Postämter

Standardöffnungszeit der Postämter ist mo-fr 9-19 h und sa 9-12 h, fast immer mit einer Mittagspause von 12-14 h (Ausnahmen bei Hauptpostämtern größerer Städte). Es gibt aber Abweichungen um bis zu einer Stunde, und in manchen Orten sind sie samstags ganz geschlossen.

Bahnhöfe

Die Gepäckannahme in den Bahnhöfen ist in der Regel von 8-22 h geöffnet. Die allgemeinen Schalteröffnungszeiten sind je nach Größe des Bahnhofs sehr unterschiedlich, decken sich jedoch meist mit denen der Gepäckannahme.

Banken

Die Banken sind im allgemeinen geöffnet mo-fr oder di-sa 9.30-16.00 h, meist mit einer zweistündigen Mittagspause. Einige Banken haben montags geschlossen, andere samstags; es gibt keine einheitliche Regelung. Nur in größeren Städten kann man damit rechnen, an beiden Tagen offene Bankschalter anzutreffen. Aber für den Bargeldbezug bleiben ja immer noch die allgegenwärtigen Geldautomaten.

Sehenswürdigkeiten

Museen, Schlösser, Grotten und ähnliche Sehenswürdigkeiten sind häufig montags oder dienstags geschlossen, teilweise auch sonntagvormittags, feiertags oder seltener an anderen Tagen. Einige jedoch haben täglich geöffnet, vor allem in den Sommermonaten. Soweit bekannt, sind die Öffnungszeiten in den Etappenbeschreibungen genannt.

Feiertage

Zu den üblichen Feiertagen wie Neujahr, Ostermontag, 1. Mai, Christi Himmelfahrt, Pfingstmontag, Allerheiligen und Weihnachten (nur 25. Dezember) kommen in Frankreich der 8. Mai (Kapitulation Deutschlands im 2. Weltkrieg), der Nationalfeiertag (14. Juli), Mariä Himmelfahrt (15. August) und der Waffenstillstandstag des 1. Weltkriegs (11. November) hinzu. Schulferien sind von Juli bis Mitte September.

Normen

In Frankreich gilt in allen Bereichen das metrische System, so daß eine Umorientierung nicht erforderlich ist.
Manche Waren werden aber in abweichenden Mengen verkauft, so z.B. Brot häufig zu 400 oder 200 g.

Als elektrische Spannung wird in Frankreich entsprechend der EU-Norm durchweg 220-240 V Wechselstrom verwendet; die Steckdosen eignen sich im allgemeinen für Eurostecker. Für andere Stecker sind ggf. Adapter zu verwenden.

Foto rechts: Schloß in Pau

Service

Krankenversicherung

Die **Europäische Versicherungskarte,** die seit 2004 den Auslandskrankenschein „E111" ersetzt, ermöglicht gesetzlich Versicherten eine kostenfreie medizinische Behandlung im EU-Ausland, also auch in Frankreich. Die Karte ist zunächst immer nur für ein Jahr gültig. Ab 2006/2007 soll die Auslandsfunktion in der neuen, online-fähigen Versicherungskarte integriert sein.

Alle Behandlungen und Medikamente müssen stets zuerst an den Arzt gezahlt werden; die Erstattung kann entweder vor der Rückreise bei einer französischen Stelle (Auskunft in örtlichen Verwaltungsstellen, z.B. beim Bürgermeisteramt) oder nach der Rückkehr bei der heimischen Krankenkasse beantragt werden.

In der Regel übernimmt die französische Krankenversicherung jedoch nur einen Teil der tatsächlichen Kosten. Wer auf Nummer Sicher gehen will, sollte deshalb eine entsprechende Zusatzversicherung abschließen.

Privatversicherte sowie Reisende aus Nicht-EU-Staaten können bei ihrer jeweiligen Versicherung erfragen, welche Leistungen in Frankreich ggf. gewährt bzw. erstattet werden.

Notwendige Behandlungen von Touristen in französischen Krankenhäusern werden im gleichen Umfang gewährt. Öffentliche Krankenhäuser berechnen üblicherweise nur den von der französischen Kasse erstatteten Betrag, so daß keine Zusatzkosten entstehen.

Die Heimführung (Flug o.ä.) im Fall schwerster Erkrankungen wird von deutschen gesetzlichen Krankenkassen nicht ersetzt. Auch dafür kann man sich ggf (evtl. im Rahmen der Reisegepäckversicherung) zusätzlich reisekrankenversichern.

Preisermäßigungen

Für Auszubildende, Schüler und Studenten gibt es nur wenige Preisnachlässe, so z.B. für Museen. Voraussetzung für die Gewährung bildet vor allem der ISIC-Studentenausweis der International Student Identity Card Association (ISIC), Herengracht 479, NL-1017 BS Amsterdam, den man bei Jugendreisebüros und den AStAs der Universitäten bekommt; Info im Internet: www.istc.org bzw. www.isic.de (verschiedene Inhalte).

Die europäische Jugendkarte EURO<26 für jedermann unter 26 Jahren bietet zwar z.Z. keine offiziellen Rabatte, wird aber dennoch gelegentlich anerkannt. Ein Versuch ist es stets wert …

Hilferufe

Wenn man sich finanziell verkalkuliert hat oder völlig ausgeraubt wurde, wird man in die Zwangslage kommen, um Hilfe betteln zu müssen.

Die einfachste und auch billigste Art ist immer noch, von Freunden oder Verwandten Geld nachschicken zu lassen. Da die französische Post hinreichend zuverlässig ist, kann man die Zusendung einer Internationalen Postanweisung riskieren. Wichtig: der Empfänger muß sich bei Entgegennahme der Barschaft ausweisen können. Bei Verlust des Personalausweises oder Passes also lieber einen Ersatzempfänger suchen (z.B. Leiter der Unterkunft, in der man aufs Geld wartet).

Internationale Postanweisungen sind (auch Eilzustellung und/oder eigenhändig) möglich. Falls man sich ausweisen kann, ist die schnellste Empfangsadresse immer das jeweilige Hauptpostamt („Office de Poste Principal"), postlagernd („poste restante"). Nur bei abgelegenen Dörfern muß man mit längeren Laufzeiten rechnen.

Wenn es mal furchtbar eng ist, läßt sich Bargeld innerhalb von 30 Minuten nach Frankreich transferieren. Diesen nicht ganz billigen Service bietet Western Union für 150 Länder an. Ausgezahlt wird der Betrag bei einer Agentur vor Ort in Landeswährung. Weltweit arbeitet Western Union mit mehr als 25.000 Agenturen zusammen. Wichtigster Partner von Western Union ist in Deutschland und der Schweiz jeweils die Post. Hier können Sie Ihren Auftrag erteilen und Infos einholen.

Wenn alle Stricke reißen, ist die jeweilige Botschaft (bzw. Generalkonsulat) zur Hilfe verpflichtet. Da man hinterher aber alles mit Zinsen und Gebühren zurückzahlen muß, sollte man dort wirklich nur im äußersten Notfall anklopfen.
Die Anschriften:

Deutsche Botschaft
13/15 ave Franklin D. Roosevelt
75008 Paris
✆ 0153834500
www.amb-allemagne.fr

Deutsches Generalkonsulat
377 bd du Président Wilson
33200 Bordeaux-Caudéran
✆ 0556171222
www.bordeaux.diplo.de

Österreichische Botschaft
6 rue Fabert
75007 Paris
✆ 0145559566

Schweizer Botschaft
142 rue de Grenelle
75007 Paris
✆ 0149556700

Niederländische Botschaft
7 rue Eblé
75007 Paris
✆ 0143066188

Das Fahrrad

Tourentauglichkeit

Die Streckenbeschreibungen in diesem Buch gehen davon aus, daß ein tourentaugliches Fahrrad benutzt wird.
Wer die Absicht hat, für die Reise ein Fahrrad neu anzuschaffen oder ein vorhandenes umzurüsten, sollte den folgenden Empfehlungen folgen:

Fahrradtyp: Sogenanntes Trekking- oder Rennsportrad richtiger Rahmenhöhe. Angesichts der Steigungen sind schwere Hollandräder für eine Radreise in Frankreich ungeeignet. Ein MTB macht nur Sinn, wenn man auch auf unbefestigten Wegen fahren möchte, denn sonst wird sein höheres Gewicht nur hinderlich sein.

Reifengröße: 28-622, 32-622 oder 37-622 bzw. Trekking-/MTB-Reifen
Schmalere Reifen sind zwar schneller, angesichts der manchmal rauhen Straßenbeläge aber recht unbequem.

Château d'Alleuze an der Truyère

Gangschaltung: Mindestens 7, besser 21-27 Gänge mit Kettenblättern (vorn) 52/42 Zähne oder weniger bzw. übliche Dreifachkettenblätter 48/38/28, und Freewheel (Mehrfachfreilaufzahnkranz hinten) mit 16-32 Zähnen. Größere Ritzel bis 36 Zähne können je nach Kondition noch empfehlenswerter sein.

Bremsen: Wegen der teils langen und steilen Gefälle sind zwei gut funktionierende Bremsen unbedingt erforderlich.

Ausstattung: Ein solider Gepäckträger ist das Wichtigste. Wenigstens zwei, besser drei Streben sollte er haben.
Ebenfalls empfehlenswert ist es, auf die Stabilität von Felgen, Speichen und Naben besonderen Wert zu legen. Und wer mit Regenfahrten rechnet, sollte auf Schutzbleche nicht verzichten; evtl. zusätzlich am vorderen zum Schutz von Kette und Füßen einen Schmutzfänger anbringen.

Packtaschen: Bei den Packtaschen ist insbesondere darauf zu achten, daß sie praktisch zu handhaben und solide verarbeitet sind. Man sollte ruhig etwas mehr ausgeben, wenn man sich so Ärger unterwegs ersparen kann.
Neuralgische Punkte sind Verarbeitung (Nähte), Material (z.B. Cordura), Regenschutz (z.B. durch überziehbare wasserdichte Planen) und Aufhängung, die zwei stabile Haken mit einem Verschluß, der ein leichtes und schnelles Abnehmen ermöglicht, aufweisen sollte.

Mitnehmen, mieten, kaufen?

Das Mitnehmen des eigenen Fahrrades ist stets die beste Lösung. Nur wer kein tourentaugliches Rad besitzt oder den Transport scheut, sollte auf ein Mietrad zurückgreifen. Der Kauf vor Ort ist ebenfalls eine erwägenswerte Möglichkeit, zumal bei ähnlichem Preisniveau wie in deutschsprachigen Ländern gleichwertige Räder verkauft werden.

Fahrräder sind bei einigen Fahrradhändlern, Fahrradreise-Spezialunternehmen und ca. 50 Bahnhöfen der SNCF (meist nur in der Saison: Mai-Oktober) zu mieten; eine Liste wird von den Auslandsvertretungen der SNCF (s. „Verkehrsverbindungen in Frankreich") verschickt. Über die übrigen Fahrradvermieter gibt es keine Verzeichnisse. Die in Infobroschüren enthaltenen Adressen stellen lediglich eine Auswahl dar. Man kann aber davon ausgehen, daß in touristisch stärker erschlossenen Gebieten häufig Fahrradläden mit „Location de vélos" anzutreffen sind.
Die SNCF vermietet allerdings Räder unterschiedlicher Qualität und Eignung, die nicht immer für anspruchsvolle Touren verwendet werden können. Jedes SNCF-Fahrrad muß grundsätzlich am Ausleihort zurückgegeben werden.

Ein besonders heikler Punkt bei Mietfahrrädern sind gewöhnlich die Sättel. Wer also zu Hause über einen bequemen Sattel verfügt, sollte sich nicht scheuen, diesen mitsamt der Sattelstütze mitzunehmen und im Vermietergeschäft umzumontieren.

Reparaturausstattung

Zum wohl notwendigen Gepäck zählt die Reparaturausstattung, auch wenn es in Frankreich in jedem größeren Ort einen Radladen gibt (4000, 5000 Einwohner sollte er schon haben) und viele Franzosen selbst radfahren, so daß man im Notfall auch private Hilfe bekommen kann. Allerdings ist es mit den Pannen ja meist so, daß man sie gerade dann erleidet, wenn weit und breit kein Dorf zu sehen ist. Um wenigstens kleinere Dinge an Ort und Stelle selbst reparieren zu können, ist es daher empfehlenswert, die folgenden Dinge miteinzupacken:

Luftpumpe
Flickzeug, Reifenheber, Ersatzschlauch (unerläßlich)
Taschenmesser (wichtiges Allround-Werkzeug)
Ersatzreifen (bei von der Empfehlung abweichender Norm)
Maul-, Ring- oder/und Inbusschlüssel (je nach Fahrradtyp)
Schraubendreher mittlerer Größe
Ersatzspeichen (auf richtige Länge achten), Nippel, Nippelspanner
Zahnkranzabzieher (bei Mehrfachfreilaufzahnkranz)
Nähmaschinenöl oder Kettenfließfett
Putzlappen
Brems- und Schaltzüge
Bremsschuhe mit Bremsgummis

„Grobes“ Werkzeug wie Hammer und große Schraubenschlüssel ist überall in Werkstätten und Tankstellen, auf dem Land auch bei Bauernhöfen auszuleihen; man braucht das Gepäck somit nicht damit zu belasten.

Fahrradteile-Vokabular

Im Falle eines Falles wird man in keinem normalen Wörterbuch die Übersetzungen für die wichtigsten Fahrradteile finden. Damit man sich gegenüber Fahrradhändlern und -werkstätten verständlich machen kann, ist hier eine Liste der entsprechenden Vokabeln zusammengestellt.

Rahmen	**cadre**
Oberrohr	tube horizontal
Unterrohr	tube diagonal
Sattelrohr	tube de selle
Steuerkopfrohr	tube de direction
Gabel	fourche
Ausfallende	patte
Hinterrohre	bases
Hinterstreben	haubans
Laufrad	**roue**
Reifen	pneu
Schlauch	chambre à air
Felge	jante
Speiche	rayon
Nabe (hinten, vorne)	moyeu (avant, arrière)
Achse	essieu
Antrieb	**entraînement**
Tretlager	boîte de pédalier
Tretkurbel	manivelle
Kurbelkeil	clavette
Kettenblatt	plateau
Pedal	pédale
Kette	chaîne
Kettenwerfer (vorn)	dérailleur avant
Schaltwerk (hinten)	dérailleur arrière
Schaltzug	câble de dérailleur
Schalthebel	manette de dérailleur
Gang	vitesse
Gangschaltung	dérailleur
Freilauf-Zahnkranz	roue libre

Kettenritzel	plateau
Kugellager	roulement à billes

Ausstattung	**équipement**
Lenker	guidon
Glocke, Klingel	sonnette, timbre
Lampe	phare
Vorbau	potence
Steuerkopfsatz	jeu de direction
Bremsgriff	poignée de frein
Bremszug	câble de frein (transmission)
Felgenbremse	frein
Bremsschuh	porte-patin
Sattelstütze	tige de selle
Sattel	selle
Schutzblech	garde-boue
Kettenschutz	carter
Fahrradstütze, Ständer	béquille
Gepäckträger	porte-bagages
Hintere Packtaschen	sacoches latérales arrières
Lenkertasche	sacoche de guidon
Flickzeugbeutel	trousse de matériel de réparation
Luftpumpe	pompe à air
Rücklicht	feu arrière
Vorderlicht	feu avant, phare

Werkzeuge	**outils, outillage**
Schraube	vis
Mutter	écrou
Schraubenzieher	tournevis
Schraubenschlüssel	clé anglaise, plate
Inbusschlüssel	clé 6 pans
Zange	pince
Hammer	marteau
Kurbelabzieher	arrache manivelles
Schere	ciseaux
Messer	couteau

Unterwegs

Bei Orcival

Unterwegs

Südwestfrankreich ist flächendeckend in 165 Etappen ausführlich behandelt. Die Streckenbeschreibungen verlaufen im allgemeinen von West nach Ost oder Nord nach Süd. Sie nennen die benutzten Straßen (mit Numerierung, soweit vorhanden), schildern die durchradelten Ortschaften und am Weg liegende Sehenswürdigkeiten, verweisen auf interessante Abstecher. Orte, die einer ausführlichen Darstellung gewürdigt werden, sind mit Rasterstreifen hervorgehoben.

Im einzelnen findet man in den Etappenbeschreibungen Adressen bzw. sonstige Angaben folgender Ämter und Unterkünfte (Stand 2005):

- Information (SI bzw. OTSI)
- Verkehrsverbindungen (genannt sind Flug- und Schiffsverbindungen sowie die Endbahnhöfe der Zugverbindungen; deren Anschlüsse und Streckenverläufe sind aus der Übersichtskarte zu entnehmen)
- Hotel (nur wenige, ausgewählte Hotels; die Klassifizierung richtet sich, wie die der Gîtes d'étape, nach der Preiskategorie, s. *„Ein Dach überm Kopf"*)
- Studentenwerk (dort sind Infos über Studentenwohnheime und Mensen erhältlich)
- Jugendherberge (die Übernachtungskapazitäten werden in der Hauptsaison teilweise durch Anbauten oder Zelte etc. erhöht)
- Gîte d'étape (Gîtes d'étape sind wie Campingplätze teilweise am Ende eines längeren Etappenabschnittes zusammengefaßt)
- Camping (Campingplätze sind nach der Strecke sortiert, innerhalb eines Ortes jedoch nach Klassifizierung – die teuersten sind zuerst genannt)

Neben Wochentagen und Monaten sind teilweise auch Straßennamen abgekürzt: all = allée; av = avenue; bd = boulevard; ch = chaussée; chn = chemin; cs = cours; espl = esplanade; pl = place; qu = quartier; r = rue; rte = route; sq = square.
Bei den Unterkünften bedeutet Z. = Zimmer, B. = Betten und Stpl. = Standplätze. Postleitzahlen werden nur einmal genannt, bei einem Ort ohne Postleitzahl gilt die letztgenannte.

Den Etappenbeschreibungen sind Kartenskizzen zugeordnet, die den Streckenverlauf markieren. Die Skizzen enthalten alle befahrenen Straßen, alle Hauptstraßen der entsprechenden Region (d.h. alle auf den Michelinkarten rot gekennzeichneten Straßen) und – ansatzweise gezeichnet – alle Abzweigungen von der befahrenen Straße. Das ermöglicht eine gute Umsetzung der Kartenskizzen auf die während der Reise benutzten Landkarten. Die Skizzen sind hingegen nicht dazu gedacht oder geeignet, als Landkartenersatz zu dienen. Eine derart präzise Darstellung würde ein eigenes Kartenwerk in entsprechendem Maßstab und vielfarbigem Druck erfordern. Eine Umsetzung der Skizzen mindestens auf die empfohlenen Gebietskarten („série local") von Michelin ist daher unbedingt erforderlich!

In den Kartenskizzen werden folgende Zeichen und Symbole verwendet:

- Ortschaft
- Gewässer
- Landschaftssehenswürdigkeit (Grotte, Felszirkus, Viadukt)
- Historisches Bauwerk (Burg, Schloß, Kloster)
- Office de Tourisme/Syndicat d'Initiative (OTSI)
- Syndicat d'Initiative (SI)
- Hotel
- Studentenwerk
- Jugendherberge
- Gîte d'étape
- Campingplatz
- Flughafen

Anfangs- und Endpunkt einer Etappe sind auf den Skizzen in Großbuchstaben, geografische Namen gesperrt gedruckt. Die Symbole der Touristeninformationsbüros und Unterkünfte sind den jeweiligen Ortschaften – nach Möglichkeit lagerichtig – zugeordnet; bei dicht nebeneinanderliegenden Punkten ist das betreffende Symbol nur einmal enthalten. Näheres ist Text und Landkarte zu entnehmen.

Nobody is perfect

Und Reiseführer sind „schnellverderbliche Ware".
Deshalb werden sich auch in diesen Reiseführer Fehler eingeschlichen haben. Bei aller Sorgfalt ist es unvermeidlich, daß dieses Buch dem Anspruch der Unfehlbarkeit nicht gerecht werden kann.
Wir bemühen uns, bei jeder Neuauflage eine komplette Aktualisierung aller Informationen durchzuführen, und sind deshalb dankbar für jeden Hinweis zu Korrekturen, Ergänzungen, für Tips zu der Streckenführung, für jede Art konstruktiver Kritik.
Für verwertbare Tips revanchieren wir uns mit einem (anderen) Buch aus unserem Programm.

Schreiben Sie uns:

Verlag Wolfgang Kettler
Redaktion „Südwest-Frankreich per Rad"
Bergstr. 28
15366 Neuenhagen b. Berlin
(03342) 202168
eMail: kontakt@kettler-verlag.de

Die Regionen

Im ersten Teil dieses Führers („Land und Leute") wurden bereits die Unterschiede in Südwestfrankreich auf vielfältige Weise dargestellt. Nun sollen die wichtigsten Besonderheiten der einzelnen Regionen zusammengefaßt und damit zugleich ein Überblick über die Etappenbeschreibungen gegeben werden.

Das **Poitou** mit seiner Hauptstadt Poitiers bietet sich aus zwei Gründen als Start für eine Tour an. Zum einen ist es gut zu erreichen, zum anderen ermöglicht die nur leicht wellige Landschaft ein schonungsvolles „Warmwerden". Im Norden prägen Hecken und Felder die Szenerie, im Süden breitet sich eine etwas monotonere Ebene aus. Landschaftlicher Höhepunkt ist zweifellos das Marais Poitevin. Im östlichen Teil durchziehen Hunderte von Kanälen dieses frühere Moor- und Sumpfgebiet. In kultureller Hinsicht sind vor allem die romanischen Gebäude entlang dem Jakobsweg von Bedeutung. Von Paris kommend zogen die Pilger im Mittelalter über Poitiers weiter Richtung Santiago de Compostela. Nordwestlich schließt sich die **Vendée** an, die sich 1793 durch einen Aufstand gegen die Revolution einen Platz in den Geschichtsbüchern sicherte.

Östlich vom Poitou beginnt die **Marche**, zu deutsch „Stufe", die den Übergang zwischen Loireregion und Zentralmassiv markiert. Dort weichen die Felder ausgedehnten Weideflächen, die ein zunehmend entvölkertes Land bedecken. Wie im gesamten **Limousin** hat sich in diesem Jahrhundert die Bevölkerungszahl halbiert. Heute besticht die äußerst wasserreiche Gegend durch ihre satten und vielfältigen Grüntöne. Gegen Süden wird die beschauliche Landschaft immer hügeliger. Das Haut Limousin mit großen Wald- und Heidegebieten beginnt. Der Granit bildet einen Gegensatz zu dem dunklen Vulkangestein der Auvergne weiter östlich. Einige mehr oder weniger gut erhaltene Burgen sorgen ebenso für Abwechslung wie das herausragende Kunsthandwerk. Limoges ist Hauptstadt von Emaille- und Porzellanarbeiten, Aubusson von der Teppichwebkunst.

Die französische Atlantikküste südlich der Bretagne läßt sich in zwei Abschnitte unterteilen, wobei die Gironde eine natürliche Grenze bildet. Im Norden wechseln Flach- und Steilküste einander ab. Die **Saintonge** im Hinterland ist geprägt durch ländliche Gebiete und Sumpflandschaften; im Bereich der Gironde zwischen Cognac und Bordeaux ist das Land mit großen Weinfeldern bedeckt. Wie überall in ländlichen Gegenden ist es zur Blütezeit am schönsten, also zwischen April und August (Obst, Wein, Sonnenblumen). Doch neben den vielen kleinen Dörfern auf dem Land gibt es auch kulturell interessante Städte, wie La Rochelle, Saintes und Angoulême, Hauptstadt des **Angoumois**.

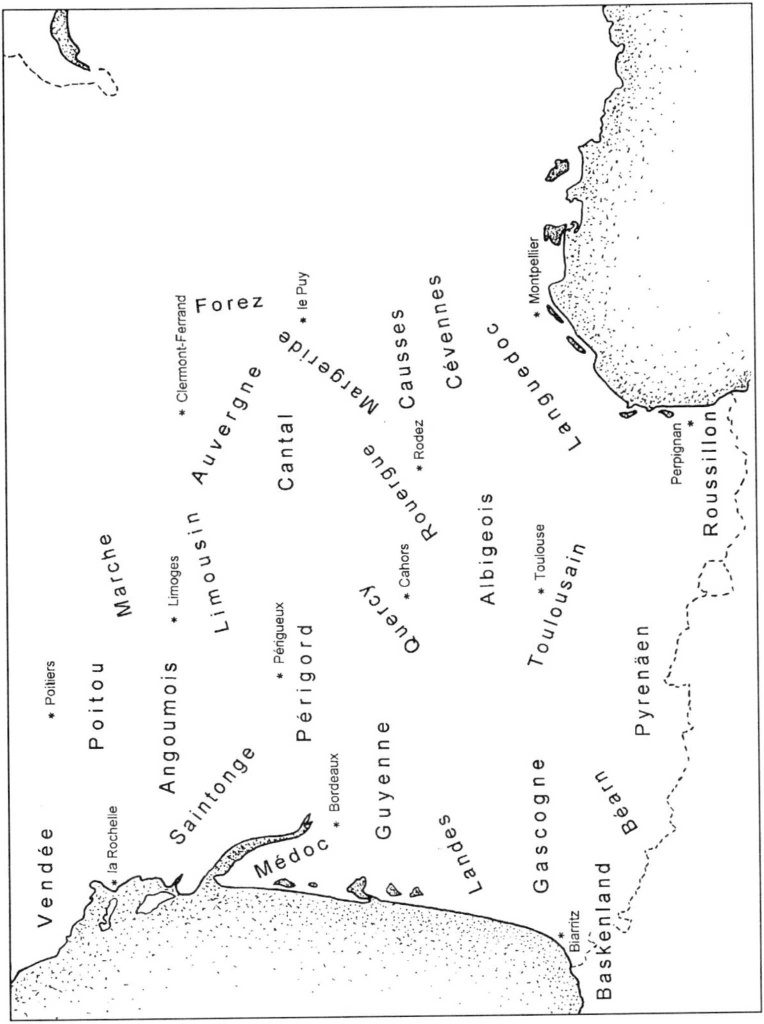
Vendée
la Rochelle
Poitiers
Poitou
Saintonge
Angoumois
Marche
Limoges
Limousin
Périgueux
Périgord
Bordeaux
Médoc
Guyenne
Landes
Gascogne
Béarn
Biarritz
Baskenland
Pyrenäen
Toulouse
Toulousain
Albigeois
Cahors
Quercy
Rouergue
Rodez
Cantal
Auvergne
Clermont-Ferrand
Forez
le Puy
Margeride
Causses
Cévennes
Languedoc
Montpellier
Perpignan
Roussillon

Ganz anders sieht es südlich der Gironde aus, in der **Guyenne** und **Gascogne**. Beinahe schnurgerade erstreckt sich kilometerlanger Sandstrand bis hin zu den Ausläufern der Pyrenäen, und wer Ruhe vor der immer gegenwärtigen Meerbrise und Brandung sucht, braucht nur wenige Kilometer hinter die Dünen zu einem der Seen zu fahren. Das dünnbesiedelte Hinterland, die Grandes Landes, war noch im vorigen Jahrhundert ein unwirtliches, riesengroßes Sumpfgebiet. Als es jedoch Napoleon III. auf seiner Fahrt nach Biarritz durchfuhr, beschloß er, den Sumpf aufzuforsten. Heute erstreckt sich über die gesamten Grandes Landes ein Kiefernwald, der sich als großes grünes Dreieck auf den Landkarten hervorhebt

Die Pyrenäen sind ein stark gegliedertes, noch junges Faltgebirge mit einem Höhenzug, der die Grenze zu Spanien markiert. Sie erstrecken sich mit dem **Baskenland** und **Béarn** im Westen und dem **Roussillon** im Osten vom Atlantik bis zum Mittelmeer. Ihre ausgedehnten Mischwälder machen sie trotz des unsicheren Klimas auch im Herbst interessant, wenn sich die Berge in ein buntes Blättermeer verwandeln. Auch kulturell sind sie durchaus sehenswert, da viele der Täler vom übrigen Frankreich nie isoliert waren. Dies dokumentieren prähistorische Höhlen und mittelalterliche Kirchen ebenso wie die vielen Menschen, die alljährlich nach Lourdes pilgern. Baskenland und Roussillon weisen noch weitere kulturelle Besonderheiten auf, da sich dort die Basken bzw. Katalanen viele ihrer Eigenheiten bewahrt haben. Die zahlreichen Burgen im Roussillon zeugen noch heute von der jahrhundertelangen Grenzsituation.

Nördlich der Pyrenäen zeigen sich die Besonderheiten der Regionen vor allem in den Städten, etwa in Albi, oder den mittelalterlichen Bastiden des **Albigeois**, während das hügelige Land, etwa das **Armagnac**, überwiegend durch Felder geprägt wird.

Die größte Bedeutung unter den Städten kommt der Metropole **Toulouse** zu, die nicht nur mit Industriegebieten, sonden auch mit einer Fülle an Bauwerken aus Romanik, Gotik und Renaissance aufwarten kann.

Weiter im Norden gewinnt die Landschaft an Reiz. Die Flüsse, etwa Tarn, Aveyron und Lot, winden sich zwischen bewaldeten Hängen durch eindrucksvolle Täler. Hier und da finden sich bedeutende Kulturdenkmäler, wie die romanische Kirche in Conques und die prähistorische Grotte von Peche-Merle. Auch die Hauptstädte der Regionen, des **Rouergue** und **Quercy**, sind sehenswert: Rodez und Cahors.

Zwischen dem Bordelais und Quercy liegt eine Region, die mit Burgen, Schlössern und Grotten geradezu übersät ist: das **Périgord**. Zudem bietet sie neben Orten mit schönen Altstädten (z.B. Périgueux, Sarlat) und solchen in eindrucksvoller Lage (La Roque-Gageac, Rocamadour u.a.) eine abwechslungsreiche Landschaft. Der Norden ist ähnlich wie das angrenzende Limousin sehr wasserreich und grün, der Süden durch den Kalkboden etwas trockener und mit ausgedehnten Eichenwäldern bedeckt. Auch die Flußtäler im Périgord sind sehr sehenswert, besonders das von Schlössern gesäumte Dordognetal.

Die landschaftliche Vielfalt der **Auvergne** gründet sich vor allem auf ihre unterschiedlichen Böden. So bilden die erloschenen Vulkane einzigartige Landschaftsbilder: die waldreiche Kette der Puys (oder Monts Dômes) westlich Clermont-Ferrand mit ihren Kratern oder abgetragenen Kuppen; südlich davon die Monts Dores, deren Hänge und Hochplateaus mit Laub- oder Nadelbäumen, Farnen oder nur mit Gras bewachsen sind; schließlich das Cantal, das früher ein einziger großer Vulkan war und heute aus zerfurchten, mit Weiden und Wäldern bedeckten Bergkämmen besteht. Begrenzt werden die Vulkangebiete von langen Gebirgszügen, wie dem Margeride im Süden und dem Forez im Osten. Zwischen ihnen entstanden durch den Druck beim Auffalten der Alpen tiefe Gräben, die von Allier, Loire und Truyère durchflossen werden. Kulturell hinkte die Auvergne durch ihre Abgeschiedenheit meist hinterher. Im Mittelalter jedoch schuf sie mit der Auvergnatischen Romanik einen interessanten, ihr eigenen Stil, dessen Wirkung durch das vulkanische Baumaterial noch verstärkt wird.

Südlich der Auvergne setzen **Causses** und **Cevennen**, die bereits zum Languedoc gehören, das Zentralmassiv fort. Obwohl beide unmittelbar aneinandergrenzen, unterscheiden sich ihre Landschaftsformen enorm. Die Causses sind Kalkplateaus, die im Mittelalter vollkommen abgeholzt wurden, so daß der Boden extreme Klimata zu verkraften hat und der Witterung schutzlos ausgeliefert ist. Seit einigen Jahren ist man allerdings dabei, die ausgedörrten Plateaus wieder aufzuforsten. Da der Kalk porös und verformbar ist, haben die Flüsse, am eindrucksvollsten der Tarn, im Lauf der Jahrtausende tiefe Schluchten durch die Plateaus geschnitten. Demgegenüber bestehen die Cevennen aus harten kristallinen Gesteinen, wie Granit und Schiefer, die das Wasser besser speichern und den Bergen so zu einer üppigen Vegetation verhelfen.

Das Obere **Languedoc** besteht im Südwesten aus kleineren, seen- und waldreichen Gebirgszügen (Monts de Lacaune, Montagne Noire), während das Niedere Languedoc zum Mittelmeer hin aus welligem, mit Garrigue oder Wein (das größte zusammenhändende Weinanbaugebiet Frankreichs) bewachsenem Land besteht. Aufgrund seiner Randlage spielte das Languedoc bis auf die Römerzeit politisch zwar keine große Rolle, blieb dafür aber auch von den meisten Zerstörungszügen der Geschichte verschont. Selbst den Albigenserkreuzzug, bei dem in der Region besonders stark gewütet wurde, überstanden viele der Kulturdenkmäler. Zu den bedeutendsten zählt die mittelalterliche Stadt in Carcassonne (la Cité). Auch manche Altstadt ist sehenswert, besonders die von Pézenas und Montpellier.

Etappenwertung

Angesichts der Fülle sehenswerter Orte und Landschaften im Südwesten Frankreichs muß eine Routenwahl schwerfallen. Die folgenden Etappenwertungen sollen daher eine Entscheidungshilfe bieten. Dabei ist jedoch zu beachten, daß sie nur sehr subjektiv geschehen kann. Jeder Radler wird die Strecken anders empfinden.

Die Etappen werden auf zweierlei Weise bewertet, zum einen hinsichtlich ihres Schwierigkeitsgrades, zum anderen anhand ihrer landschaftlichen und kulturellen Sehenswürdigkeiten. Die zunehmende Strichstärke deutet auf schwierigere bzw. sehenswertere Etappen hin.

Leichte Etappen weisen nur kleine Steigungen auf. Sie verlaufen meist an Flüssen oder an der Küste entlang. Völlig flache Strecken hingegen sind in Südwestfrankreich angesichts der Topografie Mangelware (vorhanden z.B. an einzelnen Abschnitten der Atlantikküste). Strecken, die nur Steigungen in einer Richtung aufweisen, müssen nicht als „leicht" bewertet sein, auch wenn sie sie es beim entsprechend gewählten Startpunkt natürlich sind (da es nur bergab geht). Im Einzelfall können daher auch schwerere Strecken einfach zu meistern sein.

Mittelschwere Etappen führen über ein hügeliges Gelände, bei dem es durchaus ständig auf und ab gehen kann, auf kurzen Stücken auch steil. Jedoch sind keine längeren Steigungen zu bewältigen. Als Orientierung dienen die zu überwindenden Höhenmeter. Zwischen höchstem und tiefstem Punkt liegen nicht mehr als 250 Meter.

Schwere Etappen führen dementsprechend über längere Steigungen, z.T. durch Gefälle oder Hochebenen unterbrochen. Ausgesprochene Kraxlerpartien sind hingegen in diesem Führer nicht enthalten.

Die zweite Etappenwertung folgt besonders dem landschaftlichen Reiz einer Strecke. Die sehenswertesten Kulturdenkmäler, wie Burgen und Kirchen, fügen sich häufig in die sie umgebenden Landschaft ein, so daß sie zum Gesamteindruck beitragen. Grundsätzlich sind natürlich alle Etappen reizvoll, einige dienen jedoch als Verbindungsstrecken und sind weniger aufregend. Andere wiederum sind sehr eindrucksvoll und eigentlich schon die Reise wert. Die schönsten Etappen schließlich vermitteln unvergeßliche landschaftliche Erlebnisse und können das Ziel einer Tour sein. Besonders schöne Orte und Sehenswürdigkeiten sind durch einen Stern gekennzeichnet.

Schwierigkeitsgrad

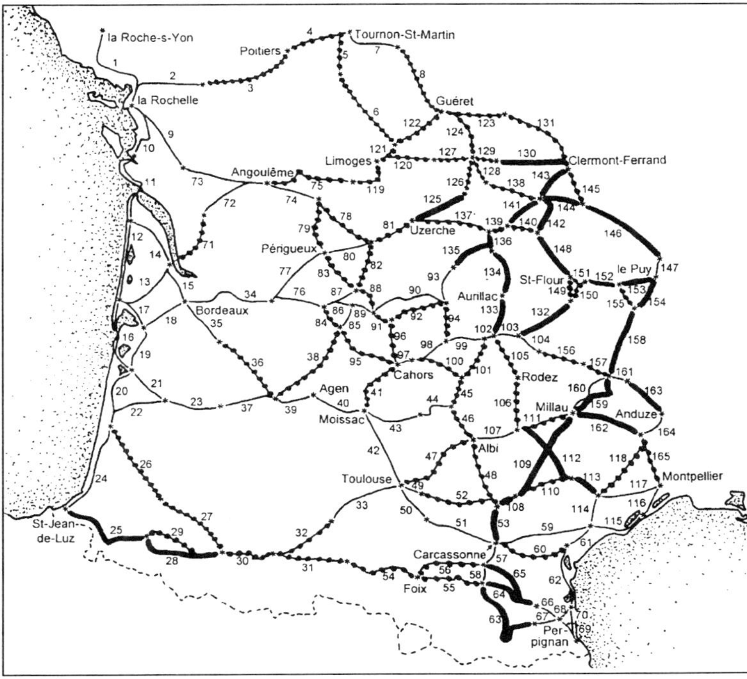

—— leicht
-◆◆◆- mittel
▬▬ schwer

Sehenswürdigkeiten

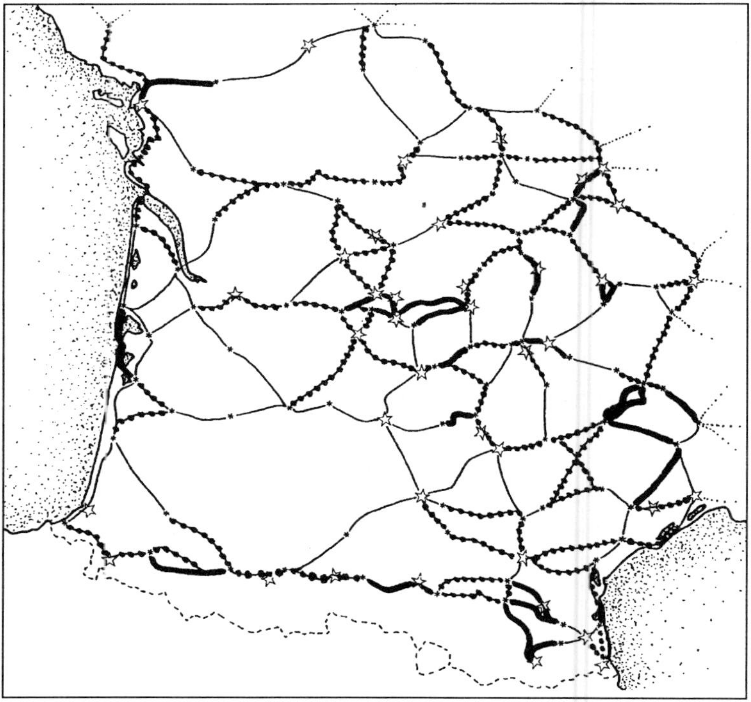

— reizvoll (Verbindungsstrecke)
sehr reizvoll
ein Erlebnis!
☆ besonders schönes Etappenziel

Etappenübersicht

Etappe 1: La Roche-sur-Yon – Angles – La Rochelle (97 km)
Etappe 2: La Rochelle – Marans – Niort (86 km)
Etappe 3: Niort – Vivonne – Poitiers (87 km)
Etappe 4: Poitiers – Angles-sur-l'Anglin – Tournon-Saint-Martin (59 km)
Etappe 5: Tournon-Saint-Martin – Saint-Savin – Montmorillon (52 km)
Etappe 6: Montmorillon – Châteauponsac – Ambazac (88 km)
Etappe 7: Tournon-Saint-Martin – Le Blanc – Saint-Gaultier (50 km)
Etappe 8: Saint-Gaultier – Argenton-sur-Creuse – Guéret (84 km)
Etappe 9: La Rochelle – Tonnay-Boutonne – Saintes (76 km)
Etappe 10: La Rochelle – Rochefort – Brouage – Marennes (68 km)
Etappe 11: Marennes – Royan – Pointe de Grave – Montalivet-les-Bains (68 km)
Etappe 12: Montalivet-les-Bains – Lacanau-Océan – Le Porge-Océan (60 km)
Etappe 13: Le Porge-Océan – Castelnau-de-Médoc – Lamarque (41 km)
Etappe 14: Montalivet-les-Bains – Lesparre-Médoc – Pauillac – Lamarque (51 km)
Etappe 15: Lamarque – Bordeaux (36 km)
Etappe 16: Le Porge-Océan – Cap-Ferret – Arcachon – Parentis (83 km)
Etappe 17: Le Porge-Océan – Facture (38 km)
Etappe 18: Facture – Marcheprime – Bordeaux (39 km)
Etappe 19: Facture – Mios – Parentis (38 km)
Etappe 20: Parentis – Mimizan – Saint-Girons (55 km)
Etappe 21: Parentis – Labouheyre – Sabres (40 km)
Etappe 22: Saint-Girons – Mézos – Sabres (60 km)
Etappe 23: Sabres – Cachen – Lencouacq – Silo la Gare (47 km)
Etappe 24: Saint-Girons – Bayonne – Biarritz – Saint-Jean-de-Luz (81 km)
Etappe 25: Saint-Jean-de-Luz – Saint-Jean-Pied-de-Port – Mauléon-Licharre (103 km)
Etappe 26: Saint-Girons – Dax – Orthez (75 km)
Etappe 27: Orthez – Mourenx – Pau – Lestelle-Bétharram (67 km)
Etappe 28: Mauléon-Licharre – Tardets-Sorholus – Asasp – Louvie-Juzon – Lestelle-Bétharram (86 km)
Etappe 29: Mauléon-Licharre – Oloron-Ste-Marie – Louvie-Juzon – Lestelle-Bétharram (75 km)
Etappe 30: Lestelle-Bétharram – Lourdes – Bagnères-de-Bigorre – Mauvezin (53 km)
Etappe 31: Mauvezin – Saint-Bertrand-de-Comminges – Mane (72 km)
Etappe 32: Mauvezin – Lannemezan – L'Isle-en-Dodon (63 km)
Etappe 33: L'Isle-en-Dodon – Lombez – Toulouse (64 km)
Etappe 34: Bordeaux – St-Emilion – Sainte-Foy-la-Grande (78 km)
Etappe 35: Bordeaux – Langon (45 km)
Etappe 36: Langon – Casteljaloux – Barbaste (64 km)
Etappe 37: Silo la Gare – Losse – Barbaste (48 km)

Etappe 38: Barbaste – Villeneuve-sur-Lot – Monflanquin – Biron – Monpazier (88 km)
Etappe 39: Barbaste – Nérac – Agen (36 km)
Etappe 40: Agen – Dunes – Donzac – St-Nicolas – Moissac (56 km)
Etappe 41: Moissac – Lauzerte – Cahors (61 km)
Etappe 42: Moissac – Castelsarrasin – Toulouse (73 km)
Etappe 43: Moissac – Montauban – Montricoux (48 km)
Etappe 44: Montricoux – Saint-Antonin-Noble-Val – Varen (43 km)
Etappe 45: Varen – Monteils – Villefranche-de-Rouergue (30 km)
Etappe 46: Varen – Cordes – Albi (45 km)
Etappe 47: Toulouse – Lavaur – Albi (85 km)
Etappe 48: Albi – Lautrec – Castres – Mazamet (64 km)
Etappe 49: Toulouse – Lanta (18 km)
Etappe 50: Toulouse – Baziège – Gardouch (35 km)
Etappe 51: Gardouch – Castelnaudary – Carcassonne (65 km)
Etappe 52: Lanta – Revel – Mazamet (72 km)
Etappe 53: Mazamet – Mas-Cabardès – Carcassonne (48 km)
Etappe 54: Mane – Saint-Girons – Le Mas-d'Azil – Foix (78 km)
Etappe 55: Foix – Chalabre – Espéraza (65 km)
Etappe 56: Foix – Mirepoix – Limoux (69 km)
Etappe 57: Limoux – Carcassonne (28 km)
Etappe 58: Limoux – Espéraza (19 km)
Etappe 59: Carcassonne – Béziers (80 km)
Etappe 60: Carcassonne – Lagrasse – Narbonne (76 km)
Etappe 61: Narbonne – Béziers (30 km)
Etappe 62: Narbonne – Sigean – Le Barcarès (53 km)
Etappe 63: Espéraza – Prades – Vernet-les-Bains – Corbère-les-Cabanes (137 km)
Etappe 64: Espéraza – Saint-Paul-de-Fenouillet – Estagel (60 km)
Etappe 65: Limoux – Rouffiac-des-Corbières – Estagel (89 km)
Etappe 66: Estagel – Perpignan (25 km)
Etappe 67: Corbère-les-Cabanes – Perpignan (19 km)
Etappe 68: Le Barcarès – Perpignan (19 km)
Etappe 69: Perpignan – Collioure (29 km)
Etappe 70: Le Barcarès – Canet-en-Roussillon – Collioure (36 km)
Etappe 71: Lamarque – Blaye – Montendre – Jonzac (49 km)
Etappe 72: Jonzac – Archiac – Châteauneuf-sur-Charente – Angoulême (58 km)
Etappe 73: Saintes – Cognac – Châteauneuf-sur-Charente – Angoulême (79 km)
Etappe 74: Angoulême – Nontron (47 km)
Etappe 75: Angoulême – La Rochefoucauld – Châlus (91 km)
Etappe 76: Sainte-Foy-la-Grande – Bergerac – Couze-et-St-Front (46 km)
Etappe 77: Sainte-Foy-la-Grande – Mussidan – Saint-Astier – Périgueux (68 km)
Etappe 78: Nontron – St-Jean-de-Côle – Thiviers – Excideuil – Hautefort (68 km)

Etappe 79: Nontron – Brantôme – Bourdeilles – Périgueux (61 km)
Etappe 80: Périgueux – Hautefort (44 km)
Etappe 81: Hautefort – Objat – Vigeois – Uzerche (61 km)
Etappe 82: Hautefort – Montignac – Les Eyzies (52 km)
Etappe 83: Périgueux – Lacropte – Les Eyzies (46 km)
Etappe 84: Couze-et-St-Front – Beaumont – Monpazier (26 km)
Etappe 85: Monpazier – Belvès – Siorac (21 km)
Etappe 86: Couze-et-St-Front – Le Buisson – Siorac (26 km)
Etappe 87: Couze-et-St-Front – Trémolat – Les Eyzies (38 km)
Etappe 88: Les Eyzies – Sarlat – Domme (33 km)
Etappe 89: Siorac – St-Cyprien – La Roque-Gageac – Domme (28 km)
Etappe 90: Domme – Souilac – Lacave – Carennac – St-Céré (90 km)
Etappe 91: Domme – Gourdon (25 km)
Etappe 92: Gourdon – Payrac – Rocamadour – Padirac – Saint-Céré (62 km)
Etappe 93: Saint-Céré – Beaulieu-s-Dordogne – Argentat (42 km)
Etappe 94: Saint-Céré – Rueyres – Livernon – Corn (37 km)
Etappe 95: Monpazier – Biron – Bonaguil – Luzech – Cahors (93 km)
Etappe 96: Gourdon – Concorès – Cahors (41 km)
Etappe 97: Cahors – Saint-Géry (20 km)
Etappe 98: Saint-Géry – Cabrerets – Corn (46 km)
Etappe 99: Corn – Figeac – Livinhac – Port-d'Agrès (44 km)
Etappe 100: Saint-Géry – Cajarc – Villefranche-de-Rouergue (57 km)
Etappe 101: Villefranche-de-Rouergue – Decazeville – Port d'Agrès (48 km)
Etappe 102: Port-d'Agrès – Pont de Coursavy (14 km)
Etappe 103: Pont de Coursavy – Entraygues (22 km)
Etappe 104: Entraygues – Estaing – Espalion (27 km)
Etappe 105: Pont de Coursavy – Conques – Rodez (43 km)
Etappe 106: Rodez – Casssagnes-Bégonhès – Lincou (54 km)
Etappe 107: Albi – Ambialet – Lincou (49 km)
Etappe 108: Mazamet – Le Vintrou – Anglès (24 km)
Etappe 109: Anglès – Lacaune – Saint-Affrique – Millau (103 km)
Etappe 110: Anglès – La Salvetat-sur-Agout – Murat-sur-Vèbre – Saint-Gervais-s-Mare (61 km)
Etappe 111: Lincou – Brousse-le-Château – Millau (65 km)
Etappe 112: Lincou – Camarès – Saint-Gervais-s-Mare (80 km)
Etappe 113: Saint-Gervais-s-Mare – Hérépian – Roujan (40 km)
Etappe 114: Béziers – Roujan (21 km)
Etappe 115: Béziers – Agde – Sète (45 km)
Etappe 116: Sète – Montpellier (29 km)
Etappe 117: Roujan – Pézenas – Montpellier (56 km)
Etappe 118: Roujan – Clermont-l'Hérault – Saint-Guilhem-le-Désert – Ganges (76 km)
Etappe 119: Châlus – Solignac – Limoges (51 km)
Etappe 120: Limoges – Saint-Léonard-de-Noblat – Peyrat-le-Château (58 km)
Etappe 121: Limoges – Ambazac (29 km)
Etappe 122: Ambazac – Bénévent – Guéret (65 km)
Etappe 123: Guéret – Évaux-les-Bains (57 km)

Etappe 124: Guéret – Aubusson – Felletin (52 km)
Etappe 125: Uzerche – Treignac – Millevaches (67 km)
Etappe 126: Millevaches – Felletin (31 km)
Etappe 127: Peyrat-le-Château – Gentioux – Felletin (48 km)
Etappe 128: Felletin – La Courtine (25 km)
Etappe 129: Felletin – Crocq (20 km)
Etappe 130: Crocq – Saint-Georges-de-Mons – Volvic – Clermont-Ferrand (80 km)
Etappe 131: Évaux-les-Bains – Châteauneuf-les-Bains – Volvic – Clermont-Ferrand (94 km)
Etappe 132: Entraygues – Chaudes-Aigues – Fridefont (76 km)
Etappe 133: Pont de Coursavy – Aurillac (48 km)
Etappe 134: Aurillac – Anjony – Salers – Mauriac (81 km)
Etappe 135: Argentat – Mauriac (51 km)
Etappe 136: Mauriac – Sérandon (24 km)
Etappe 137: Uzerche – Egletons – Neuvic – Sérandon (83 km)
Etappe 138: La Courtine – La Bourboule – Le Mont-Dore (57 km)
Etappe 139: Sérandon – Bort-les-Orgues (20 km)
Etappe 140: Bort-les-Orgues – Condat (32 km)
Etappe 141: Bort-les-Orgues – La Tour-d'Auvergne – Le Mont-Dore (45 km)
Etappe 142: Le Mont-Dore – Besse-en-Chandesse – Condat (53 km)
Etappe 143: Le Mont-Dore – Orcival – Royat – Clermont-Ferrand (44 km)
Etappe 144: Le Mont-Dore – Murol – Saint-Nectaire – Issoire (51 km)
Etappe 145: Clermont-Ferrand – Issoire (40 km)
Etappe 146: Issoire – La Chaise-Dieu – Vorey (85 km)
Etappe 147: Vorey – Le Puy-en-Velay (22 km)
Etappe 148: Condat – Murat – Saint-Flour (61 km)
Etappe 149: Saint-Flour – Fridefont (27 km)
Etappe 150: Fridefont – Ruynes-en-Margeride (26 km)
Etappe 151: Saint-Flour – Ruynes-en-Margeride (19 km)
Etappe 152: Ruynes-en-Margeride – Saugues (38 km)
Etappe 153: Saugues – Le Puy-en-Velay (44 km)
Etappe 154: Le Puy-en-Velay – Cayres – Chapeauroux – Laval-Atger (40 km)
Etappe 155: Saugues – Laval-Atger (27 km)
Etappe 156: Espalion – St-Geniez-d'Olt – La Canourgue (54 km)
Etappe 157: La Canourgue – Sainte-Enimie (26 km)
Etappe 158: Laval-Atger – Mende – Sainte-Enimie (87 km)
Etappe 159: Sainte-Enimie – Millau (Causses-Route) (76 km)
Etappe 160: Millau – Sainte-Enimie (Gorges-du-Tarn-Route) (56 km)
Etappe 161: Sainte-Enimie – Florac (27 km)
Etappe 162: Millau – Nant – Le Vigan – Ganges (92 km)
Etappe 163: Florac – Saint-Jean-du-Gard – Anduze (67 km)
Etappe 164: Anduze – Saint-Hippolyte-du-Fort – Ganges (35 km)
Etappe 165: Ganges – Montpellier (45 km)

Eine Etappen-Übersichtskarte (ausklappbar) befindet sich am Ende des Buches.

Etappenbeschreibungen

Etappe 1:
La Roche-sur-Yon – Angles – La Rochelle (97 km / 74 – 0 m)

*Die erste Etappe führt auf einer ruhigen Fahrt durch die **Vendée**. Die Landschaft ist zu Beginn noch wellig, von Gras und Büschen überzogen. Man nennt sie hier „Bocage", und der niedrige Bewuchs läßt die Blicke weit über das Land schweifen. Viele kleine Sträßchen verlaufen kreuz und quer zwischen recht dicht beieinanderliegenden Weilern und durchbrechen immer wieder der Eintönigkeit. Dann nähert man sich dem Meer, und es wird völlig flach. Hunderte kleiner Kanäle deuten das nahe Marais Poitevin an (s. Etappe 2), bevor La Rochelle erreicht wird.*

La Roche-sur-Yon (49.000 Einw., Dép. Vendée) hat noch heute ein militärisch strenges Aussehen. Es wurde 1803 von Napoleon als militärischer Stützpunkt auf dem Reißbrett entworfen, um immer ein Auge auf die unruhige Vendée werfen zu können. Der große Platz in der Ortsmitte heißt denn auch Place Napoléon, auf dem etwas verloren der Kaiser reitet. Von ihm verlaufen gerade breite Straßen auf ein umschließendes Fünfeck zu. Im städtischen Museum kann man – neben einigen historischen Fundstücken der Region – mehr darüber erfahren (tägl., Mitte Sept-Juni di + feiertags geschlossen). Außerdem gibt es ein berühmtes Gestüt „Haras" zu besichtigen (Juli-Feb tägl. außer so + feiertags).

Information: OTSI, R Georges Clémenceau, 85000 La Roche-sur-Yon, ✆ 0251360085; OT des Dép. Vendée, ✆ 0251478820.
Verkehrsverbindungen: Züge nach Nantes, Tours/Paris und La Rochelle.
Hotel: Napoléon****, 50 bd A. Briand, ✆ 0251053356, 29 Z. (am Fünfeckring); Le Scully*, Bd Scully, ✆ 0251375402, 34 Z., ganzj.; St-Jean*, 617 r Chauzy, ✆ 0251371207, 24 Z., ganzj.

Von der Südecke des Fünfecks (beim „Haras") verläßt man La Roche-s-Yon nach Süden auf der D747 (R Mal. Lyautey) Richtung Moutiers. Nach 3,5 km führt rechts die D80 nach *Les Clouzeaux*. Im Ort gleich links und am Ortsausgang bei der Gabelung rechts der D4 nach *Nieul* folgen. Dort schräg links auf der D73 durch Thibaudière durch eine Links- und Rechtskurve fahren (Achtung: nicht geradeaus auf die D108 gelangen!). Ca. 1 km nach der Rechtskurve rechts auf der D130 durch *St-Avaugourd*. Kurz vor **Avrillé** stehen inmitten der Felder die ersten Zeugen der Steinzeit auf dieser Etappe: Menhire. An der D949 geht es links durch den Ort hindurch.

Information: OTSI, 8bis Av Gén. de Gaulle, 85440 Avrillé, ✆ 0251223070.
Gîte d'étape: ACTL*, Mairie, 30 r G. Clémenceau, ✆ 0251223274, 16 B., ganzj.

Camping: Les Mancelieres, Rte de Longeville, ✆ 0251903597, 130 Stpl., Mai-Sept; Domaine les Forges, ✆ 0251223885, 136 Stpl., Mai-Sept; zuvor: Les Sorinieres (à la ferme), Nieul, ✆ 0251079158/9346, 6 Stpl., Mitte Juni-Mitte Sept; Municipal (aire nat.), 9 r E.-Febvre, 85540 St-Avaugourd-des-Landes, ✆ 0251989411, 16 Stpl., Mitte Juni-Mitte Sept.

Vor dem Ortsende rechts mit der D105 Richtung Longeville-s-Mer. Nach 3,5 km sollte man jedoch einen kleinen Umweg einlegen. Er führt nämlich auf der D91^A links über einen Hügel mit dem Dorf Le Bernard, dort erneut links auf der D91 und kurz dahinter auf einem kleinen Weg wieder links zum Carnac der Vendee: den **Dolmen de la Frébouchère**. Es sind insgesamt vier mächtige Dolmen, der größte etwas versteckt, rechts hinter ein paar Bäumen. Seine (zerbrochene) Deckplatte wird auf 100 Tonnen geschätzt. Er zählt damit zu den größten in ganz Frankreich.

Zurück auf der D91 geht es rechts über Le Bernard und diesmal geradeaus die D21 nach *Longeville-sur-Mer*. Von hier lohnt sich ein 3 km langer Abstecher zur Küste, die zwar flach ist, durch einen schönen Wald aber ihren Reiz hat.

Information: OTSI, R Georges Clémenceau, 85560 Longeville-sur-Mer, ✆ 0251333464.
Hotel: Le Relais des Tulipes**, ✆ 0251333007, 6 Z., ganzj.
Camping: 13 Plätze, darunter: La Forestière, R de l'Océan, ✆ 0251333090, 30 Stpl., Apr-Sept; zuvor in 85560 Le Bernard: Le Calme, R des Dolmes, ✆ 0251333069, 90 Stpl., Mitte Juni-Mitte Sept.

Im Ort links mit der D70 nach **Angles**, das eine für die Gegend seltene romanische Kirche besitzt. Weiter auf der D70, über die D747 hinweg nach Moricq. Dort heißt die Straße D25 und führt denkbar einfach geradeaus durch mehrere Dörfer hindurch.

Information: OTSI, 5 sq du Dr Pevost, 85750 Angles, ✆ 0251975639.
Hotel: Les Voyageurs*, 1 r du 8 Mai, 85450 Champagné-les-Marais, ✆ 0251566505, 7 Z., Juni-Mitte Sept.
Camping: 12 Plätze zwischen Angles und Puyravault, darunter: L'Atlantique, R du Chn de Fer, Angles, ✆ 0251975550, 350 Stpl., Ostern-Sept; Municipal, Rte de Lairoux, 85580 Grues, ✆ 0251272605, 87 Stpl., Mitte Juni-Mitte Sept; Municipal, R Mendès-France, Champagné-l.-M., ✆ 0251566110, 70 Stpl., Mitte Juni-Mitte Sept.

Vor Puyravault geht es rechts auf der D10^A, ab der Dép.-Grenze D9 weiter, bis am Rand des Marais Poitevin rechts die D105 abzweigt und durch Charron nach **Esnandes** führt. In diesem Fischerdorf sind die für den Marais typischen flachen, weißgekalkten Häuser zu sehen sowie eine beachtenswerte Wehrkirche aus dem 14./15. Jh. Mit der D105 geht es dann direkt nach La Rochelle.

Hotel: Le Port**, 19 r de l'Océan, 17137 Esnandes, ✆ 0546013211, 10 Z., Mitte Okt-Mitte Nov & di geschlossen.
Camping: Le Parc, ✆ 0546006200, 120 Stpl., Juni-Sept; Les 3 Lys, ✆ 0546676057, 117 Stpl., Mitte März-Oktober (beide in 17140 Lagord vor La Rochelle).

Kartenskizze Etappe 1

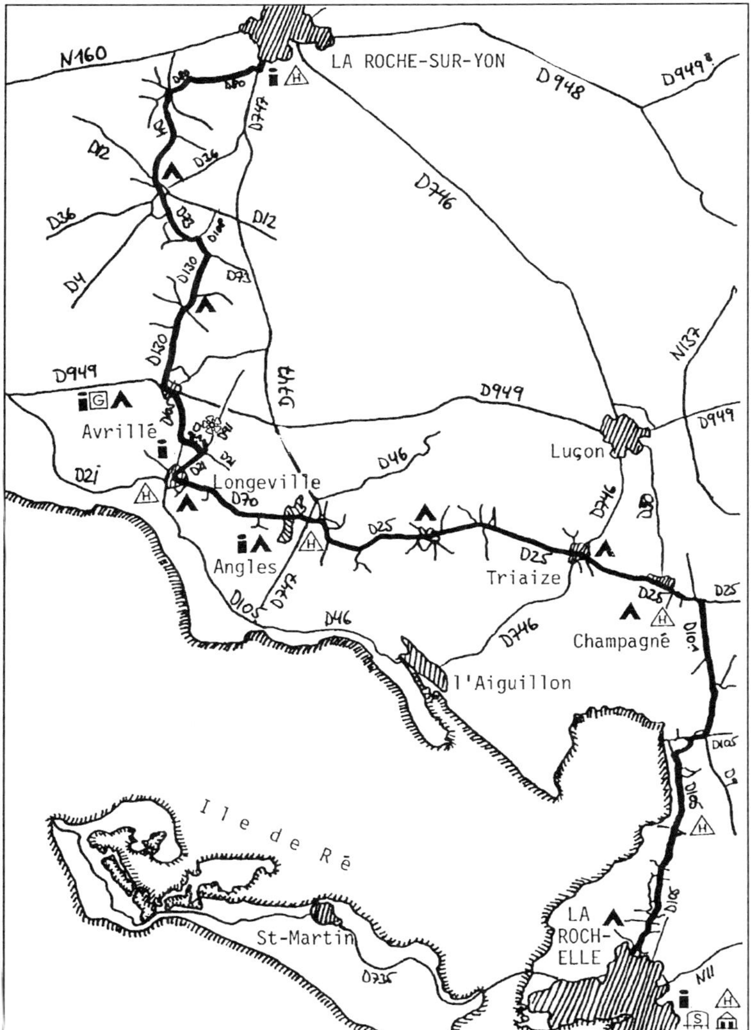

La Rochelle (78.000 Einw., Dép. Charente-Maritime) begeistert durch seine Altstadt. Sie besitzt ein hinreißendes Ensemble alter Häuser aus dem 14.-18. Jh. In einigen Straßen spaziert man unter alten Arkaden, und in den kleinen Gassen landet man nicht selten unerwartet in einem romantischen Innenhof. Oder sie geleiten den Besucher zum Herzstück der Altstadt, dem Alten Hafen mit seinen mächtigen Türmen.

Von einem kleinen Fischerdorf im 11. Jh. zu einer großen See- und Handelsstadt aufgestiegen, war La Rochelle lange Zeit ein wichtiger Sicherungsplatz der Hugenotten. Nach der Bartholomäusnacht (s. „*Zeugen der Geschichte*") wurde die Stadt 1573 erfolglos belagert und bekam daraufhin die Religionsfreiheit zugestanden. Erst 1628 gelang es Kardinal Richelieu, La Rochelle nach 15-monatiger Belagerung zu bezwingen, nachdem fünf Sechstel der Bevölkerung verhungert waren. Doch wenige Jahre später nahm der Hafen durch den Kolonialhandel mit Quebec und Louisiana erneut Aufschwung. Noch heute zählt er zu den größten Frankreichs.

Durch die bewegende Geschichte von La Rochelle fehlen zwar sakrale Prachtbauten, dafür sind einige interessante Museen zu besichtigen: Musée protestant (Juli/Aug, sonst an Hausmeister wenden), Musée du Nouveau Monde und Musée d'Orbigny (so vorm. & di geschlossen), das u.a. die Kette zeigt, die einer merkwürdigen Sitte zufolge allabendlich vor die Hafeneinfahrt gespannt wurde, um den Hafen abzuschließen. Dieser steht auch heute noch im Mittelpunkt, sei es beim Fischmarkt am Bassin à Flot (bis 10 h) oder beim Blick vom Tour de la Laterne (Mitte April-Sept). Schließlich können noch ein naturhistorisches und ein meereskundliches Museum (so vorm. & mo geschlossen) besichtigt werden.

Von La Rochelle läßt sich gut ein Ausflug über die neue Brücke zur *Ile de Ré* machen, einer an sich sehr schönen, mit ausgedehntem Radwegenetz überzogenen Insel, die im Sommer nur hoffnungslos überlaufen ist. Besonders schön ist der Strand „Conche des Baleines" im äußersten Nordwesten.

Information: OTSI, Pl de la Petite-Sirène, 17025 La Rochelle, ✆ 0546411468.
Verkehrsverbindungen: Züge nach Bordeaux, Toulouse, Paris, Rennes, Nizza.
Hotel: La Tour de Nesle***, 2 qu Louis-Durand, ✆ 0546410586, 28 Z., ganzj. (in erstklassiger Lage am Alten Hafen); Le Rochelois***, 66 bd W.-Churchill, ✆ 0546433434 & 0546438836, 43 Z. (westlich der Altstadt am Strand mit Pool, Tennis & Sauna); Fast Hotel 34**, 20 r Alfred-Kastler, Port des Minimes, ✆ 0546454600.
Studentenwerk: Service des Œuvres universitaires et scolaires (Außenstelle des CROUS Poitiers), 1 r de Roux, 17026 La R. Cedex, ✆ 0546413016, 308 Plätze in 1 Wohnheim, 2 Mensen.
Jugendherberge: Centre International de Séjour „Les Minimes" (FUAJ), Av des Minimes, ✆ 0546444311, 224 B.
Camping: Le Val Hureau, Rte de l'Aubresay, 90 Stpl., ✆ 0546378284, Mitte Juni-Mitte Sept.

Etappe 2:
La Rochelle – Marans – Niort (86 km / 0 – 29 m)

*Diese Etappe führt durch den **Marais Poitevin**, das poitevinische Moor. Hunderte von Kanälen teilen das Land in meist landwirtschaftlich genutzte, zum Teil aber auch unberührte Parzellen. Man unterscheidet den Marais déssèché, das trockengelegte Moor, im Westen und den Marais mouillé, das feuchte Moor, östlich von Marans. Die Strecke ist entsprechend flach und daher sicher genau das Richtige für wenig trainierte Radlerbeine, die hier ihre Tour beginnen.*

Man verläßt La Rochelle von der Altstadt über die R du 11-Novembre-1918. Die Straße ist ein Autostraßenzubringer und dementsprechend befahren. Dies ändert sich jedoch, sobald die N237 unterquert ist. Nun folgt man der immer ruhiger werdenden D105 durch **Esnandes** (s. Etappe 1), über die D9 hinweg bis Marans.

Marans (4300 Einw., Dép. Charente-Maritime) ist ein kleiner Ort an der Grenze zur Vendée, dessen Hafen einst von überregionaler Bedeutung war und durch einen Kanal mit dem Ozean verbunden ist. Heute sieht man dort nur noch einige Küstenschiffe und Sportboote. An Markttagen kommt Leben in das stille Städtchen, und man sollte einen Bummel vorbei an den Ständen, an denen die regionalen Erzeugnisse (vor allem Getreide, Milchprodukte und Fayencen) angeboten werden, nicht versäumen.

Information: OTSI, 62 r d'Aligre, 17230 Marans, ✆ 0546011287.
Verkehrsverbindungen: Züge nach Nantes und La Rochelle/Bordeaux.
Camping: Le Bois Dinot, Rte de Nantes, ✆ 0546011051, 175 Stpl., Apr-Mitte Nov.

Die weitere Route führt immer an der *Sèvre Niortaise* entlang und tiefer in die Sumpflandschaft hinein, die die Franzosen auch *Venise Verte*, das grüne Venedig, nennen. Zwischen Arçais und Coulon bilden die Kanäle unter einem Laubdach von Pappeln, Eschen und Weiden ein einzigartiges Biotop, das den Charakter eines riesigen, von Wasserwegen durchzogenen Parks hat. Wer diesen näher kennenlernen will, kommt nicht umhin, sich hier eine „barque" zu mieten, denn nur auf den Kanälen kann man ins Innere vordringen.

Dorthin verläßt man Marans auf der D114 Richtung St-Jean de Liversay/ Courçon, biegt aber gleich hinter der Bahnunterführung links ab auf die D262, die 7 km am *Canal de La Banche* entlang bis zur Abzweigung nach Thairé-le-Fagnoux leitet. In dem Dorf zweigt eine kleine Straße nach rechts zur Sèvre ab, die direkt am Ufer entlangführt. Im Sommer wird man hier Hunderten von Anglern begegnen. Nach ca. 12 km überquert man auf der D116 nach links den Fluß, aber nur, um rechts am nördlichen Ufer weiter bis nach Damvix zu fahren. Dort überquert man wiederum die Sèvre und fährt links auf der D104 (ab Dép.-Grenze D102), nach *Arçais*.

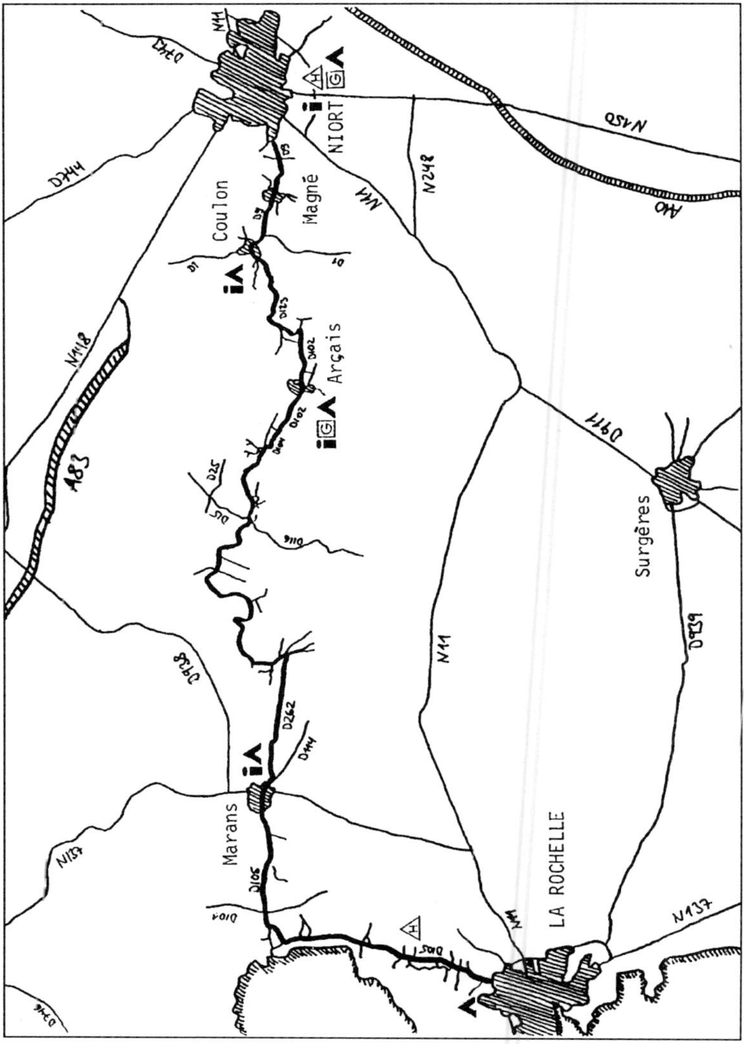
NIORT
Magné
Coulon
Arçais
Surgères
Marans
LA ROCHELLE
N11
D743
D744
N150
N248
A10
N118
A83
D911
D939
D938
N137
D262
D106
D105
D9
D1
D102
D116

Information: OTSI, Mairie, 79210 St.-Hilaire-la-Palud, ✆ 0549353215.
Gîte d'étape: Le Paire*, Rte d'Arçais, ✆ 0549353921, 17 B., ganzj.; Loic Vincent*, La Roche, ✆ 0549353309, 32 B., ganzj. (beide St-Hilaire-La-Palud, 4 km über die D101, dann noch 1,5 km rechts).
Camping: Municipal, R des Hérons, 17170 Taugon, ✆ 0546097615, 57 Stpl., Apr-Mitte Okt; De la Taillé, Arçais, Rte de Damvix, ✆ 0549353918, 35 Stpl., Apr-Okt; Le Lidon-sur-Mignon, St-Hilaire-la-Palud, ✆ 0549353364, 140 Stpl., April-Okt, 4 km über die D101.

Man verläßt Arçais auf der D102 Richtung Le Vanneau und biegt nach 4 km links in die D123 ein, die nach **Coulon** führt. Abgesehen vom Bootsverleih hat Coulon noch ein Aquarium mit Diaporama zu bieten, in dem man über 2000 Fluß- und andere Fische beobachten kann (Ostern-Mitte Okt.).

Information: OTSI, Pl de l'Église, 79510 Coulon, ✆ 0549359929.
Camping: La Venise Verte, Le Marais Gond, 78 rte des Bords de Sèvres à La Sotterie, ✆ 0549359036, 140 Stpl., Apr-Sept; La Niquière, Rte de Benêt, ✆ 0549358119 & 0549359026, 40 Stpl., Apr-Mitte Okt.

Auf der D1 und der D9 fährt man über *Magné* nach Niort.

Niort (60.000 Einw., Dép. Deux-Sèvres) war einst eine wichtige Handels- und Handwerksstadt, die vor allem wegen einer besonderen Methode des Gerbens bekannt war, der Chamoiserie. Mit Fisch- oder Walfett wurde ein besonders weiches und waschbares Leder hergestellt und z.B. zu Handschuhen weiterverarbeitet. Diese Industriezweige bestehen bis heute neben hinzugekommenen modernen. Ein doppelter Bergfried, der Donjon, ist das erhaltene Kernstück von Befestigungsanlagen, die in Niort unter englischer Herrschaft von Heinrich II. und Richard Löwenherz gebaut wurden. Darin ist das völkerkundliche Museum untergebracht. Im ehemaligen Rathaus befindet sich das Musée du Pilori. Ferner gibt es noch ein naturwissenschaftliches und ein Museum der schönen Künste. Alle Museen sind di geschlossen. Ein Bummel durch die Straßen um den Turm herum und zum Place de la Brèche lohnt sich, denn es findet sich noch eine ganze Reihe alter Häuser aus dem 14.-16. Jh.

Information: OTSI, Pl de la Poste, B.P. 277, 79000 Niort, ✆ 0549241879.
Verkehrsverbindungen: Züge nach La Rochelle, Poitiers und Saintes.
Hotel: Atoll Hotel**, 447 av de Paris, ✆ 0549333322, 33 Z., ganzj. (mit Pool / am Park nahe des Zentrums).
Gîte d'étape: Bessines*, 8 r du Four, ✆ 0549091046, 20 B., ganzj. (südwestlich, auf der Route 2,5 km hinter Magné rechts 1 km nach Bessines).
Camping: Noron, 21 bd S.-Allende, ✆ 0549790506, 170 Stpl., Apr-Sept.

Etappe 3:
Niort – Vivonne – Poitiers (87 km / 29 – 140 – 116 m)

Man verläßt Niort Richtung Poitiers auf der N11 (Av de Paris) und biegt ca. 500 m hinter dem Ortsausgangsschild nach Chaban/Chauray ab. In Chauray rechts ab auf die D107/D5 nach Chavagné. Dort einmal links ab, dann nach rechts die Autobahn überqueren und weiter auf der D5 nach **La Mothe-St-Héray**. Auf einer schönen Strecke gelangt man dann in ein Gebiet, das – wie das poitevinische Moor – zum *Parc naturel Régional du Marais Poitevin, Val de Sèvre et Vendée* gehört. Wenn der *Forêt de l'Hermitain* durchquert ist, erreicht man einen Aussichtspunkt mit Blick ins Tal und auf La Mothe. Dort ist von einem Schloß aus der Zeit Ludwigs XIII. die Orangerie übriggeblieben.

Information: SI, Moulin l'Abbé, 79800 La Mothe-Saint-Héray, ✆ 0549051919.
Hotel: Le Corneille**, 13 r Mal-Joffre, ✆ 0549051708, 7 Z.
Gîte d'étape: La Couarde*, Mairie, ✆ 0549328549, 28 B., ganzj. (5 km vor La Mothe rechts auf der D10 2,5 km nach La Couarde).
Camping: Le Fouilloux, ✆ 0549050141, 27 Stpl., Mitte Juni-Mitte September.

2 km hinter La Mothe zweigt von der D5 rechts die D56 ab, die nach dem Wechsel des Départements D29 heißt und nach St-Sauvant führt. 5 km hinter St-Sauvant, am Eingang des *Forêt de St-Sauvant*, knickt von der D29 die D96 nach links ab. Ihr und später der D742 folgt man nach **Vivonne**. Es ist ein Städtchen im Grünen am Zusammenfluß von Clain, Vonne und Palais. Wald- und Flußuferwege sowie dort angelegte Parkanlagen laden zu einem Spaziergang ein. Vivonne ist ein Ferienziel für Franzosen aus der Umgebung.

Information: OTSI, Pl des Champs de Foire, 86370 Vivonne, ✆ 0549434788.
Verkehrsverbindungen: Züge nach Poitiers und Angoulême/Bordeaux.
Hotel: Le Saint-Georges***, 12 Grand'Rue, ✆ 0549890189, 26 Z. (in hübschem alten Gebäude, Innenstadt).
Camping: Municipal, R des Praires, ✆ 0549432595, 75 Stpl., Juni-Aug.

Die Straße schlängelt sich in leichten Wellen am Hang des freundlichen *Clain-Tals* entlang, bis in die Haupstadt von Poitou-Charentes.

Die D4 verläßt Vivonne nach Iteuil/Ligugé. In *Aigne* ein Renaissance-Schloß. In **Ligugé** haben Ausgrabungen die Überreste des vielleicht ältesten Klosters Frankreichs zutage gefördert. Es wurde im 4. Jh. von St-Martin gegründet. 1853 kehrten Benediktinermönche hierher zurück und unterhalten seither ein Kloster in z.T. historischen Gebäuden, wie der Kirche, die im 16. Jh. von Geoffroy d'Estissac wieder aufgebaut wurde.

Camping: Municipal, Av de la Plage, 86240 Ligugé, ✆ 0549552950, 35 Stpl., Mitte Juni-Mitte Sept.

Kartenskizze Etappe 3

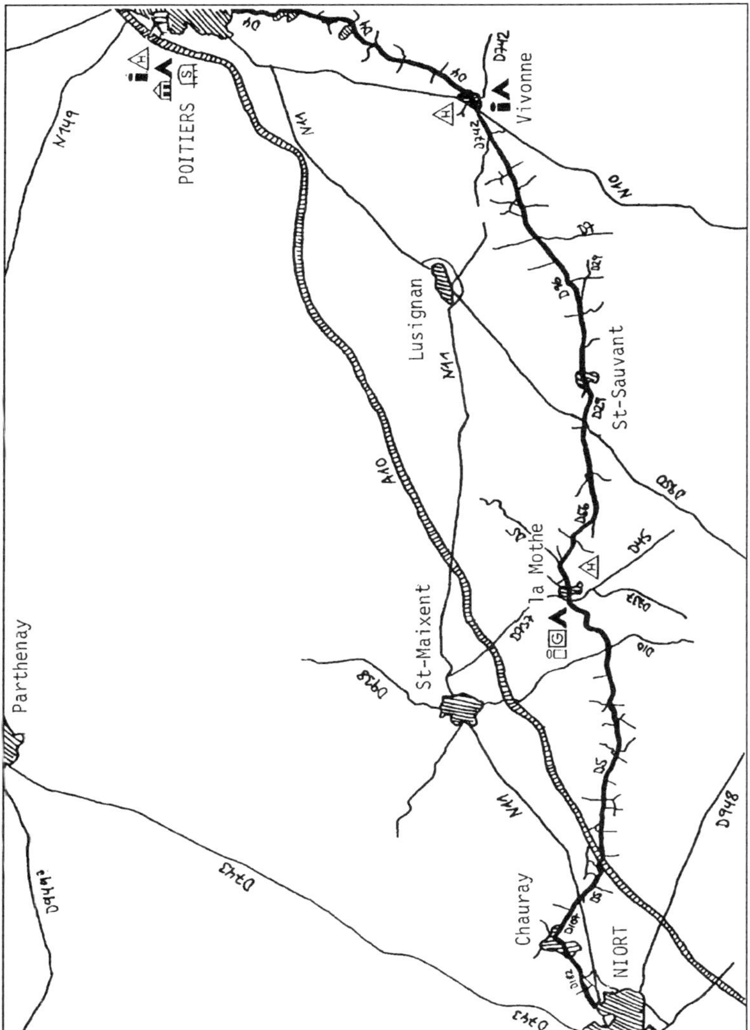

Von Ligugé aus kommt man weiter über die D4 nach Poitiers, kann allerdings alternativ kurz nach der Bahnunterführung hinter Ligugé rechts Richtung St-Benoit abbiegen. Die Straße führt nun unmittelbar am Fluß entlang nach **St-Benoit**. Dort ist Poitiers ausgeschildert. Der Ort ist vor allem allen zu empfehlen, die lieber außerhalb der Großstadt auf einem ruhigen, schön gelegenen Campingplatz übernachten (s.u.).

Poitiers (83.000 Einw., Dép. Vienne) zeigt sich gleich von einer angenehmen Seite, wenn man auf der N10 ins Zentrum radelt: Zur rechten Hand liegt dann der *Parc de Blossac*, in dem man vor dem Stadtrundgang ausspannen kann. Kommt man aus St-Benoit über die D88, kann man vor Überquerung des Clain nach rechts zur *Faubourg St-Saturnin* abbiegen und dort über den Bd Coligny zur Statue N.-D.-des-Dunes hochklettern. Der dortige Ausblick verschafft einen guten Gesamteindruck von Poitiers.
Die frühchristliche Geschichte Poitiers ist eng mit der militärischen verbunden. Hier wurden 507 die Westgoten besiegt und 732 die Araber von Karl Martell zurückgeschlagen. Ein Monument aus jener Zeit ist gleichzeitig das älteste christliche Bauwerk Frankreichs: die Taufkapelle Baptistère St-Jean (4. Jh.). Von den Kirchen Poitiers seien die Cathedrale St.-Pierre, die durch ihre Maße beeindruckt, die Église N.-D.-la-Grande, die eine der schönsten romanischen Fassaden Frankreichs aufweist, und die Église St.-Hilaire-le-Grand genannt. In dem architektonisch beeindruckenden Justizpalast (so und feiertags geschlossen) wurde 1429 Jeanne d'Arc von einer Kommission vernommen, die bekanntlich befand, daß das Mädel mit höherer Order unterwegs sei. Wo im 6. Jh. Ste. Radegonde das Kloster Ste.-Croix gründete, steht heute ein Museum gleichen Namens mit einer völkerkundlichen, einer archäologischen und einer künstlerischen Sammlung (di & feiertags geschlossen).
Ein beliebtes Ausflugsziel ist der Vergnügungspark *Futuroscope*, der 11 km im Norden von Poitiers liegt. Er ist das französische Pendant zu Euro-Disney bei Paris und dementsprechend erfolgreicher. Wer den Rummel mag, sollte sich einen Tag Zeit nehmen, denn allein die Architektur der Gebäude (viel Glas, Stahl und Lichteffekte) ist sehenswert. Das Besondere sind auch die Kinos: 3D, 360°, Riesenleinwand, interaktive Projektionen u.v.m.

Information: OTSI, 8 r des Grandes Écoles, 86000 Poitiers, ✆ 0549412124; OTSI, Salle du Cloître de l'Abbaye, 86280 St.-Benoit, ✆ 0549884212.
Verkehrsverbindungen: Internationaler Flughafen, Züge in alle Richtungen, TGV Paris–Bordeaux.
Hotel: Le Chapon Fin***, 11 r Lebascles, ✆ 0549880297, 17 Z.; La Porte Vilette**, 14 bd de l'Abbé-Frémont, ✆ 0549414133, 12 Z., Weihn.-Neujahr geschlossen.
Studentenwerk: CROUS, 15 r Guillaume VII le Troubadour, B.P. 629, 86022 Poitiers, ✆ 0549608800, 5 Mensen, 2586 Plätze in 5 Wohnheimen.
Jugendherberge: FUAJ, 1 all Roger Tagault, ✆ 0549300970, 132 B., Weihn.-Neujahr geschlossen.
Camping: Du Porteau, r du Porteau, ✆ 0549414488, 37 Stpl., Juni-August.

Etappe 4:
Poitiers – Angles-sur-l'Anglin – Tournon-St-Martin (59 km / 116 – 140 – 73 m)

Diese Etappe führt aus der Plaine Calcaire hinaus an die Grenze zur Brenne durch flaches Land, in der landwirtschaftlich genutzte Flächen und Wälder wechseln, bis sich plötzlich das felsige Tal des Anglin öffnet mit einem bezaubernden Ort, der sich in den Fels hineinschmiegt: Angles-sur-l'Anglin.

In Poitiers geht es auf der Grand'Rue über den Clain (Fluß) auf die R Louis Pasteur, dort links am Fluß entlang, dann in einem weiten Rechtsbogen unter der Autostraße durch. Sobald die Straße links abknickt, geradeaus auf die R de Montbernage und weiter auf die D3. Die D3 verläßt dann Poitiers nach Bonneuil-Matours, durchquert den *Fôret de Moulière* und führt hinab ins Tal der Vienne. *Bonneuil-Matours* liegt an ihrem Ufer, und direkt hinter dem Ort erreicht man die Brücke über den Fluß. Von ihr bietet sich ein ausgezeichneter Blick durch das Tal.

Information: OTSI, 1 r du 8 mai 1945, 86210 Bonneuil-Matours, ✆ 0549852382.
Camping: Municipal, All du Stade, ✆ 0549852047, 50 Stpl., Mai-Anf Sept.

Man kreuzt die D749; 3 km hinter Archigny zweigt rechts die D9 nach Les 8 Maisons/La Ligne ab. In La Ligne links ab auf die D83 und nach knapp 2 km rechts nach *Les 6 Maisons*. Jetzt geht es immer geradeaus, bis man kurz vor Bas-Bourg links in die D2 einbiegt. Diese Streckenführung ab Archigny erfordert zugegebenermaßen einige Aufmerksamkeit, aber sie erlaubt dafür, einmal unbelästigt von Autos zu fahren.
Hinter Bas-Bourg überquert man die *Gartempe* und fährt durch *St-Pierre-de-Maillé* nach Angles-sur-l'Anglin.

Camping: Le Grand Pré, Rte de Vicq, 86260 St-Pierre-de-Maillé, ✆ 0549486411, 93 Stpl., Mitte April-Mitte Oktober.

Angles-sur-l'Anglin (500 Einw., Dép. Vienne) verdankt seinen Namen wahrscheinlich Karl dem Großen, der im 9. Jh. Nachkommen der Angeln hier ansiedelte, ein Volk etwa aus dem Gebiet des heutigen Schleswig-Holsteins. Wenn man vor bzw. auf der Brücke steht, sieht man auf der anderen Seite des Anglin zur linken Hand die hellen Fassaden der Häuser am Hang, während rechts unten im Tal eine alte Mühle steht. Darüber erheben sich die Mauern der Schloßruine. Das Schloß war im Mittelalter von strategischer Bedeutung, verfiel aber im 18. Jh. und wurde während der Französischen Revolution als Steinbruch benutzt.

Information: OTSI, Mairie, 14 La Place, 86260 Angles-sur-l'Anglin, ✆ 0549488687; www.anglessuranglin.com.
Camping: Les Côteaux, ✆ 0549488687, 40 Stpl., Apr-Sept.

Kartenskizze Etappen 4 & 5

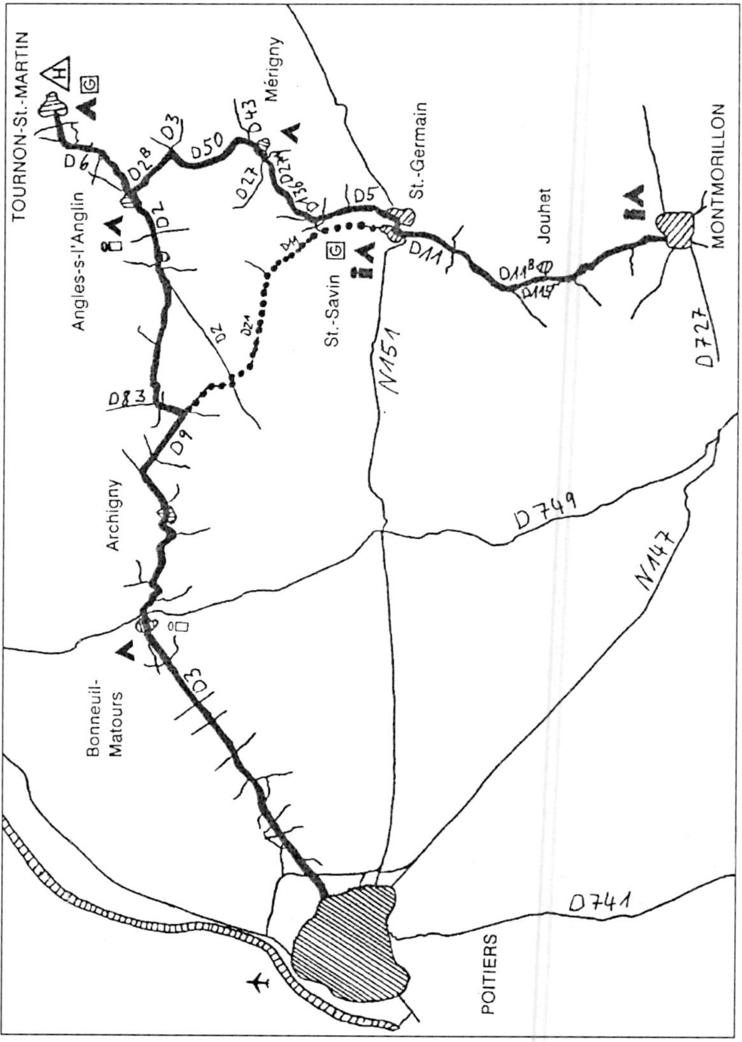

Wenig später erreicht die D2, hinter der Départementgrenze D6, **Tournon-St-Martin**.

Hotel: Au Cheval d'Or**, 1 pl de l'Eglise, 36220 Tournon-Saint-Martin, ✆ 0254375033, 4 Z., so abds + mo geschlossen.
Gîte d'étape: Mairie*, Tournon-Saint-Martin, ✆ 0254375060, 29 B., ganzj. (in alter Mühle an der Creuse).
Camping: Les Grandes Iles, ✆ 0254378886, 33 Stpl., Juli-Aug.

Wer mit den Etappen 5 oder 7 weiterradeln möchte, dem empfehlen sich Abkürzungen:

Um nach Süden, Richtung Limoges, zu gelangen, kann man ab La Ligne eine ebenfalls sehr ruhige Route nehmen. Dazu folgt man der D9 weiter bis La Puye, dort links auf die D2 und nach wenigen hundert Metern wieder rechts auf die $D2^A$, der man bis La Bussière folgt. Dort rechts auf der D11 bis Saint Savin, wo Anschluß an Etappe 5 besteht.

Nach Südosten, Richtung Auvergne, geht es ab Angles-s-l'Anglin rechts auf der $D2^B$/D3 nach Le Blanc. Dort trifft man auf die Etappe 7.

Etappe 5:
Tournon-St-Martin – St-Savin – Montmorillon (52 km / 73 – 83 – 156 m)

Die Etappe folgt im wesentlichen den Läufen von Anglin und Gartempe flußaufwärts, wobei die Strecke entlang der Gartempe, die in Etappe 30 ihre Fortsetzung findet, zu den schönsten Flußuferfahrten im „flachen" Land zählt.

Man verläßt Tournon-St-Martin auf der D6, nach dem Wechsel des Départements D2, nach *Angles-sur-l'Anglin.* Dort führt die Beschilderung über die D2B nach Le Blanc; die Straße heißt nach dem erneuten Départementswechsel D3. In Fournioux, einem Weiler 4 km hinter Angles, rechts ab auf die D50 Richtung Mérigny und hinab ins Flußtal, wo der graue Fels zwischen Grün hervorlugt. Den Fluß stets greifbar neben und ein Laubdach über sich, wird die D43 erreicht, die rechts nach *Mérigny* führt.

Camping: Champ de la Cure, 36220 Mérigny, ✆ 0254374271, 30 Stpl., Apr-Sept.

Über von Hecken und Wäldchen gesäumte Straßen wechselt man jetzt Département und Fluß und folgt der D27, $D27^A$, D136 und D5 problemlos, da stets St-Savin ausgeschildert ist. Die letzten Kilometer werden bereits von der Gartempe begleitet. Man erreicht die am östlichen Ufer gelegene Schwesterstadt von Saint-Savin, *Saint-Germain*, und überquert den Fluß.

Saint-Savin (1100 Einw., Dép. Vienne) ist wegen seiner Kirchengemälde ein Begriff. Die romanischen Decken- und Wandmalereien in der Klosterkirche werden als das bedeutendste Ensemble dieser Art in Frankreich angesehen. Sie haben die zahlreichen Zerstörungen und Restaurierungen überstanden, die das Kloster im Lauf der Jahrhunderte erfahren hat, was besonders deshalb ein Wunder ist, weil die Malereien nicht in der Technik der Freskenmalerei auf feuchten Putz aufgetragen wurden, sondern auf schon getrockneten, so daß nur eine dünne Farbschicht existiert. Die Kirche selbst ist ein romanischer Bau von beeindruckenden Maßen; die gegenwärtigen Klostergebäude wurden im 17. Jh. errichtet.

Information: OTSI, 15 r St-Louis, B.P. 18, 86310 Saint-Savin, ✆ 0549481100.
Gîte d'étape: La Grange Blanche*, St-Germain, ✆ 0549489869, 25 B., ganzj.
Camping: Le Moulin, La Gassotte, ✆ 0549489869, 50 Stpl., Juni-Mitte Sept.

In leichtem Auf und Ab geht es dann durch das *Vallée des fresques*, das Tal der Fresken. In *Antigny* und vor allem in *Jouhet* existieren in den romanischen Kirchen Malereien, die mit denen von St-Savin und Montmorillon verwandt sind. Man nimmt zunächst die D11 Richtung Antigny/Lussac-les-Châteaux. 4 km hinter Antigny zweigt dann die D11^{B} nach links nach Jouhet ab. Kurz darauf auf der D115 fährt man jetzt wieder in Sichtweite der Gartempe, überquert diese jedoch nicht nach Jouhet, sondern fährt geradeaus weiter. Auf ausgesprochen kleinen Schildern sind La Roche-au-Baussan und Pruniers ausgewiesen. Wenn man ihnen folgt und an Pruniers vorbei weiter geradeaus fährt, wird sicher **Montmorillon** erreicht. Die Stadt hat eine anziehende Altstadt mit vielen Häusern aus dem 18. Jh. In der Krypta der Kirche *Notre Dame* zeigen Fresken aus dem 12. Jh. Szenen aus dem Leben der Nie-Berührten. Die Kirche hat eine Chorhaube aus dem 11. Jh., während das Hauptschiff sowie die Fassade später, z.T. im 14. Jh., verändert wurden.

Information: OTSI, 2 pl Mal Leclerc, 86500 Montmorillon, ✆ 0549911196.
Verkehrsverbindungen: Züge nach Poitiers und Le Dorat/Limoges.
Camping: L'Allochon, Av F.-Tribot, ✆ 0549910233, 80 Stpl., März-Okt.

Etappe 6:
Montmorillon – Châteauponsac – Ambazac (88 km / 156 – 317 – 372 m)

Diese Etappe folgt noch dem Lauf der Gartempe bis zur Grenze des Poitou. In der ***Basse-Marche*** *wird das Gelände dann etwas hügeliger und steigt langsam an. Man fährt durch eine abwechslungsreiche Hecken-, Weiden- und Wiesenlandschaft, die von vielen Flüssen und Seen durchwebt ist. Schließlich beginnen die Monts d'Ambazac, die Vorboten des Massif Central.*

Die D5 führt von Montmorillon nach Saulgé, unmittelbar am Flußufer entlang. In *Saulgé* folgt man der Beschilderung nach La Macherie/Le Bancherau. Achtung, es sind nur kleine Schilder. Hinter La Macherie zeigt sich die Gartempe von ihrer besten Seite: In einem felsigen Bett sprudelt sie über Stufen springend dem

Kartenskizze Etappe 6

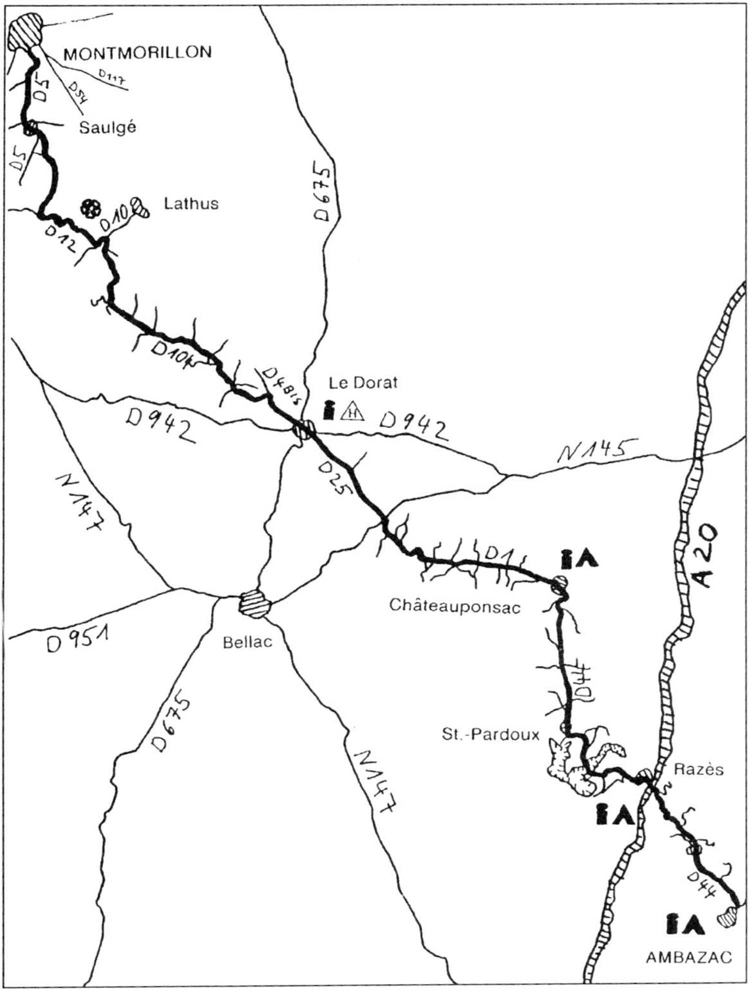

Radfahrer entgegen, das gegenüberliegende Ufer ist bewaldet. Via D12 und D10 Richtung Lathus kommt man an eine Brücke und überquert die Gartempe. Das Tal ist hier felsig und schmal, der Fluß ein mittleres Wildwasser und Tummelplatz für gut trainierte Kanuten (die sich hier in internationalen Wettkämpfen messen). Zu Fuß geht es zu einem Aussichtspunkt an einer höllisch engen Stelle, den *Portes d'Enfer*. Direkt hinter der Brücke rechts ab. Unter einem Laubdach führt die Straße dann noch einmal direkt am Fluß entlang; knapp 5 km hinter der Brücke trifft sie an einer T-Mündung auf die D104 links nach Thiat. Man kann auch einen Abstecher zur *Quelle der Brame* machen: 50 m hinter der Kreuzung erreicht ein kleiner Weg nach rechts nach ca. 1 km die Quelle. Über die D104 und die D4^{Bis} nach Le Dorat.

Le Dorat (2400 Einw., Dép. Haute-Vienne) verfügt über eines der bedeutendsten Baudenkmäler des Limousin, die Stiftskirche Collégiale St-Pierre. Sie wurde im 12. Jh. aus grauem Granit in Form des lateinischen Kreuzes errichtet. Die strenge Fassade wird von einem viellappigen Portal aufgeheitert, das arabische Einflüsse aufweist. Von dem alten Friedhof gegenüber bietet sich ein guter Gesamteindruck von der Kirche.

Information: OTSI, Pl de la Collégiale, 87210 Le Dorat, ✆ 0555607681.
Verkehrsverbindungen: Züge nach Limoges und Poitiers.
Hotel: Bordeaux***, 39 pl Charles de Gaulle, ✆ 0555607688, 9 Z., Mitte-Ende Sept & so abends geschlossen.

In Le Dorat orientiert man sich zunächst Richtung Guéret, bis die D25 Richtung Châteauponsac abzweigt. Hinter dem Flüßchen Semme ist dann zum ersten Mal ein längerer steiler Anstieg zu überwinden. Die D1 erreicht **Châteauponsac**, das am Berg über einer Windung der Gartempe liegt. Hinter der Kirche St-Thyrse bietet sich ein guter Blick ins Tal, auf den steilen gegenüberliegenden Hang, die römische Brücke und die alten Häuser des Vorortes Sous-le-Moustier. Das Museum (Juli-Mitte Sept tägl. nachmittags, sonst nur so) besitzt unter anderem eine große Sammlung archäologischer Stücke, die meist bei Ausgrabungen in der Region gefunden wurden.

Information: OTSI, Pl Mazurier, 87290 Châteauponsac, ✆ 0555765757.
Camping: La Gartempe, ✆ 0555765533, 33 Stpl., ganzj.

Die D44 verläßt Châteauponsac nach St-Pardoux und bietet zunächst im Ort den Blick ins Gartempe-Tal, bevor die besagte Brücke den Fluß überquert. Man radelt jetzt durch eine merklich bergigere Wald- und Seenlandschaft nach *Saint-Pardoux*.

Information: OTSI, Le Bourg, 87870 Saint-Pardoux, ✆ 0555765680.
Camping: Fréaudour, ✆ 0555765722 & 0555710440, 200 Stpl. Juni-Mitte Sept; Santrop, ✆ 0555710808/0440, 152 Stpl., Juni-Mitte Sept (beide am See).

Am *Lac de Saint-Pardoux* vorbei auf der D44 nach *Razès*. Man überquert die N20 und fährt auf der D44, die mittlerweile eine richtige Bergwaldstraße geworden ist, durch *St-Sylvestre* nach **Ambazac** (Fortsetzung mit Etappe 121/122), das den Löwenanteil am Schatz von Grandmont besitzt. Die zwei wichtigsten Stücke der in der Kirche ausgestellten Kostbarkeiten sind eine Kupferplastik aus dem 12. Jh., die das himmlische Jerusalem darstellt, und ein Liturgiekleid, das die Frau Heinrichs V. dem Heiligen Étienne de Muret, Gründer des Ordens, geschenkt hat.

Information: OTSI, Av de la Libération, 87240 Ambazac, ✆ 0555568576.
Hotel: Les Voyageurs*, 27 av du Gén-de-Gaulle, ✆ 0555566031, www.hotel-ambazac.com, Februar geschlossen.
Camping: Le Jonas, ✆ 0555566025, 70 Stpl., Juni-Mitte Sept.

Etappe 7:
Tournon-St-Martin – Le Blanc – St-Gaultier (50 km / 73 – 81 – 113 m)

Diese Strecke folgt dem Flußverlauf der Creuse. Sie beginnt sehr flach im Südwestzipfel der Brenne und verläuft in der zweiten Hälfte durch leicht hügeliges und bewaldetes Gelände.

Man verläßt Tournon auf der D950 nach Le Blanc. Nach wenigen Kilometern ist das Ufer der Creuse erreicht, und es geht auf schöner Strecke nach **Fontgombault**. Die Abbaye de Fontgombault wurde im 11. Jh. von einem aus dem Adel stammenden Eremiten gegründet. Von den ursprünglichen Klostergebäuden steht nur noch die Kirche, und auch von dieser stammen lediglich das Querschiff und die Chorhaube mit Kapellen aus dem 11. Jh., während das Längsschiff im letzten Jh. weitgehend neu erbaut wurde. Das Kloster hat, wie so viele andere, zwischenzeitlich als Steinbruch fungiert, wird aber heute von Benediktinern bewohnt.

Weiter über die D950 nach Le Blanc, mit schönen Blicken ins grüne Tal der Creuse. **Le Blanc** ist eine hübsch am Ufer des Flusses gelegene Handelsstadt. In der Oberstadt bietet die Esplanade bei der Kirche *St.-Cyran* einen guten Blick über die Unterstadt und das linke Flußufer. In der Unterstadt sind die Kirche St.-Génitour und das beim Rathaus untergebrachte Museum (Führung Juli/August di, mi, fr, sa vormittags) zu beachten. Letzteres zeigt mehrere hundert regionale und exotische Vogelarten.

Information: OTSI, Hôtel de Ville, 36300 Le Blanc, ✆ 0254370513.
Hotel: Du Théâtre***, 2bis av Gambetta, ✆ 0254376869, 18 Z., ganzj.
Camping: L'Isle d'Avant, Rte de Châteauroux, ✆ 0254378822, 80 Stpl., Mitte Mai-Mitte Sept.

Auf der linken Flußseite führt die D3 Richtung Bélabre aus der Stadt. In Varennes links ab mit der D3, über La Billetterie und La Rouère zum *Château de Romefort*, das auf einem Felsplateau über der Creuse liegt.

Kartenskizze Etappe 7

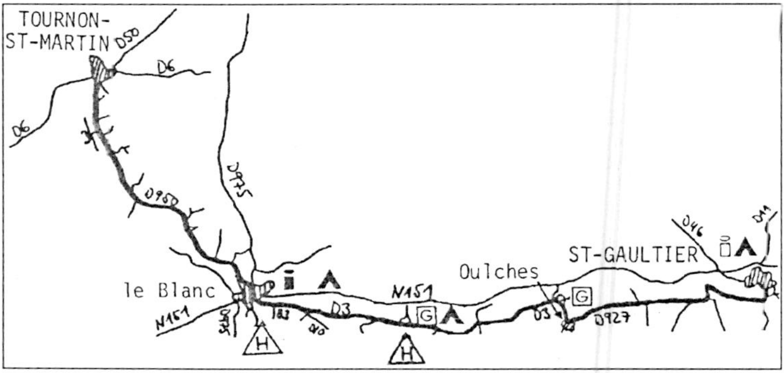

Hotel: Chez Petit Jean**, 74 rte Nationale, ✆ 0254377005, 5 Z., ganzj.
Gîte d'étape: Le Grand Tremble*, 36300 Ruffec-le-Château, ✆ 0254377263, 31 B., ganzj. (Gîte équestre); Mairie*, Ciron, ✆ 0254379666/9592, 14 B., ganzj. (beim Château de Romefort den Fluß überqueren); Mairie*, 36800 Oulches, ✆ 0254379510/9885, 35 B., ganzj. (Gîte cycliste).
Camping: L'Ile de la Creuse, Ruffec-le-Château, ✆ 0254377968, 23 Stpl., Mitte Mai-Mitte Sept.

Immer noch auf der D3, fährt man nach Cors und rechts ab nach Oulches. Dort trifft man auf die D927 links nach Thenay. Hinter Rivarennes geht es wieder ins Tal der Creuse hinab; kurz vor Thenay taucht **Saint-Gaultier** auf der anderen Flußseite auf und wird nach der Flußüberquerung erreicht. Hier haben sich mehrere Ziegelbrennereien angesiedelt.

Information: SI, Pl de l'Église, 36800 Saint-Gaultier, ✆ 0254470031.
Camping: L'Oasis du Berry, ✆ 0254471704, 32 Stpl., ganzj.; L'Ilon, R de Limage, ✆ 0254471122, 90 Stpl., Ostern-Mitte Sept.

Etappe 8:
Saint-Gaultier – Argenton-sur-Creuse – Guéret (84 km / 113 – 108 – 436 m)

Diese Etappe verläuft durch den schönsten Abschnitt des Creuse-Tales. Der Fluß wird schmaler und strömt in einem Tal, das sich oft zur Schlucht verengt. Es ist das Land, das viele Maler, unter ihnen Claude Monet, inspiriert hat und das George Sand zum Schauplatz mehrerer Romane machte. Ab Crozant führt der Weg dann in das höhere Gelände der Haute-Marche.

Wer in Saint-Gaultier startet, überquert die Creuse und biegt in Thenay links ab auf die D48, die am Fluß entlang über La Renauderie und Convives nach Argenton-sur-Creuse führt. In St-Marin überquert man nicht den Fluß, sondern biegt vorher rechts ab, radelt unter der N20 hindurch und kommt auf dem linken Creuse-Ufer nach Argenton.

Argenton-sur-Creuse (5200 Einw., Dép. Indre) ist der Nachfolger der gallo-römischen Stadt Argentomagnus, die auf dem Gebiet des heutigen St-Marcel lag. Bei der beschriebenen Ankunft könnte man zunächst zur Kapelle N.-D.-des-Bancs hinaufsteigen, dem Überbleibsel einer Festung. Ihr erhöhter Platz bietet einen Überblick über die mit Giebeln und Türmchen versehenen Häuser der Altstadt, über die Kirche St-Bénoit und den Fluß, der die Stadt durchschneidet. Auf dem Weg hinunter zum Fluß kommt man an der Kirche, einem restaurierten gotischen Bauwerk, sowie an mehreren alten Häusern vorbei. Von der alten Brücke bietet sich wiederum ein guter Blick, aus anderer Perspektive, über Alt- und Oberstadt.

Über die D927 ist ein Abstecher ins 2 km entfernt liegende **St-Marcel** möglich. Nur wenige Ausgrabungsstätten haben eine solch komplette Vorstellung von einer römischen Stadt erlaubt wie die von Argentomagnus. Zu den wichtigsten Ausgrabungsstücken zählen ein Gebäude, das aus zwei Tempeln und einer Bedürfnisanstalt besteht, ein riesiger Brunnen mit Wasserleitungssystem von 90 m Länge sowie ein Theater, das 6000 Menschen fassen konnte. Im örtlichen Museum (Mitte Juni-Mitte Sept tägl.) sind ebenfalls Funde aus römischer Zeit zu sehen.

Information: OTSI, 13 r de la République, 36200 Argenton-sur-Creuse, ✆ 0254240530.
Hotel: Manoir de Boisvillers****, 11 r du Moulin de Bord, ✆ 0254241388, 14 Z., Dez-Mitte Jan geschlossen (hübsches Herrenhaus nahe der Vieux Pont); De France***, 8 r J.-J. Rousseau, ✆ 0254240331, 16 Z., Mitte Dez-Mitte Jan geschlossen.
Gîte d'étape: Le Courbat*, Le Pêchereau, ✆ 0254240497/3621, 15 B., ganzj. (südöstlich)
Camping: Les Chambons, ✆ 0254341526, 85 Stpl., Mitte Mai-Mitte Sept.

Man verläßt Argenton auf der D48, immer am rechten Flußufer entlang, über Le Menoux nach Badecon-le-Pin. Dort biegt rechts die D40 nach Gagilesse-Dampierre ab. Auf der Höhe des Dorfes Les Chocats beschreibt die Creuse einen starken Bogen, den *Boucle du Pin*. Von der D40 aus bietet sich ein guter Blick auf die in der Flußschleife gelegene Halbinsel, auf der anderen Flußseite steht die romanische Kirche von *Ceaulmont*. Die Straße führt in die Schlucht hinab nach **Gargilesse-Dampierre**. Dieses Dorf mit seinen alten Häusern ist Schauplatz der Romane von George Sand (z.B. Le Péché de Monsieur Antoine, Les Beaux Messieurs de Bois-Doré) sowie Motiv für Herbstlandschaften von Claude Monet, Théodore Rousseau u.a.

Information: OTSI, Le Pigeonnier, 36190 Gargilesse-Dampierre, ✆ 0254478506.
Camping: La Chaumerette, ✆ 0254477344, 78 Stpl., Mai-Sept.

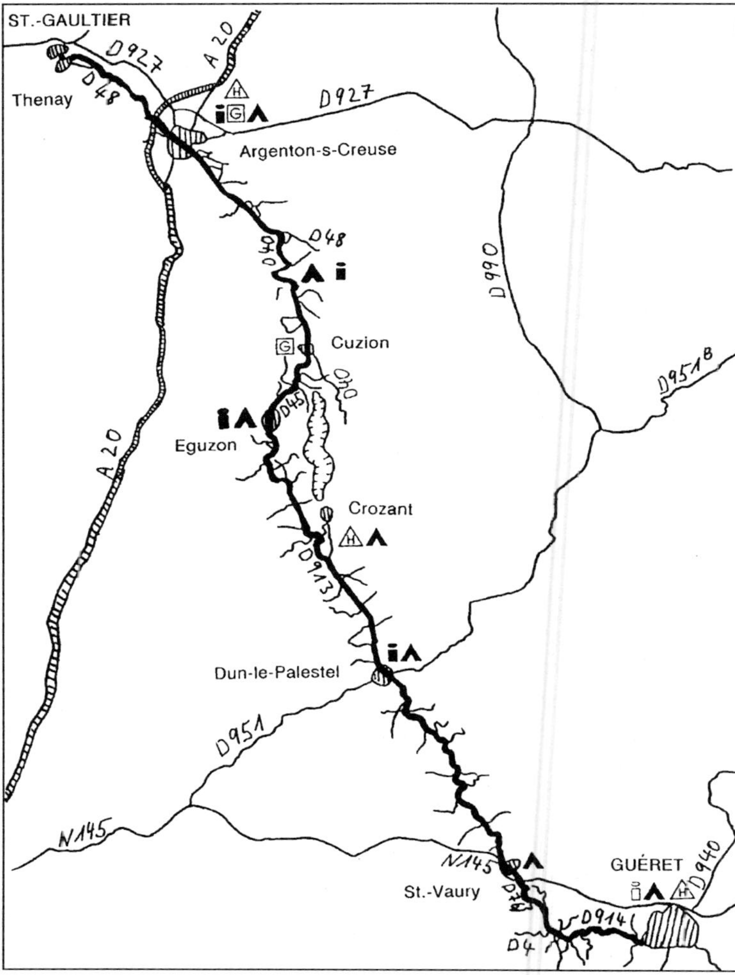
ST.-GAULTIER
D927
A20
D48
Thenay
D927
Argenton-s-Creuse
D48
D990
Cuzion
D951B
D45
Eguzon
A20
Crozant
D913
Dun-le-Palestel
D951
N145
N145
GUÉRET
D940
St.-Vaury
D914
D4

Weiter auf der D40 nach Cuzion. Dort zweigt am Ortsausgang eine kleine Straße nach rechts ab, vorbei am *Château Châteaubrun*, einer Festung aus dem 12. Jh. 1 km weiter rechts auf die D45 nach *Eguzon*.

Information: OTSI, R A. Bassinet, 36270 Eguzon-Chantôme, ✆ 0254474369.
Gîte d'étape: Cuzion*, ✆ 0254474640/4720, 28 B., ganzj.; Base de Plein Air, Lac de Chambon, ✆ 0254474613, 15 B., Feb-Okt.
Camping: La Garenne, ✆ 0254474485, 70 Stpl., Mitte Juni-Mitte Sept.; Chambon les Nugiras, ✆ 0254474522, 70 Stpl., Mitte Mai-Mitte Sept.

Linker Hand liegt jetzt der *Lac de Chambon*, zu dem hier, von Eguzon aus oder später nach Crozant Abstecher möglich sind. Weiter auf der D913 läßt man *Crozant* links liegen und fährt nach *Dun-le-Palestel*.

Information: OTSI, Pl de la Poste, 23800 Dun-le-Palestel, ✆ 0555892461.
Hotel: La Chevallerie**, 23160 Crozant, ✆ 0555898058, 5 Z., mi abd, do + Okt geschl.
Camping: La Fontbonne, Le Bourg, Crozant, ✆ 0555898012, 33 Stpl., Mai-Sept; La Forêt, Dun-le-Palestel, ✆ 0555890130, 40 Stpl., Mitte Juni-Mitte Sept.

Dort nach links auf die D951, noch im Ort wieder rechts auf die D913 Richtung St-Vaury/Guéret. Jetzt wird die Strecke kurviger und führt durch mehr Waldgebiete. Allerdings nimmt die Hügelhöhe allmählich zu, denn die *Haute-Marche* wird erreicht. Kurz vor *St-Vaury* biegt man links auf die N145 ab und gleich wieder links in den Ort.

Camping: La Valette, 23320 Saint-Vaury, ✆ 0555802982, 16 Stpl., Mitte Juni-Mitte Sept.

Man verläßt St-Vaury, indem man rechts um die Kirche herum und dann unter der N145 hindurch auf die D76 nach La Brionne fährt. Kurz vor der Bahnunterführung trifft die Strecke auf die D4, mit der und der D914 **Guéret** erreicht wird (weiter mit Etappe 123/124).

Guéret (14.100 Einw., Dép. Creuse), die heutige Hauptstadt des Départements und frühere (seit dem 13. Jh.) der Grafschaft Marche, ist ohne besondere Reize, wenn man vom Museum (di geschlossen) absieht. Dort kann man z.B. Wandteppiche aus Aubusson (s. Etappe 124) bewundern sowie die für das Limousin typischen Emaille- und Porzellanarbeiten, die jeweils einen Saal füllen. Zwischen der R Ferrague und der R Ingres steht das Hôtel des Moneyroux, ein spätgotisches Herrschaftshaus.

Information: OTSI, 1 av Charles-de-Gaulle, 23000 Guéret, ✆ 0555521429.
Verkehrsverbindungen: Züge nach Limoges, Montluçon und Felletin/Ussel.
Hotel: Auclair***, 19 av Sénatorerie, ✆ 0555412200, 31 Z. (um die Ecke des H. De Moneyroux); Du Nord**, 1 bd de la Gare, ✆ 0555413000, 30 Z.
Camping: Pommeil, ✆ 0555520702, 34 Stpl., ganzj.; Courtille, ✆ 0555819224, 70 Stpl., Juni-Sept.

Etappe 9:
La Rochelle – Tonnay-Boutonne – Saintes (76 km / 0 – 47 – 27 m)

Man verläßt La Rochelle nach Süden zunächst in Richtung Rochefort und gelangt nach *Aytré*, das außer Industrieanlagen auch Campingplätze besitzt:

Camping: Les Sables, Chn du Pontreau, 17440 Aytré, ✆ 0546454030, 300 Stpl., Juni-Mitte Sept; Le Richelieu, 73 rte de la plage, ✆ 0546441924, 97 Stpl., Ostern-Okt; La Lizotière, 66 rte de la plage, ✆ 0546441933, 44 Stpl., Apr-Nov; Les Châlets de la plage, 53 rte de la plage, ✆ 0546445797, 18 Stpl., Mai-Sept.

Noch in Aytré biegt man auf die D939 (Richtung Surgères) ein, der man etwa 15 km bis zu einer Kreuzung folgt. Hier geht es einen knappen Kilometer auf der D5 (Richtung Rochefort), bevor man erneut abbiegt, diesmal nach links auf die D112 (nach Cicogne, Richtung Tonnay-Boutonne), der man durch eine lieblich-ländliche Landschaft folgt. Zwischendurch geradeaus auf die D117 und hinter Muron halblinks wieder auf der D112, bis man kurz vor *Tonnay-Boutonne* zur D114 stößt, der man (mit kurzem Intermezzo auf der D739) bis Saintes folgt. Unterwegs durchfährt man St-Savinien mit einer Anlegestelle für Kreuzfahrtschiffe auf der Charente (s. Châteauneuf, Etappe 72). 6 km dahinter ist **Taillebourg** erreicht , in dem Reste eines Schlosses (15. Jh.) zu sehen sind.

Information: OTSI, R Bel Air, 17350 Saint-Savinien, ✆ 0546902107.
Camping: De la Taillée, 3 r du Bois-Gaillard, 17290 Aigrefeuille, ✆ 0546355088, 82 Stpl., Ostern-Sept; L'Étang des Rosées, ✆ 0546277001, 17430 Genouillé, 33 Stpl., Juli-Mitte Sept; La Grenouillette, L'Isle aus Loisirs (3 km westlich), 17350 St-Savinien, ✆ 0546903511, 67 Stpl., Apr-Sept; Du Château, Rte de St-Jean-d'Angély, 17350 Taillebourg, ✆ 0546917120, 27 Stpl., Mitte Juni-Mitte Sept.

Und weiter nach Saintes (Anschluß an Etappe 73).

Saintes (26.000 Einw., Dép. Charente-Maritime) ist vor allem seiner römischen Vergangenheit wegen bekannt, aus deren Zeit noch diverse Ruinen zu besichtigen sind. Sie sind für die Region durchaus etwas Besonderes, wenn sie dem Vergleich mit denen der Provence auch kaum standhalten können. Noch sehenswerter sind die drei Kirchen: St-Eutrope mit gotischem Turm und frühromanischer Krypta (um 1100), St-Pierre mit einem interessant aussehenden Turm (15. Jh.) und Ste-Marie (11.-12. Jh.), eine mit romanischen Portalen ausgestattete Abteikirche.

Information: OTSI, Villa Musso, 62 cs National, 17100 Saintes, ✆ 0546742382.
Verkehrsverbindungen: Züge nach Paris, Nantes, Toulouse, Angoulême, Bordeaux, Rennes, Nizza und Royan.
Hotel: L'Avenue**, 114 av Gambetta, ✆ 0546740591, 15 Z. (Innenstadt)
Jugendherberge: 2 pl Geoffrey Martel (FUAJ), ✆ 0546921492, 70 B., ganzj.
Camping: Au Fil de l'Eau, 6 r de Courbiac, ✆ 0546930800, 214 Stpl., Mitte Mai-Mitte Sept.

Kartenskizze Etappe 9 & 10

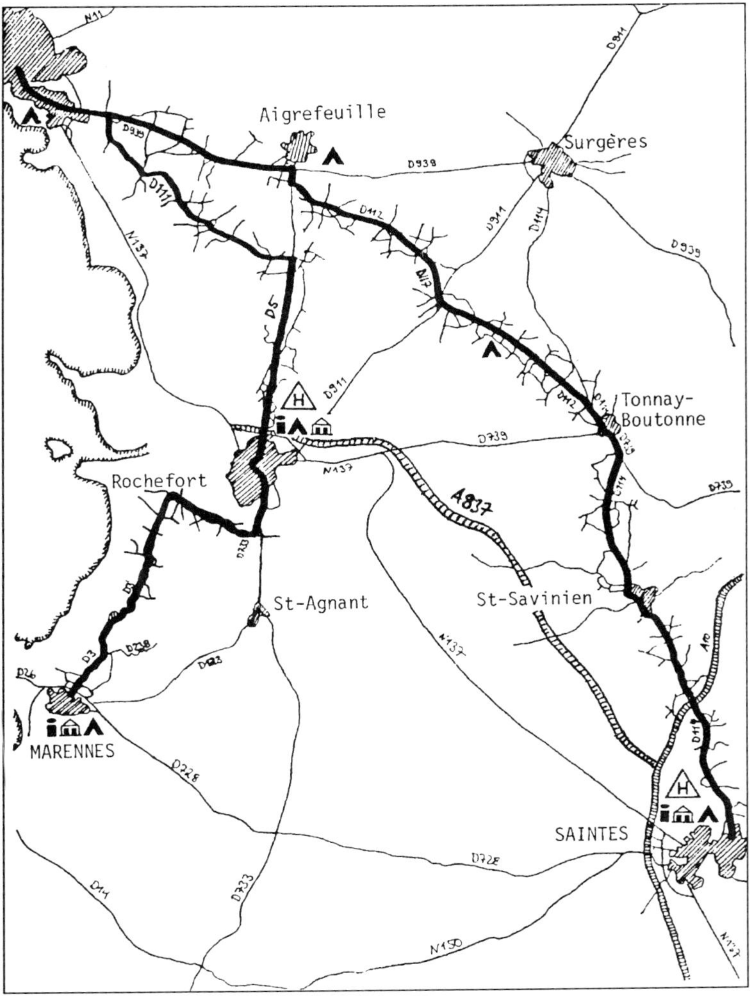

Etappe 10:
La Rochelle – Rochefort – Brouage – Marennes (68 km / 0 – 36 – 10 m)

Für denjenigen, der in La Rochelle seine Tour beginnt, ist diese Etappe das erste Teilstück auf dem langen Weg nach Süden, immer in Tuchfühlung mit dem Atlantik. Sie beginnt zunächst wie Etappe 1: Von La Rochelle nach Süden, in *Aytré* auf die D939 (Richtung Surgères), dieser aber nur bis La Jarne folgen, dort rechts auf die D111 einbiegen, auf der man fährt, bis sie hinter Ballon die D5 kreuzt. Dort rechts bis nach Rochefort.

(In Gegenrichtung nicht leicht zu finden: vor dem Bahnhof links auf den Bd A. Briand, erste rechts über die Gleise, dann gleich wieder rechts auf die D5.)

Rochefort (26.000 Einw., Dép. Charente-Maritime) wurde von Colbert 1666-1668 auf dem Reißbrett errichtet, weil der Hafen von Brouage (s.u.) verschlammt war und La Rochelle darniederlag. Es sollte eine prächtige Werft bekommen und als Festungsstadt die Charente sichern (daher auch der Name „Felsenfestung"). Beim Schlendern durch die rechtwinklige Altstadt wird man diesem Anspruch noch heute begegnen. Hauptattraktion ist die der Welt einzige Corderie Royale (Seilerei), ein 370 m langes (von außen nicht besonders interessantes) Gebäude, in dem früher die Taue für die Segelschiffe geknüpft wurden.

Information: OTSI, Av Sadi-Carnot, 17300 Rochefort, ✆ 0546990860.
Verkehrsverbindungen: Züge nach Rennes, Nizza, Toulouse und Bordeaux.
Hotel: La Caravelle**, 34 r Jean-Jaurès, ✆ 0546990253, 27 Z., Mitte Jan-Mitte Dez (Innenstadt).
Jugendherberge: Logis d'Étape (FUAJ), 20 r de la République, ✆ 0546997462 (Juli/Aug), sonst: 0546821040, 50 B., ganzj. (reservieren!).
Camping: Le Bateau, Port-Neuf, R des Pêcheurs-d'Islande, ✆ 0546994100, 86 Stpl., ganzj.

Südlich von Rochefort muß man 3½ km auf der breiten D733 fahren (Richtung Royan). Jedoch direkt nach der Überquerung der Charente flüchtet man an der ersten Ausfahrt rechts auf die D238[E1] bis Soubise, dort links auf der D3 durch eine eindrucksvolle Sumpflandschaft nach **Brouage**. Dieser Ort mit seinen mächtigen Befestigungsanlagen sieht fast noch so aus wie im 17. Jh., als sein Hafen verschlammte und er dadurch völlig an Bedeutung verlor. Dabei war der Hafen lange Zeit ein ebenbürtiger Konkurrent von La Rochelle und dessen katholischer Gegenpart. 1567 wurde Champlain, der „Gründer" Kanadas, in Brouage geboren.
Auf der D3 erreicht man nach 6 km den Zielort der Etappe.

Marennes (4500 Einw., Dép. Charente-Maritime) gilt als Hauptstadt der Austernzucht, mit der an der Seudremündung begonnen wurde, nachdem 1868 ein portugiesischer Austernfrachter seine Ladung über Bord kippen

mußte und sich die Tierchen im Sumpf derart wohl fühlten, daß man ihretwegen die eh schon kränkelnde Salzgewinnung ganz aufgab. Der Glockenturm (15. Jh., 78 m) bietet einen schönen Ausblick auf das Reich der Austern. Von Mitte Juni bis Mitte September ist in der Stadt ein Austern-Diorama zu sehen (sonst an das SI, s.u., wenden).
Von Marennes kann man über die Brücke einen Abstecher zur Ile d'Oléron machen, was vor allem außerhalb der Hauptsaison sehr empfehlenswert ist, wenn man etwas ruhiger durch die gar nicht einmal kleine Insel oder entlang den langen Stränden radeln kann. Dabei sollte man unbedingt bis in den Norden vorstoßen.

Information: OTSI, Pl Chasseloup Loubat, 17320 Marennes, ✆ 0546850436
Camping: Les Pins, 1 av W. Bertrand, ✆ 0546850558, 140 Stpl., Ostern-Sept; Au Bon Air, Av Pierre-Voyer, ✆ 0546850240, 200 Stpl., Ostern-Mitte Okt.

Etappe 11:
Marennes – Royan – Pointe de Grave – Montalivet-les-Bains
(68 km / 10 – 0 m)

Eine abwechslungsreiche Strecke, die zwischen zwei Wasserüberquerungen (Seudre und Gironde) durch den hügeligen, aber sehr schönen Forêt de la Coubre führt, in dem mehrere Stichstraßen lohnende Blicke auf die ***Côte Sauvage*** *freigeben. Dieser Küstenabschnitt ist berühmt-berüchtigt wegen seiner tückischen Strömungen; manchen Badenden hat es hier hinweggespült. Deswegen sollte man sich aber nicht eine Besichtigung entgehen lassen, vor allem nicht die, die beim Leuchtturm („Phare") beginnt.*

Marennes verläßt man zunächst Richtung Ile d'Oléron, biegt jedoch unmittelbar bei Erreichen der D26 links ab und gelangt nach etwa 2 km auf die Seudrebrücke. Bei der D25 angelangt, führt die Strecke nach rechts nach *Ronce-les-Bains*.

Information: OTSI, Pl Brochard, 17390 Ronce-les-Bains, ✆ 0546360602.
Camping: Campotel La Pignade, Av du Monard, ✆ 0546362525, 448 Stpl., Mitte Mai-Mitte Sept; Les Ombrages, Av de la Côte-de-Beauté, ✆ 0546363414, 250 Stpl., Juni-Mitte Sept; Les Pins, 16 av de la Côte-de-Beauté, ✆ 0546360775, 95 Stpl., Apr-Mitte Okt; La Clairière, R des Roseaux, ✆ 0546363663, 147 Stpl., Mai-Mitte Sept; Le Pacha, 43 r Bouffard, ✆ 0546361444, 70 Stpl., Mitte Apr-Mitte Sept.

Nun geht es in den Forêt de la Coubre. Ca. 2 km hinter dem Ortsausgang zweigt rechts ein neuer Radweg ab, der einsam, ruhig und herrlich eben durch den Wald führt; irgendwo zwischen Atlantik und D25, bis er schließlich wieder zur Straße kommt, der man nach rechts weiter folgt. Auf den letzten Kilometern werden mehrere Badeorte durchquert.

Royan (17.000 Einw., Dép. Charente-Maritime) ist eine voll auf den Tourismus eingestellte Stadt und dabei nicht einmal besonders schön. Gegen Ende des Zweiten Weltkrieges hatten sich hier nämlich ein paar deutsche Truppenreste verschanzt. Als Folge wurde die Stadt von den Alliierten in Schutt und Asche gelegt. Ein Erlebnis ist (nachm.) der Fischgroßmarkt „La Criée“.

Information: OTSI, Palais des Congrès, 17200 Royan, ✆ 0546050471.
Verkehrsverbindungen: Züge nach Saintes und Angoulême; Girondefähre (Trans-Gironde, Auskünfte: ✆ 0546052303 & 0546385991).
Hotel: 27 Hotels in den Badeorten, u.a. in Royan: De la Plage**, 26-28 front de la mer, ✆ 0546051027, 17 Z., Apr-Sept.
Camping: 31 Plätze entlang der Strecke zwischen La Palmyre und Royan, darunter in Royan: Clairefontaine, All des Peupliers, ✆ 0546390811, 300 Stpl., Mitte Mai-Mitte Sept.

Nun geht es per Schiff über die Girondemündung. Drüben an der *Pointe de Grave* angekommen, fährt man 7 km auf der N215, Le Verdon links liegen lassend. Dann zweigt man auf die D1^{E4} ab nach **Soulac-sur-Mer**. Anstelle der Route Nationale kann man auch auf einem Radweg fahren, der gegenüber dem Fort du Verdon gleich zu Beginn startet (rechts) und bis Soulac führt (im Ort dann links halten, um wieder zur Hauptstraße zu gelangen)
Praktisch die ganze Küste entlang gibt es solche Wege. Leider hören sie manchmal ganz unvermittelt auf, und bisweilen befinden sie sich in gefährlichem Zustand, sind zerbrochen, oder eine feine Sandschicht stellt eine Art Bananenschalenersatz dar. Selbst auf besseren Wegen kann es ungemütlich werden, wenn nämlich vor allem

Kartenskizze Etappe 11

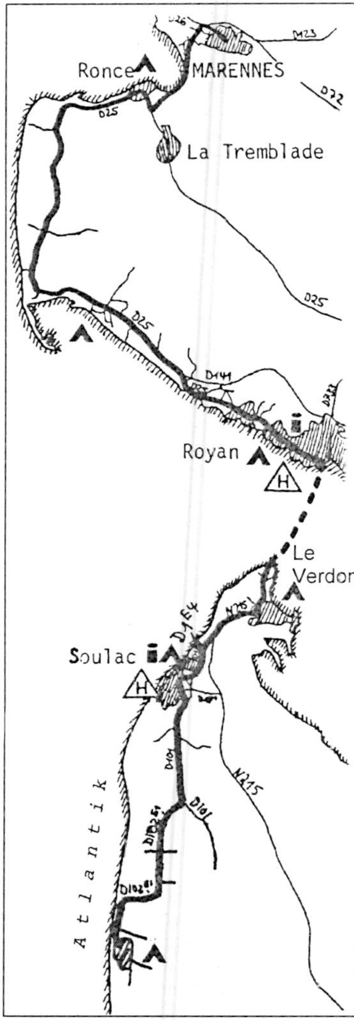

Tagesausflügler im Sommer auf den engen Wegen ein arges Gedränge entstehen lassen. Dennoch stellen meist die Radwege für vorsichtige Fahrer angesichts der äußerst langweiligen, häufig schnurgeraden Landstraßen die bessere Alternative dar, um die dichten Pinienwälder und langgestreckten Dünen der *Grandes Landes* zu durchradeln. Immerhin hat sich ihr Zustand insgesamt in den letzten Jahren verbessert, da die meisten der Wege wieder neu asphaltiert wurden. Die Etappenbeschreibungen versuchen, einen guten Kompromiß zwischen Radwegen und Straßen zu finden. Da sich die Wegverhältnisse jedoch schnell ändern können, sollte der, der auf Nummer Sicher gehen will, der D101/ D3 bis zum Becken von Arcachon folgen, das dann auf einem Weg direkt neben der Straße umrundet werden kann. Wer sich darüber hinaus informieren möchte, kann sich detaillierte Karten vom Radwegenetz zuschicken lassen (s. „Informationsmaterial").

Information: OTSI, 95 r de la Plage, 33780 Soulac-sur-Mer, ✆ 0556098661.
Hotel: Pins****, L'Amélie, ✆ 0556098001, 31 Z., Mitte März-Dez (auch mit preiswerteren Z.**).
Camping: Unzählige Plätze die ganze Küste entlang, sowohl auf den Strecken als auch in den Badeorten unmittelbar am Atlantik, darunter in L'Amélie: Amélie Plage, ✆ 0556098727, 523 Stpl., Apr-Okt; Les Genets, Soulac-sur-Mer, ✆ 0556098579, 270 Stpl., Apr-Sept.

In Soulac endet der Fahrradweg, und die Fahrt (auf der D101) durch den riesigen Kiefernwald beginnt. Man verläßt die Stadt auf der D101, nach ca. 7 km geht es rechts auf der D102^{E1} nach **Montalivet-les-Bains**.

Camping: 5 Plätze, darunter Soleil d'Or, Bd Front de Mer, ✆ 0556093137, 100 Stpl., Juni-Mitte Sept.

Etappe 12:
Montalivet-les-Bains – Lacanau-Océan – Le Porge-Océan (60 km / 0 m)

Die ganze Strecke führt über Forststraßen und Radwege. Außer Bäumen bekommt man meist nicht viel zu sehen, es sei denn, man folgt den hin und und wieder auftauchenden Stichstraßen links zu den ruhigeren Binnenseen oder rechts zur ***Côte d'Argent*** *(„Silberküste") mit einem schier endlosen, dünengesäumten Sandstrand, auf dem sich sogar im Sommer die Touristenmassen verlieren, sobald man die unmittelbare Umgebung der Orte verläßt.*

Montalivet-les-Bains verläßt man, indem man der Linkskurve der D102 unmittelbar am Meer Richtung Vendays folgt, am Ortsausgang jedoch rechts auf eine kleine Forststraße abbiegt, die von einem Radweg begleitet wird. Von der Straße zweigt etwa nach 6 km links eine weitere ab (Richtung Vendays). Hier abbiegen, da es geradeaus in einer Sackgasse bzw. auf einem unbefahrbaren, im Sand versunkenen Weg endet. Nach etwa einem weiteren Kilometer wieder rechts nach Le Pin-sec. Man durchquert die kleine Häuseransammlung und fährt geradeaus weiter. Dann geht es über die D101^{E7}, die rechts nach Hourtin-Plage, links nach Hourtin führt, hinweg auf einen anderen Forstweg, der diesmal etwas schlingernd weiter durch den einsamen Wald führt (Achtung: Beim Überqueren der D101^{E7} kurz links und gleich wieder rechts; nicht dem Radweg folgen, der hier unbefahrbar ist!). Schließlich endet der Weg an der Carcans und Carcans-Plage verbindenden D207. Dort links und gleich wieder rechts auf die D6^{E1}. Diese endet an der D6, der man rechts nach *Lacanau-Océan* folgt. Im Ort links weiter nach Süden, zunächst auf einer asphaltierten Straße. Dort wo sie in einer Schleife zurückführt, beginnt der Radweg nach **Le Porge-Océan**.

OPTION: Die sicher beste Möglichkeit, von der Küste nach Bordeaux zu gelangen, bietet ein neuer Radweg, der von Lacanau-Océan über Lacanau bis Bordeaux führt (ca. 60 km).

Information: In den Hauptorten: OTSI, Bd du Front de Mer, 33930 Vendays-Montalivet, ✆ 0556093012; SI, R des Écoles, 33990 Hourtin, ✆ 0556091557; OTSI, 33680 Lacanau, ✆ 0556032101; OTSI, Pl St-Seurin, 33680 Le Porge, ✆ 0556265434.
Hotel: Hotels sind rarer gesät als Campingplätze und ab Hourtin teuer. Les Acacias**, 64 rte Montalivet, Vendays, ✆ 0556417323, 24 Z., Apr-Okt; Vitanova****, Domaine de L'Ardilouse, Rte du Baganais, Lacanau-Océan, ✆ 0556038000, www.hotel-vitanova.com, 50 Z., Feb-Dez.
Camping: In jedem Ort entlang der Küste, in den Hauptorten z.T. auch ganzj., an der Küste meist Mai-Sept, z.B.: Municipal de l'Océan, Carcans-Plage, ✆ 0556034144, 350 Stpl., Juli-Aug; Le Lierre, 1 rte de Philibert, Le Mayne Pauvre, ✆ 0556034009, 50 Stpl., ganzj.; Les Peupliers, 17 rte de Sarnac, Vendays-Montalivet, ✆ 0556417044, 116 Stpl., Apr-Sept.

Etappe 13:
Le Porge – Castelnau-de-Médoc – Lamarque (41 km / 10 – 43 – 0 m)

Diese Strecke verknüpft die Atlantikroute mit dem Médoc und ermöglicht die Weiterfahrt nach Angoulême. Sie beginnt auf der D107, kurz danach links auf die D3, erneut ein kurzes Stück, bis rechts die Abzweigung auf die D5^{E4} nach Saumos kommt. Kurz vor dem Ort erreicht man die D5, der man nach links durch Saumos und Ste-Hélène folgt, bis sie zur N215 stößt, hier links, durch *Castelnau-de-Médoc*, bis sich nach 6 km rechts die D5 fortsetzt und nach **Lamarque** führt. (Über die Gironde und weiter Richtung Angoulême mit Etappe 71.)

Information: SI, 30 r Carnot, 33480 Castelnau-de-Médoc, ✆ 0556582490.
Hotel: Les Landes***, 7 pl Romain-Videau, ✆ 0556587380, 11 Z., ganzj.

Kartenskizze Etappen 12 – 14

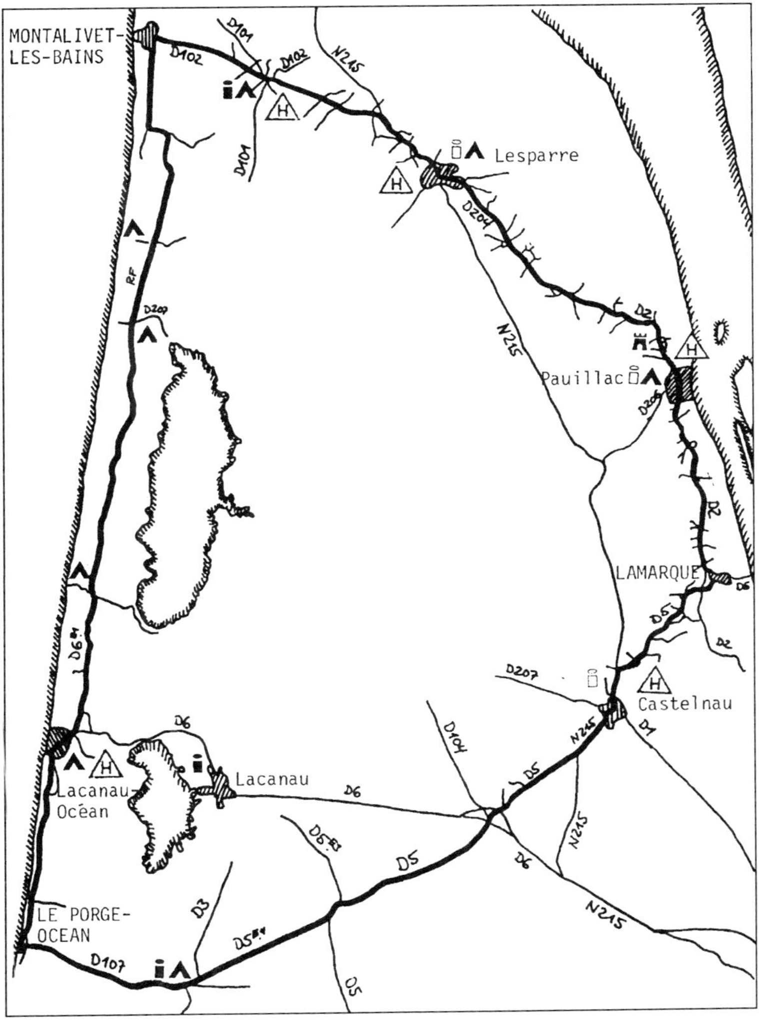

Etappe 14:
Montalivet-les-Bains – Lesparre-Médoc – Pauillac – Lamarque
(51 km / 0 – 19 – 0 m)

Die Fahrt durch das ebenso teure wie berühmte Weinbaugebiet des Médoc weckt zwiespältige Gefühle. Da sieht man die sortierten Rebstöcke zwischen den ein wenig tristen Dörfern auf der Suche nach dem Besonderen. Da tummeln sich die Châteaux – zumindest auf den Schildern. Denn dies heißt lediglich „Weingut", auch wenn sich dahinter das eine oder andere Schlößchen verbirgt. Ob man sie dann häßlich-protzig oder erhaben-vornehm findet, eines steht fest: Wer sich keinen Weinkeller entgehen läßt, dürfte irgendwann den Weg vom Äußerlichen zum Wesentlichen gefunden haben.

Zu Beginn der Etappe muß jedoch noch ein Stück Wald durchquert werden. Dazu verläßt man Vendays-Montalivet auf einem kleinen Sträßchen rechts am Friedhof vorbei, dann immer geradeaus, durch Coudessant, bis man zur N215 stößt, der man nach rechts bis **Lesparre** folgt.

Information: SI, Pl du Dr.-Lapeyrade, 33340 Lesparre-Médoc, ✆ 0556412196.
Verkehrsverbindungen: Züge nach Pointe de Grave und Bordeaux.
Hotel: Le Lion d'Or**, 2 cs du Général de Gaulle, ✆ 0556410014, 15 Z., ganzj.
Camping: Les Chenaux, Queyrac (N215), ✆ 0556598326, 30 Stpl.

Von hier geht es weiter auf der D204 Richtung Pauillac. Nach 15 km wechselt man, ohne abzubiegen, auf die D2. Nun beginnt der Châteaux-Reigen mit Cos-d'Estournel, Lafite und *Mouton-Rothschild* (Weinmuseum, sa/so und Aug geschlossen). Ein Stückchen weiter erreicht man das Weinhandelszentrum **Pauillac**.

Information: OTSI, La Verrerie, 33250 Pauillac, ✆ 0556590308.
Hotel: France et Angleterre****, 3 qu A.Pichon, ✆ 0556590120, 29 Z., ganzj. (Wer in solch vornehmer Gegend reist, findet entsprechende Unterkünfte ... dieses Hotel zählt noch zu den „einfacheren".)
Camping: Les Gabarreys, Rte de la Rivière, ✆ 0556591003, 59 Stpl., Apr-Mitte Okt.

Nun schließen sich noch 13 km auf der D2 an, bis **Lamarque** erreicht wird. Wer den Anschluß an die nächste Etappe wählt (oder an die vorige), der braucht nicht links in den Ort hineinzufahren, sondern kann auf der D2 bleiben bzw. rechts auf die D5 abbiegen.

Etappe 15:
Lamarque – Bordeaux (36 km / 0 – 18 – 5 m)

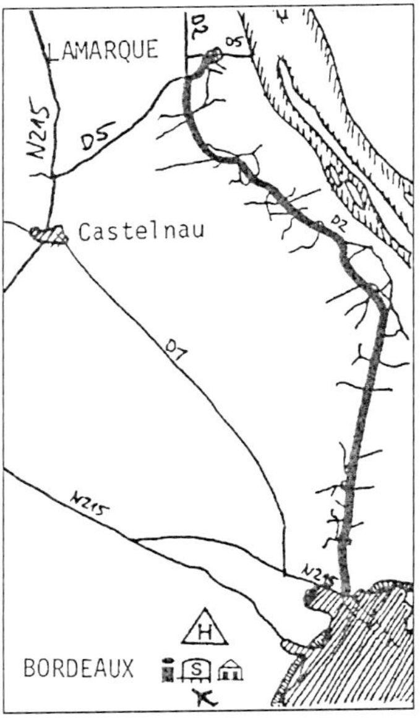

Völlig unkompliziert führt diese Strecke immer an der D2 entlang. Erst wenn das Stadtgebiet von Bordeaux bereits erreicht ist, biegt sie links ab auf die N215 (Av du Médoc) und folgt ihr bis in das Zentrum (Anschluß an Etappe 34 & 35). Eine sinnvolle Umfahrung von Bordeaux ist aus dem Norden nicht möglich.

(In Gegenrichtung sollte man sich zunächst Richtung Soulac/Lacanau orientieren [ab Pl de la Comédie vor dem Theater auf den All de Tourny immer geradeaus], nach der Autobahnüberquerung rechts auf die D2, Richtung Blanquefort abbiegen.)

Bordeaux (215.000, mit Vorstädten 754.000 Einw., Dép. Gironde) wirkt zunächst – zumal für den Radler – wie eine gewöhnliche Großstadt: viel Lärm, Verkehr, schwarz-verwitterte Häuser ... Nur schwer läßt sich die Distanz zu der Stadt überwinden.
Sie gehörte 1154-1453 zu England und soll bis heute eine gewisse „Anglophilie“ bewahrt haben. Dem Besucher erhalten geblieben sind zwei Kirchen aus dem 15. Jh. (Saint-Michel mit dem größten Turm Südfrankreichs, 114 m, und die stilreine gotische Kathedrale St-André) sowie zwei Stadttore (Grosse Horloge und Porte Cailhau). Der Rest stammt aus dem 18. Jh. (Börse, Rathaus, Theater), als Bordeaux von Grund auf neu gebaut wurde, reich geworden durch den Dreieckshandel mit Afrika (Sklaven) und der Neuen Welt (Gewürze, Baumwolle, Kaffee).

Der Blick von der Pont de Pierre mag einen Eindruck vom Stadtbild vermitteln; das ist freilich seit einiger Zeit seines Hafenbetriebes beraubt, der sich bis zur Girondemündung ausgebreitet hat. Unter den Museen ist eines besonders interessant: das Musée Aquitaine, das einen reichhaltigen Überblick über die Region bietet, u.a. Originale aus den prähistorischen Höhlen nahe Les Eyzies (s. Etappe 82).

Information: OTSI, 12 cours du 30 Juillet, 33000 Bordeaux, ✆ 0556006600.

Verkehrsverbindungen: Verkehrsknotenpunkt mit Zügen in alle Richtungen, darunter TGV-Atlantique nach Paris, Direktflüge nach Paris, Genf, München und Straßburg (Flugplatz Bordeaux-Mérignac 12 km im Westen).
Hotel: De Sèze****, 23 all de Tourny, ✆ 0556526554, 24 Z., ganzj.; Notre Dame***, 36 r Notre-Dame, ✆ 0556528824, 21 Z. (nördl. Innenst., nahe der Garonne); Excelsior*, 58 r Huguerie, ✆ 0556480014, 11 Z., ganzj. (nahe der Place de Tourny am nördlichen Altstadtrand).
Studentenwerk: CROUS, 18 r du Hamel, 33033 Bordeaux Cedex, ✆ 0556339200, 4048 Plätze in 7 Wohnheimen, 6 Mensen und Cafeterien.
Jugendherberge: Maison de la Promotion Sociale (FUAJ), 24 av de Virecourt, 33370 Artigues, ✆ 0556773333/00, 60 B., ganzj. (8 km östlich); Auberge* (LFAJ), 22 cs Barbey, 33800 Bordeaux, ✆ 0556330070, 108 B., ganzj. (200 m vom Bahnhof St-Jean).

Etappe 16:
Le Porge-Océan – Cap-Ferret – Arcachon – Parentis (83 km / 0 – 32 m)

Diese Etappe ist die wohl schönste an der Küste zwischen Gironde und Baskenland, denn der Pinienwald öffnet sich hier und da für unverhoffte Ausblicke.

Dazu werden die Städte um das Bassin umgangen, indem man von Le Porge auf der D3 kommend hinter Lège-Cap-Ferret auf die D106 Richtung Cap-Ferret abbiegt. Kurze Zeit später zweigt rechts eine Route Forestière ab, der man durch den Wald entlang den Dünen (an den Dünen links halten) folgt, bis der Weg an der D106 endet; dort geradeaus nach **Cap Ferret**. Durch kurzes Hin- und Herlaufen (je 1 km) kann man dort sowohl die Vorzüge des offenen wie eines Binnen-Meeres testen.

Information: OTSI, 1 av Général de Gaulle, 33950 Lège-Cap-Ferret, ✆ 0556608643.
Hotel: L'Océane**, 62 av de l'Océane, ✆ 0556606813, www.hotel-oceane.com, 10 Z., ganzj.
Jugendherberge: 87 av de Bordeaux (FUAJ), ✆ 0556606462, 60 B., Juli/Aug.
Camping: 9 Plätze entlang der Halbinsel, darunter: Du Truc Vert, Rte Forestière, ✆ 0556608955, www.trucvert.com, 480 Stpl., Mai-Sept; La Prairie, 93 av du Médoc, ✆ 0556600975, 65 Stpl., ganzj.; Mer et Forêt, Le Grand Oustan, ✆ 0556601836, 40 Stpl., Juli-Sept.

Weiter geht es mit einer Minifähre (max. 2 Fahrräder, die außen festgebunden werden) über das Bassin nach **Arcachon**. Dort wird man feststellen, daß der Ort seine Bekanntheit eher der Umgebung verdankt. Darüber kann auch nicht das interessante Museum für Meereskunde (tägl., Juli/Aug sogar durchgehend) hinwegtäuschen. (Auch im Bassin d'Arcachon werden Austern gezüchtet, s. Marennes, Etappe 10.)

Information: OTSI, Espl Georges Pompidou, B.P. 42, 33311 Arcachon, ✆ 0557529797.
Verkehrsverbindungen: Züge nach Bordeaux, zweimal täglich bis Paris.

Hotel: Le Provence***, 106 bd de la plage, ✆ 0556831078, 8 Z., Mitte Jan-Mitte Nov; (auch Z. für *).
Camping: Club d'Arcachon, 5 all de la Galaxie, Les Abatilles, ✆ 0556832415, 180 Stpl., ganzj.

Nach 8 km Stadtfahrt rechts auf der D218 erreicht man das Schönste, Herrlichste, Mächtigste auf dieser Etappe: die 114 m hohe **Dune du Pilat**.

Sogar die Menschenmassen, die sich hier allsommerlich rauf- und runterstürzen, stören kaum. Und welch ein Erlebnis, wenn einmal Ruhe eingekehrt ist! Dann geht die Fahrt mit ersten Steigungen zwischen Meer und Binnenseen weiter nach Süden; ab der Grenze zum Département Landes heißt die Straße D83, in Biscarosse-Plage dann D146, bis man in Biscarosse auf die D652 nach **Parentis** stößt.

Information: OTSI, Rond-point du Figuier, 33115 Pyla-sur-mer, ✆ 0556540222; OTSI, 55 all de la Fontaine, 40600 Biscarosse, ✆ 0558782096; OTSI, Pl Général de Gaulle, 40160 Parentis-en-Born, ✆ 0558784360.
Hotel: Viele teure Hotels, zu den relativ preiswerteren zählt: Oyana****, 52 av Louis Gaume, ✆ 0556227259, 17 Z., April-September.

Camping: Zahlreiche Plätze über die ganze Strecke verteilt, darunter: Le Petit Nice, Pyla-s-Mer, ✆ 0556227403, 200 Stpl., Apr-Okt; Maguide, Biscarosse-Plage, ✆ 0558098190, 275 Stpl., ganzj.; Lahitte, Rte du Lac, Parentis, ✆ 0558784717, 135 Stpl., Apr-Okt; Pipion, Rte du Lac, Parentis, ✆ 0558785725, 200 Stpl., ganzj.

Etappe 17:
Le Porge-Océan – Facture (38 km / 0 m)

Dieser Teil führt weniger attraktiv, dafür schneller nach Süden, immer die D3 entlang bis **Facture**. Ab Lège-Cap-Ferret beginnt eine Stadtfahrt durch die Orte, die sich rings um das *Bassin d'Arcachon* tummeln. Es empfiehlt sich daher, den Radweg zu benutzen, der direkt hinter der Überquerung der D106 beginnt und immerhin bis *Le Teich* führt. Anschließend gibt es zwar noch einige Radwege, sie sind jedoch recht verzweigt.

Information: SI, 33740 Arès, ✆ 0556821807; OTSI, 33510 Andernos-les-Bains, 33 av du Général-de-Gaulle, ✆ 0556820295; SI, 33148 Taussat, ✆ 0556829446; SI, 33980 Audenge, ✆ 0556268517.
Verkehrsverbindungen: Züge von Facture Richtung Arcachon, Bordeaux, Dax.
Hotel: Preiswerter als in Acachon und Pyla: L'Océane***, Av Franck Cazanave, Andernos, ✆ 0556261212, 102 Z., Mitte März-Mitte Okt; St-Eloi**, 11 bd de l'Aérium, ✆ 0556602046, 11 Z., ganzj.
Camping: Dicht gereiht um das Bassin, z.B.: Les Arbousières, Av de Bordeaux, Andernos, ✆ 0556821246, ganzj.

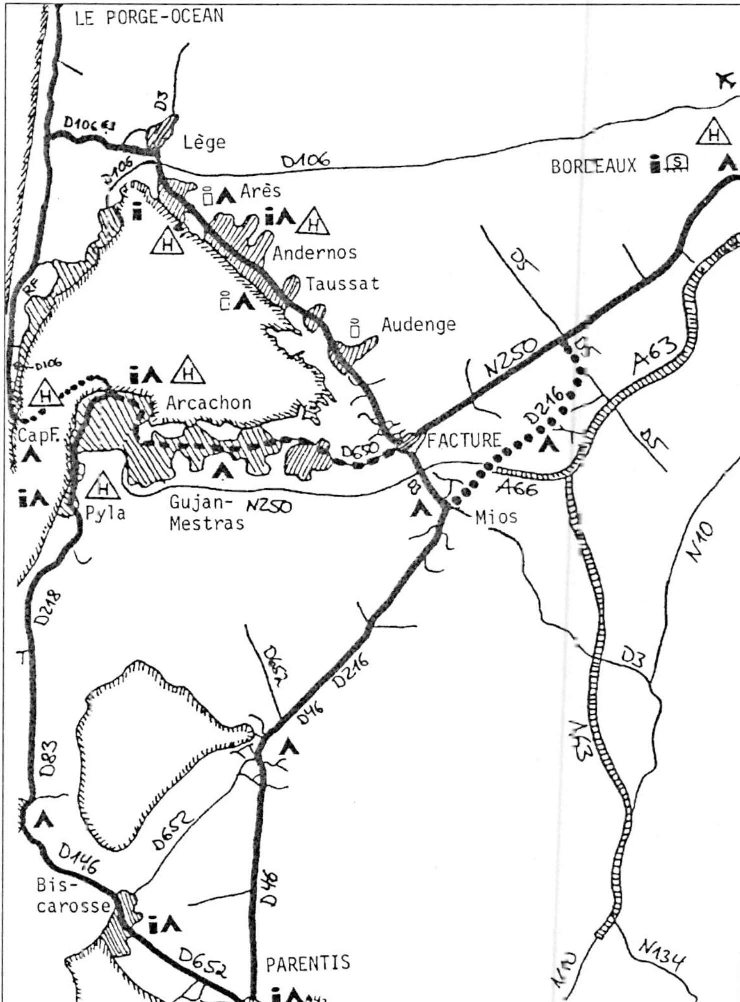
LE PORGE-OCEAN
D3
D106
Lège
D106
Arès
Andernos
Taussat
Audenge
BORDEAUX
D5
N250
A63
D216
RF
D106
Arcachon
CapF.
FACTURE
D650
D5
A66
Pyla
Gujan-
Mestras
N250
Mios
N10
D218
D652
D216
D3
D46
A63
D83
D652
D146
Bis-
carosse
D46
D652
PARENTIS
N10
N134

Etappe 18:
Facture – Marcheprime – Bordeaux (39 km / 0 – 61 – 5 m)

Die Strecke führt auf der schnurgeraden N250 bis **Bordeaux** (s. Etappe 15). Leider existiert vom Bassin d'Arcachon keine Alternative zu dieser gräßlichen Straße; man kann allenfalls auf kräftigen Rückenwind hoffen, damit man möglichst schnell auf ihr entlanggetrieben wird.

Beste Alternative ist, über Lacanau zu fahren und von dort einem Radweg nach Bordeaux zu folgen (s. Etappe 12).
Für den Anschluß vom bzw. an den Süden spart man wenigstens die ersten Kilometer, die ab Mios rechts auf der D216 bis Les-Quatre-Routes zurückgelegt werden, dann nach links auf die D5, in Marcheprime schließlich rechts auf die N250.

Alle diejenigen, die Bordeaux umgehen möchten, sollten folgender Strecke folgen: N250 – Pierroton – D211 – Saucats – D108 – La Prade – N113 – Castres-Gironde – D214 – Portets – D115 – Langoiran – Etappe 35 – D239 – D20 – Créon – D121 – Magrine – D936 – Etappe 34.

Etappe 19:
Facture – Mios – Parentis (38 km / 32 – 0 m)

Die Strecke setzt Etappe 17 auf dem kürzeren Weg nach Süden fort und bietet zugleich von Süden her den Anschluß nach Bordeaux. In diesem Fall sollte man die N250 umgehen (s. Etappe 18), indem man bei Caudos auf die D108 abbiegt, dieser durch Salles und le Barp nach Saucats folgt und links auf der D651 nach Bordeaux fährt.

Zunächst folgt man weiter der D3 nach Mios (dort Anschluß an Etappe 18, dann rechts der D216 (ab Dép.grenze D46) durch Sanguinet nach **Parentis** (s. Etappe 16).

Etappe 20:
Parentis – Mimizan – Saint-Girons (55 km / 32 – 43 – 10 m)

Mit dieser Etappe wird die *Atlantikroute* fortgesetzt, und zwar denkbar einfach: immer geradeaus, auch wenn in Ste-Eulalie unversehens der Straßenname von D652 in D87 wechselt. Unterwegs sieht man rechts die Reste der einstmals größten Ölförderung in Westeuropa (bevor es lukrativ wurde, die Ölfelder der Nordsee abzubauen). Ein Stückchen weiter beginnt – erneut rechts – ein vielleicht besonders schöner Teil des Kiefernwaldes. Doch dies läßt sich schwer feststellen, denn er ist militärisches Sperrgebiet. Schließlich erreicht man **Mimizan**, das als kleine Kulturinsel inmitten der Grandes Landes mit den Resten einer Abtei aufwarten kann, die im Mittelalter den Jakobspilgern im damals sehr unwirtlichen Gelände zu Schutz verhalf (Glockenturm, kleines romanisches Portal).

Information: OTSI, 38 av Maurice Martin, 40200 Mimizan, ✆ 0558091120.
Hotel: Atlantis****, 19 r de l'Abbaye, ✆ 0558090218, www.atlantis-mimizan.com, 12 Z., Mitte März-Mitte Dez (auch Z. für **).
Gîte d'étape: Airial de Tastot*, Pontenx-les-Forges, 16 B., Apr-Sept, reservieren bei: District de Mimizan, 3 av de la Gare, ✆ 0558091120/074540.
Camping: 9 Plätze entlang der Strecke verteilt, darunter: Du Lac, D87, Mimizan, ✆ 0558090121, 483 Stpl., April-Mitte Oktober.

Das nächste Stück nach Süden führt wieder auf der D652 entlang, immer geradeaus. Fortsetzung folgt: Etappe 24.

Wer eine Alternative zu der auf die Dauer sehr langweiligen Fahrt auf der Straße sucht, kann zwischen Mimizan-Plage und **Saint-Girons-Plage** auf dem inzwischen renovierten Radweg 1-2 km von der Küste entfernt fahren. Hier ist es absolut ruhig, aber mitunter nicht ungefährlich, da der Weg sehr schmal ist und nicht immer frei von Sand und Piniennadeln.

Camping: 8 Plätze unterwegs, Apr-Okt (nicht in Saint-Girons), u.a.: Le Satellite, Rte des Lacs, 40170 Lit-et-Mixe, ✆ 0558427412, 16 Stpl., Mitte Juni-Mitte Sept.

Etappe 21:
Parentis – Labouheyre – Sabres (40 km / 32 – 78 m)

Mit dieser wie auch der übernächsten Etappe besteht die Möglichkeit, an die Routen im Quercy oder entlang der Garonne anzuknüpfen. Zudem führt diese West-Ost-Verbindung durch den Regionalpark mit den schönsten Teilen der Grandes Landes, auf zum Teil sehr kleinen und ruhigen Sträßchen mit manch idyllischem Eckchen.

Ab Parentis die D140 bis Lue nehmen, dann links die D626 bis Sabres.

Sabres (1.100 Einw., Dép. Landes) hat außer den Kiefern eine besondere Sehenswürdigkeit zu bieten: das *Ecomusée* (Marquèze, 5 km im Nordwesten / Mai-Okt: sa nachm. & so, Juni-Mitte Sept: täglich). In einer Lichtung ist ein komplettes Dorf aufgebaut, mit Wassermühle und Hühnerstall, so wie im vorigen Jh. ein Dorf der Grandes Landes ausgesehen hat.

Information: SI, Mairie, 40210 Labouheyre, ✆ 0558044500; OTSI, Mairie, 40630 Sabres, ✆ 0558075639.

Verkehrsverbindungen: in Labouheyres Züge nach Dax und Bordeaux.
Hotel: L'Auberge des Pins****, ✆ 0558083000, 24 B., ganzj. (geräumiges Landhaus, auch Z. In einem Nebenbau für ***)
Gîte d'étape: Domaine du Parc de Peyre*, Rte de Solférino (reservieren bei: Mairie, 24 r de l'Hôtel de Ville, Labouheyre, ✆ 0558071010/0558044500), mit Camping à la ferme, 20 Stpl., Juni-Sept.
Camping: Les Cigales, Rte de Luglon, ✆ 0558075188, 33 Stpl., Mitte Juni-Mitte Sept.

Kartenskizze Etappen 20 – 22

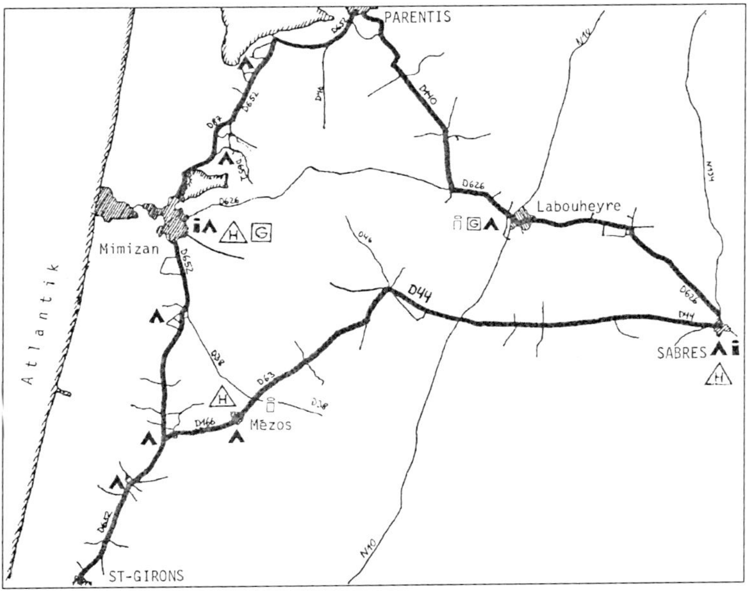

Etappe 22:
Saint-Girons – Mézos – Sabres (60 km / 10 – 82 – 78 m)

Wer von Süden kommt und zu den Etappen an der Garonne Anschluß finden möchte, fährt ab Saint-Girons zunächst nach Norden Richtung Mimizan, biegt jedoch in St-Julien auf die D166 nach *Mézos* (wie Mimizan schon ein älterer Ort mit einer gotischen Wehrkirche).

Information: SI, B.P. 4, 40170 Mézos, ✆ 0558426437.
Hotel: Boucau****, ✆ 0558426138, 8 Z., Juni-September.
Camping: Sen Yan, Le Village Tropical, ✆ 0558426005, 310 Stpl., Juni-Mitte Sept.

Weiter geht es mit der D63 nach Escource, dort rechts auf der D44 bis **Sabres** (s. Etappe 21).

Etappe 23:
Sabres – Cachen – Lencouacq – Silo la Gare (47 km / 78 – 110 m)

Man folgt zunächst der N134 Richtung Mont-de-Marsan, verläßt diese nach 2 km auf die D626 durch **Labrit.**

Information: OTSI, 66 rte des Plantons, 40420 Labrit, ✆ 0558510101.

10 km weiter biegt man in Cachen ab auf die kleine D53. Man durchquert Lencouacq und biegt erst kurz vor Jourets rechts ab auf die D428. Man kann nun in völliger Einsamkeit den Kieferndurft einatmen, bis nach einigen Kilometern die breite D932 überquert und *Retjons* erreicht wird. Dort links auf die D224 nach Bourriot-Bergonce, dann geradeaus auf der D24 bis **Silo la Gare**, wo Etappe 37 die Route fortsetzt.

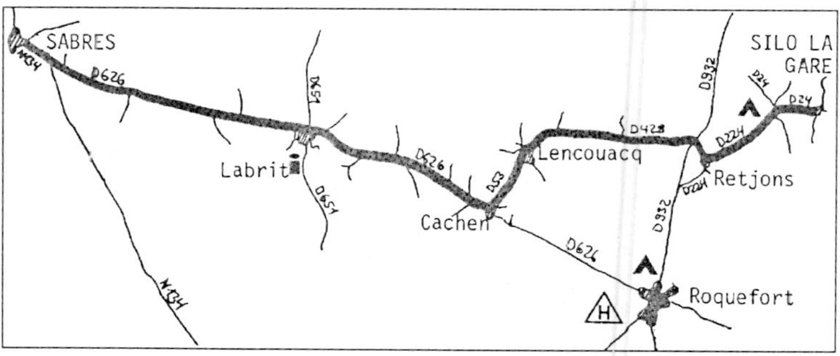

Hotel: Le Colombier**, 40120 Roquefort, ✆ 0558455057, 15 B., ganzj. (5 km Umweg, südlich)
Camping: Le Château (à la ferme), Bourriot-Bergonce, ✆ 0558933622, 20 Stpl., ganzj.; Municipal, Roquefort, ✆ 0558455999, 36 Stpl., April-Oktober.

Etappe 24:
St-Girons – Bayonne – Biarritz – St-Jean-de-Luz (81 km / 10 – 40 – 0 m)

Der letzte Teil der Atlantikroute führt bis 2½ km hinter Vieux-Boucau die D652 entlang, dann rechts ab auf die D79, die bei Les Estagnots zur D152 wird und bei der Durchfahrt von Hossegor und Capbreton zur „zurückgekehrten" D652 stößt, der man bis **Labenne** folgt.

Zwischen Léon und Vieux-Boucau kann man einer recht neuen „piste cyclable" folgen. Den Einstieg findet man leicht in Léon an der Kirche links, dann sofort wieder rechts.

Information: OTSI, 40550 Léon, ✆ 0558487603; OTSI, Le Mail, 40480 Vieux-Boucau-Port-d'Albret, ✆ 0558481347; OTSI, Av Georges Pompidou, 40130 Capbreton, ✆ 0558721211; OTSI, Pl de l'Église, 40530 Labenne, ✆ 0559454099.
Hotel: La Marenne***, Av de la Plage, Vieux-Boucau, ✆ 0558481270, 34 Z., Mitte März-Sept; Chez Léonie**, Labenne, ✆ 0559454164, 9Z., Nov-Mitte Okt; Le Family**, 8 r des Gabiers, Cap-Breton, ✆ 0558721130, 6 Z., März-Okt.
Camping: 22 Plätze auf der ganzen Strecke verteilt, darunter: Lou Puntaou, Léon, ✆ 0558487430, www.loupuntaou.com, 380 Stpl., Mitte April-September; Océanic, Labenne-Plage, ✆ 0559454622, 100 Stpl., April-Oktober.

Auch wer die Bäume inzwischen leid ist, kann sich an der folgenden Fahrt nicht so recht erfreuen. Zwar wird der Kiefernbestand dünner, dafür nehmen Verkehr und Bebauung zu: in Labenne rechts auf die N10 immer geradeaus bis St-Jean-de-Luz. Biarritz durchläuft diese Straße nicht. Um sich die Stadt anzusehen, fährt man in Bayonne, kaum daß Adour und Nive überquert sind, rechts über die D260 und D911 durch Biarritz.

Wer anschließend in die Pyrenäen will, kann von Biarritz über die D910 und D255, von der N10 links über die D255 nach St-Pée-s-Nivelle abkürzen.

Bayonne und **Biarritz** (40.000 bzw. 30.000 Einw., Großraum 180.000 Einw., Dép. Pyrénées-Atlantiques) bilden mit *Anglet* in der Mitte eine einzige große Stadt, da die durchgehende Bebauung kaum Grenzen erkennen läßt. Dennoch sind die Unterschiede enorm. Biarritz wurde Mitte des 19. Jahrhunderts zum Nobelbadeort, als das französische Kaiserehepaar das vormalige Fischernest mit einem Urlaubsaufenthalt beehrte. Zwar ist das Publikum heute vielfältiger geworden, an der Bestimmung, alles zu bieten, was das Touristenherz begehrt, hat sich jedoch nichts geändert.
Ganz anders Bayonne. Hier spürt man schon eher, daß man sich im Baskenland befindet, etwa beim Besuch des sehr interessanten Musée Basque (sa/so geschlossen), das einen umfangreichen Einblick in die Geschichte jenes merkwürdigen Volkes gibt, das die Ethnologen so verzweifeln läßt. Seine Herkunft ist unbekannt, und das Baskische ist eine der wenigen nicht-indogermanischen Sprachen in Europa. Es lohnt sich auch, in der Stadt zwischen mehreren alten Bauten umherzustreifen. Dazu zählen die Kathedrale Ste-Marie (13.-

16. Jh.), das Château-Vieux (1680, Fassade Mittelalter) und Reste der Stadtbefestigung.

Information: OTSI, Pl des Basques, 64100 Bayonne, ✆ 0559460146; OTSI, 1 av de la Chambre d'Amour, 64600 Anglet, ✆ 0559037701; OTSI, Square d'Ixelles, 64200 Biarritz, ✆ 0559223700.
Verkehrsverbindungen: Züge nach Paris, Hendaye und Nizza (selten); Flüge zwischen Biarritz und Paris (Flughafen Parme im Süden).
Hotel: Maitagaria***, 34 av Carnot, Biarritz, ✆ 0559242665, www.hotel-maitagaria.com, 17 Z. (Innenstadt, nahe des Jardin Public); Formule 1*, ZAC St-Frédéric II, Bayonne, ✆ 0559555751, 63 Z., ganzj.
Jugendherberge: Gazte Extea (FUAJ), 19 rte de Vignes, Anglet, ✆ 0559587000/04, 96 B., März-Okt; Aintziko Gazte Extea (FUAJ), 8 r Chiquito de Cambo, Biarritz, ✆ 0559417600 (reserv. unter 0559587000), 96 B., ganzj. (nahe Lac Mouriscot).
Camping: Airotel La Cheneraie, N117, Ch. Cazenave, Bayonne, ✆ 0559550131, 257 Stpl., Apr-Sept; De Parme, Rte de l'Aviation, Brindos, Anglet, ✆ 0559230300, 197 Stpl., ganzj.; Fontaine Laborde, All Fontaine Labord, ✆ 0559034816, 99 Stpl., Apr-Sept; Biarritz Camping, 28 r Harcet, ✆ 0559230012, 196 Stpl., Mai-Sept.

Während der Weiterfahrt auf der N10 geben sowohl die Ausblicke als auch das ständige Auf und Ab einen Vorgeschmack auf die Pyrenäen.

Information: SI, Rue Ereteguia, 64210 Bidart, ✆ 0559549385; SI, R Comte Sviecinski, 64210 Guéthary, ✆ 0559265660.
Verkehrsverbindungen: Züge nach Paris, Hendange und Nizza (selten).
Hotel: L'Hacienda***, Rte d'Ahetze, ✆ 0559549282, 12 Z., ganzj.
Camping: 10 Plätze, darunter: De la Plage, R de la Gare, Bidart, ✆ 0559549269, 138 Stpl., Mitte Juni-Mitte September.

Saint-Jean-de-Luz (13.000 Einw., Dép. Pyrénées-Atlantiques) hat neben dem Tourismus noch eine zweite bedeutende Einnahmequelle: den Thunfischfang. Die Atmosphäre leidet allerdings im Sommer arg unter dem Ansturm der Urlauber auf die unzähligen Sportmöglichkeiten, Diskotheken und das Kasino. In dem ganzen Trubel zu verschwinden droht die Kirche St-Jean-Baptiste mit einer für Südfrankreich seltenen Barockausstattung, einem Relikt der Hochzeit Ludwigs XIV., die 1660 hier gefeiert wurde.

Information: OTSI, Place du Mal. Foch, 64500 St-Jean-de-Luz, ✆ 0559260316.
Verkehrsverbindungen: Züge nach Paris, Hendange und Nizza (selten).
Hotel: Kapa Gorry**, 9 r Paul Gelos, ✆ 0559260493, 14 Z.
Camping: 14 Plätze, darunter: International d'Erromardie, Av de la Source, Plage d'Erromardie, ✆ 0559260774, 203 Stpl., Mai-Ende Sept; Plage Soubelet, Acotz, ✆ 0559265160, 150 Stpl., Apr-Okt.

Wer vorhat, an der Côte Basque seine Tour zu beenden, sollte dies nicht hier, sondern in *Hendaye* tun (ebenfalls direkte Zugverbindung nach Paris; OTSI; Camping). Die Fahrt über die *Corniche Basque* (Steilküste, D912) ist vor allem in den Abendstunden ein Erlebnis.

Kartenskizze Etappe 24

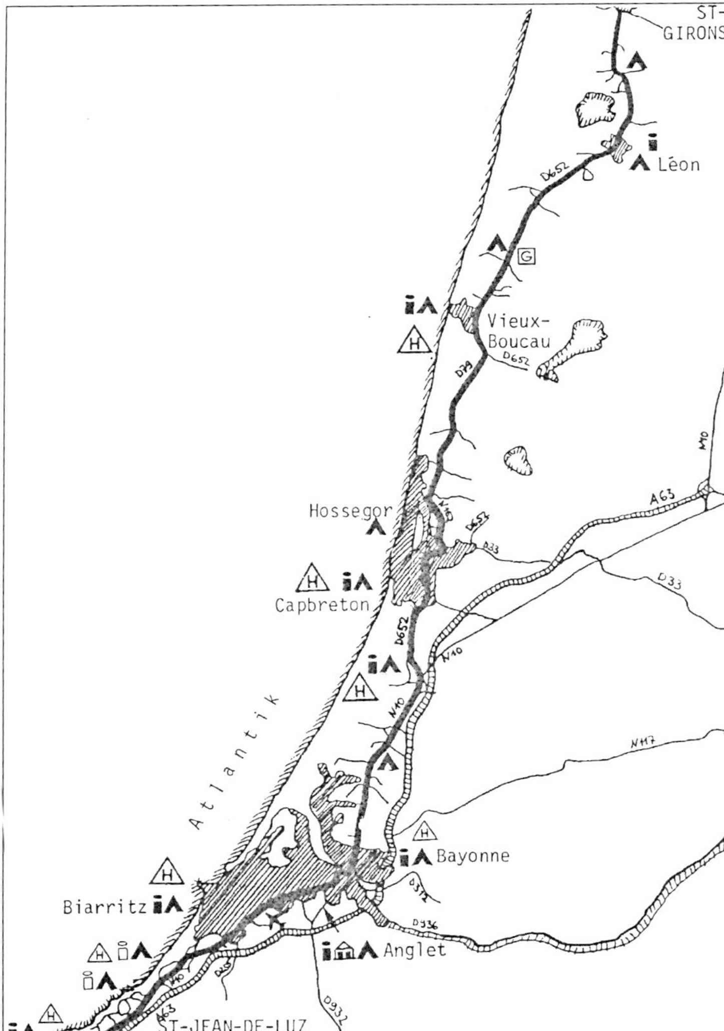

Etappe 25:
Saint-Jean-de-Luz – Saint-Jean-Pied-de-Port – Mauléon-Licharre
(103 km / 0 – 500 – 141 m)

Die **Pyrenäen**! Da, geradeaus, man stürzt sich direkt hinein. Zur Rechten der Höhenzug mit seinen Zweitausendern, zu deren Füßen die *Pyrenäenroute*, die zwei Meere miteinander verbindet. Doch zunächst geht es vertretbar los, an der Antlantikseite gleichen die Pyrenäen eher einer Hügellandschaft, bis sich allmählich die Berge auftürmen. Daher sind die Anstiege auf dieser Etappe recht erträglich, lediglich der Col d'Osquich erfordert etwas mehr Einsatz (der sich aber lohnt). Die gesamte Strecke führt (mit kurzer Unterbrechung) die D918 entlang, von Saint-Jean-de-Luz zunächst Richtung *Cambo-les-Bains*.

Information: SI, Mairie, 64310 Ascain, ✆ 0559540084; SI, 64310 St-Pée-sur-Nivelle, ✆ 0559541169; OTSI, 15 Parc St-Joseph, 64250 Cambo-les-Bains, ✆ 0559297025.
Hotel: Trinquet**, R du Trinquet, Cambo, ✆ 0559297338, 12 Z., Dez-Okt.
Gîte d'étape: Auf einer mit zwei kleinen Pässen anstrengenderen, aber viel ruhigeren Route über D4/D20 von Ascain bis Espelette liegen schöne baskische Dörfer mit Gîtes: J.-P. Vella**, Rte de Vera, Qu Lehenbiscaye (Camping de la Petite Rhume), 64310 Sare, ✆ 0559542397 & 0559542091, 20 B., ganzj.
Camping: In *Ascain*: Les Truites (N918), ✆ 0559540119, 93 Stpl., Juni-Mitte Sept; Zelaia, Rte d'Ibardin, ✆ 0559540236, 171 Stpl., Mitte Juni-Mitte Sept; D'Ascain (D618), ✆ 0559544061, 105 Stpl., Apr-Okt; Chourio (N635), ✆ 0559540431, 70 Stpl., ganzj.
1 km vor *St-Pée-s-Nivelle*: Goyetchea, Ibarron, ✆ 0559541959, 140 Stpl., Juni-Mitte Sept; D'Ibarron, ✆ 0559541043, 194 Stpl., Mai-Sept; De la Nivelle, Rte de St-Pée, D918, ✆ 0559540194, 168 Stpl., Mitte Juni-Mitte Sept; Armora, Amotz, ✆ 0559541260, 70 Stpl., Juli/Aug; Monex, ✆ 0559541784, 30 Stpl., Juli-Sept;
in 64250 *Souraide*: Alegera (D918), ✆ 0559939180, 212 Stpl., Mitte März-Okt;
in *Cambo*: Bixta Eder, Rte de St-Jean-de-Luz, ✆ 0559299423, 90 Stpl., März-Okt; Ur Hegia, Rte des Sept Chênes, ✆ 0559297203, 100 Stpl., Mitte Apr-Mitte Dez.

Kurz vor Cambo-les-Bains folgt man der D918 nach rechts und fährt auf recht breiter Straße das Nivetal hinauf.
Schließlich wird St-Jean-Pied-de-Port erreicht, eingebettet in Berge mit solch merkwürdig klingenden Namen wie Halzamendy, Ahinziaga und Elhorrikokaskoa.

Saint-Jean-Pied-de-Port (1800 Einw., Dép. Pyrénées-Atlantiques) bietet vor allem auf dem Wochenmarkt (montags) die Möglichkeit, Kultur und Mentalität der Basken nachzuspüren. Leider geht der Atmosphäre im Juli/Aug durch die Strandurlauber einiges verloren, die dann bis hierhin vordringen. Dennoch ist der Ort, früher eine Station der Jakobspilger, auch im Sommer sehenswert. Er hat eine hübsche Altstadt mit Stadtmauer (15. Jh.) und Häusern aus dem 17. Jh.

Information: OTSI, Pl Charles de Gaulle, 64220 Saintt-Jean-Pied-de-Port, ✆ 0559370357.
Verkehrsverbindungen: Züge nach Bayonne.

Kartenskizze Etappe 25

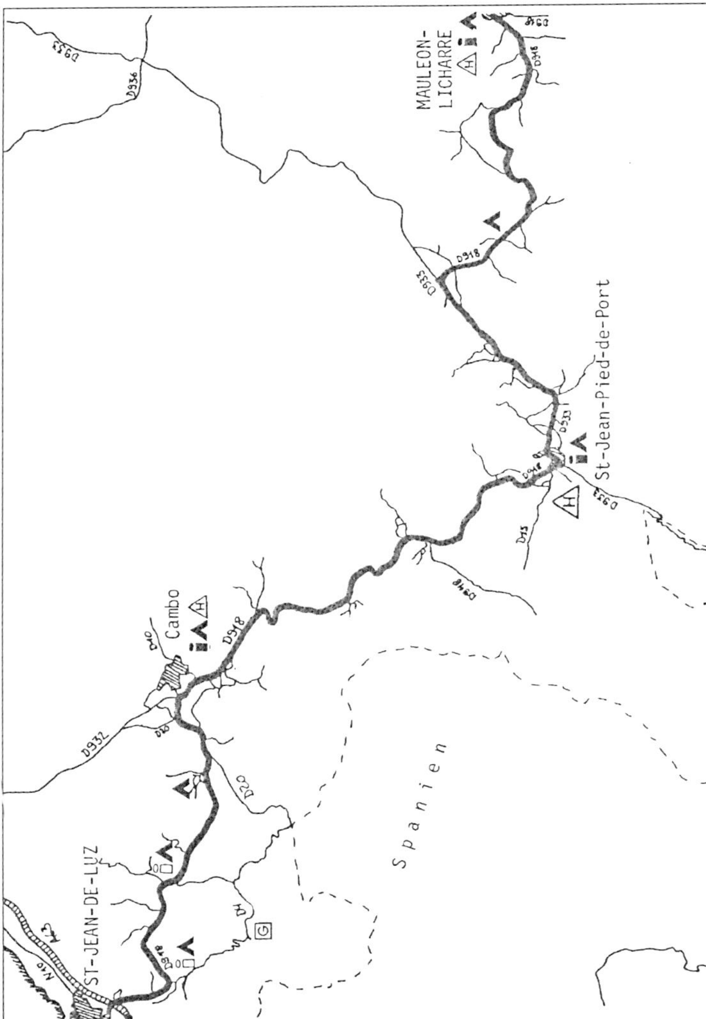

Hotel: Plaza Berri***, 3 av Fronton, ✆ 0559371279, 8 Z., ganzj. (mitten in der Altstadt).
Camping: Plaza-Berry, Av du Fronton, ✆ 0559371119, 50 Stpl., Apr-Mitte Okt (weitere 3 Plätze in Ascarat).

Den Ort verläßt man Richtung St-Palais auf der D933, der man bis Larceveau folgt. Ganz in der Nähe liegt der unscheinbare Ort **Ostabat**. Im Mittelalter trafen sich dort die Pilgerströme von drei der vier Hauptwegen nach Santiago de Compostela. Unzählige Hospize, Kirchen und Wirtshäuser besaß der Ort damals. Heute eignet er sich allenfalls zum Meditieren, nichts ist ihm von seiner Pracht geblieben.

In Larceveau beginnt wieder die D918, der man nach rechts (von Ostabat aus nach links) folgt. Nun fährt man auf ruhiger Straße durch einen der schönsten Abschnitte der Pyrenäenroute. Er führt auf 100 km (mit Etappe 19) über solch ruhige Straßen, tastet sich unmittelbar an den Höhenzug heran und bietet zahlreiche herrliche Ausblicke und Abfahrten. Natürlich muß man dafür erst einmal hinauf. Doch die Steigungen sind nicht allzu groß, meist 5 %, wie hier zum *Col d'Osquich* (auf 7 km). Schließlich erreicht man **Mauléon-Licharre**, Hauptstadt der Espadrilles, auch sonst baskischer Tradition verhaftet und zu einer Stadtrundfahrt einladend (Château: Herrenhaus Manoir d'Andurain, Juli-Mitte Sept, außer do/so).

Information: OTSI, Pl des Allées, 64130 Mauléon-Licharre, ✆ 0559280737.
Verkehrsverbindungen: Züge nach Puyoô (dort Anschluß nach Pau, Dax, Bayonne).
Hotel: Hostellerie du Château, 25 r de la Navarre, ✆ 0559281906, 35 Z., ganzj.
Camping: Le Saison, Rte de Libarrenx, *Gotein-Libarrenx*, ✆ 0559281879, 33 Stpl., Apr-Sept (südlich, D918); vor dem Col d'Osquich; in 64120 *Bunus*: Municipal, RD 918, ✆ 0559378149, 40 Stpl., Mitte Juni-Mitte Sept.

Etappe 26:
Saint-Girons – Dax – Orthez (75 km / 10 – 161 – 62 m)

Mit dieser (und der nächsten) Etappe kann man die Routen entlang dem Atlantik und den Pyrenäen etwas abkürzen.

Zunächst verläßt man St-Girons auf der D652 nach **Léon**

Information: OTSI, 40550 Léon, ✆ 0558487603.
Hotel: Du Lac****, ✆ 0558487311, 13 Z., Mitte März-Mitte Dez
Camping: 5 Plätze zwischen St-Girons und Léon (ganzj.), darunter: Lou Puntaou, Léon, ✆ 0558487430, 720 Stpl., Mitte April-September.

Im Ort geht es links auf die sehr ruhige D16, durch Magesq hindurch immer weiter, bis die Straße zur N124 stößt. Dort links nach Dax, wo der schier endlose Kiefernwald doch noch ein Ende findet und in eine dichter besiedelte, ländliche Hügellandschaft übergeht.

Kartenskizze Etappe 26

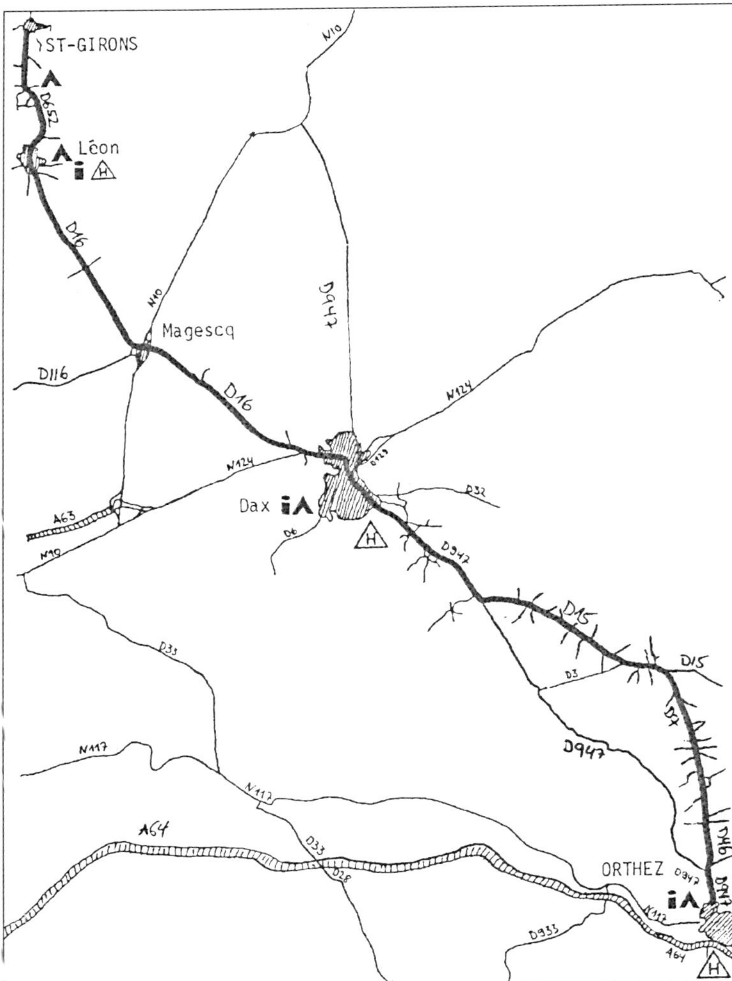

Dax (19.000 Einw., Dép. Landes) ist das nach Aix-les-Bains (Savoyen) zweitgrößte Thermalbad Frankreichs und erfreute sich bereit bei den Römern einiger Beliebtheit (der Name „Dax“ kommt von aqua, lat. Wasser). Dementsprechend ist die größte Sehenswürdigkeit am Ort diesmal keine Kirche (obwohl es eine gibt, dazu mit schönem Portal, 13. Jh., sonst 17. Jh.), sondern eine heiße Quelle (Fontaine chaude, 64 °C, 2400 m³ täglich). Demnach prägt die Stadt eine andere Stimmung, als man vom Atlantik her gewohnt ist: Kurgäste sind eben keine Strandurlauber.

Information: OTSI, Place Thiers, 40100 Dax, ✆ 0558748233.
Verkehrsverbindungen: Züge nach Paris, Puyoô, Hendaye.
Hotel: Le Vascon***, 15 pl Fontaine Chaude, ✆ 0558566460, 28 Z., Mitte März-Mitte Dez (Innenstadt); Coustalot*, 60 pl Mal. Joffre, ✆ 0558740413, 26 Z., ganzj.
Camping: Les Chênes, Bois de Boulogne, ✆ 0558900553, 230 Stpl., Mitte März-Mitte Nov; Le Bascat, Rte de Jouaudin, ✆ 0558561668, 129 Stpl., Mitte März-Okt; Le Luy, Seyresse, ✆ 0558743542, 132 Stpl., März-Nov; R. Dussin (à la ferme), 20 Rte des Chasseurs, ✆ 0558745587, 6 Stpl., März-Nov.

Von Dax folgt man 10 km der D947, dann links auf der D15 bis Pomarez. Im Ort rechts auf die D7, die ab der Dép.grenze D46 heißt, bis die Straße an der D947 endet. Dort geht es links nach **Orthez**, einst Hauptstadt des Béarn, als von hier die Pilgerströme kontrolliert wurden. Einzige Reste: die Pont Vieux und Stümpfe der Burgmauern um einen Wachtturm (Donjon de Moncade).

Information: OTSI, Maison Jeanne d'Albret, 64300 Orthez, ✆ 0559690275.
Verkehrsverbindungen: Züge Richtung Pau und Bayonne.
Hotel: Reine Jeanne***, 44 r Bourg-Vieux, ✆ 0559670076, 19 Z., ganzj.; Terminus*, 14 r St-Gilles, ✆ 0559690207, 9 Z., ganzj.
Camping: De la Source, Bd Charles-de-Gaulle, ✆ 0559670481, 28 Stpl., Apr-Sept.

Etappe 27:
Orthez – Mourenx – Pau – Lestelle-Bétharram (67 km / 62 – 300 m)

In Orthez biegt man nach Überquerung des Gave de Pau links ab auf die D9 nach *Mourenx*, das einige kräftige Hügel später erreicht wird.

Information: OTSI, Place J. Vernes, 64150 Mourenx, ✆ 0559600789.
Hotel: Le Béarn**, 3 r Charles Moureu, ✆ 0559600298, 21 Z., ganzj.

Im Ort links auf die D281 (Richtung Lacq), nach 2 km auf die D33 rechts Richtung Pau. Auf die nunmehr flache Straße mündet bei Tarsaq die D2 ein, die ihr im weiteren Verlauf ihren Namen gibt. Vor Erreichen von Pau lohnt sich ein Umweg (auf D501/D945) über **Lescar** (Camping, s.u.) mit einer sehenswerten Kathedrale (11. Jh., restauriert 19. Jh.; Besonderheit: neben Architektur und guterhaltenen Kapitellen ein einzigartiges romanisches Mosaik).

Pau (79.000 Einw., mit Vorstädten 180.000 Einw., Dép. Pyrénées-Atlantiques), letzte Hauptstadt des Béarn und heute des Départements, hat nur eine größere Sehenwürdigkeit: das Schloß (Wehrturm 14. Jh., Rest 16. Jh; 19. Jh. restauriert). Besonders eindrucksvoll ist der Blick auf die Pyrenäen-wipfel, der sich aus dem Inneren bietet. Dort werden in zwei Museen Volkskunst, Gobelins und Möbel gezeigt – und das Geburtszimmer Heinrichs IV., an den zu erinnern zwar nirgendwo vergessen wird, unter dessen Herrschaft aber das Schloß zu verwahrlosen begann. Noch ein König hat übrigens in Pau das Licht der Welt erblickt: 1763 Jean-Baptiste Bernadotte (Geburtshaus, mo geschlossen), der als Karl XIV. die heutige schwedische Dynastie begründete. In Gelos (südlicher Vorort) kann ein Nationalgestüt mit Anglo-Arabern besichtigt werden (14.30-17.00 außer sa, ✆ 0559277057).

Information: OTSI, Place Royale, 64000 Pau, ✆ 0559272708.
Verkehrsverbindungen: Züge nach Toulouse/Marseille und Hendaye; Flüge nach Paris (Flughafen Pau-Uzein, 10 km nördlich).
Studentenwerk: CLOUS (Außenstelle von Bordeaux), 7 r St-John Perse, 64011 Pau, ✆ 0559027335, Mensa Juli/Aug geschlossen, zwei Wohnheime.
Hotel: Le Bourbon***, 12 pl Clemenceau, ✆ 0559275312, 33 Z., ganzj. (am zentralen Platz, gutes Hotel bei akzeptablem Preis); Atlantic**, 222 av J. Mermoz, ✆ 0559323824, 30 Z. ganzj. (nördlich, an Hauptstraße); Formule 1*, 104 av de l'Europe, ✆ 0891705351, 96 Z., ganzj.
Jugendherberge: Le Logis de Jeunes (FUAJ), Base de Plein Air, 2 r Craonne, 64110 Gelos, ✆ 0559350999, 10 B., ganzj. (17-21 h Empfang).
Gîte d'étape: Biscar*, R de l'Eglise, 64230 Arbus, ✆ 0559831231, 19 B., ganzj. (vor Pau an D2); Château-d'Idron**, 64320 Idron, ✆ 0559819174, 20 B., ganzj. (7 km südöstlich, D213, restaurierte Scheune im Schloßpark; 5 km südöstlich).
Camping: Municipal de la Pleine, Bd du Cami Salie, ✆ 0559023049, 67 Stpl., Mitte Mai-Mitte Sept; Le Ternier, Av du Vert Galant, 64230 Lescar (vor Pau, nördlich des Gave de Pau), ✆ 0559810182, 110 Stpl., ganzj.; Du Coy, Base de Plein Air, Bizanos (südöstlich), ✆ 0559277138, 100 Stpl., ganzj.; Base de Plein Air, Gelos (südlich Pau), ✆ 0559065737, 90 Stpl., Mitte Mai-Mitte Sept.

Pau verläßt man am besten auf dem schönen Bd des Pyrénées, an dessen Ende (Casino) man allerdings einen Linksschlenker machen muß (am Casino links und wieder hart links auf die Av L. Say), um auf die Richtung Lourdes führende D937 zu gelangen.

(In Gegenrichtung muß man sich zunächst Richtung Oloron halten, bevor es rechts auf die äußerst schlecht beschilderte Straße nach Mourenx abgeht.)

Von Pau aus fährt man auf der D937 durch dicht aneinandergereihte Orte, deren zugemauerte Gehöfte auf mißtrauische Bewohner schließen lassen. Schließlich stößt man in **Lestelle-Bétharram** zur Pyrenäenroute, die von hier mit Etappe 20 fortgesetzt wird.

Hotel: Central**, Chez Coustet, 64800 Lestelle Bétharram, ✆ 0559719288, 16 Z., Feb-Dez.

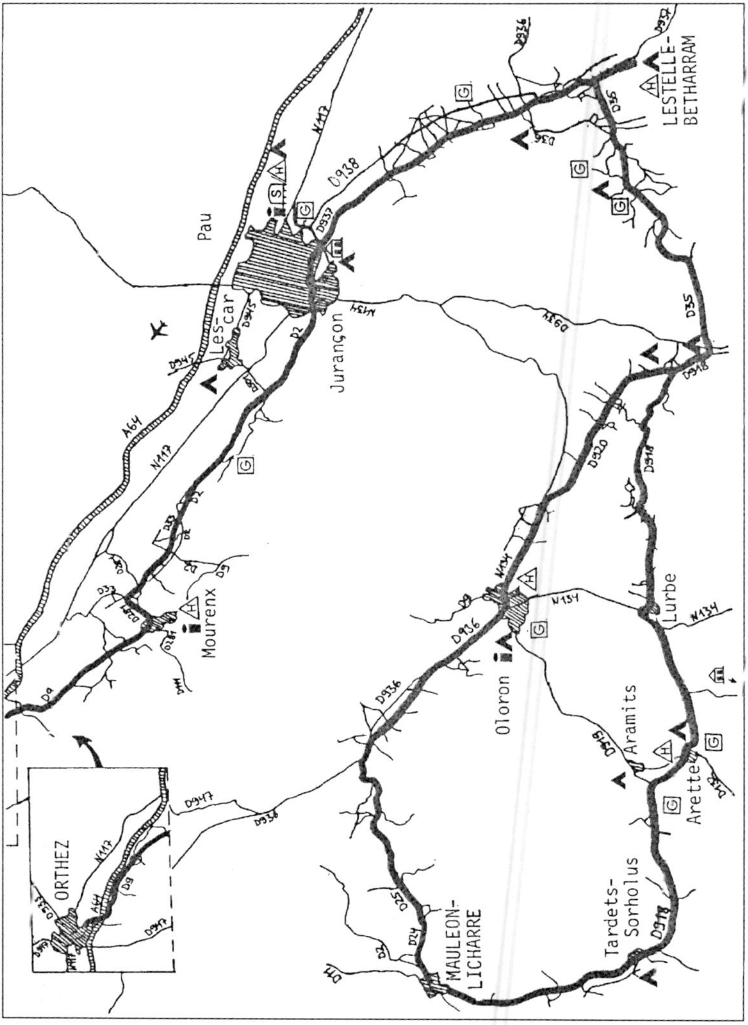
Pau
Les-car
Jurançon
Mourenx
Oloron
Lurbe
Aramits
Arette
Tardets-
Sorholus
MAULEON-
LICHARRE
LESTELLE-
BETHARRAM
ORTHEZ
A64
N117
D2
D9
D938
D35
D920
D936
D918
D25
D24
D947
N134

Gîte d'étape: Moulin de l'Arribère*, 5 r de l'Eglise, Lagos, ✆ 0559611010, 26 B., ganzj. (an D212 östlich der D938 zwischen Pau und Lestelle-Bétharram)
Camping: Municipal du Saligat, R du Tennis, Nay, ✆ 0559619032, 46 Stpl., Mitte Juni-Sept; De Saillet, Lestelle-Bétharram, ✆ 0559719865, 90 Stpl., Mitte Juni-Mitte Sept.

Etappe 28:
Mauléon-Licharre – Tardets-Sorholus – Asasp – Louvie-Juzon – Lestelle-Bétharram (86 km / 141 – 501 – 300 m)

Diese Etappe setzt den Weg zu Füßen des Höhenzugs fort. Bei schönem Wetter, aber auch im Morgendunst ist die Fahrt einfach überwältigend, inmitten der sie begleitenden Bergkulisse.

Sie führt immer die D918 entlang: durch Tardets-Sorholus und weiter in das Tal der Aspe. Dort auf der N134 kurz links, in Asasp wieder rechts auf der D918 an Lube vorbei Richtung **Louvie-Juzon**. Die Straße endet an der D934, dort kurz links in den Ort hinein. Dort rechts auf die D35.

Unterwegs liegen zahlreiche Unterkunftsmöglichkeiten, teilweise in idyllischen Seitentälern. Durch eines der Täler sollte der emporklettern, der den Höhenzug der Pyrenäen überwinden und nach Spanien fahren möchte: Der Col de la Pierre St-Martin zählt zu den anspruchvollsten (mit 15%-Steigungen!) und zugleich schönsten Pässen der Westpyrenäen. Zudem ist er viel ruhiger als die übrigen Wege nach Spanien; allenfalls Touristen nach Arette-Pierre-St-Martin nutzen die Straße. Die Fahrt zum Paß, dann durch das Valle de Roncal und quer hinüber nach Pamplona, zählt zu den Höhepunkten einer Pyrenäenradtour. Selten ist das Landschaftserlebnis der wechselnden Vegetation und Ausblicke so eindrucksvoll wie auf dieser Strecke.

Hotel: De l'Ours**, 8 pl de l'Egise, 64570 Arette, ✆ 0559889078, 15 Z.; Dherete**, 9 r Gambetta, 64260 Louvie-Juzon, ✆ 0559056101, www.hotel-dherete.com.
Jugendherberge: Estivade d'Aspe „Maison Pelou“ (FUAJ), 64570 Lourdios Ichère, ✆ 0559344639, 21 B., ganzj. (6 km südlich von Issor).
Gîte d'étape: Station Total*, Arette, ✆ 0559229061, 47 B., ganzj.; Barlannes*, 64570 Lanne, ✆ 0559346431, 24 B. (6 km südlich von Lanne); Marie-Blanque*, 64490 Escot, ✆ 0559344109, 16 B., ganzj. (5 km südlich).
Camping: Du Pont de l'Aroue, Rte de Lanne, 64570 Arette, ✆ 0630881895, 35 Stpl., ganzj.; Les 4 Saisons, 64660 Asasp, ✆ 0559344310, 33 Stpl., Juli-Sept; De la Vallée d'Osseau, 64260 Izeste, ✆ 0559056284, 40 Stpl., Juni-Mitte Sept; Le Rey, Rte de Lourdes, D35, Qu Listo, Louvie-Juzon, ✆ 0559057852, 49 Stpl., Dez-Okt.

Auf der D35 geht es gleich knappe 100 Höhenmeter hinauf zum bisherigen Höhepunkt der Pyrenäenroute, dann wieder hinab und so weiter – wenn auch leichter – zunächst nach *Bruges*.

Gîte d'étape/Camping: Le Landistu, Rte Louvie-Juzon, 64800 Bruges, ✆ 0559710698, 45 B./25 Stpl., ganzj./Mitte Feb-Dez.

Gîte d'étape: Les Bains de Secours, 64260 Sevignacq-Meyracq, ✆ 0559058970, 20 B. ganzj. (3,5 km nördlich).

Während sich die hohen Gipfel kaum noch zeigen, führt die Strecke noch ein Stück die D35 entlang, bis sie zur D937 stößt, der man rechts nach **Lestelle-Bétharram** (s. Etappe 27) folgt. Der Verkehr wird nun stärker, nicht nur der größeren Straße wegen: noch 16 km bis Lourdes!

Etappe 29:
Mauléon-Licharre – Oloron-Ste-Marie – Louvie-Juzon – Lestelle-Bétharram
(75 km / 141 – 501 – 300 m)

Diese Etappe ist eine einfachere Alternative zu der vorigen. Sie ist zwar landschaftlich nicht so reizvoll, führt dafür aber durch Oloron. (Wer einen Kompromiß sucht, folgt einfach der ebenso hügeligen wie schönen D24 bis Oloron.)

Mauléon verläßt man zunächst auf der D2, von der man jedoch kurz danach rechts auf die D24 abbiegt, bei Hoqui dann links auf die D25, die an der D936 endet. Dort 1,5 km nach rechts, dann rechts abbiegen, durch Guës und drei weitere Dörfer hindurch, und wieder rechts auf der D936 bis **Oloron-Sainte-Marie**. Der Ort hat einige hübsche Winkel, vor allem im Viertel um Sainte-Croix (11. Jh.), eine romanische Kirche mit einer von innen merkwürdig anmutenden Kuppel. Die interessantere Kirche ist jedoch Ste-Marie, an deren Portal man eine Vielfalt verschiedenster Skulpturtechniken entdecken kann: Flachrelief und Vollplastik sowie unterschiedliche Materialien und Stellungen der Skulpturen (12. Jh.).

Information: OTSI, Pl de la Résistance, 64400 Oloron-Sainte-Marie, ✆ 0559399800.
Verkehrsverbindungen: Züge nach Pau.
Hotel: Brun***, 5 pl Jaca, ✆ 0559396490, 20 Z., ganzj. (am Gave d'Aspe).
Gîte d'étape: Centra Nautique MYPas*, Qu Soeix, ✆ 0559396100, 30 B., ganzj.; Les Hauts de Féas, 64570 Féas, ✆ 0559361402, 19 B., ganzj. (8 km südlich).
Camping: Du Stade (D919), ✆ 0559391126, 180 Stpl., ganzj.; Le Val du Gave d'Aspe, Gurmençon, ✆ 0559360507, 20 Stpl., ganzj. (4 km südlich).

Ab Oloron muß man 7 km auf der N134 fahren, bevor es in Herrère auf die D920 abgeht, die dann in die D918 einmündet; dieser folgt man nach links bis Louvie-Juzon. Für den weiteren Verlauf der Strecke bis **Lestelle-Bétharram** s. Etappe 28.

Etappe 30:
Lestelle-Bétharram – Lourdes – Bagnères-de-Bigorre – Mauvezin
(53 km / 300 – 583 – 480 m)

Der Weg führt weiter auf der D937 bis Lourdes. Unterwegs rechts drei Abzweigungen zu den **Grottes de Bétharram** (Ostern-Mitte Okt tägl.), eine davon in *Saint-Pé-de-Bigorre*. Auf 2,8 km Länge und 5 verschiedenen Ebenen, darunter eine auf Flußniveau im Boot, erschließt sich dem Besucher eine der schönsten (und am meisten frequentierten) unterirdischen Welten der Pyrenäen.

Camping: in 65270 *St-Pé-de-Bigorre*: Le Barou, Rieulhès, Rte du Bois de Lourdes, ✆ 0562418081, 50 Stpl., Mitte Juni-Aug; Les Rives du Gaves, Rieulhès, ✆ 0562418029, 20 Stpl., Mitte Apr-Sept; Ferme Artigaü, ✆ 0562418744, 6 Stpl., Juli-Mitte Sept (aire nat.); in 65270 *Peyrouse*: Le Prat dou Rey, ✆ 0562418154, 167 Stpl., März-Sept; Camus (aire nat.), 71 rte de Lourdes, ✆ 0562418299, 12 Stpl., Mitte Juni-Sept.

Lourdes (15.000 Einw., Dép. Hautes-Pyrénées) ist der bedeutendste Wallfahrtsort Frankreichs. 274 Hotels und 18 Campingplätze sind bereit, die jährlich 4 Mio. Pilger und Besucher aufzunehmen. Die Menschen unterschiedlichster Gruppen sind es denn auch, die die ersten Eindrücke prägen, betroffen machen oder mitfühlen lassen. Gerade in Lourdes wird jeder seine eigenen, persönlichen Erfahrungen machen. Zu komplex sind Geist und Drumherum, zu konträr Kranke und Touristen, als daß eine Gewichtung hier sinnvoll wäre. Ganz gleich, aus welchem Grund man gekommen ist, Lourdes ist ein Erlebnis. Ziel der Pilger ist die Grotte der Bernadette, die dort 1858 eine Marienerscheinung hatte. Zu Füßen der Grotte liegt ein Prozessionsweg und darunter die unterirdische Kathedrale St-Pie X., die 20.000 Pilger aufnehmen kann.
Bereits zuvor war Lourdes ein bedeutender Ort im Bigorre gewesen (Château, Musée pyrénéen, tägl. April-Okt).

Information: OTSI, Pl Peyramale, 65100 Lourdes, ✆ 0562427740.
Verkehrsverbindungen: Züge nach Tarbes/Toulouse/Marseille und Pau/Irun (spanische Grenze); Flüge nach Paris (Flughafen Tarbes-Ossun-Lourdes 10 km nordöstlich).
Hotel: Bon Pasteur***, 22 av Peyramale, ✆ 0562947074, 57 Z., Mitte Apr-Mitte Okt; Marquette**, 9 quai St-Jean, ✆ 0562940229, 65 Z., Apr-Mitte Nov; Notre Dame de Fourvière*, 15 r Foucaud, ✆ 0562940545, 15 Z., Apr-Mitte Okt.
Camping: 13 Plätze, u.a.: La Forêt, Rte de la Forêt, ✆ 0562940438, 133 Stpl., Apr-Okt; Le Ruisseau Blanc, Rte de Bagnères, ✆ 0562429483, 109 Stpl., Mitte Feb-Nov.

Man verläßt Lourdes auf der D937 Richtung Bagnères-de-Bigorre, nach einem kurzen Stück auf der N21.

(In Gegenrichtung: Ausfahrt nach Pau über St-Pé suchen.)

Die Straße endet an der D935, der man nach rechts bis **Bagnères-de-Bigorre** folgt (Kurort; Grotten von Médous südlich: tägl. April-Okt.).

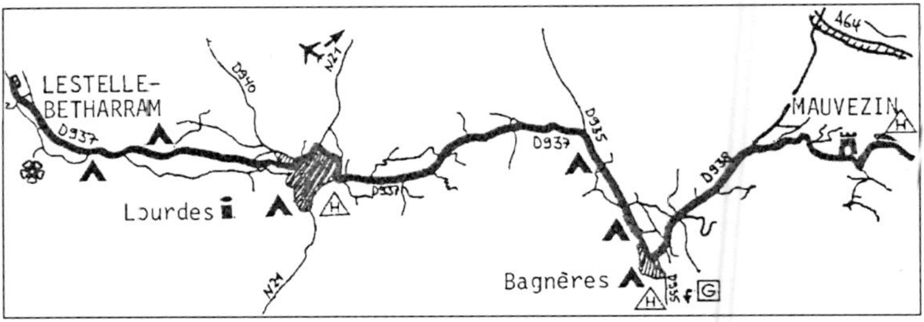

Information: OTSI, 3 all Tournefort, 65200 Bagnères-de-Bigorre, ✆ 0562955071.
Verkehrsverbindungen: Züge nach Tarbes.
Hotel: Hôtellerie de la Bigorre***, 10 pl A. Jubinal, ✆ 0562952075, 15 Z., Mitte Jan-Nov.
Gîte d'étape: Le Peyras*, 65710 Campan, ✆ 0562918141, 17 B., ganzj. (13 km südlich, Radler-Gîte); L'Ardoisère*** (HP), Ste-Marie-de-Campan, ✆ 0562918888, 40 B., Mitte Dez-Okt; La Libre**, Gripp, ✆ 0562918263, 45 B., ganzj.
Camping: Fünf Plätze, darunter: Le Monloo, ✆ 0562951965, 104 Stpl., ganzj.; vor Bagnères: Du Parc des Oiseaux, Trébons, ✆ 0562953026, 67 Stpl., März-Nov; Le Bigourdan, Pouzac, ✆ 0562951357, 33 Stpl., ganzj.; Le Pied du Bedat, Ponzac, ✆ 0562955817, 50 Stpl., Mai-Okt.

In Bagnères fährt man links auf die D938 Richtung Lannemezan. Unterwegs erreicht man nach einem längeren Gefälle die **Abbaye d'Escaladieu** (Juni-Mitte Sept tägl., sonst gelegentlich). Ein privater Förderverein stellt dort seit 1986 das im 12. Jh. erbaute Zisterzienserkloster wieder her. Neben einem schönen Kaminraum und Treppenhaus ist der Kreuzgang besonders eindrucksvoll – wenn dort gerade eines der sommerlichen Konzerte stattfindet.

Hotel: Auberge de l'Arros**, L'Escaladieu, 65130 Mauvezin, ✆ 0562390505, 13 Z., ganzj.

Nach 3 km erreicht man **Mauvezin** (Festung mit herrlichem Ausblick, Mai-Sept. tägl.).

Etappe 31:
Mauvezin – Saint-Bertrand-de-Comminges – Mane
(72 km / 480 – 660 – 320 m)

Man folgt der D938 durch Capvern und La Barthe bis *Anères* (noch vor St-Laurent-de-Neste), dort rechts über den Fluß Neste, nach kurzer Fahrt auf die D26 links nach Nestier, weiter bis *Aventignan* (in der Nähe die Grotten von *Gargas* mit prähistorischen Handabdrücken). Dann führt die D26/D26[A] nach **Saint-Bertrand-de-Comminges**, das im 4. Jh. 60.000 Einwohner gehabt haben soll (heute 230), darunter so berühmte wie Herodes Antipas (im Exil) und Papst

Clemens V., der Hl. Bertrand. Dieser veranlaßte den Bau der sehenswerten gotischen Kathedrale Ste-Marie. Vom romanischen Vorgängerbau sind Turm und Portal übriggeblieben. Außerdem sind zu sehen ein romanisch/gotischer Kreuzgang mit Evangelistenpfeiler, ein Mausoleum und Renaissancefenster sowie gallorömische Ruinen und ein Museum.

Information: SI, Mairie, 31510 St-Bertrand-de-Comminges, ✆ 0561883207.
Hotel: L'Oppidum***, ✆ 0561883350, 12 Z., Mitte Feb-Nov; Du Comminges***, ✆ 0561883143, 14 Z., Feb-Okt (beide in St-Bertrand-de-Comminges).
Camping: Les Craoues, 65130 Capvern, R du 8 Mai 1945, ✆ 0562390254, 60 Stpl., Mai-Mitte Okt; De la Neste, 65150 St-Laurent-de-Neste, ✆ 0562397338, 30 Stpl., Mai-Sept; Es Pibous, St.-Bertrand-de-Comminges, ✆ 0561883142/949820, 80 Stpl., März-Sept.

Die D26 stößt hinter *Valcabrère* (interessante Kirche Saint-Just, erbaut im 11./12. Jh., z.T. aus alten Marmorsarkophagen) auf die N125, der man zunächst nach links folgt, um nach 3 km auf die D8 rechts Richtung St-Gaudens einzubiegen.

Information: OTSI, 2 r Thiers, 31800 Saint-Gaudens, ✆ 0561947761.
Hotel: Commerce***, Av Boulogne, ✆ 0562009700, 48 Z., Mitte Jan-Mitte Dez (nördlich des Innenstadtrings).
Jugendherberge: FJT (FUAJ), 3 r de la Résidence, Le Vouasque, ✆ 0561956537, 22 B., ganzj.

Blick auf Saint-Semin, Toulouse

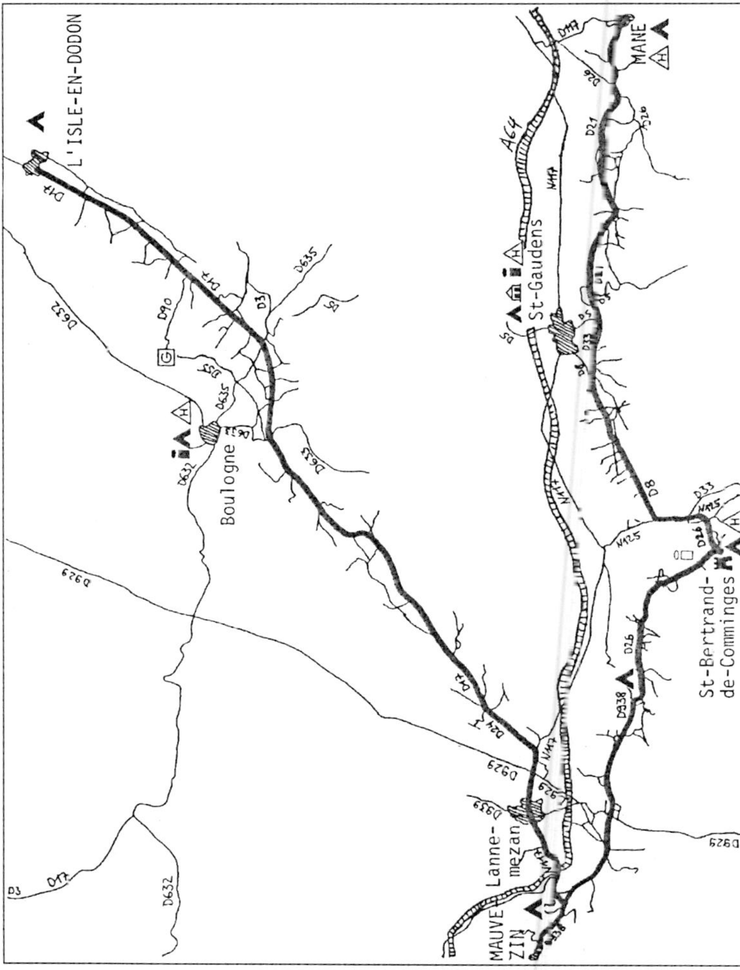
L'ISLE-EN-DODON
Boulogne
St-Gaudens
MANE
St-Bertrand-
de-Comminges
Lanne-
mezan
MAUVE
ZIN
A64
D17
D632
D90
D635
D3
D5
D33
D929
D24
N117
D26
D21
D8
N125
D938
D939
G
H

Camping: Municipal Belvédère des Pyrénées, ✆ 0562001603, 83 Stpl., Mai-Okt.

Kurz vor Überquerung der Garonne biegt man in Valentine erneut rechts ab auf die D33 nach Miramont-de-Comminges, dort geradeaus auf die hinter dem Ort beginnende D21, der man durch Figarol bis **Mane** folgt.

Hotel: De France***, Pl de l'Église, 31260 Mane, ✆ 0561905455, 20 Z.
Camping: Municipal, ✆ 0561906818, 27 Stpl., Mai-Sept.

Etappe 32:
Mauvezin – Lannemezan – L'Isle-en-Dodon (63 km / 480 – 606 – 200 m)

Diese Etappe verknüpft (zusammen mit der nächsten) die Pyrenäenroute mit Toulouse.

In Mauvezin folgt man zunächst der D938 bis Capvern. *(In Gegenrichtung sieht man von hier zum ersten Mal die Pyrenäen.)* Dort links nach **Lannemezan**, das letzte Stück auf der etwas ungemütlichen N117.

Information: OTSI, Hall de la Mairie, 65300 Lannemezan, ✆ 0562980831.

In Lannemezan geradeaus weiter auf der N117, über die D929 (Richtung Auch bzw. La Barthe) hinweg, und schließlich links ab auf die D24 (ab Dép.-Grenze D17) in Richtung Boulogne/L'Isle-en-Dodon. Während man nun seine Ruhe wiederhat, fährt man immer geradeaus das Plateau de Lannemezan hinunter, fast unmerklich mit einem Prozent Gefälle.
Da die Fahrt durch ländliches Gebiet ohne größere Städte und Sehenswürdigkeiten führt, verwundert es nicht, daß Unterkunftsmöglichkeiten fehlen. Wer sich vor dem Etappenziel einquartieren will, muß daher einen kleinen Umweg über *Boulogne-sur-Gesse* machen.

Information: OTSI, Mairie, 31350 Boulogne-sur-Gesse, ✆ 0561882038.
Hotel: Bon Accueil*, Rte de Blajan, ✆ 0561882071, 12 Z.
Gîte d'étape: Peguilhan*, ✆ 0561887578, 29 B., ganzj. (Ferme Auberge, 7 km nordöstlich von Boulogne, 4 km westlich der Route).
Camping: Municipal du Lac, ✆ 0561882054, 160 Stpl., ganzj.; Ferme de Préville (à la ferme), Rte d'Auch, ✆ 0561882312, 6 Stpl., Apr-Okt; Le Canard Fou, Laron, Lunax, ✆ 0561882606, 8 Stpl., März-Nov (8 km nördlich, nahe D632).

Schließlich erreicht man mit der D17 **L'Isle-en-Dodon**.

Wer über Boulogne fährt, kann auch der parallel verlaufenden D632 folgen, die allerdings nicht weniger stark befahren ist als die D17.

Information: OTSI, 31230 L'Isle-en-Dodon, ✆ 0561940028.
Camping: Le Pech, 31230 L'Isle-en-Dodon, ✆ 0561886137 (oder beim OTSI), 30 Stpl., Apr-Okt.

Etappe 33:
L'Isle-en-Dodon – Lombez – Toulouse (64 km / 200 – 252 – 146 m)

Man verläßt L'Isle-en-Dodon auf der D17, an der Dép.grenze wechselt der Name in D9, die dann auf die D632 stößt und rechts durch *Lombez* führt.

Information: SI, Mairie, 32220 Lombez, ✆ 0562623758; SI, 3 r du Chanoine Dieuzaide, 32130 Samatan, ✆ 0562625540.
Hotel: La Vallee Sare****, Bd des Pyrénées, Lombez, ✆ 0562625572, 9 B., ganzj.
Camping: La Chaussée, Samatan, ✆ 0562625540, 17 Stpl., ganzj.; à la ferme: Latrillote, ✆ 0562623117, 6 Stpl., Juni-Okt.

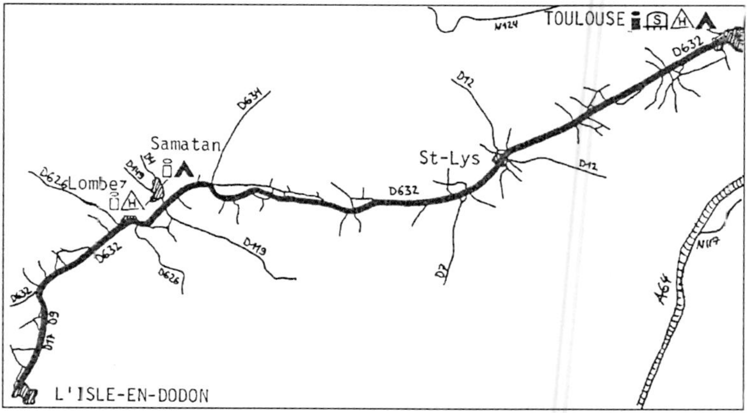

Bald hinter Lombez ist der kurze Besuch im Dép. Gers wieder beendet, und es geht, immer noch auf der D632, ohne Abzweigung und ohne weitere Unterkunftsmöglichkeit nach Toulouse (Anschluß mit den Etappen 47ff).

Toulouse (390.000, mit Vorstädten 760.000 Einw., Dép. Haute-Garonne) ist nicht nur groß, sondern auch schön. Es verfügt über bedeutende romanische Kunst und eine unglaubliche Fülle an alten Bürgerhäusern, die nicht zuletzt wegen ihres rötlichen Mauerwerks der Altstadt Charme verleihen. Diese Ausstrahlung des Stadtbildes vermischt sich mit dem Treiben einer Großstadt (der viertgrößten Frankreichs) und dem Studentenleben einer Universität (der zweitgrößten des Landes, 1229 gegründet).
Saint-Sernin (11.-12. Jh.), heute größte romanische Kirche in Frankreich, war wichtige Station der Jakobspilger und in Architektur und Skulptur wegweisend für die damalige Kunstentwicklung. Ihr markanter Glockenturm taucht immer wieder zwischen den Häusern der umliegenden Gassen auf. Im Musée des

ausstellung vor allem die reiche romanische Sammlung sehenswert, mit einer Reihe eindrucksvoller Kapitelle, Skulpturen und Friese. Die Stadt besitzt noch einige weitere Museen, darunter das Musée du Vieux Toulouse. Der zweite bedeutende Sakralbau ist das Jakobinerkloster (13./14. Jh.) mit einem eleganten gotischen Turm.

An der etwas unförmigen und nur halbfertigen Kathedrale St-Étienne wird deutlich, daß weniger die Kirche einen Machtfaktor in der Stadt darstellte als das Bürgertum, zu dem sich selbst die Grafen zählten. Auch als Toulouse an die Krone fiel (1271), änderte sich daran nichts. 1444 erreichte es gar die Einführung eines Parlamentes, zusätzlich zum bereits bestehenden Magistrat („capitouls"). Durch den aufblühenden Pastellhandel auch noch reich geworden, befiel die Bürger in der Folgezeit eine wahre Bauwut, der die Stadt heute ihre zahlreichen Herrschaftshäuser in gotischem und Renaissancestil verdankt. Doch dann brach das Unglück gleich doppelt herein: die Einführung des billigeren Indigo (1560) und das Aufflammen der Religionskriege (1562).

Nicht zuletzt ihres kulturellen Erbes und Lebensgefühls wegen ist die Stadt heute beliebter Ansiedlungsort der High-Tech-Industrien (Biotechnologie, Informatik u.a.), neben dem bereits etablierten Luft- und Raumfahrt-Unternehmen Aérospatiale und seiner Tradition: frühe Transatlantikflüge (u.a. von St.-Exupéry), Bau von Caravelle und Concorde, heute Endmontage des Airbus und der Ariane.

Information: OTSI, Donjon du Capitole, 31000 Toulouse, ✆ 0561110222.
Verkehrsverbindungen: Züge (Bahnhof Toulouse-Matabiau) in alle Himmelsrichtungen, u.a. nach Paris, Lyon, Nizza, Spanien; Direktflüge (Flughafen Toulouse-Blagnac im Nordwesten) nach Frankfurt, Genf und Paris.
Hotel: Viele gute Hotels i. d. Innenstadt bei günstigen Preisen – das Aussuchen macht Spaß! Z.B.: Trianon-Wilson***, R Lafaille, ✆ 0561627474, 25 Z. (kl. Seitenstr. des Bd Strasbourg, innerer Ring); Raymond IV**, 16 r Raymond IV, ✆ 0561628941, 38 Z. (nahe Pl Jeanne-d'Arc, Ri. Bahnhof); Azur*, 1 r de l'Orient, ✆ 0561624966, 13 Z.
Studentenwerk: CROUS, 58 r du Taur, 31070 T. Cedex, ✆ 0561125400, 9 Wohnheime, 7 Mensen.
Camping: De Rupé, 21 chn du Pont de Rupé, Zone verte de Sesquières, ✆ 0561700735, 285 Stpl., ganzj.; La Bouriette, 199 chn de Tournefeuille, St-Martin-du Touch (N124), ✆ 0561496446, 100 Stpl., ganzj.

Etappe 34:
Bordeaux – St-Emilion – Sainte-Foy-la-Grande (78 km / 5 – 102 – 20 m)

Mit dieser Etappe beginnt die Dordogneroute von der Mündung in die Gironde bis hinauf zur Quelle bei Le Mont-Dore im Zentralmassiv.

Bordeaux verläßt man über die Pont St-Jean (vom Bahnhof aus) oder die Pont de Pierre (vom Zentrum). Gleich welche Brücke man überquert, am anderen Garonneufer geht es rechts auf den Qu de la Souys und sofort nach der Unterquerung der Bahn links. Geradeaus, auf dem Cs Gambetta, überquert man eine Schnellstraße (D936), gelangt auf die Av R Cassagne.

Knapp 1 km weiter rechts auf die D241, der man auf einer hügeligen, aber bald ruhig werdenden Fahrt nach Tresses und Sallebœuf folgt. Dort kurz links und wieder rechts, weiter der D241 folgen bis zum Château Le Grand Puch. Davor links und gleich wieder rechts – noch immer auf der D241 – nach Beaupied.

Dort auf der D20 links und nach 1 km wieder rechts auf der D241, bis diese hinter Nérigean an der D121 endet. Dann links und in Génissac rechts auf der D18 bis zur breiten D936. Links geht es ein kurzes, lautes Stück nach Branne und über die Dordogne.

Nach dem Fluß zweigt die D122 nach Saint-Emilion links ab, mit der die Fahrt durch eine liebliche Weinlandschaft beginnt. Nach ca. 2,5 km muß man rechts der D122 weiter folgen.

Saint-Emilion (2.300 Einw., Dép. Gironde) ist die schönste Weinbaustadt im Bordelais und dementsprechend gut besucht. Aber ihre winkligen Gäßchen und klösterlichen Gebäude aus dem Mittelalter lohnen einen Rundgang allemal, besonders die ebenso reizvolle wie ungewöhnliche Felskirche (9.-12. Jh.). Während der französischen Revolution war hier der letzte Zufluchtsort der Girondisten.

Information: OTSI, Pl des Créneaux, 33330 Saint-Emilion, ✆ 0557552828.
Hotel: Palais Cardinal**** (vornehm), Pl 11 Nov. 1918, ✆ 0557247239, 17 Z., Apr-Nov; Bonsai***, Rte de Castillon, Bois de l'Or, ✆ 0557252507, 50 Z., ganzj.
Camping: La Barbanne (D122), ✆ 0557247580, 160 Stpl., Apr-Mitte Okt.

Man verläßt den Ort auf der D243 rechts nach St-Christophe-des-Bardes und weiter, bis rechts die D130 nach **Castillon-la-Bataille** abzweigt. Dort wurde 1453 die letzte Schlacht des Hundertjährigen Krieges geschlagen.

Information: OTSI, Mairie, 5 all de la République, 33350 Castillon-la-Bataille, ✆ 0557402758.
Hotel: La Bonne Auberge****, 6 r du 8 Mai 45, ✆ 0557401156, 10 Z., ganzj.
Camping: La Pelouse (D936), ✆ 0557400422, 66 Stpl., Mai-Anf Sept; Municipal Lo Quoalh, Flaujagues, ✆ 0557400833, 30 Stpl., Mai-Aug (ein Stück weiter an der Route).

Vom Zentrum geht es auf die D17 (Richtung Sauveterre), direkt nach Überquerung der Dordogne links auf ein kleines Sträßchen, das in die (etwas breitere) $D130^{E3}$ und schließlich in die D130 einmündet, der man durch *Pessac-s-Dordogne* hindurch immer in Tuchfühlung mit der Dordogne folgt.

Camping: La Plage, Airotel Dordogne, 24230 St-Seurin-de-Prats, ✆ 0553586107, 70 Stpl., Mai-Sept (am anderen Dordogne-Ufer).

Hinter Eynesse biegt man links ab auf die $D130^{E7}$, die zur D672 und diese wiederum nach links bis **Sainte-Foy-la-Grande** führt.

Kartenskizze Etappen 34 & 35

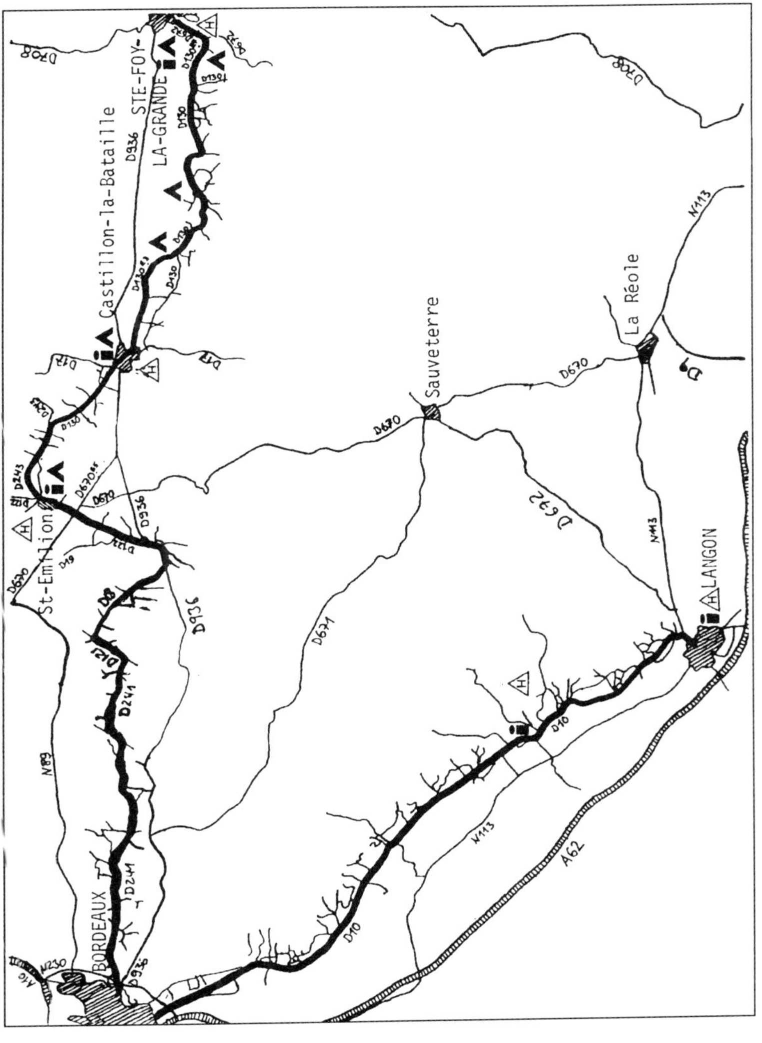

Information: OTSI, 102 r de la République, 33220 Sainte-Foy-la-Grande, ✆ 0557460300.
Verkehrsverbindungen: Züge nach Sarlat und Bordeaux.
Hotel: Grand Hotel***, 117/119 r de la République, ✆ 0557460008, www.grandhotel-mce.com, 17 Z., ganzj.
Camping: Municipal, La Croix, Eynesse, ✆ 0557410038, 10 Stpl., Juli-Sept; La Tuilerie, Av G. Clemenceau (D130), Pineuilh, ✆ 0557461384, 60 Stpl., März-Okt (außerhalb Ste-Foy, südöstlich).

Von hier wird die Dordogneroute mit Etappe 76 fortgesetzt.

(Wer dieser Etappe in umgekehrter Richtung folgt und Bordeaux umgehen möchte, findet eine Streckenempfehlung bei Etappe 18.)

Etappe 35:
Bordeaux – Langon (45 km / 5 – 22 m)

Ähnlich wie die Rhône bieten sich auch Garonne/Canal du Midi ideal für eine schnelle Straßenverbindung an: rechts und links Berge und mittendurch ein beinahe flaches Tal. Kein Wunder also, daß dort viel Verkehr hindurchfließt. Wer den Atlantik mit dem Mittelmeer verbinden will, ohne auf mehr als 300 Höhenmeter hinauffahren zu müssen, für den gibt es keine Alternative zu dieser Strecke. Während das Rhônetal jedoch nur für extrem hartgesottene Radler zu bewältigen ist, gibt es entlang dieser Zweimeeresroute Möglichkeiten, zumindest teilweise auf ruhigere Straßen auszuweichen. Der höhere Preis, den man für die relativ schnelle und bequeme Verbindung zahlen muß, dürfte aber sein, daß auf landschaftliche Höhepunkte weitgehend verzichtet werden muß. Lediglich hier und da gibt es einen schönen Abschnitt, etwa mit dieser Etappe entlang der Garonne.

(Wer dieser Etappe in umgekehrter Richtung folgt und Bordeaux umgehen möchte, findet eine Streckenempfehlung bei Etappe 18.)

Nach der Überquerung einer der beiden Garonnebrücken biegt man direkt rechts ab und verläßt Bordeaux auf der D113, in die nach 10 km die D10 einmündet, der man geradeaus nach *Cadillac* und weiter Richtung Saint-Macaire folgt. Noch vor diesem Ort rechts auf die N113 nach **Langon**.

Information: OTSI, 33410 Cadillac, ✆ 0556621292; OTSI, All Jean-Jaurès, 33210 Langon, ✆ 0556623400.
Verkehrsverbindungen: Züge nach Agen und Bordeaux.
Hotel: Detrée**, 22 av du Pont, Cadillac, ✆ 0556626538, 17 Z., ganzj.; Horus**, 2 r des Bruyères, Langon, ✆ 0556623637, 34 Z., ganzj.; Chez Phyl*, 38 cs Sadi-Carnot, Langon, ✆ 0556761783, 7 Z., ganzj.
Camping: Municipal, R du Port, ✆ 0556621292, 30 Stpl., Mitte Juni-Mitte Sept.

Kartenskizze Etappen 36 & 37

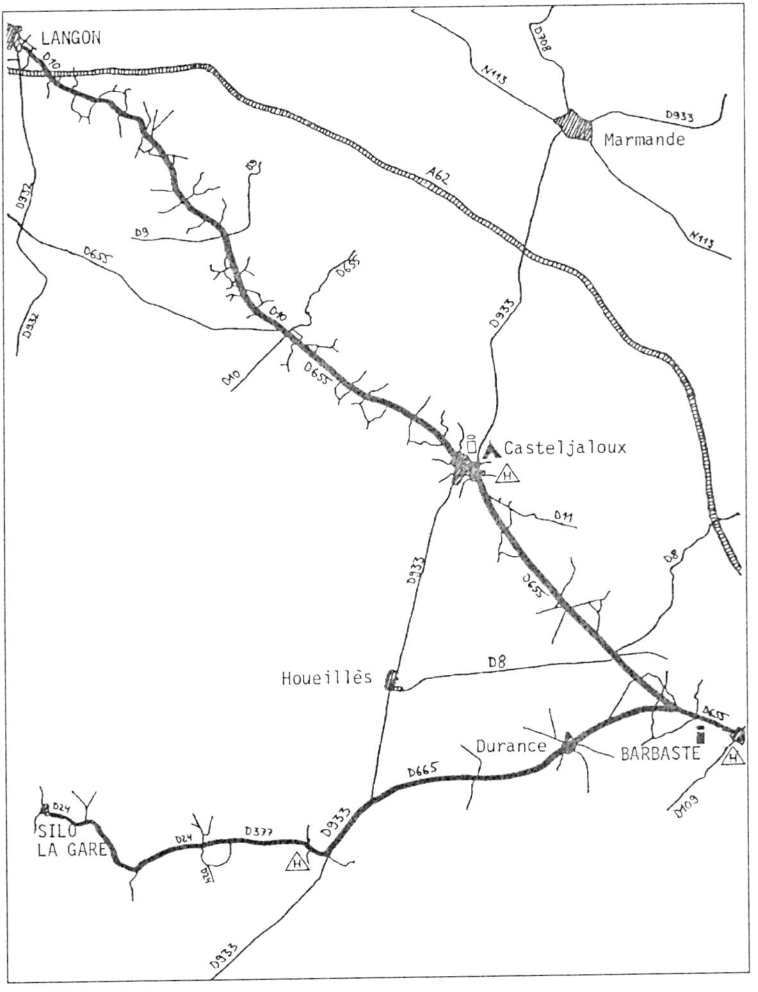

Etappe 36:
Langon – Casteljaloux – Barbaste (64 km / 22 – 150 – 55 m)

Auf dem zweiten Teil der Zweimeeresroute muß man doch über ein paar allerdings kleine Hügel fahren, um eine Biegung der Garonne abzukürzen. Die zweite Hälfte der Strecke führt zügig über eine größere Straße ohne Höhepunkte. (Möchte man in Ruhe und ohne Hügel radeln, so kann man der D224/ D143 bis Damazan, dann der D108/D642 bis Barbaste folgen. Diese Strecke ist allerdings 20 km länger und gleichfalls langweilig.)

Man verläßt Langon auf der D10, die noch am Ortsausgang von der D932 (Richtung Bazas/Mont-de-Marsan) links abzweigt, nach Auros und weiter nach Gringnols, wo man links auf der D655 zunächst bis *Casteljaloux* weiterfährt.

Information: SI, Mairie, Maison du Roy, 47700 Casteljaloux, ✆ 0553930000.
Hotel: Cordeliers****, 1 r Cordeliers, ✆ 0553930219, 25 Z., Mitte Nov-Mitte Okt.
Camping: Municipal la Piscine (D933), Rte de Marmande, ✆ 0553935468, 48 Stpl., Apr-Ende Okt.

Auf den letzten 24 km auf der D655 durchquert man einen Zipfel der Grandes Landes, bis **Barbaste** erreicht wird.

Information: OTSI, Pl de la Mairie, 47230 Barbaste, ✆ 0553658485.
Hotel: Chaumière d'Albret**, Rte de Nérac, Lavardac, ✆ 0553655175, 7 Z.

Etappe 37:
Silo la Gare – Losse – Barbaste (48 km / 110 – 145 – 55 m)

Der Anschluß an Etappe 23 folgt weiterhin der D24, bis man in *Losse* geradeaus auf die D377 in Richtung Lubbon wechselt.

Hotel: Le Bon Coin „Chez Jeanne"**, 40240 Lubbon, ✆ 0558936043, 7 Z., ganzj.

Ohne Lubbon durchquert zu haben, gelangt man zur D933, wo man links abbiegt (Richtung Houeillès). Nach wenigen Kilometern, am Carrefour du Tremblant, geht es wieder ab, diesmal rechts auf die D665, der man folgt, bis sie in die D655 einbiegt, auf der man rechts nach **Barbaste** (s. Etappe 36) gelangt. Unterwegs kündigt sich das frühere Lehen der Familie Heinrich IV. an (s. auch Nérac, Etappe 33): *Château Henri IV* (Durance, ziemlich klägliche Ruinen), *Moulin de Henri IV* (Barbaste, schon sehenswerter).

Etappe 38:
Barbaste – Villeneuve-sur-Lot – Monflanquin – Biron – Monpazier
(88 km / 55 – 200 – 190 m)

Diese Etappe stellt nicht nur eine Verbindung zwischen Garonne und Dordogne her, sondern führt zudem durch zahlreiche ehemalige Bastiden, befestigte Städte, die vor allem im 13. Jh. in Frankreich aus dem Boden gestampft wurden (s. „Zeugen der Geschichte"). In diesem Gebiet bot der englisch-französische Dauerkrieg den Anlaß.

Die Strecke führt zunächst vor Lavardac auf die D930 bis *Port-Ste-Marie*.

Information: SI, Mairie, 47130 Port-Ste-Marie, ✆ 0553872119.
Camping: La Palanque (N113), ✆ 0553674335, 35 Stpl., Mitte Juni-Mitte Sept.

Die D118 immer weiterverfolgend (an der D13 schräg links) erreicht man **Villeneuve-sur-Lot**, neben Mantauban eine der wenigen „gelungenen" Bastide-Gründungen, von deren alter Stadtanlage man allerdings nicht mehr viel sieht. (Noch schönere Alternativstrecke entlang dem Flüßchen Masse: Nach der Linkskurve der D118 hinter Port-Ste-Marie gleich rechts auf unbenanntes kleines Sträßchen, bis es auf die D13 stößt, dort links und nach einer 1½ km langen Steigung wieder rechts auf die D118. Von dort weiter bis Villeneuve.)

Information: OTSI, Bd de la République, 47300 Villeneuve-sur-Lot, ✆ 0553361730.
Hotel: La Résidence**, 17 av Lazare Carnot, ✆ 0553401703, 17 Z., Mitte Jan-Mitte Dez (nahe Pl de la Révolution im Süden des Bastidenrings).
Camping: Le Rooy (N21), ✆ 0553702418, 66 Stpl., Mitte Apr-Anf Okt; unterwegs bei 47360 Prayssas: Lac de Neguenou, ✆ 0553950067, 55 Stpl., Juni-Aug.

Man verläßt die Stadt auf der D676, die direkt bis **Monflanquin** führt, dem schon eher seine Bastide-Herkunft anzumerken ist. Zudem ermöglicht die Strecke herrliche Ausblicke auf die freundliche grüne Landschaft.

Information: OTSI, Pl des Arcades, 47150 Monflanquin, ✆ 0553364019.
Camping: Les Bastides, Salles, ✆ 0553408308, www.campingdesbastides.com, 80 Stpl., Mitte Apr-Sept; Naturiste Laborde (FKK), Paulhiac, ✆ 0553631488, 100 Stpl., Mitte Apr-Sept.

Monflanquin wird am Friedhof vorbei auf der D272 verlassen, der man bis Vergt-de-Biron folgt (hinter der Départementsgrenze D2^{E}), danach (vor Cladech) nach rechts bis **Biron** mit seinem imposanten Schloß. 14 Generationen haben an ihm herumgewerkelt (12.-18. Jh.); um so erstaunlicher, daß es von seinen vielen Stilen nicht zerstückelt wird, sondern eine überschaubare Einheit bleibt.

Gîte d'étape: Gîte Communal*, Au Bourg, 47150 Lacapelle Biron, ✆ 0553408498, 24 B., Apr-Sept (über D150/D53 nach Biron, 7 km schöner Umweg).

Kartenskizze Etappen 38 & 39

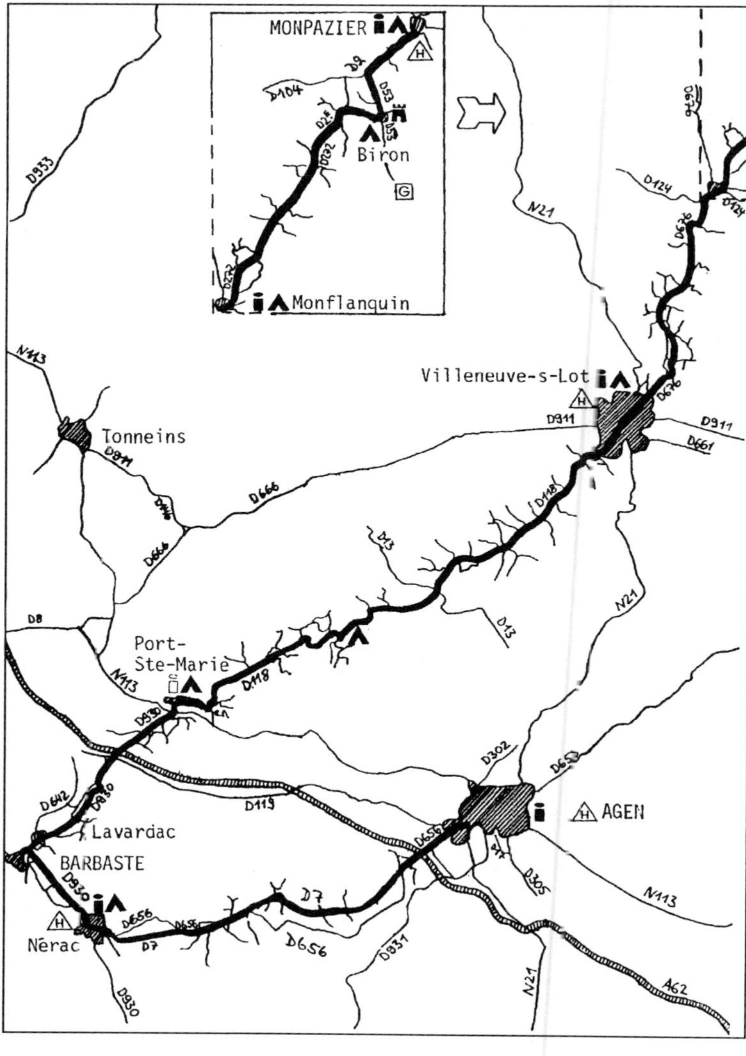

Camping: L'Étang de Moulinal, 24540 Biron, ✆ 0553716197 & 0553408460, 250 Stpl., Mai-Mitte Sept (schöner Platz an einem Badesee).

Von Biron aus geht es auf der D53 bis zur D2, dort rechts nach Monpazier, der oft als „Idealstadt" bezeichneten (diesmal englischen) Bastide-Gründung (1285). Das streng rechteckige Schachbrettmuster mit seinen schnurgeraden, im 90°-Winkel gezogenen Straßen befindet sich fast noch in dem Zustand, in dem es angelegt wurde. Damit ist **Monpazier** die eindrucksvollste der Bastiden.

Information: OTSI, Pl des Cornières, 24540 Monpazier, ✆ 0553226859.
Hotel: De Londres – Le Pardeillan**, Foirail Nord, ✆ 0553226064, 10 Z., ganzj.
Camping: Le Moulin de David (D2), Gaugeac, ✆ 0553226525, 160 Stpl., Mitte Mai-Mitte Sept.

Etappe 85 führt weiter zur Dordogne, Etappe 95 zum Lot (nach Cahors).

Etappe 39:
Barbaste – Nérac – Agen (36 km / 71 – 151 – 48 m)

Zwischen den Orten Barbaste und Lavardac biegt man ab auf die D930 (von Barbaste aus rechts) nach **Nérac**. Die einstige Hugenottenhochburg besitzt einen Schloßflügel (mit Museum), der ein Relikt der Lehensherrschaft der Familie Heinrichs IV. ist.

Information: OTSI, Pl A. Briand, 47600 Nérac, ✆ 0553652775.
Hotel: Henri IV**, 4 pl du Général Leclerc, ✆ 0553650063, 11 Z., ganzj.

Weiter geht es auf der D656, wobei man am Stadtausgang auf die D7 rechts abzweigen und damit einen Kilometer abkürzen kann. Die D7 führt von allein wieder auf die D656 zurück, der man etwa 5 km folgt, bis geradeaus erneut die D7 beginnt. Es wird nun merklich ruhiger. Die Straße führt gleich hinauf zu einer schönen Fahrt auf einem Höhenkamm, bis sie wieder hinab zur D656 stößt, der man geradeaus nach Agen folgt.

Agen (30.000 Einw., Dép. Lot-et-Garonne) verdankt einen Teil seiner Bekanntheit den Pflaumen (s. Asterix, Tour de France), ein bißchen vielleicht einer kopflosen Marmordame (Venus du Mas, im auch von außen sehenswerten Museum), aber vor allem seinen Bischöfen, die sich allerdings nie ganz von Toulouse lösen konnten. Auch nicht im 13. Jh., als hier vermutlich einer der vier Katharerbischöfe residierte.

Information: OTSI, 107 bd Carnot, 47000 Agen, ✆ 0553473609.
Verkehrsverbindungen: Züge nach Bordeaux, Rennes, Toulouse, Nizza.
Hotel: Stim'Otel***, 105 bd Carnot, ✆ 0553473123, 58 Z., ganzj. (Innenstadt); Des Ambans**, 59 r des Ambans, ✆ 0553662860, 9 Z., ganzj.

Etappe 40:
Agen – Dunes – Donzac – St-Nicolas – Moissac (56 km / 48 – 120 – 76 m)

Diese Etappe ist Fortsetzung der *Zweimeeresroute* und folgt überwiegend ruhigen Straßen. Sie führt von Agen auf der D305, dann D17, Richtung *Layrac*.

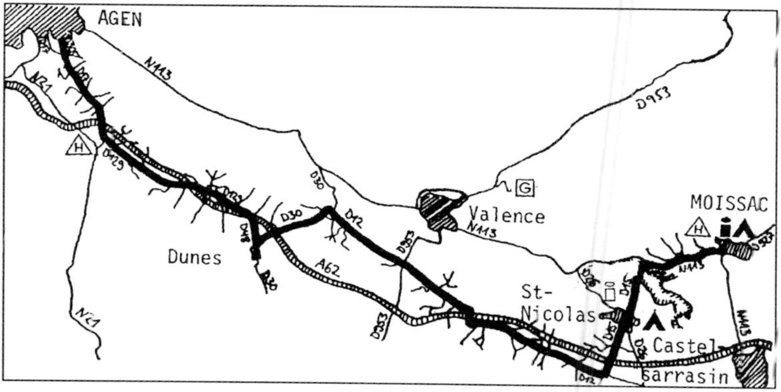

Toulouse: Blick auf die Pont-Neuf

Noch vor dem Ort, nach der Autobahnunterführung, geht es links auf die D129, der (ab Départementsgrenze in D48 umbenannt) man bis Dunes folgt. Dort am Ortseingang links auf der D30, wieder unter der Autobahn hindurch, nach Donzac. Nun rechts auf der D12 durch Auvillar bis zur Kreuzung mit der D15 (bei Laparguère). Hier nach links, die Autobahn erneut passierend, bis *Saint-Nicolas-de-la-Grave*.

Information: SI, Mairie, 82210 St-Nicolas-de-la-Grave, ✆ 0563948281.
Camping: Du Plan d'Eau, ✆ 0563955000/02, 42 Stpl., Mitte Juni-Mitte Sept.

Das letzte Stück dieser notgedrungen etwas „eckigen" Etappe führt weiter auf der D15 über die Garonne und schließlich rechts 5 km auf der N113 nach Moissac.

Moissac (12.000 Einw., Dép. Tarn-et-Garonne) selbst wirkt nicht sonderlich anziehend – wäre da nicht die Abtei. Portal und Kreuzgang (11.-13. Jh.) zählen zu den ganz großen Werken der romanischen Skulptur. Geradezu umwerfend präsentieren sich die unzähligen Figuren, Tiere, Erzengel, Dämonen, Bibelszenen und Blumendekors dem Betrachter. Selbst wer nicht zu den Skulpturfans gehört, sollte sich diesen Besuch nicht entgehen lassen.

Information: OTSI, 6 pl D. de Brehon, 82200 Moissac, ✆ 0563040185.
Verkehrsverbindungen: Züge nach Bordeaux und Toulouse.
Hotel: Le Luxembourg***, 2 r Chabrié, ✆ 0563040027, 14 Z.
Gîte d'étape: Le Grenier de Levant*, 82400 St-Vincent-Lespinasse, ✆ 0563290714, 19 B., ganzj. (zwischen Valence und Moissac, nördlich der Garonne).
Camping: L'Ile du Bidounet, ✆ 0563325252, 100 Stpl., Apr-Sept.

Etappe 41:
Moissac – Lauzerte – Cahors (61 km / 76 – 315 – 128 m)

Diese Etappe verbindet Garonne und Lot. Sie führt entlang dem Jakobsweg durch eine einsame Landschaft, weitgehend an Flußläufen entlang. Um vom einen zum anderen zu gelangen, sind zwei Hügel zu überqueren. Einzige Abwechslung bietet Lauzerte – und natürlich Cahors.

Man beginnt auf der D927 (Richtung Montauban), folgt kurz hinter dem Ortsausgang jedoch der D957 nach links, bis diese auf die D953 stößt, dort rechts nach **Lauzerte**. Obwohl die Straße außen herum leichter verläuft, lohnt sich durchaus der Aufstieg zur Stadt (einer früheren Bastide).

Information: OTSI, Pl des Cornières, 82110 Lauzerte, ✆ 0563946194.
Hotel: Le Luzerta**, ✆ 0563946443, 20 Z., Apr-Okt.
Gîte d'étape: Communal*, R de la Gendarmerie, ✆ 0563946194, 17 B., ganzj. (reservieren über Gîtes-de-France, B.P. 534, 82005 Montauban, ✆ 0563660442).
Camping: Vignals, ✆ 0563947560, 25 Stpl., Juni-Sept.

Aus der Stadt kommend geht es wieder hinunter zur Hauptstraße, sie wird überquert und geradeaus der D54 gefolgt. Nun ist man mit sich und der Landschaft allein. Ab der Dépt.-Grenze heißt die Straße D7, dann durchquert sie *Lascabanes*.

Gîte d'étape: Rte de Castelnau Montratier, 46800 Montcuq, ✆ 0565318788, 30 B., ganzj. (an einer – stärker befahrenen – Alternativstrecke über die D953).

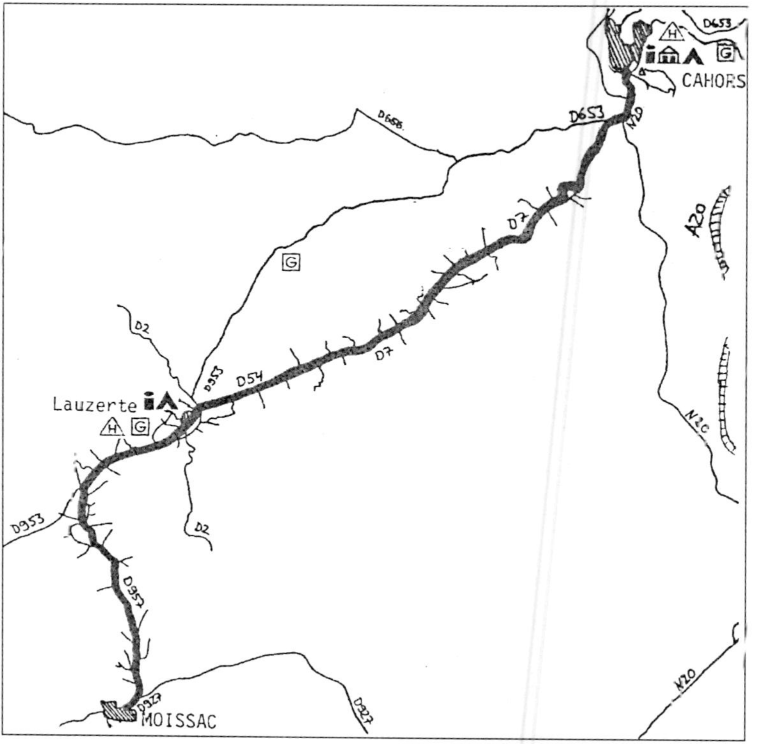

Die D7 endet an der D653. Nun kehrt man allmählich wieder in die Zivilisation zurück. An der D653 rechts und wenig später links auf der N20 (zur 'richtigen' Zeit voll und laut) schnell hinab nach Cahors. Wer noch Lust und Kraft hat, kann kurz vor der Lot-Überquerung rechts über D6/GR36 zum *Mont St-Cyr* fahren, der einen einmaligen Blick auf Cahors ermöglicht, wie es sich, eingebettet in eine Lot-Schleife, vor dem Betrachter ausbreitet (Anschlußmöglichkeit an Etappe 97).

Cahors (20.000 Einw., Dép. Lot) verleitet zunächst zum schnellen Durchfahren. Obwohl die Verbindungsstraße Paris–Toulouse (N20) außen herum verläuft, ist der Verkehr in der Stadt doch recht lästig. Ein Segen also, daß sich auch hier (rechts) eine Fußgängerzone entwickelt hat, zwar klein, aber wohltuend.
So kann man die eigenartige Kathedrale betrachten (besonders eindrucksvoll vom Kreuzgang aus). Ihre zwei Kuppeln erscheinen wie Höcker und sind sage und schreibe 37 m hoch (Chartres 36½ m; Notre-Dame de Paris 24 m). Das verwundert um so mehr, wenn man sie von innen betrachtet: ein bemalter, harmonischer Raum, nicht erhebend, nicht erdrückend. Sehenswert ist auch das Nordportal dieser neben St-Étienne (in Périgueux) bedeutendsten Kuppelkirche in Frankreich. Sie entstammt dem Beginn der Zeit, als Cahors, weil günstig gelegen, unermeßlich reich war (11.-14. Jh.). Erst Pest und Engländer bereiteten der Stadt den Niedergang. Dabei war sie nicht einmal erobert, sondern übergeben worden. Dies verdankte es u.a. der genial gebauten Pont Valentré, dem Wahrzeichen der Stadt (im Westen). Während des Baus (14. Jh.) sagte man, der Teufel hätte seine Hand im Spiel, worauf dieser vom Architekten durch einen simplen Wunsch (ein Sieb voll Wasser) in Verlegenheit gebracht wurde. Das Image der Brücke war damit gerettet. Ein kleines Steinteufelchen am mittleren Turm („Tour du Diable“ sinnigerweise) soll den Betrachter an das damals sicher schwerwiegende Problem erinnern.
Und zum Schluß noch einen guten Tropfen: einen Cahors. Durch diesen Wein hat sich die Stadt wieder erholt; er ist bei uns zwar unbekannt, deswegen aber nicht schlecht und vor allem recht preiswert.

Information: OTSI, 46000 Cahors, Pl François Mitterand, ✆ 0565532065.
Verkehrsverbindungen: Züge nach Paris, Toulouse und Perpignan.
Hotel: Le Melchior***, Pl de la gare, ✆ 0565350338, 23 Z.
Jugendherberge: FJT F. Suisse (FUAJ), 20 r Frédéric Suisse, ✆ 0565356471, 36 B., ganzj.
Gîte d'étape: Pasturat, 46090 Arcambal, ✆ 0565314494 (8 km östlich an der D911, über D8/D46 sehr schön am Lot entlang, rechts mit D653 nach Vers, Etappe 97).
Camping: Rivière de Cabessut, R de la Rivière, ✆ 0565300630, 102 Stpl., Apr-Sept.

Etappe 42:
Moissac – Castelsarrasin – Toulouse (73 km / 76 – 146 m)

Die Strecke ist zwar wenig aufregend, führt aber zu einer besonders eindrucksvollen Stadt: Toulouse.

Man folgt zunächst 8 km der N113 bis *Castelsarrasin* (einer Bastide-Gründung). (Alternativ kann man einem kleinen Weg entlang dem Canal Latéral à la Garonne folgen, mit dem man auf der Pont Canal den Tarn überquert.)

Kartenskizze Etappen 42 & 43

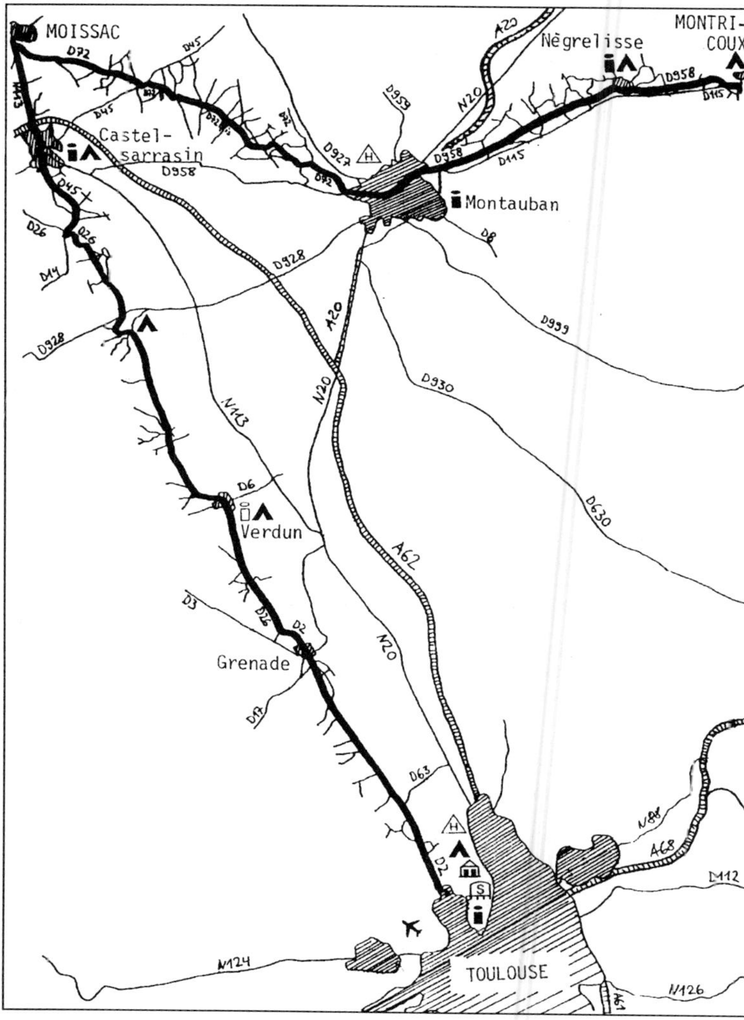

Information: OTSI, Pl de la Liberté, 82100 Castelsarrasin, ✆ 0563321488.
Verkehrsverbindungen: Züge nach Bordeaux und Toulouse.
Camping: Trescasse/Garonne, ✆ 0563323037, 33 Stpl., Mitte Juni-Mitte Sept.

Weiter geht es (vor der Kirche rechts, wieder rechts, dann schräg links) auf der D45 durch *Bénis*, direkt hinter der Garonne-Überquerung links auf die D26, dort erneut links und immer geradeaus mit der D26.

Information: OTSI, 19 r Gabriel Peri, 82600 Verdun-sur-Garonne, ✆ 0563643519.
Camping: Les Ramiers, 82700 Bourret, ✆ 0563263371, 22 Stpl., Juni-Sept; Municipal le Grand Gravier, Verdun, ✆ 0563643244, 63 Stpl., Mai-Sept.

Ab der Grenze zum Dép. Haute-Garonne nennt sich die Straße D2, der man durch Grenade bis **Toulouse** (s. Etappe 33) folgt. (Die Straße dient zur Hauptverkehrszeit allerdings als Zubringer, so daß ab/bis Grenade dann ein Umweg über D17/65/1 oder D29/20/64 anzuraten ist.)

Etappe 43:
Moissac – Montauban – Montricoux (48 km / 76 – 105 m)

Die Etappe führt zum Beginn der Gorges de l'Aveyron, die man mit der nächsten auf sehr schöner Strecke und breiter, angenehmer Straße durchfährt.

Man startet in Moissac, fährt über den Tarn (Richtung Toulouse), dann jedoch direkt links auf die D72, der man auf einer „Querfeldeinfahrt" Richtung Montauban folgt. An der D45 muß man allerdings kurz links und wieder rechts auf die D72^{B}, die zusammen mit der D73^{Bis} (ab Überquerung der D42) eine Abkürzung der D72 darstellt, zu der man wieder am Tarn stößt. Dort rechts bis zur D958 und damit links in das Zentrum von Montauban.

Montauban (53.000 Einw., Dép. Tarn-et-Garonne) wurde als eine der ersten Bastiden im 12. Jh. gegründet, und sie wurde eine der erfolgreichsten. Das Besondere der Stadt ist der eigentümliche Reiz, der – ähnlich wie in Toulouse und Albi – vom rötlichen Mauerwerk der Häuser ausgeht. Doch ansonsten besitzt Montauban nur eine Sehenswürdigkeit: das Musée Ingres, das dem hier geborenen Hauptvertreter (1780-1867) des französischen Klassizismus (neben seinem Lehrer David) mit einer umfangreichen Sammlung vor allem seiner Werke gewidmet ist.

Information: OTSI, Pl Prax-Paris, 82000 Montauban, ✆ 0563636060.
Verkehrsverbindungen: Züge nach Paris, Rennes, Perpignan, Nizza.
Hotel: Campanile****, R Louis Lepine, Parc Albasud, ✆ 0563230002, 49 Z.; Du Lion d'Or***, Av de Mayenne, ✆ 0563200404, 21 Z.

Die Stadt verläßt man auf der N20 Richtung Cahors, von der man noch am Ortsausgang schräg rechts abbiegt (Richtung Bruniquel) und sofort nach der

Umgehungsstraßenüberführung links auf die D958, der man bis *Nègrepelisse* folgt.

Information: OTSI, Mairie, 82800 Nègrepelisse, ✆ 0563642347.
Camping: Le Colombier, ✆ 0563642034, 53 Stpl., Juni-September.

Weiter geht es auf der D958, bis sie in die D115 mündet, der man nach links folgt, bis kurz danach rechts eine unter der D115 links hindurchführenden Kehre nach **Montricoux** leitet. Wer hier keine Pause einlegen möchte, bleibt auf der D115 und nimmt direkten Anschluß an die nächste Etappe.

Camping: Lalande, Rte de Bioule, 82800 Montricoux, ✆ 0563241889, www.camping-lecloslalande.com, 60 Stpl., Mai-Sept.

Etappe 44:
Montricoux – Saint-Antonin-Noble-Val – Varen (43 km / 105 – 140 m)

Man verläßt Montricoux wieder über den Aveyron zur D115 und folgt ihr weiter. Rechter Hand liegt etwas abseits **Bruniquel,** ein netter Ort für eine Rast. Zu sehen gibt es ein Schloß und einige gotische Häuser.

Information: SI, R d'Albi, 82800 Bruniquel, ✆ 0563672984.
Camping: Le Payssel, ✆ 0563672595, 33 Stpl., Juni-Sept.

Weiter geht es durch die höher werdenden Berge in die **Gorges de l'Aveyron** hinein; rechts eine malerische Schloßruine (*Penne*), links gegenüber besteht die Möglichkeit, der D173 auf reizvoller Strecke ein kleines Stück (50 Höhenmeter) hinauf zu folgen, ansonsten geht es geradewegs weiter auf der breiten Straße durch die Schlucht, bis man **Saint-Antonin-Noble-Val** erreicht, ein hübsches Städtchen mit mittelalterlichem Charakter (Häuser aus 12.-15. Jh.).

Information: OTSI, Mairie, 82140 Saint-Antonin-Noble-Val, ✆ 0563306347.
Camping: Les Trois Cantons ✆ 0563319857, 80 Stpl., Mitte Apr-Sept; Anglars, Lieu-dit Marsac, ✆ 0563306976/6047, 80 Stpl., Mitte Apr-Mitte Okt; Le Ponget, ✆ 0563306023, 33 Stpl., Mai-Sept.

Immer der D115 folgen (bis die einmündende D958 der Straße ihren Namen gibt). Bald erreicht man **Varen**. 3 km zuvor ist rechts die Abzweigung nach Cordes/Albi auf die R600 (s. Etappe 46).

Information: OTSI, 82250 Laguépie, ✆ 0563302034.
Camping: Municipal le Tilleul, Laguépie, ✆ 0563302232, 54 Stpl., März-Okt; Les Grillons, Lexos, 82330 Varen, ✆ 0563654644, 24 Stpl., Juli-Sept; Pech Contal, Arnac, ✆ 0563654834, 25 Stpl., Apr-Sept.

Kartenskizze Etappen 44 – 46

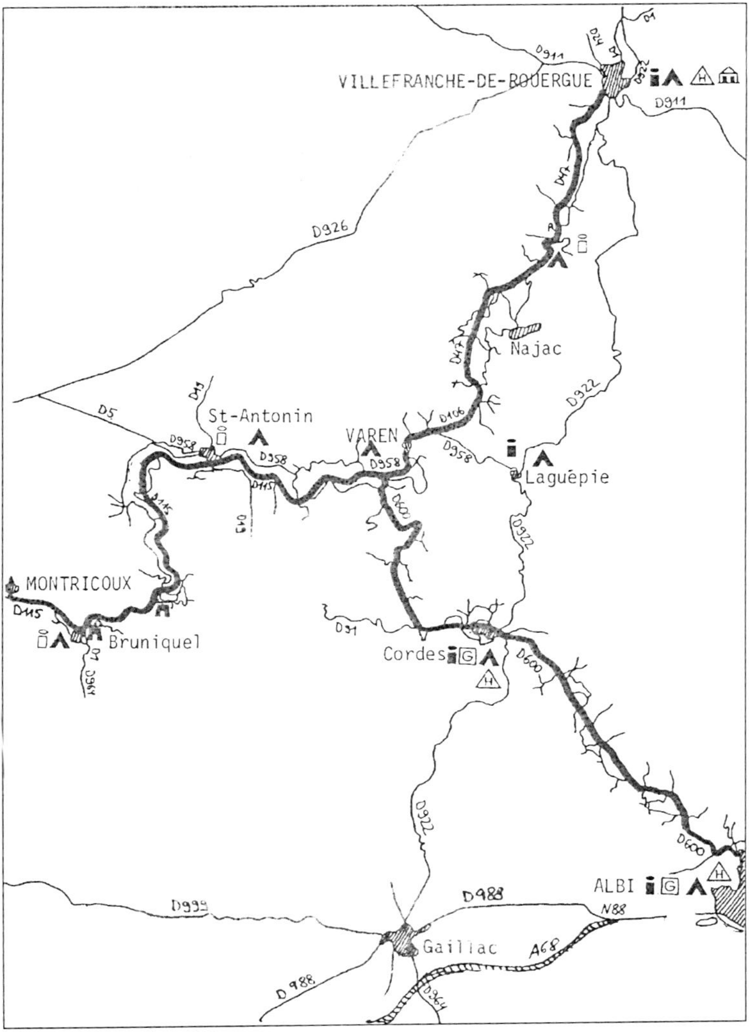

Etappe 45:
Varen – Monteils – Villefranche-de-Rouergue (30 km / 140 – 480 – 254 m)

Diese Etappe stellt in beiden Richtungen eine günstige Verbindung dar, von Varen aus zu Etappe 101, nach Varen von Etappe 100. Da es keinen Weg gibt, der unmittelbar am Aveyron entlang führt, muß man notgedrungen auf die Höhe hinauf. Doch das ist keine Schande, denn es bieten sich herrliche Ausblicke.

Ab Varen folgt man zunächst der D958 weiter flußaufwärts (d.h. Richtung Laguépie). Nach 2 km beginnt links auf der kleinen D106 in dem Dorf St-Vincent der Aufstieg. Steigungen zwischen 5 % und 10 % sind zu überwinden, ehe nach 4 km und 250 Höhenmetern der Kamm erreicht ist. Dort links halten, auf der nun D47 benannten Straße (*nicht* hinunter nach Najac) Richtung Mazerolles und Monteils. Es geht durch eine wellige, liebliche Gegend, links Felder, ab und zu Traktoren, rechts Bäume, die zwischendurch einen fantastischen Blick auf *Najac* freigeben, umschlängelt vom Aveyron, bewacht von einer Burg. (Mehrere Wege führen hinab, die man anschließend wieder hinauf muß; in Najac OTSI, Camping.) 3 km hinter Mazerolles ist der höchste Punkt erreicht – jetzt geht es auf einer herrlichen Abfahrt nach *Monteils*.

Information: SI, Mairie, 12200 Monteils, ✆ 0565296348.
Camping: La Chapelle, ✆ 0565296247, 33 Stpl., Juni-Sept.

An ein paar Fabriken vorbei führt die D47 direkt nach Villefranche.

Villefranche-de-Rouergue (12.000 Einw., Dép. Aveyron) wirkt zunächst etwas erdrückend, wenn man durch die Altstadt streift. Eng stehen die Häuser beisammen, und der Marktplatz erscheint recht klein, umsäumt von Arkaden und Treppen. Doch dann hebt man den Blick und erfaßt die riesige Kirche (13.-16. Jh.). Mitten in der Stadt ist sie erbaut mit einem wuchtigen Glockenturm (über 50 m hoch!), unter dem sogar eine Straße hindurchführt. Alles wirkt verschachtelt und doch ungeheuer eindrucksvoll. Hier wird eine jener Wirkungen erzielt, die sich in keinem Foto festhalten lassen. Und welch ein Unterschied im Inneren der Kirche: Man ist plötzlich in einem großen Raum, prachtvoll, mit viel Platz. Zwei weitere Sakralbauten lohnen einen Besuch: die Kapelle der Schwarzen Büßer (Pénitents noirs, 15. Jh.) und die frühere Kartause (15. Jh.)

Information: OTSI, Promenade Guiraudet, 12200 Villefranche-de-Rouergue, ✆ 0565451318.
Verkehrsverbindungen: Züge nach Brive und Toulouse.
Hotel: De l'Univers**, 2 pl de la République, ✆ 0565451563, 30 Z., ganzj. (südlich des Aveyron); L'anri Briard*, 41 all Aristide Briand, ✆ 0565811547, 6 Z., ganzj.
Jugendherberge: F.J.T. (FUAJ), R Lapeyrade, Pl de la Gare, ✆ 0565450968, 6 B., ganzj.
Camping: Municipal de Rouergue le Teulel, Av de Fondiès, ✆ 0565451624, 98 Stpl., Mai-Sept; Le Muret, ✆ 0565818069, 40 Stpl.

(In Gegenrichtung verläßt man Villefranche vor dem Rathaus vom Bd Gén de Gaulle aus rechts auf der R Ste-Emilie de Rodat, die zur D47 wird und direkt nach Monteils führt.)

Etappe 46:
Varen – Cordes – Albi (45 km / 140 – 314 – 174 m)

Höhepunkte dieser Etappe sind zwei Orte: Cordes und Albi. Varen verläßt man Richtung St-Antonin, biegt jedoch nach 3 km links auf die D600 ab, die allmählich ansteigt und bis Cordes führt.

Cordes-sur-Ciel (1000 Einw., Dép. Tarn) ist etwas Besonderes. Nicht wie andere Bastides (u.a. Mirepoix, Monpazier) im Schachbrettstil, sondern malerisch auf einen Hügel gebaut, wird man geradezu gefangen von den vielen Stadtmauern, gotischen Häusern und verwinkelten Gassen mit Kopfsteinpflaster. Nach der Gründung durch den Grafen von Toulouse (1222) gelangte der Ort durch den Tuchhandel schon bald zu beachtlichem Reichtum. Doch im 16. Jh. begann er „einzuschlafen“ und bewahrte so sein eindrucksvolles mittelalterliches Gesicht.

Information: OTSI, Maison Fonpeyrouse, 81170 Cordes, ✆ 0563560052.
Hotel: Hostellerie du Vieux Cordes***, , ✆ 0563537920, 21 Z., Jan geschlossen (in einem alten Klostergemäuer); De la Bride***, Pl de la Bride, ✆ 0563560402, ganzj. (in Cordes sind Hotels recht teuer, besonders das „Grand Ecuyer****“ in einem gotischen Jagdschloß von Raymond VII).
Camping: Le Moulin de Julien, Livers-Cazelles, ✆ 0563561110, 130 Stpl., Mai-Sept (einsam und ruhig hinter Cordes gelegen); Camp Redon, Rte de Virac, ✆ 0563561464, 30 Stpl., Apr-Okt.

Weiter geht es auf der D600 nach Albi. Hinter Cordes hat man einen schönen Rückblick auf die Stadt, und ein Stück weiter kommt man zu einer besonderen Stelle der Straßenführung: Wenige hundert Meter geht es steil bergab und dann ebenso steil wieder bergauf, also eine ideale Stelle, um einmal „richtig auf die Tube zu drücken“.

Albi (46.000 Einw., Dép. Tarn) ist einfach bezaubernd. Die schönen Häuser aus Fachwerk und Backstein erscheinen noch röter als in Toulouse, die Mauern, das Pflaster: eine Farbe! Am Tag leuchtend und gegen Abend tief getönt. Und die Kathedrale: Bereits von der Tarnbrücke aus sieht man sie, riesig, wehrhaft, eigentlich gar keine Kirche, und rot. Dann von nahem: eine steile, gewaltige Wand ringsherum und ein maßloser Baldachin, durch seine schwarze Gotique flamboyant wie davor gestellt. Innen ist die Überwältigung komplett: der ganze Raum ist über und über bemalt (15./16. Jh.), mit Goldeinlagen in der Decke, monumentalem Bild des Jüngsten Gerichts, reich verziertem Chorgestühl und ziseliertem Lettner.

Keine Frage, da wollte jemand etwas beweisen. Es war der Bischof Bernard de Castenet, der zur Stärkung der Kirche, 70 Jahre nach dem Albigenserkreuzzug, nicht nur die Kathedrale Ste-Cécile in Auftrag gab (1298), sondern die Stadt zudem mit unzähligen Ketzerprozessen überflutete, denen u.a. ein Teil der bürgerlichen Oberschicht zum Opfer fiel. Auch der Bischofspalast, das Palais de la Berbie, war aus machtpolitischen Gründen wie eine Burg errichtet worden (der Donjon = Wehrturm 1265-1271). Heute beherbergt er die zweite große und ganz andere Sehenswürdigkeit der Stadt: das Musée Toulouse-Lautrec (im Winter di geschlossen) mit einer unglaublich reichhaltigen Sammlung des in Albi geborenen Nachfahren der Grafen von Toulouse (1864-1901). Er wurde vor allem durch seine zahlreichen Jugendstilplakate (Aristide Bruant u.a.) berühmt, die ihn zum Begründer der modernen Grafik machten. Sein Geburtshaus in der nach ihm benannten Straße kann im Sommer besichtigt werden.

Information: OTSI, Palais de la Berbie, Pl Ste-Cécile, 81000 Albi, ✆ 0563494880.
Verkehrsverbindungen: Züge nach Paris (selten), Rodez/Millau, Montauban und Toulouse.
Hotel: Cantepau****, 9 r Cantepau, ✆ 0563607580, 33 Z. (von N kommend vor der Tarnbrücke), Parc Rochegude**, Pl Edmond Canet, ✆ 0563541280, 12 Z.
Gîte d'étape: Hodard*, Chn du Séminaire du Roc, La Baroquerie, ✆ 0563382946, 26 B., ganzj.
Camping: Languedoc, Caussels, All du Camping, ✆ 0563603706, 100 Stpl., April-Mitte Okt.

Etappe 47:
Toulouse – Lavaur – Albi (85 km / 146 – 231 – 174 m)

Die Strecke ist zwar wenig aufregend, verbindet aber Toulouse und Albi auf einigermaßen ruhigen Straßen in ländlicher Umgebung.

Vom Alleen-Ring fährt man über die All Jean Jaurès und All Georges Pompidou vorbei am Bahnhof Matabiau auf die D112 bis *Lavaur*, von dort auf der D87 Richtung Gaillac. Jedoch 2½ km vor dem Ort geht's rechts ab auf die D13, dem Beginn der *Tarnroute*, durch Brens nach *Marssac*.

Information: OTSI, Tour des Rondes, 81600 Lavaur, ✆ 0563580200; OTSI, R Contrescarpe Henri IV, 81600 Gaillac, ✆ 0563571465.
Gîte d'étape: Maison Familiale Bel Aspect*, Rte de L'Isle-s-Tarn, Gaillac, ✆ 0563812150, 85 B., ganzj.
Camping: Les Pommes d'Aigueleze, Rivières, ✆ 0563415131, 74 Stpl., Mitte Apr-Sept; Domaine des Cèdres, Aiguelèze, ✆ 0563815560, 43 Stpl., ganzj.; Les Chalets du Lac, La Courtade Haute, ✆ 0563812909, www.leschaletsdulac.com, 8 Stpl., ganzj.

Im Ort überquert man die (alte) N88 und radelt weiter auf der D13 bis **Albi** (s. Etappe 46), wo man am besten zuerst zur Pont-du-22-août fährt mit einem herrlichen Blick auf Tarn und Stadt (Anschluß nach Osten mit Etappe 107).

Etappe 48:
Albi – Lautrec – Castres – Mazamet (64 km / 174 – 300 – 241 m)

Man verläßt Albi auf der N112 Richtung Castres, biegt jedoch schon hinter Ranteil schräg rechts ab auf die D71, weiter durch Lamillarié zur D41, auf dieser rechts (Richtung Lombers), an der D631 dann kurz rechts, unter den Schienen hindurch, wieder links auf die D41, bis sie zur D92 stößt, dort rechts zum hübsch gelegenen *Lautrec*.

Information: Si, R Mercadial, 81440 Lautrec, ✆ 0563753140.
Gîte d'étape: A. Coutouly*, 81120 Fauch, ✆ 0563555412, 12 B., Apr-Mitte Okt (ca. 8 km östlich der Strecke).
Camping (à la ferme): Les Bories, Lautrec, ✆ 0563759052, 6 Stpl., Mai-Sept; Le Relais de Brametourte, ✆ 0563753031, 25 Stpl., Mai-Okt.

Von Lautrec geht es auf der D83 direkt nach Castres.

Castres (43.500 Einw., Dép. Tarn) ist eine Industriestadt mit ein paar Häusern im Toulouser Stil. Das meiste wurde während der Religionskriege zerstört, als hier eine Hochburg der Hugenotten war. Dennoch weist die Stadt eine Besonderheit auf: Dank einer Schenkung hat sich an diesem ungewöhnlichen Ort ein Zentrum spanischer Kunst entwickelt. Im Goyamuseum sind einige berühmte Gemälde und Zeichnungen dieses genialen spanischen Malers zu sehen.

Information: OTSI, 3 r Milhan du Commun, 81100 Castres, ✆ 0563626362.
Verkehrsverbindungen: Züge nach St-Sulpice/Toulouse und Mazamet.
Hotel: Miredames***, 1 pl R. Salengro***, ✆ 0563713818, www.hotel-miredames.com, 30 Z. (in einem der alten Häuser am Ufer des Agout); Imotel**, 11 r le Chatelier, ✆ 0563598299, www.inter-hotel.com, 40 Z., ganzj.
Camping: Parc de Gourjade, Rte de Roquecourbe, ✆ 0563624181, 100 Stpl., April-Sept.

Man orientiert sich in der Stadt nach Labruguière/Dourgne, am Ortsausgang dann trennen sich die beiden Richtungen, man fährt links auf der D60 nach Labruguière, wo es das letzte Stück links auf der etwas lauten D621 nach **Mazamet** geht, einer wenig schönen Stadt, die Anschlüsse an die Etappen 53 und 108 ermöglicht. (Eine schönere Alternative zu Etappe 53: ab Labruguière über D56/D101 zur D118.)

Information: OTSI, R des Casernes, 81200 Mazamet, ✆ 0563612707.
Verkehrverbindungen: Züge nach St-Sulpice/Toulouse.
Gîte d'étape: Castanouse*, 30 B., ganzj., Les Lombards*, 18 B., ganzj. (im Montagne Noir, reservieren beim OTSI).
Camping: La Lauze, Chn de la Lauze, ✆ 0563612469, 60 Stpl., Mai-Okt.

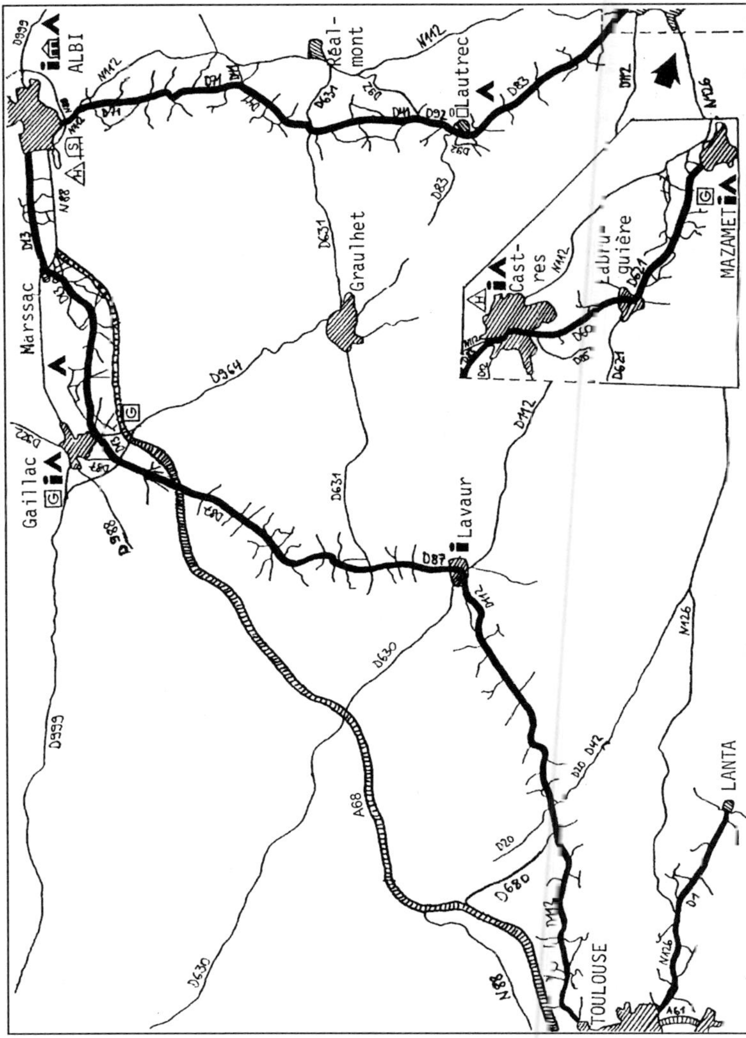
ALBI
Réal-
mont
Lautrec
Graulhet
Cast-
res
Labru-
guière
MAZAMET
Marssac
Gaillac
Lavaur
TOULOUSE
LANTA
A68
A61
N88
N112
N126
D999
D630
D631
D964
D87
D112
D83
D680
D20
D42
D1
D988
D621
D60

Etappe 49:
Toulouse – Lanta (18 km / 146 – 245 m)

Mit dieser Kurzetappe beginnt eine Verbindungsstrecke, die mit Etappe 52 fortgeführt wird und zum Naturpark des Oberen Languedoc führt (mit einigen landschaftlich reizvollen Routen). Außerdem besteht die Möglichkeit, von Revel (s. Etappe 52) auf einer schönen Strecke über die Ausläufer der Montagne Noire nach Carcassonne zu fahren, was gar nicht einmal mit einem Umweg verbunden ist. Freilich muß man dabei einige lange Steigungen überwinden (max. 400 m auf 11 km, max. 5-10 %).

Man verläßt Toulouse in Verlängerung der Pont Neuf über die R des Frères Lion/R du Pt Guilheméry auf der N216 (Richtung Puylaurens), die für eine Nationalstraße erstaunlich schmal und angenehm zu fahren ist (wenn man davon absieht, daß es meist leicht bergauf geht). Bei Montauriol biegt man rechts ab auf die D1 Richtung Revel nach **Lanta**.

Etappe 50:
Toulouse – Baziège – Gardouch (35 km / 146 – 175 m)

Mit dieser und der nächsten Etappe wird die Zweimeeresroute fortgesetzt. Sie folgt einem schönen Radweg entlang dem Canal du Midi (auf der Michelinkarte dünn rot eingezeichnet).

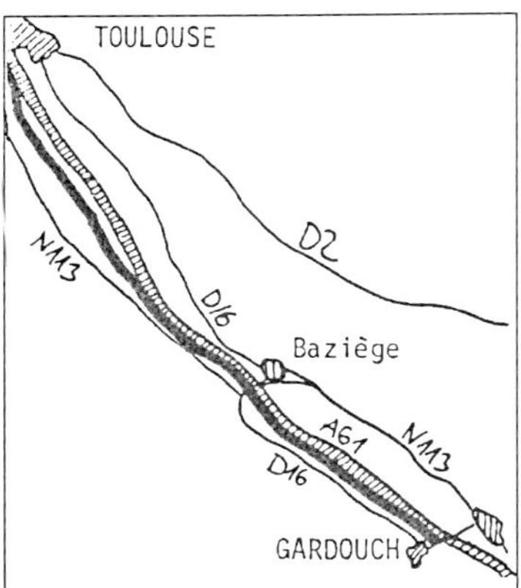

Von der Grand'Rond verläßt man Toulouse auf den All F. Mistral und All des Demoiselles (D2) durch einen Eisenbahntunnel (Richtung Revel), biegt vor dem zweiten nur wenig weiter jedoch rechts ab (Richtung Autobahn A61). Bevor die Autobahn beginnt, trifft man auf den Radweg, der direkt am Kanal entlangführt. Er ist exklusiv für Radfahrer, mit feinem Asphalt ausgelegt und schattenspendenden Platanen bepflanzt. Und weil man zudem erhöht auf einem Damm fährt, hat man schöne Ausblicke auf die Landschaft, in der im Sommer flammende Sonnenblumenfelder auftauchen. Nur die Autobahn könnte bisweilen etwas mehr Abstand halten. Schließlich liegt auf der anderen Kanalseite **Gardouch**.

Etappe 51:
Gardouch – Castelnaudary – Carcassonne (65 km / 175 – 272 – 111 m)

Auf dem letzten Teilstück wird die höchste Stelle der *Zweimeeresroute* überfahren und zugleich der mediterrane Klimaeinfluß erreicht. Die Kanalfahrt wird fortgesetzt und endet schließlich bei Port-Lauragais an der D80[A]. Dort rechts nach Baraigne (ab der Dépt.-Grenze D917). Im Ort geht es links weiter auf der D217. Unmittelbar vor der Autobahn jedoch rechts auf die D218, bis man der von rechts kommenden D33 geradeaus folgt, durch Mas-Ste-Puelles, über die Autobahn, an einem Flughafen vorbei, das letzte Stück schließlich links auf der D624 nach **Castelnaudary**.

Information: OTSI, Pl de la République, 11400 Castelnaudary, ✆ 0468230573
Verkehrverbindungen: Züge nach Toulouse/Hendaye (spanische Grenze), Marseille und Lyon.
Hotel: Du Centre et du Laugarais**, 31 cs de la République, ✆ 0468232595, 16 Z., Mitte Feb-Dez.
Camping: Municipal de la Giraille, Chn du Perrié, ✆ 0468941128, 35 Stpl., Juni-Mitte Sept.

Die Stadt verläßt man an der Kirche vorbei, über den Canal du Midi, dahinter direkt links, auf der D33 schnurgeradeaus bis Carcassonne.

Cité von Carcassonne

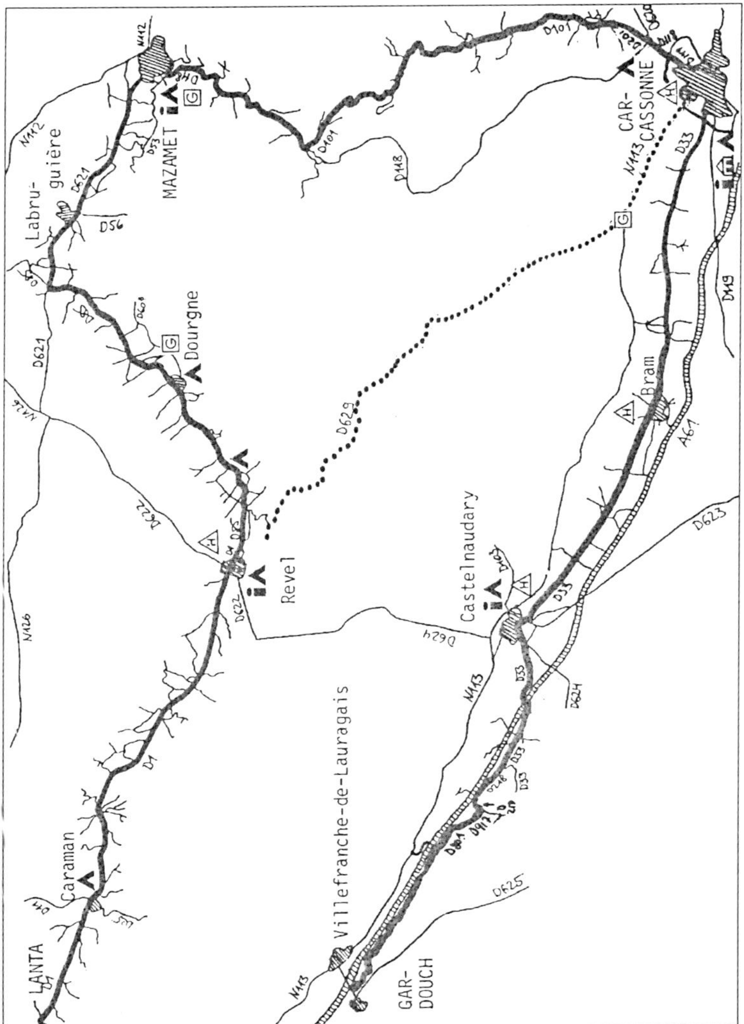
LANTA
Caraman
Villefranche-de-Lauragais
GAR-
DOUCH
Revel
Castelnaudary
Dourgne
Labru-
guière
MAZAMET
Bram
CAR-
CASSONNE
D629
D622
D624
D623
D625
D33
N113
N126
N112
D621
D56
D101
D118
D119
A61

Carcassonne (44.000 Einw., Dép. Aude) besitzt mit der Cité eine der besterhaltenen mittelalterlichen Städte. Mächtig steht sie auf einem Hügel, allabendlich von der warmen untergehenden Sonne bestrahlt, eingeschlossen in riesige Stadtmauern, von denen Teile noch aus römischer und westgotischer Zeit stammen. Damals war sie eine wichtige Grenzfestung zwischen Frankreich und Spanien (Aragon), bis sie nach dem 13. Jh. allmählich diese Bedeutung verlor. Während dessen hatten sich die Bewohner den Katharern verschrieben und mußten nur mit einem Hemd bekleidet in die als Bastide im Schachbrettmuster errichtete Unterstadt ziehen, die Cité ihrem Schicksal überlassend. Und so steht sie noch heute – als Touristenrummelplatz aufwendig restauriert (den Anfang machte Viollet-le-Duc, 1814-1879, ein früher und unermüdlicher Verfechter des Denkmalschutzes in ganz Frankreich). Die interessantesten Bauwerke sind: die Porte Narbonnaise, das Château und die Kirche St.-Nazaire (mit dem Grab von Simon de Montfort, dem Führer des Albigenserkreuzzuges, s. Etappe 59).

Information: OTSI, 15 bd Camille-Pelletan, 11012 Carcassonne, ✆ 0468102430 und 0468256381 (Büro in der Cité, April-Oktober).
Verkehrsverbindungen: Züge zum Mittelmeer und Atlantik.
Hotel: Le Donjon - les Remparts****, 2-4 r du Comte Roger, La Cité, ✆ 0468112300, www.hotel-donjon.fr, 56 Z., ganzj. (in der Cité in einem Gebäude aus dem 15. Jh.); Aragon****, 15 Montée Combéléran, ✆ 0468471631, www.hotelaragon.fr, 29 Z., ganzj. (gutes Hotel außerhalb der Cité, daher etwas günstiger, nahe der Porte Narbonnaise), Astoria**, 18 r Tourtel, ✆ 0468253138, 23 Z., ganzj. (einfaches Hotel in der Unterstadt); unterwegs in 11150 Bram: Auberge Montplaisir Chez Alain**, ✆ 0468761275, 10 Z.
Jugendherberge: R du Vicomte Trencavel (FUAJ), 11000 Carcassonne, ✆ 0468252316, 120 B., Feb-Mitte Dez (Super-Lage, mitten in der Cité).
Gîte d'étape: Le Peyron*, 1 r François Villon, 11170 Pezens, ✆ 0468249328, 9 B. (8 km westlich Carcassonne, nahe Canal du Midi).
Camping: Les Campéoles, Rte de St-Hilaire, ✆ 0468251177, 200 Stpl., März-Mitte Okt; La Bastide de Madame (D118), Rte de Limoux, Confoulens, ✆ 0468268006, 25 Stpl., Juli/Aug (Aire Nat.).

Etappe 52:
Lanta – Revel – Mazamet (72 km / 245 – 272 – 241 m)

Etappe 49 wird von Lanta fortgesetzt, weiterhin auf der D1 durch ein hügeliges ländliches Gebiet, daß außer schön geschwungenen Feldern allerdings wenig zu bieten hat. Erst später, wenn die „Schwarzen Berge" am Horizont auftauchen, wird die Szenerie spannender. Unterwegs durchquert man *Caraman*.

Camping: Municipal de l'Orme Blanc, Borde Haute d'Aouta, ✆ 0562189664, 30 Stpl., Juni-Sept; Anna les Aillos (FKK), ✆ 0561832257, 90 Stpl., Juli/Aug.

Schließlich erreicht die D1 **Revel** mit einer großen, von Arkaden umgebenen Markthalle. Von hier führt die Alternativroute nach Carcassonne auf einer schönen Strecke über die D629/N113 und durchquert dabei *Saissac* (SI; Gîte [✆ 0468244403]; Camping; mit Ruinen aus dem 15./16. Jh. und einer „Ausstellung alter Berufe" = Volkskundemuseum, Sommer geöffnet).

Information: OTSI, Beffroi, Pl Philippe VI de Valois, 31250 Revel, ✆ 0561835006.
Hotel: Du Centre***, Pl Philippe de Valois, ✆ 0561836464, 18 Z.; La Renaissance***, St-Ferréol, ✆ 0561835150, 24 Z., April-Okt.
Camping: Moulin du Roy, Rte de Sorèze (D1, östlich), ✆ 0561834320, 54 Stpl., Mitte Juni-Mitte Sept; En Salvan, St-Ferréol (3 km südöstlich), ✆ 0561835595, 150 Stpl., Apr-Okt; Les Prades, St-Ferréol, Vandreuille, ✆ 0561834320, 34 Stpl.

Revel verläßt man auf der D1, die weniger als 1 km weiter im Dép. Tarn D85 heißt und völlig flach am Fuß der *Montagne Noire* entlangführt.

Gîte d'étape: Abbaye Ste-Scholastique*, Le Gazel, 81110 Dourgne, ✆ 0563507570, 49 B., ganzj.
Camping: Les Vigariès, 81540 Sorèze, ✆ 0563741806, 47 Stpl., Juli-Sept; M. Gau (aire nat.), 81110 Dourgne, Parisot Bas, ✆ 0563503056, 6 Stpl., Juni-Sept.

Schließlich erreicht man die Kreuzung mit der D621, auf die man rechts nach **Mazamet** abbiegt (s. Etappe 48). Diese Straße ließe sich nur auf der zwar ruhigen, aber hügeligen D60$^{B/C}$/D53 (ab Dourgne) vermeiden.
Die Streckenbeschreibungen durch den Parc Régional du Haut-Languedoc beginnen mit Etappe 108.

Etappe 53:
Mazamet – Mas-Cabardès – Carcassonne (48 km / 241 – 798 – 111 m)

Die wunderschöne Überquerung der **Montagne Noire** beginnt auf der breiten, aber nicht allzu vollen und daher erträglichen D118. Die kräftige Steigung (550 m auf 9 km / recht gleichmäßig 6 %) ist durchaus zu bewältigen, ansonsten bietet die Straße genügend Platz zum Schieben. Hinter dem höchsten Punkt geht es zunächst leicht hinunter, bis man noch vor *Les Martys* links auf die D101 einbiegt. Nun beginnt eine herrliche, alles entschädigende Abfahrt. Sie passiert Ruinen, durchquert kleine Ortschaften und den trockener gewordenen Wald. Der Mittelmeereinfluß beginnt sich bemerkbar zu machen.

Ohne abzubiegen wechselt man hinter *Conques-s-Orbeil*, das man umfährt, auf die D201, die kurz danach am Carrefour de Bezons (Kreisverkehr) in die D118 mündet. 1 km weiter am nächsten Kreisverkehr geht es geradeaus auf der D149 nach **Carcassonne** (s. Etappe 51).

Camping: Das Pinhiers, Chn du Pont Neuf, 11620 Villemoustaussou, ✆ 0468478190, 72 Stpl., Apr-Sept.

Etappe 54:
Mane – Saint-Girons – Le Mas-d'Azil – Foix (78 km / 320 – 479 – 380 m)

Dieser fünfte Teil der Pyrenäenroute setzt Etappe 31 fort und führt auf kleinen, sehr angenehm zu befahrenen Straßen zur vielleicht interessantesten Grotte in den Pyrenäen: der Grotte du Mas-d'Azil.

Mane verläßt man auf der D117 Richtung St-Girons. In Castagnède jedoch ergibt sich eine günstige Möglichkeit, den Salat auf einem kleineren Sträßchen wieder hinaufzufahren: links nach La Bastide-du-Salat, dort rechts auf der D134 bis *Mercenac*. Dort weiter, jetzt auf der D34, bis sie nach 2 km auf die D3 stößt, dieser (nach rechts) bis **Saint-Lizier** folgen. Diese malerisch am Hang gelegene Ortschaft besitzt eine sehenswerte Kathedrale mit einem Kreuzgang (12. Jh.) und einzigartigen romanischen Fresken, die selten so gut erhalten sind wie hier. Kurz danach erreicht man *Saint-Girons*.

Information: OTSI, Pl de l'Église, 09190 Saint-Lizier, ✆ 0561967777; OTSI, Pl Alphonse Sentein, 09200 Saint-Girons, ✆ 0561661411.
Hotel: Le Vallier**, 29 av d'Aulot, ✆ 0561662225, 10 Z.
Camping: Les Orpailleurs, 09160 Prat et Bonrepaux, ✆ 0561966162/22, 20 Stpl., Mai-Okt; Parc de Paletès, St-Girons, ✆ 0561660679/1031, 50 Stpl., Mai-Sept; „Bouche" (à la ferme), ✆ 0687979409, 6 Stpl., Apr-Okt; Parc Thermal d'Audinac, Montjoie (hinter St-Girons), ✆ 0561664450, 100 Stpl., Mai-Sept.

Von St-Girons geht es 7 km auf der breiten D117 (Richtung Foix) allmählich bergauf, bis links in *La Baure* die D119 nach weiteren 3 km zum Scheitelpunkt führt. Von dort geht es auf einer herrlichen, nicht allzu steilen Fahrt bis zu der **Grotte du Mas-d'Azil** bergab. Der Eingang ist überwältigend: Die Straße verschwindet in einem gewaltigen, 65 m hohen Felstor. Dahinter verbirgt sich eine 420 m lange und bis zu 50 m breite natürliche Höhle, die seit Menschengedenken Zuflucht gewährte. Zuerst waren es 8000 v. Chr. prähistorische Menschen, deren zahlreiche Hinterlassenschaften man (Ostern-Sept) in einem Museum besichtigen kann, zuletzt 1625 Hugenotten auf der Flucht vor Richelieu. Man gelangt zusammen mit dem Fluß Arize wieder ans Tageslicht und durchquert wenig später *Le Mas-d'Azil*.

Information: OTSI, Pl de l'Église, 09290 Le Mas-d'Azil, ✆ 0561699722.
Hotel: Gardel**, Pl du Champ de Mars, ✆ 0561699005, 20 Z., Mitte März-Mitte Nov.
Camping: Municipal Castagnes, ✆ 0561697970, 60 Stpl., Juni-Mitte Sept; Vergers de Sésame (à la ferme), Caoué de Coume, ✆ 0561699956, 6 Stpl., Juni-Okt.

Nach ca. 1 km zweigt rechts die schmale D1 nach Gabre ab. Es geht erneut entlang einem Bach auf und ab, bis die Straße zur D11 stößt. Man folgt der D1 nach rechts und 2 km weiter nach links, durch Vernajoul und rechts bis Foix. Unterwegs passiert man den unterirdischen Fluß von *Labouiche*, den man im Sommer mit einer Barke befahren kann.

Kartenskizze Etappe 54

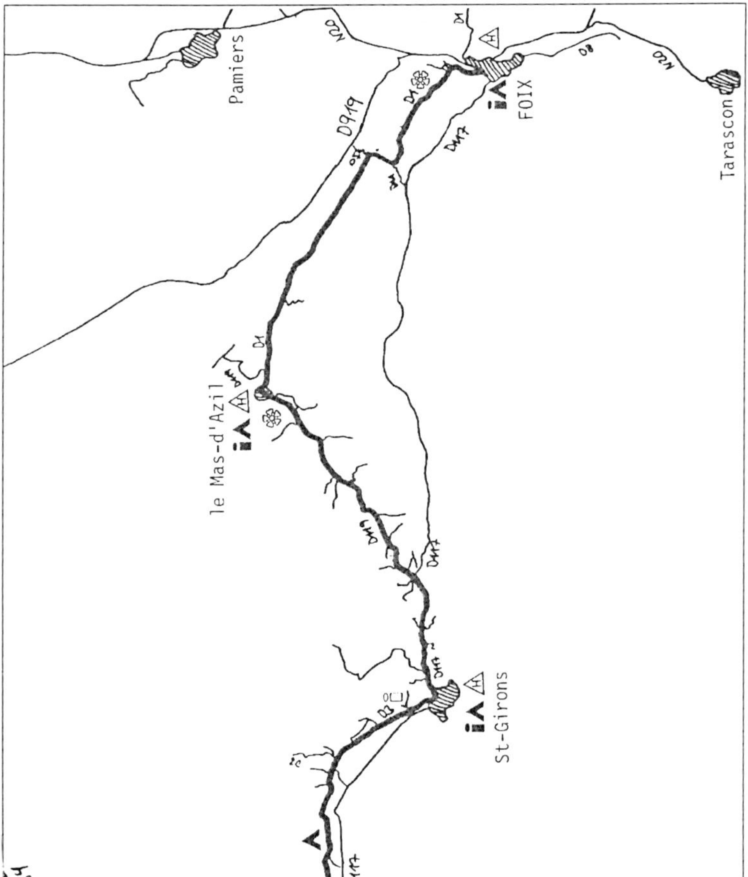

Foix (9.000 Einw., Dép. Ariège) und seinen eigensinnigen Grafen ist die Entstehung Andorras zu verdanken. In einem jahrzehntelangen Streit über ein paar Pyrenäentäler hatten sie sich mit den Bischöfen von Urgell nicht einigen können, bis 1272 die Grafschaft an die Krone fiel und sechs Jahre später durch einen Vertrag Andorra gegründet wurde, indem sich beide Parteien einigten, jährlich abwechselnd das Staatsoberhaupt zu stellen (heute Bischof und französischer Präsident).
Foix hingegen verlor mit der eigenen Unabhängigkeit auch seine Bedeutung, und seine einstmals mächtige Burg zerfiel. Nur die „drei Türme von Foix" blieben stehen und prägen noch heute das grandiose Panorama der Stadt, eingebettet in die über 2000 Meter aufragenden Pyrenäengipfel. Von hier aus lohnt sich ein Abstecher auf der ruhigen, herrlich zu fahrenden D8 in das Ariègetal (Richtung Andorra) bis Tarascon und zur Grotte de Niaux (Information, Hotel, Camping).

Information: OTSI, 45 cs Gabriel-Fauré, 09000 Foix, ✆ 0561651212.
Verkehrsverbindungen: Züge nach Toulouse und La Tour-de-Carol-Env.
Hotel: Eychenne***, 9 r Noël Peyrevidal, ✆ 0561650004, 10 Z. (Foix ist rel. teuer).
Camping: Municipal, Lac de Labarra, ✆ 0561651158, 150 Stpl., Apr-Okt; „Montlaur" (aire nat.), ✆ 0561654403, 20 Stpl., ganzj.; Municipal, Cos, ✆ 0561653979/4605, 20 Stpl., ganzj. (kurz vor Foix).

Etappe 55:
Foix – Chalabre – Espéraza (65 km / 380 – 558 – 260 m)

Umgeben von den Pays d'Olmes, etwas abgerückt vom Höhenzug der Pyrenäen, verläuft die Route durch eine idyllische Landschaft. Viele Bäche durchziehen die Wiesen und Wälder, verschlafene Dörfer tauchen auf, und nach der halben Strecke nähert man sich einem großen Stausee, der zum Baden einlädt. Die kleinen Straßen folgen meist Flußläufen, so daß sich die Steigungen in Grenzen halten, wenngleich ein paar Hügel und der Col des Tougnets zu überwinden sind.

In Foix fährt man zunächst auf der N20 Richtung Pamiers, biegt jedoch am Ortsende rechts ab auf die D1, der man bis **Laroque-d'Olmes** folgt. Unterwegs führt ein langer und beschwerlicher, aber lohnender Umweg zur Hochburg der Katharer: **Montségur** (s. *Zeugen der Geschichte*). Zwar sind nur Ruinen übrig, aber die Fahrt dorthin und die Lage der Burg sind herrlich. Dazu nimmt man ab Rappy rechts die D10 nach Lavelanet (Hotel, Camping), rechts die D117 und links D109/D9 nach Montségur (Hotel; Gîte d'étape, Ostern-Nov). Dann mit D9/D5 zurück zur D117 in Bélesta, dort rechts auf der D117 nach Puivert. Links mit der D121 stößt man am Col des Tougnets wieder zum Etappenverlauf.

Hotel: Castel d'Olmes***, Rte de Lavelanet, 09600 Laroque-d'Olmes, ✆ 0561010458, 9 Z., ganzj.

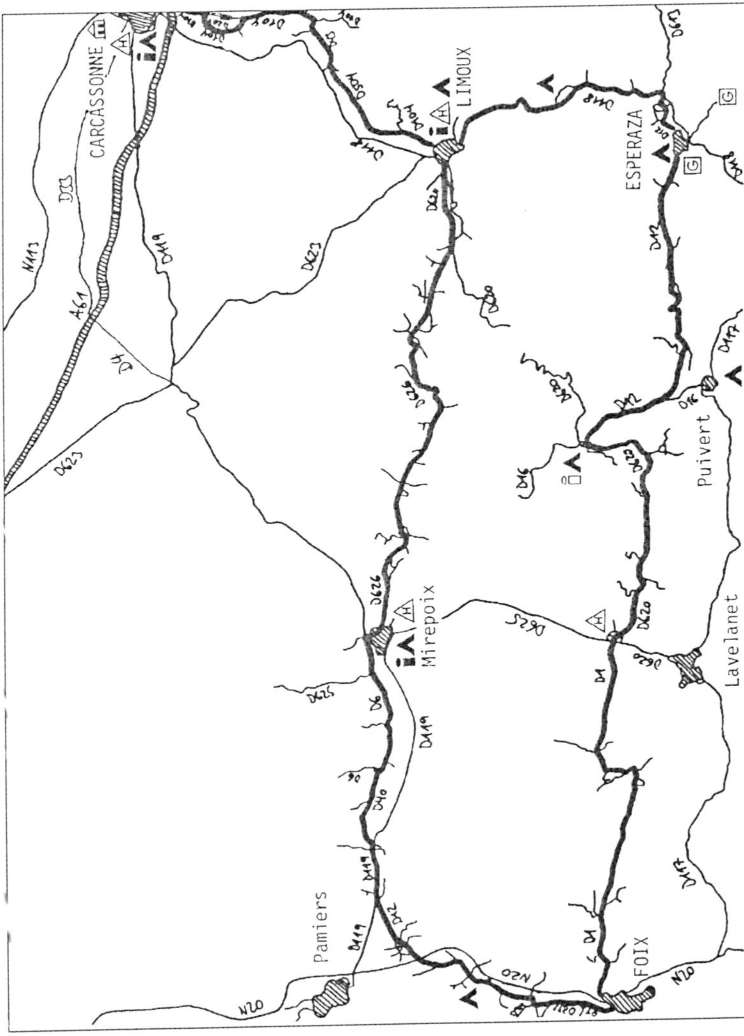
CARCASSONNE
LIMOUX
ESPERAZA
Puivert
Mirepoix
Lavelanet
Pamiers
FOIX

In Laroque-d'Olmes wird die D626 überquert und auf der D620, in 2 km Abstand am Las de Montbel vorbei, bis *Chalabre* gefahren.

Information: SI, Cs Colbert, 11230 Chalabre, ✆ 0468692628.
Camping: Le Cazal, Lieu-dit La Mécanique, ✆ 0468692992, 45 Stpl., Mitte Juni-Mitte Sept.

Im Ort rechts auf der D12 Richtung Puivert (mit einer berühmten, aber sehr verfallenen Burg). 3 km vor Puivert biegt man jedoch links ab auf die recht einsame D12, die zum *Col des Tougnets* hinaufführt (ca. 5-7 % auf 3,5 km) und nach einer herrlichen langen Abfahrt **Espéraza** erreicht. Dorfattraktion ist ein Hutmuseum, das an die erste Hälfte des 20. Jh. erinnert, als hier ein bedeutendes Zentrum der Hutherstellung war. (Wer von hier ohne große Anstrengung nach Perpignan gelangen will, folgt einfach immer geradeaus der D117, s. auch Etappen 63ff.)

Gîte d'étape: Les Pailheres****, Caderonne, 11260 Espéraza, ✆ 0468741923, 10 B.; N. Lelièvre*, 11500 Granès, ✆ 0468209565, 24 B., ganzj. (reservieren, südöstlich von Espéraza, an der D46).
Camping: De Fontclaire le Sarrat, 11230 Puivert, ✆ 0468200058, 62 Stpl., Mai-Sept; La Salle, R des Jardins, 11260 Espéraza, ✆ 0468740860, 30 Stpl., Mitte Apr-Mitte Okt.

Etappe 56:
Foix – Mirepoix – Limoux (69 km / 380 – 450 – 172 m)

Mit dieser und der nächsten Etappe verläßt man die Pyrenäen in Richtung Languedoc durch ein hügeliges, zunehmend mediterraner werdendes Land.

Foix verläßt man auf der D1 am linken Ariègeufer (s. vorige Etappe). In Vernajoul wechselt man nach einer Linkskurve rechts auf die D231, wenig später hält man sich rechts (nicht links nach Loubière). An der D919 angelangt, geht es rechts über die Ariège und gleich wieder links auf die alte Route Nationale durch *Varilhes*.

Camping: Parc du Château, 09120 Varilhes, ✆ 0561674284, 100 Stpl., ganzj.

Knapp 1 km nach einer weiten Linkskurve biegt man rechts ab auf die D12 und folgt ihr über die N20 hinweg bis zur D119, dort rechts. Am Ende eines Gefälles geht es links auf der D40 durch Vals nach Treihet, dort rechts auf der D6 zur D625 und 3 km geradeaus auf dieser Straße, bis rechts die D119 über den Hers nach Mirepoix führt.

Mirepoix (3.000 Einw., Dép. Ariège) ist eine jener südfranzösischen Bastiden, die im späten 13. Jh. zur Stärkung des Königs im noch immer widerspenstigen Süden gegründet wurden. In Mirepoix läßt sich besonders eindrucksvoll das noch von der Gründung herstammende rechtwinklige Straßenmuster beobachten, am besten vom Platz an der Kathedrale aus (14.-19. Jh., imposantes gotisches Gewölbe). Dieser ist selber sogar noch sehenswerter: Ringsum sind die Häuser mit reichgeschnitzten Arkaden gesäumt. Die Dämonen, Fratzen und Tiergestalten, die von den Holzbalken entgegenschauen, wie auch die wunderschön hergerichteten alten Fachwerkhäuser machen den Besuch des kleinen Ortes zu einem einmaligen Erlebnis.

Information: OTSI, Pl Maréchal-Leclerc, 09500 Mirepoix, ✆ 0561688376.
Hotel: Du Commerce**, 6 r Evéché, ✆ 0561681029, 30 Z., ganzj.
Camping: Municipal, ✆ 0561602863, 64 Stpl., Mitte Juni-Mitte Sept.

Ab Mirepoix folgt man der D626, bis sie in die D620 mündet. Dort halblinks nach **Limoux**, einer alten Weberstadt, die durch den ersten Schaumwein Frankreichs berühmt wurde („*Blanquette de Limoux*"). Heute lädt eine beschauliche, wenngleich unspektakuläre Altstadt zum Schlendern ein.

Information: OTSI, Promenade du Tivoli, 11300 Limoux, ✆ 0468311182.
Hotel: Le Mauzac**, 9 av C. Bouche, Rte de Carcassonne, ✆ 0468311277, www.hotel-le-mauzac.com, 21 Z., ganzj.
Camping: Municipal Le Breil, Av Allende, ✆ 0468311363, 65 Stpl., Mitte Mai-Sept.

Etappe 57:
Limoux – Carcassonne (28 km / 172 – 111 m)

Die Strecke folgt der **Aude** *auf kleinen Straßen. Auch wenn die Fahrt nicht völlig flach verläuft, versinkt man angesichts der weiten Hügellandschaft der umgebenden Corbières schnell in seinen Gedanken. In umgekehrter Richtung ist sie ein schöner Einstieg, um von Carcassonne ins Roussillon zu gelangen.*

Man sucht in Limoux am rechten Aude-Ufer die D104 Richtung St-Hilaire und verläßt mit ihr den Ort. Nach etwa 2,3 km, bevor die Straße stärker ansteigt, taucht links das Dorf Pieusse auf; dort links auf der sehr kleinen D504 bis Pomas, dann rechts mit der D43, bis sie nach einer Rechtskurve zur D104 stößt. Ihr folgt man links durch *Leuc* bis zur Cité von **Carcassonne** (s. Etappe 51) (nach der Autobahnunterführung rechts der D104 weiterfolgen!).

Etappe 58:
Limoux – Espéraza (19 km / 172 – 260 m)

Diese Etappe folgt zwar dem enger werdenden Tal der **Aude**, sie empfiehlt sich jedoch nur dem, der von Carcassonne direkt zum Canigou fahren möchte. Denn sie folgt mangels Alternative einer großen, belebten, aber noch erträglichen Straße, der D118. Bald durchquert man das hübsche *Alet* und danach *Couiza* mit einem gut erhaltenen Schloß, zu Füßen des geheimnisumwitterten *Rennes-le-Château*. Im Ort rechts, über die Aude hinweg, auf der D12 nach **Espéraza** (s. Etappe 55).

Camping: Du Val d'Aleth, Chn de la Paoulette, 11580 Alet-les-Bains, ✆ 0468699040, 37 Stpl., ganzj.

Etappe 59:
Carcassonne – Béziers (80 km / 111 – 12 – 70 m)

Diese Etappe ist die letzte der *Zweimeeresroute*. Bei Béziers ist (fast) das Mittelmeer erreicht. Man durchquert das **Minervois**, das durch seine ausgedehnten Weinfelder nur schwer zu übersehen ist. Die Strecke folgt so weit wie möglich dem Canal du Midi und ist daher sehr schön und leicht zu befahren. Der Verkehr ist lediglich am Anfang und Ende der Etappe unangenehm.

Die N113 (Richtung Narbonne), an der Cité vorbei, erreicht nach 6 km die einzige Abzweigung der Strecke, hinter einem Eisenbahntunnel bei Capucins links über den Canal du Midi nach *Trèbes*.

Information: OTSI, 1 av Pierre Loti, 11800 Trèbes, ✆ 0468788723.
Camping: Municipal, Chn de la Lande, ✆ 0468786175, 70 Stpl., Apr-Mitte Okt.

Nun folgt man der D610 bis zur Grenze des Dép. Hérault. Rechts zweigt zunächst die D611 nach Lézignan-Corbières (Information, Bahnhof, Camping, JH – s.u.) ab, diese jedoch nicht nehmen, sondern einige hundert Meter weiter rechts eine kleine Straße Richtung *Argens-Minervois*. Wieder zurück im Dép. Aude heißt sie D124. Man folgt ihr bis zum Ende, meist direkt am Kanal entlang. Vor Argens der Straße durch eine Linkskurve über den Kanal folgen, im Ort rechts, nach Roubia (nach erneuter Überquerung des Kanals) links bis St-Marcel. Dort über die D607 hinweg, auf der D1118 nach *Sallèles-d'Aude*.

Jugendherberge: 25 r Maurat (LFAJ), 11200 Lézignan, ✆ 0468270334, 52 B., ganzj.
Camping: Municipal, ✆ 0468466846, 16 Stpl., Juni-Sept.

Im Ort dem Straßenverlauf folgen und mit der D418 (im Dép. Hérault $D16^{E1}$) immer geradeaus, bis sie an der D16 endet. Dort links nach *Capestang*.

Gîte d'étape: Foyer Rural „Lo Castel"*, 34310 Capestang, ✆ 0467934090, 19 B., ganzj.
Camping: Municipal Tounel, Av de la République, ✆ 0467498595, 63 Stpl., Mai-Sept.

Und weiter auf der D11 nach Béziers (dort Anschluß an die Etappen 114ff). Unterwegs kann man von Montady aus rechts über die $D162^{E}$ einen Abstecher (4 km je Weg) nach **Ensérune** unternehmen, wo Reste eines seltenen, ausgegrabenen keltischen Oppidums zu sehen sind.

Béziers' (69.000 Einw., Dép. Hérault) ersten Anblick sollte man sich einprägen, wie es oben von einem Plateau über den Orb blickt: Es ist der schönste. In der Stadt drängeln sich nicht gerade die Sehenswürdigkeiten – zwei Museen, drei Kirchen. Das liegt allerdings weniger an den Einwohnern, unter denen sogar ein besonders tüchtiger war: P. P. de Riquet (1604-1680), Erbauer des Canal du Midi. Vielmehr wurde die Römerstadt von den Völkerstürmen leergefegt, und im Mittelalter begann hier der Albigenserkreuzzug; sämtliche 15.000 Einwohner wurden niedergemetzelt und die Stadt geplündert. Bei der Kathedrale St-Nazaire ist dies traurige Ereignis im Jahr 1209 dokumentiert.

Information: OTSI, Palais des Congrès, 29 av St-Saëns, 34500 Béziers, ✆ 0467764700.
Verkehrsverbindungen: Züge nach Toulouse/Hendaye, Perpignan, Nizza, Clermont-Ferrand, Paris und Genf.
Hotel: Nouvel**, 13 r Victor Hugo, ✆ 0467764324, 13 Z.
Camping: Clairac (aire nat.), Rte de Bessan, ✆ 0467767897, 25 Stpl., Apr-Sept.

Etappe 60:
Carcassonne – Lagrasse – Narbonne (76 km / 111 – 248 – 11 m)

Ganz anders als die letzte verbindet diese Etappe Carcassonne mit der Mittelmeerroute. Die häufigen Richtungsänderungen unterwegs verlängern zwar die Fahrt Richtung Meer, erhöhen aber auch ihren Reiz durch ebenso häufige Perspektivenwechsel. Man durchquert die ***Corbières****, nördliche Pyrenäenausläufer mit kleinen Tälern und mehreren, aber leichten Steigungen (weniger als 5 %). Dabei durchquert man nicht nur eine ausgedehnte Garriguelandschaft, sondern auch auch das größte zusammenhängende Weinanbaugebiet Frankreichs. Kultureller Höhepunkt ist die schön gelegene Zisterzienserabtei Fontfroide.*

Man verläßt Carcassonne ebenfalls auf der N113 (Richtung Narbonne), biegt jedoch vor der Eisenbahnunterführung rechts ab auf die D3, die nach einigen Hügeln auf einer herrlichen Abfahrt durch die Schluchten der *Alsou* nach **Lagrasse** führt. Dieses nett restaurierte mittelalterliche Dorf besticht durch sein Ensemble aus alten Häusern, Brücke über der Alsou und Abtei mit 40 m hohem Wehrturm. Das Kloster wird heute von orthodoxen Mönchen bewohnt.

Information: SI, 6 bd de la Promenade, 11220 Lagrasse, ✆ 0468431156.
Hotel: Auberge St-Hubert***, 9 bd de la Promenade, ✆ 0468431522, 7 Z., März-Mitte Nov.
Gîte d'étape: Le Joug*, Pelouze, 11800 Montirat, ✆ 0468787378/6864, 6 B., ganzj. (reservieren, 1,5 km westlich der D3).
Camping: Boucocers Ahandres, Lagrasse, ✆ 0468431231, 30 Stpl., März-Okt.

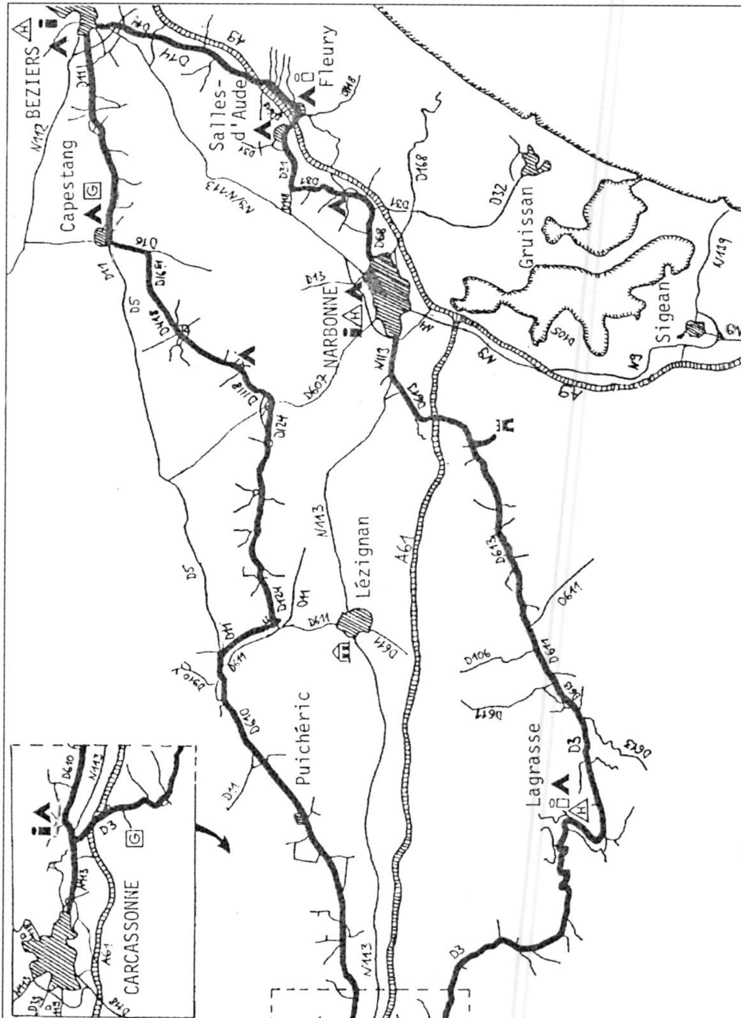
BEZIERS
Capestang
Salles-d'Aude
Fleury
NARBONNE
Gruissan
Sigean
Lézignan
Puichéric
Lagrasse
CARCASSONNE
A9
A61
N113
N112
N139
D3
D613
D611
D5
D124
D11
D610
D168
D32
D31
D13
D607
D106
D617

Weiter geht es auf der D3 nach St-Laurent-de-la-Caberisse, wo man links der D613 folgt. Bald stößt von links die D611 hinzu, die der Straße nun ihren Namen gibt. Man folgt ihr geradeaus, und nach nur 3 km ist man wieder auf der D613. Immer noch geradeaus taucht rechts ein kleines Bergmassiv auf, in das hinter dem Weiler St-Julien eine 2 km lange Stichstraße hinaufführt. Ziel ist die **Abbaye de Fontfroide** (halbstündige Besichtigungen nur mit Führung; Okt-Mai di geschlossen, Jan nur so geöffn.). Liegt sie heute einsam und abgelegen in einem kleinen Tal, so verlief früher vor ihren Toren die Via Domitia, die römische Küstenstraße. Direkt an der römischen Brücke wurde das Kloster 1093 gegründet und entwickelte sich zur größten Zisterzienserabtei im Südwesten Frankreichs. In der Katharerzeit war sie letztes Bollwerk des Papstes, und entsprechend wichtig wurden ihre Äbte. Einer war der Legat, dessen Ermordung den Anlaß für den Albigenserkreuzzug bot. Von der Revolution verschont und im 20. Jh. privat restauriert, ist sie mit ihrem Garten, den hochaufragenden Zypressen zwischen frühgotischen Gemäuern und schlichten Gemächern den Abstecher wert.

Die D613 endet an der N113, dort rechts und immer geradeaus nach Narbonne.

Narbonne (47.000 Einw., Dép. Aude) gab der römischen Provinz Narbonensis ihren Namen. Bis 1801 war es eine bedeutende Bischofsstadt. Während aus der ersten Blütezeit nahezu nichts mehr erhalten ist (Musée Archéologique und Musée de l'Horreum), stehen als Zeugen der zweiten noch das ehemalige Bischöfliche Palais und vor allem die prächtige Kathedrale St-Just (13./14. Jh.). Den Reiz Narbonnes macht jedoch der Canal de la Robine aus, der mitten durch die Stadt verläuft und ihr einen Anschluß an den Canal du Midi und das Mittelmeer beschert.

Information: OTSI, Pl R. Salengro, 11100 Narbonne, ✆ 0468651560.
Verkehrsverbindungen: Züge nach Hendaye, Perpignan, Nizza, Paris und Genf.
Hotel: De France**, 6 r Rossini, ✆ 0468320975, www.hotelnarbonne.com, 11 Z., ganzj. (2 Querstraßen südlich des Kanals, nahe Musée Lapidaire).
Camping: Club Les Mimosas, Ch de Mandirac, ✆ 0468490372, www.lesmimosas.com, 250 Stpl., Mitte März-Okt; Les Floralys, Rte de Gruissan, ✆ 0468326565, 30 Stpl., ganzj.; La Nautique, ✆ 0468904819, www.campinglanautique.com, 390 Stpl., März-Mitte Nov.

Etappe 61:
Narbonne – Béziers (30 km / 11 – 6 – 70 m)

Wer schon sehnsüchtig auf den „Meer-in-Sicht"-Ruf wartet, der sollte über die Montagne de la Clape (D618) oder auf der D32 zum nett gelegenen *Gruissan* (Hotel, Camping) fahren. Mit Hügeln und Salinen im Hintergrund ist dies einer der schönsten Orte an der flachen Küste des Languedoc, besonders außerhalb der Hochsaison.

Eine dichter am Meer verlaufende Route als die hier beschriebene gibt es nicht. Erst hinter Béziers erreicht man auch mit ihr die Küste, ansonsten muß man in Stichstraßen fahren. In Narbonne geht es zunächst Richtung Narbonne-Plage, aber noch in der Stadt links auf die D68 nach *Vinassan*.

Camping: Municipal „Le Chateau", Av Etienne Montestruc, 11110 Vinassan, ✆ 0468452900, 37 Stpl., Mitte Juni-Mitte Sept.

Man durchquert die Stadt und gelangt so zur D31. Knappe 4 km weiter stößt man zu einer größeren Straße, auf die man mit der D31 rechts nach Salles d'Aude abbiegt (links ginge es nach Coursan). Nun nennt sich die Straße D1118, der man ein Stück weiter, unter der Autobahn hindurch, bis *Fleury-d'Aude* folgt.

Information: SI, 9 av de St-Pierre, 11560 Fleury, ✆ 0468355540.
Camping: Les Sablous, Mairie, 11110 *Salles-d'Aude*, ✆ 0468339402, 81 Stpl., Mitte Juni-Mitte Sept; in *Les Cabanes de Fleury*: La Grande Cosse (FKK), ✆ 0468336187, 480 Stpl., Apr-Okt; Aux Hamacs, ✆ 0468332222, 253 Stpl., Apr-Sept; Rive d'Aude, ✆ 0468336732, 583 Stpl., Apr-Sept; zahlreiche Campingplätze in den Orten am Meer.

Im Ort geht es links, am Ortsausgang an einer Gabelung links auf die D618, die im Dép. Hérault D14 heißt, durch Lespignan hindurchführt und erst kurz vor **Béziers** zur N9/N113 stößt. Dort rechts in die Stadt (s. Etappe 59). Fortsetzung auf den Etappen 114 ff.

Etappe 62:
Narbonne – Sigean – Le Barcarès (53 km / 11 – 40 – 0 m)

Die Mittelmeerroute verläuft nicht nur häufig außer Sichtweite des Meeres, sie ist auch auf große, stärker befahrene Straßen angewiesen. Doch bieten sich hier und da Ausweichmöglichkeiten, die eindrückliche Kontraste und zudem herrliche Weitblicke über die Binnenseen bieten.

Man verläßt Narbonne auf der N9 Richtung Perpignan, biegt jedoch gleich nach einer Autobahnunterführung links auf die D105 ab, unterquert eine weitere Autobahn und radelt auf einer schönen Strecke direkt an einem Etang entlang: Wasser! In *Peyriac-de-Mer* kurz rechts und links auf einer kleinen Straße zur N9 dort links. Knapp 1 km weiter führt eine Stichstraße zum *Réserve Africaine*, in dem 1000 vornehmlich afrikanische Tiere am Rand des Sees durch die Garrigue streifen. Und weiter mit Verkehr und N9, bis es links nach **Sigean** geht.

Information: OTSI, Pl de la Libération, 11130 Sigean, ✆ 0468481481.
Camping: La Grange Neuve, Rte de la Réserve Africaine, ✆ 0468485870, 78 Stpl., ganzj.

Man verläßt Sigean erst auf der D2009, dann der N9 und biegt im mehrspurigen Bereich (getrennte Fahrbahnen) links ab auf die D175 nach *Lapalme*, im Ort rechts, am Friedhof dann links auf ein kleines Sträßchen, das kurz danach die breitere D709 überquert und erst einige ruhige Kilometer weiter auf die D627 trifft, der man nach links folgt.

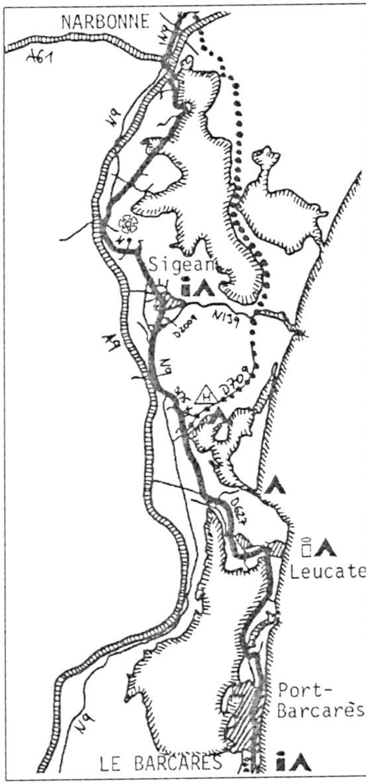

(In Gegenrichtung: ca. 400 m hinter der Eisenbahnbrücke rechts.)

(Wagemutige können sich von Narbonne auch auf einem Weg entlang einem Bahndamm zwischen den Etangs bis Port-la-Nouvelle hindurchschlängeln. Dort besteht über die D709 Anschluß zur D175.)

Bei **Leucate** ist der schönste Abschnitt erreicht: Der Ort selber und das nahe La Franqui sind die ruhigsten Orte an der Küste. Denn dann beginnen die Retortendomizile, aufgereiht zwischen Meer und See. In Port-Leucate rechts ausfahren, unter der Straße durch, im Ort rechts und immer geradeaus nach **Le Barcarès**, vorbei an zahllosen Appartementkomplexen und an „Lydia", einem zum Kasino umgebauten, gestrandeten Schiffswrack.

Information: SI, 11370 Leucate, ✆ 0468409131; OTSI, Place du Village, Port-Barcarès, 66420 Le Barcarès, ✆ 0468861656.
Hotel: 8 Hotels, darunter: Résidence Leukos Fan Club***, Rte de la Plage, ✆ 0468402020, www.leukos.fr, 33 Z., ganzj.
Camping: 17 Plätze mit über 5000 Stpl., ganzj., darunter: Municipal du Stade, Lieu-dit Labadou, Lapalme, ✆ 0468481523, 69 Stpl., Juni-Mitte Sept; La Sirene, Av du Languedoc, 11370 La Franqui, ✆ 0468400517, 40 Stpl., Mitte Juni-Mitte Sept.

Etappe 63:
Espéraza – Prades – Vernet-les-Bains – Corbère-les-Cabanes
(137 km / 260 – 1057 – 120 m)

Diese lange Etappe bietet alles, was ein Radlerherz höher schlagen läßt. Enge Schluchten, wildromantische Bergstraßen mit fantastischen Ausblicken, alte Dörfer und Burgen im jahrhundertelangen Grenzland zwischen Frankreich und Katalonien, kunstvolle Abteien in grandioser Bergkulisse, der schneebedeckte, alles überragende Canigou – und einige heftige, lange Steigungen mit drei Pässen. Es geht durch zwei sehr unterschiedliche Gebiete: Zunächst durch das Fenouillèdes, das Fenchelland, ein wahres Wildkräuterparadies mit Bergeichenwäldern und wechselnder, teils schon trocken mediterraner Vegetation; dann ins Conflent, in dem kein Blick möglich ist, ohne das Massiv des Canigou zu sehen. Dort ist es frischer, grüner und saftiger, und man spürt, wie weit der Einfluß der Pyrenäen nach Osten reicht. Wenn man möchte, kann man ihnen bis ins Mittelmeer folgen.

In Espéraza fährt man zur D118, dort rechts, bis nach 2 km in Campagne rechts die kleine D2 abzweigt. Dort immer am Aude entlang fahren, einmal links, und auf der D92 geht es nach **Quillan**, über dessen Dächer die erste Burgruine blickt.

Information: OTSI, Place de la Gare, 11500 Quillan, ✆ 0468200778, www.ville-quillan.fr.
Verkehrsverbindungen: Züge nach Carcassonne.
Hotel: La Pierre Lys***, Rte de Carcassonne, ✆ 0468200865, 16 Z., ganzj.
Jugendherge: La Forgede Qu., ✆ 0468202379, 70 B., Apr-Sept (Empfang 8-19 h).
Camping: La Sapinette, 21 r René Delpech, ✆ 0468201352, 82 Stpl., Apr-Mitte Okt; La Forge, Rte de Cancilla, ✆ 0468202379, 33 Stpl., Mai-Sept.

Nun muß man einige Kilometer der gut befahrenen D117 folgen, wird jedoch entschädigt durch die enger zusammenrückenden Talwände. Mit dem *Defilé de Pierry-Lys* kündigen sich die Schluchten des Aude an, die man auf jeden Fall noch ein Stück – abseits dieser Etappe – mit der D118 weiter hinauffahren sollte: hinter *Axat* durch die **Gorges de St-Georges**. (Man kann zwar die herrliche Fahrt – im Sommer mit zahlreichen, autofahrenden Touristen – bis nach Mont-Louis fortsetzen, muß dann jedoch über 30 km auf der sehr engen und stark befahrenen N116 zurücklegen, mit der man in Prades wieder zur Etappe trifft.)

Camping: Moulin du Pont d'Aliès, 11140 Axat, ✆ 0468205327, 100 Stpl., Apr-Mitte Nov; La Crémade, ✆ 0468205064, 100 Stpl., Mai-Sept.

Auf der Hauptstraße (D117) geht es über den Col Camperie nach *Lavagnac*. Dort zweigt rechts die kleine D22 ab, der man nun hinauf in die Berge des Fenouillèdes folgt. Gleich zu Beginn sieht man die ausgefranste, gleichwohl beeindruckende Silhouette einer Katharerburg, das **Château de Puilaurens**.

Später war sie der südlichste Vorposten des französischen Königs. Der Aufstieg lohnt vor allem seines tollen Blickes wegen. Anschließend windet sich die nun einsame Straße zum Col d'Aussières hinauf und dann – nun im Roussillon – auf der D2 hinab nach **Sournia**. Hierher verschlägt es nur Wanderer und die den Wein verwöhnende Sonne.

Gîte d'étape: Prat d'Aille**, Le Caunil, 11140 Salvezine, ✆ 0468205971, 12 B., Ostern-Weihnachten (in Salvezines rechts auf der D322 den Berg hinauf).
Camping: La Source, 66730 Sournia, ✆ 0468977244, 50 Stpl., Apr-Okt.

Am Ortsende rechts führt die D619 sehr steil (z.T. über 10 %) zum *Col de Roque-Jalère*. Unterwegs laden jedoch Wälder, Felsen und herrliche Blicke zum Verschnaufen ein. Dies gilt besonders für den Gipfel, wo sich majestätisch 2784 Meter hoch der Canigou erhebt und sich zu Füßen das Têttal erstreckt. Dorthin geht es nun. Hinab bis **Prades**, der Hauptstadt des Conflents und viel reizvoller als sein Ruf. Am Dienstag, dem Markttag, tummeln sich hier die Menschen mit Obst, Fleisch und Käse ihrer Heimat – und alljährlich zu einem Musikfestival.

Information: OTSI, 4 r Victor Hugo, 66500 Prades, ✆ 0468054102.
Hotel: Hexagone****, Rond Point Plaine St-Martin, ✆ 0468053131, www.inter-hotel-hexagone.com, 30 Z.; Hostalrich**, 156 an Général de Gaulle, ✆ 0468960538, 19 Z.
Camping: Municipal Plaine St-Martin, ✆ 0468962983, 60 Stpl., Apr-Sept.

Kapitell im Kreuzgang der Abbaye de St-Martin

Von Prades führt ein kleiner Schlenker mit zahlreichen Sehenswürdigkeiten (was natürlich auch andere Touristen wissen) dichter an den **Canigou** heran. So liegt 6 km die breite, volle N116 (rechts) hinauf das durch und durch mittelalterliche **Villefranche-de-Conflent**. Außen herum zieht sich eine Stadtmauer, und quasi als Krönung thront hoch oben eine alte spanische Festung aus dem 11. Jh.

Information: OTSI, Pl de l'église, 66500 Villefranche-de-Conflent, ✆ 0468962296.
Hotel: Le Vauban**, 5 pl de l'église, ✆ 0468961803, 16 Z., Mitte März-Okt.

Im Ort zweigt links die D116 ab und windet sich, an den *Grottes des Canalettes* vorbei, hinauf nach *Vernet-les-Bains*.

Information: OTSI, 6 pl de la Mairie, 66820 Vernet-les-Bains, ✆ 0468055535.
Camping: Las Closes, Rte de Fillols, Corneilla de Conflent, ✆ 0468056460, 90 Stpl., Apr-Sept; L'Eau Vive, Chn St-Saturnin, Vernet, ✆ 0468055414, 77 Stpl., ganzj.

Von dort sind es noch 2,5 km bis nach *Casteil* und ein steiler Weg (45 min zu Fuß) zur **Abbaye de St-Martin** (10.-11. Jh.), die noch heute von Mönchen bewohnt und betreut wird. Dort überschlagen sich die Blicke. Die fantastische Lage, so dicht am Canigou auf einem Felssporn gebaut; der wuchtige Turm im lombardischen Stil, kunstvolle Kapitelle im Kreuzgang und viele spannende Geschichten …

Hotel: Le Molière**, 6 bd St-Martin-du-Canigou, 66820 Casteil, ✆ 0468055097, 10 Z., Feb-Okt
Camping: Domaine St-Martin, Bd de la Cascade, ✆ 0468055209, 45 Stpl., Apr-Sept.

Zurück nach Prades geht es auf der D27, wieder mit schönen Ausblicken – und zu Beginn einer kräftigen Steigung. Kurz vor Prades liegt eine weitere (bewohnte) romanische Abtei, die **Abbaye de St-Michel-de-Cuxa**. Sie entstand vor St-Martin und war wegweisend für die romanische Kunst in Katalonien. Bauherr war Abt Oliva, dem der lombardische Einfluß – und auch das berühmte Kloster Montserrat bei Barcelona – zu verdanken ist. Kirche, Krypta und eine Hälfte des marmornen Kreuzgangs sind gleichermaßen eindrucksvoll. (Die andere Hälfte ist im Museum „The Cloisters“ in New York zu finden.) Von Prades folgt man notgedrungen der N116, bis rechts die D16 nach Bouleternère abzweigt. Durch das Dorf hindurch und geradeaus mit der D615 nach **Corbère-les-Cabanes**. Wer mag, kann über *Ille-s-Têt* fahren, an dessen Rand Kalkfelsformationen („Orgues“) einen prächtigen Vordergrund vor dem Canigou abgeben. (Weiter mit Etappe 67.)

Information: SI, 9 pl Bernard Alart, 66320 Vinça, ✆ 0468058447, www.ville-vinca.fr; OTSI, 55 av Pasteur, 66130 Ille-sur-Têt, ✆ 0468840262.
Camping: Municipal Des Escoumes, Vinça, ✆ 0468058213, 140 Stpl., Apr-Okt; Le Colomer, R du Colonel Fabie, Ille, ✆ 0468847240, 81 Stpl., ganzj.

Kartenskizze Etappen 63 – 65

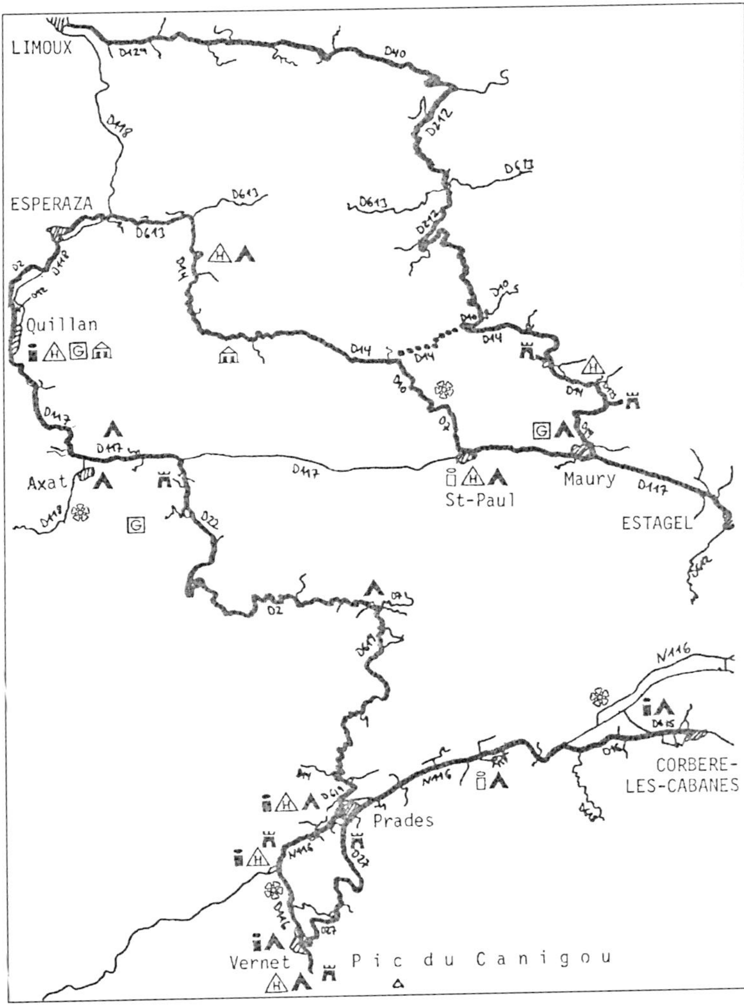

Etappe 64:
Espéraza – Saint-Paul-de-Fenouillet – Estagel (60 km / 260 – 680 – 75 m)

Mit dieser Etappe überwindet die Pyrenäenroute ihre letzte Hürde auf dem Weg zum Mittelmeer: den Col du Linas. Und wie! Eine idyllische kleine Straße führt durch eine einsame, etwas verträumte Landschaft der Corbières. Kleine Flüsse durchziehen ausgedehnte, mit Garrigue bewachsene Bergkämme, aus denen immer wieder schroffe graue Felsen herausragen, am höchsten der Pic du Bugarach. Es ist Katharerland, in dem der letzte Prediger geboren und die letzte Burg genommen wurde. Die Strecke steigt auf der ersten Hälfte lange, aber nicht allzu steil an, bevor sie jenseits des Passes dem Agly durch eine malerische Schlucht hinab folgt.

Von Espéraza geht es auf der D12 nach *Couiza* (s. Etappe 58). Gerade durch den Ort gelangt man zur D613, der man entlang dem Sals flußaufwärts folgt. Nach 5 km biegt der Fluß rechts ab, und man radelt nun auf der D14 weiter. Hinter *Rennes-les-Bains* gerät sie zu einem schmalen Sträßchen, die direkt am Pic du Bugarach vorbei über den Col du Linas führt. Nun geht es für den Rest der Etappe immer bergab. Bald wird das Geburtsdorf des unglücklichen (1321 auf dem Scheiterhaufen verbrannten) Katharers erreicht, *Cubières-s-Cinoble*.

Hotel: De France**, 11190 Rennes-les-Bains, ✆ 0468698703, 24 Z., März-Nov.
Jugendherberge: Maison de la Nature et de la Randonnée (FUAJ), 11190 Bugarach, ✆ 0468698388, 34 B., ganzj.
Camping: La Bernède, Thermes de la Hte Vallée, 11190 Rennes-les-Bains, ✆ 0468740932, 32 Stpl., Mitte Apr-Okt.

Nun geht es, zurück aus der Einsamkeit und im Sommer mit reichlich Gedränge, rechts auf der D10 (und ab Dép.-Grenze der D7) durch die **Gorges de Galamus**. Kahle Kalkwände rücken dicht an den tief unten rauschenden Agly heran. In unzähligen Windungen schmiegt sich die schmale Straße an den Fels. Dort wo die Wände am höchsten sind, liegt eine verlassene Einsiedelei der Franziskaner, *St-Antoine-de-Galamus*. Nach einem herrlichen Weitblick und einer rauschenden, nicht ungefährlichen Abfahrt liegt *Saint-Paul-de-Fenouillet* fast auf Meereshöhe. Gemächlich rollt man links auf der belebten D117 nach **Estagel**.

(Wer statt der Schlucht lieber die Katharerburgen sehen möchte, kommt weiter auf der D14 zur nächsten Etappe.)

Information: SI, Route Nationale, 66220 St-Paul-de-Fenouillet, ✆ 0468590026.
Hotel: Le Chatelet***, ✆ 0468590120, 11 Z. (D117, 2 km Richtg. Caudiès).
Gîte d'étape: Mairie*, 66460 Maury, ✆ 0468591524/0614949789, 22 B., Mitte Nov-Mitte Okt.
Camping: De l'Agly, Av du 16 août 1944, St-Paul, ✆ 0468590909, 42 Stpl., Mai-Sept; Les Oulions, Maury, ✆ 0468591524, 33 Stpl., Juli-Sept.

Etappe 65:
Limoux – Rouffiac-des-Corbières – Estagel (89 km / 172 – 685 – 75 m)

Die Strecke durch das Herz der **Corbières** *ist voller kleiner Überraschungen. Zwar ist sie mit vielen Steigungen um 5-8 % anstrengender als die vorige Etappe, doch sie führt wesentlich länger durch die wilde, einsame Landschaft der Corbières, bevor das Katharerland mit seinen unvergeßlichen Burgen erreicht wird. Begleitet wird die Fahrt keineswegs nur durch Garrigue, auch Wälder und Wein, Höhenzüge und schöne kleine Flußtäler wechseln einander ab. Hier und da ergeben sich herrliche Weitblicke über das Languedoc.*

Limoux verläßt man auf der D129 durch **Saint-Polycarpe** mit einer sehenswerten, früheren Benediktinerabtei und fährt am gleichnamigen Fluß bergauf, bis links ab die D40 zum Col de la Louviéro ansteigt. Dort führt ein Waldweg hinauf zum *Plateau de Lacamp*, von dem man bis zum Canigou blicken kann. Dann folgt man der D40 hinunter zum Orbieu, wo es rechts auf der D212 durch eine kleine Schlucht geht, an der D613 kurz rechts und wieder links, an den ersten Ruinen vorbei, über den Col de Redoulade, zu einer Gabelung, der D10. Rechts bis vor *Soulatgé* und auf der D14 über zwei kleinere Pässe nach *Duilhac*.

Nun führt eine steile, beschwerliche Straße hinauf zum **Château de Peyrepertuse**, das selbst in seiner Verfallenheit einen bleibenden Eindruck hinterläßt. Die in Farbe und Material mit dem Berg verschmolzene Burganlage erstreckt sich über 300 m Länge auf einem 800 m hohen Plateau und besteht aus zwei Teilen, die über eine abenteuerliche, aus dem Fels gehauene und völlig ausgetretene Treppe verbunden sind. Die alten Mauern, der Turm, die Kapellen geben einen Eindruck von der einstmaligen Bedeutung dieser kleinen Stadt, die als Guckposten konzipiert war und den Katharern zwischenzeitlich als Fluchtburg diente. (Der Fußweg vom Ende der Straße zur Burg ist für Räder nicht passierbar. Das gleiche gilt für Quéribus.) Von Duilhac führt die D40 erneut über einen kleinen Paß zum hübschen Dorf **Cucugnan**.

Hotel: Auberge du Vigneron***, 2 r Achille Mir, 11350 Cucugnan, ✆ 0468450300, 6 Z., März-Mitte Dez.

Am Dorf zweigt rechts die D123 ab. Nach 2 km geht es extrem steil zum **Château de Quéribus**, dessen Reste in exponierter Lage auf einem steilen Felsvorsprung weithin zu sehen sind. Es ist ein fantastischer Ort – und ideal, um die Katalanen stets im Blick zu haben. Im 13. Jh. diente er den letzten Katharern als Unterschlupf, bevor sie 1255 auch hier bezwungen wurden. Wer einmal hoch oben über dem Roussillon gestanden hat, mühsam festgeklammert am alten, verfallenen Gemäuer, das Heulen und Tosen des Windes in den Ohren, dem wird es anschaulich dargeboten, Leben (und Leiden) der einstigen Bewohner zu erahnen. Zurück an der D123 geht es links über den **Grau de Maury** mit einem fulminanten Weitblick. Die Straße (nun D19) stürzt sich nun hinab ins Roussillon. In *Maury* links auf der D117 nach **Estagel** (s. Etappe 64).

Etappe 66:
Estagel – Perpignan (25 km / 75 – 37 m)

Noch vor Estagel bleibt man am linken Aglyufer und fährt von der D117 geradeaus, am Ort vorbei, auf einer kleinen Straße, dann geradeaus der D59, immer am Fluß entlang bis *Cases-de-Pène*. Dort über Agly und D117 hinweg auf der $D18^A$ zur D614 und links zur D117. Mit ihr gelangt man rechts nach Perpignan.

Perpignan (105.000 Einw., Dép. Pyrénées-Orientales) ist die sehr lebendige Hauptstadt des Roussillon, oder besser: von Catalunya Norte, dessen Name vom katalanischen Gepräge der Stadt zeugt, die erst im 17. Jh. zu Frankreich kam. Dies schlägt sich auch in den Festen nieder. So findet in Perpignan ebenfalls am Karfreitag jene eigenartige Prozession von mit langen Kapuzen und Gewändern bekleideten Büßern statt, die sonst nur in spanischen Städten zu sehen ist.
Der Place de la Loge mit dem alten Gerichts- und Handelshaus *Loge de Mer* (14. Jh.) bildet das Zentrum Perpignans, die vielen Plätze prägen sein Gesicht. Das Wahrzeichen ist das Torkastell *Le Castillet* (14.-15. Jh.), das trotz seines Vorbildes in Carcassonne katalanische Eigenheiten hat. Schließlich sind die Kathedrale (13.-15. Jh.) und interessante Museen (Musée Rigaud und Musée Catalan des Arts et Traditions Populaires) einen Besuch wert. Das beeindruckendste Bauwerk Perpignans jedoch dürfte das *Palais* der Könige von Mallorca (di geschl.) sein, deren Herrschaft nur 68 Jahre währte (1276-1344), die der Stadt aber zur Blüte verhielf. Es liegt inmitten einer mächtigen Citadelle, die ebenso wie der Palast gut erhalten ist. Das Bauwerk weist eine ganze Reihe stilistischer Eigenheiten auf, so daß sich hier eine Führung besonders empfiehlt.

Information: OTSI, Palais des Congrès, 66000 Perpignan, ✆ 0468663030.
Verkehrsverbindungen: Züge Richtung Spanien, Nizza, Lyon, Genf; Flüge nach Paris (Flughafen Perpignan-Rivesaltes 5 km im Nordwesten).
Hotel: Poste et Perdrix***, 6 r Fabriques Nabot, ✆ 0468344253, 38 Z., Mitte Jan-Mitte Feb geschlossen (mitten in der Altstadt zwischen Castillet und Rathaus); Avenir**, 11 r de l'Avenir, ✆ 0468342030, 20 Z.; L'Express*, 3 av Gén de Gaulle, ✆ 0468345902, 13 Z. (nahe Bahnhof).
Studentenwerk: Bureau des Œuvres Universitaires (Außenstelle des CROUS Montpellier), Cité Univ. „Moulin à Vent", 26 av Alfred Sauvy, ✆ 0468501534, 552 Plätze in 1 Wohnheim, 1 Mensa.
Jugendherberge: Parc de la Pépinière (FUAJ), Av de Grande Bretagne, ✆ 0468346332, 49 B., ganzj.
Camping: La Garrigole, 2 r Maurice Lévy, ✆ 0468546610, 18 Stpl., ganzj., Roussillon le Catalan, Rte de Bompas, 32/52 av de la Salanque, ✆ 0468631692, 94 Stpl., ganzj.

Kartenskizze Etappen 66 – 70

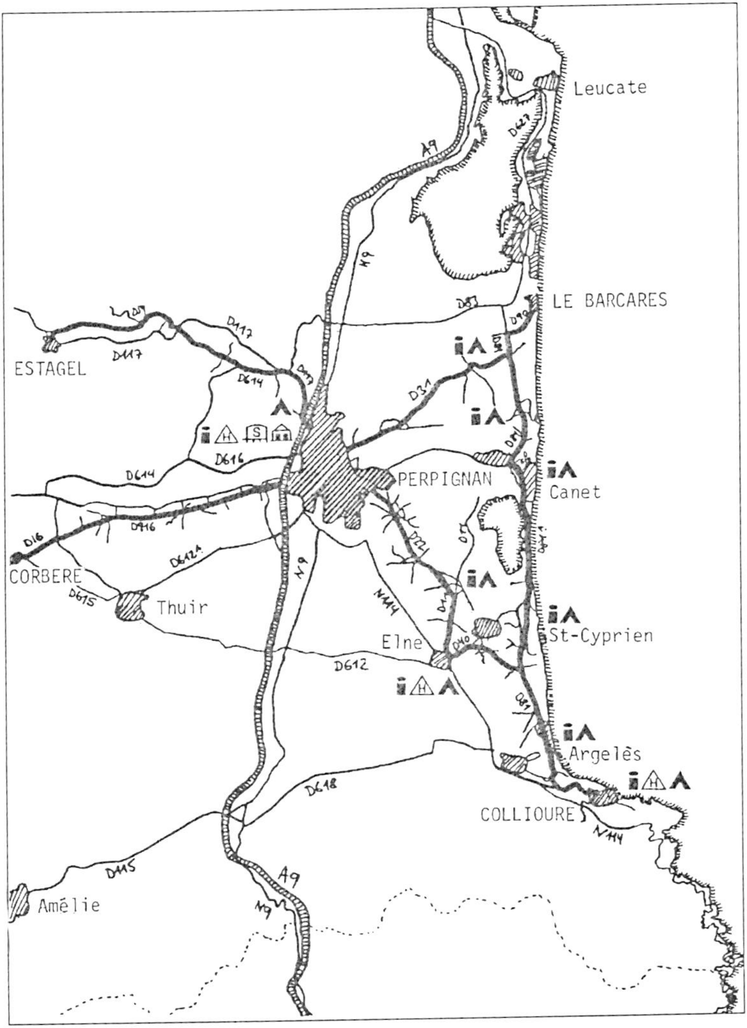

Etappe 67:
Corbère-les-Cabanes – Perpignan (19 km / 120 – 37 m)

Eine leichte und angenehme Fahrt im Roussillon. Von der D615 hinter Corbère-les-Cabanes geht es links mit der D16 über die D612 hinweg zur D916 in *St-Féliu*. Dann rechts immer geradeaus bis **Perpignan** (s. vorige Etappe).

Etappe 68:
Le Barcarès – Perpignan (19 km / 0 – 37 m)

Fährt man durch Le Barcarès hindurch, führt die D90 zur D81. Dort links, über den Agly, dann rechts auf der $D11^{E}$ nach *Torreilles* (s. Etappe 70). Im Ort kurz links und rechts geht es auf der D31 nach **Perpignan** (s. Etappe 66).

(In Gegenrichtung: in der Stadt direkt nach Überquerung des Têt rechts ab.)

Etappe 69:
Perpignan – Collioure (29 km / 37 – 52 – 0 m)

Man sollte seine Reise nicht in Perpignan beenden, ohne die ***Côte Vermeille****, die Purpurküste gesehen zu haben. Dort berühren die Pyrenäen das Mittelmeer, und eine kurvenreiche Straße bietet eine traumhafte Fahrt über die grasbewachsene Steilküste mit rostroten Felsen, herrlichen Ausblicken und malerischen Buchten, die sich allmorgendlich in den zarten Violett-Tönen des Meeres spiegeln. Um diese wunderschöne Szenerie genießen zu können, muß man jedoch im Frühjahr oder Herbst dort sein. Im Sommer ist es wegen der Touristenströme nur bei Sonnenaufgang ein Erlebnis (und zurück per Eisenbahn). Wenn die Zeit reicht, sollte man nicht in Collioure umkehren, sondern unbedingt bis Portbou fahren. Denn das letzte Stück ist das schönste.*

In Perpignan gelangt man vom Pl Cassanyes über die Av Guynemer links zur Av J. Mermoz, die als D22 durch *Cabestany* nach *Alénya* führt. Dort auf der D11 nach Elne.

Information: OTSI, Parc Ecoifier, 66200 Alénya, ✆ 0468225456.
Camping: Cap Sud, Av de la Mer, ✆ 0468221726, http://camping.capsud.free.fr, 54 Stpl., Apr-Okt.

Elne (6300 Einw., Dép. Pyrénées-Orientales) war einstmals unter den Iberern, Römern und Westgoten die wichtigste Stadt im Roussillon. Heute begeistert der auf einem Hügel gebaute Ort mit seinen verschlungenen Gassen. Sehenswert ist die romanische Kirche (12.-14. Jh.) mit imposanter Fassade und einem besonders schönen Kreuzgang, in dem nicht nur die Kapitelle, sondern auch die Säulen mit Steinmetzarbeiten kunstvoll verziert sind.

Information: OTSI, 2 r Dr. Bolte, 66200 Elne, ✆ 0468220507.
Hotel: Le Week-End**, 29 av Paul Reig, ✆ 0468220668, 8 Z., März-Mitte Okt; Le Cara Sol*, Porte Balaguer, ✆ 0468221042.
Camping: Al Mouly, Bd d'Archimède, ✆ 0468220846, 285 Stpl., Juni-Sept; Les Pradaguets, Rte d'Argelès, ✆ 0468222159, 85 Stpl., Juni-Sept.

Auf der gleichen Straße, auf der man gekommen ist, verläßt man die Stadt wieder, fährt jedoch (auf der D40) geradeaus und nach ca. 1,5 km rechts durch Latour-Bas-Elne zur D81. Dort rechts durch Argelès-Plage (s. nächste Etappe) und nach einem Eisenbahntunnel links auf der D86 nach Collioure.

Collioure (2800 Einw., Dép. Pyrénées-Orientales) war zu allen Zeiten ein begehrter Ort. Er liegt am Beginn der Côte Vermeille und bildet eine Einheit mit der Felsenküste. Die Festungsbauten und Hafenanlagen, die direkt am Meer errichtete Kirche (17. Jh.), Boote, Häuser und Gassen ergeben ein stimmungsvolles Gesamtbild. Hier lassen sich alle Farben des Mittelmeeres einfangen, Matisse hat von diesem Himmel sein Blau genommen. Collioure zählt (außerhalb der Hochsaison) zweifelsohne zu den schönsten Orten an der ganzen französischen Mittelmeerküste.

Côte Vermeille

Information: OTSI, Pl du 18 juin, 66190 Collioure, ✆ 0468821547.
Verkehrsverbindungen: Züge nach Portbou (spanische Grenze) und Perpignan.
Hotel: Le Méditerranée****, 16 av Aristide Maillol, ✆ 0468820860, 23 Z., Apr-Okt (sehr gut und für Collioure nicht zu teuer); Le Triton***, 1 r Jean Bart, ✆ 0468983939, 20 Z. (auch die preiswertesten Z. im Ort für **).
Camping: La Girelle, Plage de l'Ouille, ✆ 0468812556, 68 Stpl., Apr-Sept; Les Amandiers, L'Ouille, 28 r de la Démocratie, ✆ 0468811469, 92 Stpl., Apr-Sept.

Etappe 70:
Le Barcarès – Canet-en-Roussillon – Collioure (36 km / 0 – 30 – 0 m)

Die Mittelmeerroute endet mit einem Höhepunkt: der **Côte Vermeille** (s. vorige Etappe). Von Le Barcarès führt die D90 zur D81, der man nach links folgt. In **Sainte-Marie** findet – wie bei der Schwester in der Camargue – jeden 15. August eine „Zigeuner"-Prozession statt. Vor der Schnellstraße bei Canet auf der D617 links und am Ende rechts nach *Canet-Plage*. Auf der D81^{A} erneut zwischen Etang und Meer nach *St-Cyprien-Plage* und rechts zur D81. Dort links durch *Arge-lès-Plage*, den wohl schönsten, aber auch vollsten Badeort auf dieser Etappe. Nach einem Eisenbahntunnel links auf der D86 nach **Collioure** (s. vorige Etappe).

Information: OTSI, 1 Av la Méditerranée, 66440 Torreiles, ✆ 0468284110; OTSI, R des Mouettes, 66470 Sainte-Marie, ✆ 0468801400; OTSI, Pl de la Méditerranée, 66141 Canet-en-Roussillon, ✆ 0468736100; OTSI, Qu A. Rimbaud, 66750 Saint-Cyprien, ✆ 0468210133; OTSI, Pl de l'Europe, 66700 Argelès-sur-Mer, ✆ 0468811585.
Hotel: Rund 50 Hotels aller Preislagen.
Camping: 86 Plätze (über 50 in Argelès), darunter: Les Dunes, Torreiles, ✆ 0468283829, 615 Stpl., Mitte März-Mitte Okt; Mas-des-Chardonnerets (à la ferme), 22 r des Villas, Ste-Marie, ✆ 0468806590/4995, 25 Stpl., Ende Juni-Mitte Sept.

Etappe 71:
Lamarque – Blaye – Montendre – Jonzac (49 km / 0 – 113 – 40 m)

Man fährt zum Hafen und setzt mit der regelmäßig verkehrenden Fähre über die Gironde (Auskunft: ✆ 0557420449). Man legt in **Blaye** an, das um eine alte Zitadelle herum gebaut ist, die früher die Gironde bewachte.

Information: OTSI, All Marines, 33390 Blaye, ✆ 0557421209.
Hotel: La Citadelle****, ✆ 0557421710, 21 Z. (ein besonderes Plätzchen ...).
Camping: La Citadelle, ✆ 0556420020, 50 Stpl., Mai-Sept; Les Tilleuls, Domaine les Albert, Mazion (6 km nordöstlich), ✆ 0557421813, 25 Stpl., Mai-Mitte Okt.

Von der Anlegestelle an der Zitadelle vorbei, rechts auf die D937 (Richtung Mirambeau / Montendre, nicht St-André-de-Cubzac) durch St-Martin und weitere kleine Ortschaften, in Le Pontet auf der N137 knapp 2 km nach links, dann rechts auf der D253 durch Reignac auf einer angenehmen Waldfahrt nach *Montendre* (das letzte Stück wegen des Dép.-Wechsels auf der D19).

Den Ort verläßt man auch wieder auf der D19 und kommt allmählich in ein neues Weinbaugebiet, in dem seiner mittleren Qualität wegen gar kein Wein abgefüllt, sondern gebrannt wird. Das Ergebnis ist der berühmte und auch hier nicht minder teure Cognac. Eines seiner Handelszentren ist **Jonzac**.

Kartenskizze Etappe 71

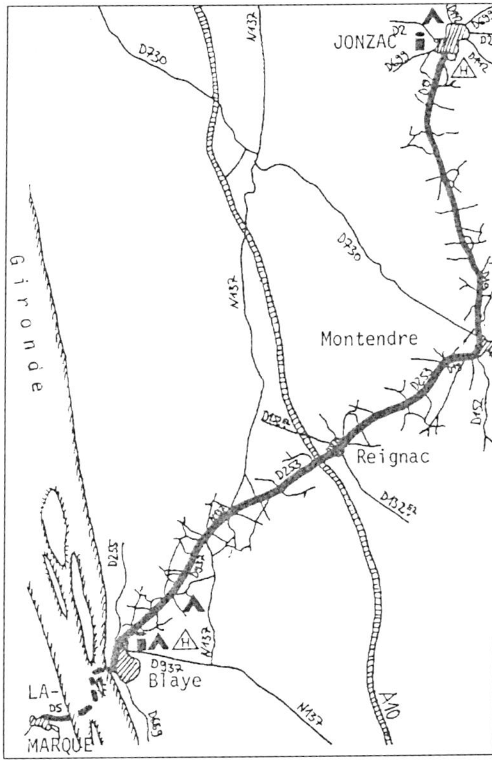

Information: OTSI, Hôtel de Ville, 25 pl du Château, 17500 Jonzac, ✆ 0546484929.

Verkehrsverbindungen: Züge nach La Rochelle, Bordeaux und Angoulême.

Hotel: Le Club***, Pl Église, ✆ 0546480227, 10 Z., Nov geschl.

Camping: Les Castors, Rte de Montendre, St-Simon-de-Bordes, ✆ 0546482565, 73 Stpl., März-Okt; Les Mégisseries, R du Lycée, ✆ 0546485120/4929, 28 Stpl., März-Nov.

Etappe 72:
Jonzac – Archiac – Châteauneuf-s-Charente – Angoulême
(58 km / 40 – 100 m)

Spektakuläres wird man nicht sehen, aber dafür ein angenehm freundliches Land, wellig mit Feldern und Weinreben, kleinen Dörfern und Bächen. Die Strecke führt weitgehend geradeaus über gute und gar nicht volle Straßen.

Jonzac verläßt man auf der D699 nach *Archiac*.

Information: SI, 1 pl Abbé-Goiland, 17520 Archiac, ✆ 0546495711.
Camping: Municipal, ✆ 0546491046, 44 Stpl., Mitte Juni-Mitte Sept.

Weiterhin auf der D699 gelangt man in das hübsch an der bewaldeten Charente gelegene *Châteauneuf*.

Information: OTSI, R du Gl Leclerc, 16120 Châteauneuf-sur-Charente, ✆ 0545971332.
Verkehrsverbindungen: April-Juli Kreuzfahrten auf der Charente (Infos: ✆ 0546426148, 0546325237, 0545922443); Züge nach Royan und Angoulême.

Nun verändert sich die Szenerie ein wenig, es wird hügeliger, vom Fluß ist allerdings wenig zu sehen (immer noch auf der D699). Schließlich gelangt man nach dem Überqueren der N10 an einen Kreisverkehr. Dort geht es in die linke Straße, die Silhouette der Altstadt von Angoulême im Visier.

Angoulême (43.000 Einw., Dép. Charente) ist die Hauptstadt der Bandes dessinées, die in Frankreich einen ganz anderen Stellenwert genießen als bei uns die Comics. Sie werden künstlerischer betrachtet und mit einem Riesenfestival alljährlich im Januar hier gefeiert. Doch auch im Sommer lohnt ein Streifzug durch die eindrucksvoll auf einem Hügel gebaute Altstadt. Der romanische Turm der Kathedrale und Reste des Schlosses ragen zwischen alten Häusern aus dem 17. und 18. Jh. empor.

Information: OTSI, Pl de la Halle, 16000 Angoulême, ✆ 0545951684.
Verkehrsverbindungen: Züge nach Royan, Limoges, Paris und Hendaye; Kreuzfahrten auf der Charente, April-Juli (s. Châteauneuf).
Hotel: Le Crab**, 27 r Kléber, ✆ 0545930293, 19 Z., sa & so abds geschl.
Jugendherberge: Parc de Bourgines (FUAJ), ✆ 0545924580, 84 B., Mitte Jan-Mitte Okt.

Kartenskizze Etappen 72 & 73

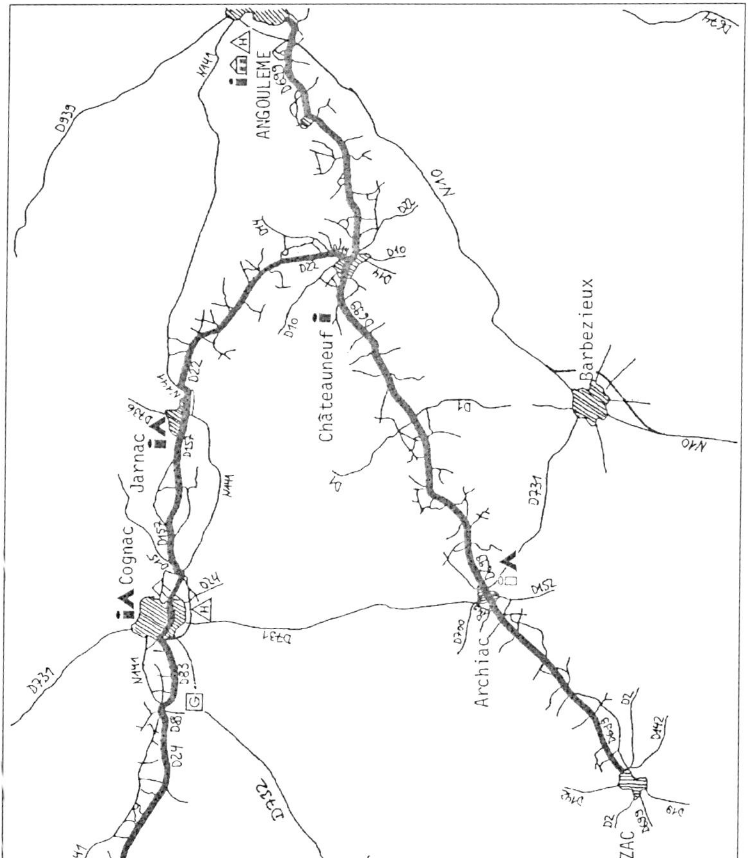

Etappe 73:
Saintes – Cognac – Jarnac – Châteauneuf-sur-Charente – Angoulême
(79 km / 27 – 100 m)

Die Strecke führt die ganze Zeit an der Charente entlang, auf ruhigen, reizenden Sträßchen.

Man fährt in Saintes (s. Etappe 9) hinter der Charentebrücke von der Av Gambetta rechts auf die R Gautier, dem Beginn der D24. Dort immer geradeaus.

Camping: 17610 Chaniers, © 0546910220, 80 Stpl., Mitte Juni-Mitte Sept.

Man folgt der Straße, die an der Dép.-Grenze ihren Namen in D83 wechselt, bis sie kurz darauf zur N141 stößt. Dort rechts, ein Stück weiter rechts wieder auf die D83 (ohne die Charente zu überqueren) nach **Cognac**, dessen Name bereits fast alles zum Ort sagt.

Information: OTSI, 16 r du 14 juillet, 16100 Cognac, © 0545821071.
Verkehrsverbindungen: Züge nach Royan/Saintes und Angoulême; April-Okt Kreuzfahrten auf der Charente (Info: Charente-Plaisance, Pl Solençon, © 0545325237).
Hotel: Le Cheval Blanc, 6-8 pl Bayard, © 0545820955, 12 Z., so geschl.
Gîte d'étape: Club Marpen, Le Convent des Hommes, 53 r d'Angoulême, Vieux Bourg, Merpins, 16140 Tusson, © 0545311747, 12 B., ganzj. (reservieren! 5 km westlich, südlich der Charente)
Camping: Municipal, Bd de Chatenay, Rte de St-Sévère, © 0545321332, 160 Stpl., Mitte Mai-Mitte Okt.

Cognac verläßt man auf der Av Victor Hugo Richtung Angoulême. Gut 1 km hinter dem Ortsausgang jedoch links auf die D15 (Richtung Mercillac/Rouillac), direkt nach der Charenteüberquerung rechts auf die D157 durch St-Brice nach **Jarnac** *(in Gegenrichtung: rechts am Friedhof vorbei)*.

Information: OTSI, Pl du Château, 16200 Jarnac, © 0545810930.
Verkehrsverbindungen: Züge nach Royan und Angoulême; Kreuzfahrten s. Cognac.
Camping: Ile Madame, © 0545811854, 600 Stpl., Apr-Okt.

Man verläßt Jarnac auf der N141 (Richtung Angoulême), von der man 1 km nach einer Linkskurve rechts auf die D22 durch Bassac, St-Simon und Vibrac fährt, dann zur D14 stößt und dieser schräg nach *Châteauneuf* (s. Etappe 53) folgt. Hier links mit der D699 durch St-Michel, am Kreisverkehr links nach **Angoulême** (s. Etappe 72).

Etappe 74:
Angoulême – Nontron (47 km / 100 – 182 m)

*Die Strecke führt ins **Périgord Vert**. Das recht feuchte Klima läßt Kastanien und Wiesen ergrünen, im Sommer blühen (nacheinander) Ginster und Sonnenblumenfelder. Die Besiedlung wird dünner.*

Vom Ringverkehr in Angoulême erklimmt man einen kurzen Anstieg auf der D939 (Richtung Périgueux), die unangenehm stark befahren ist. Nach gut 7 km biegt man endlich links ab auf die D4, die im Dép. Dordogne D75 heißt und kurz vor Nontron auf die D675 stößt. Rechts gibt es direkten Anschluß an Etappe 79, links an Etappe 78. **Nontron** erreicht man links. Die Stadt ist an einen Hang gebaut, was sich bei der Durchquerung auch bemerkbar macht.

Information: OTSI, 5 r de Verdun, 24300 Nontron, ✆ 0553562550.
Hotel: Pelissan***, 3 pl Alfred Agard, ✆ 0553561122, 25 Z., ganzj.
Camping: Municipal – Masvicontaux Le Stade, ✆ 0553560204, 70 Stpl., Juni-Mitte Sept.

Etappe 75:
Angoulême – La Rochefoucauld – Châlus (91 km / 100 – 78 – 420 – 378 m)

*Die Etappe führt durch eine wald- und wasserreiche Landschaft mit Kastanien, Eichen und Buchen in das **Haut Limousin**. Das Gelände ist hügelig und steigt so allmählich an, daß man nicht übermäßig klettern muß. Dennoch bieten sich bereits eine ganze Reihe erstklassiger Blicke in die Flußtäler.*

Angoulême verläßt man vom Bd de la République (nahe Bahnhof), der zum Pl V. Hugo führt. Dort beginnt die D699 Richtung Montbron. In *Magnac* steht eine Kirche aus dem 12. Jh. in der seltenen Form eines griechischen Kreuzes. Kurz hinter dem Ort überquert man die *Touvre* und gelangt gleich darauf zu ihren Quellen. Diese sind eigentlich kleine Flüsse, die für einige Kilometer unterirdisch verlaufen, um hier im Felszirkus, in dem die Touvre entspringt, wieder an die Oberfläche zu treten. Aus diesen „Quellen" werden Angoulême und Umgebung mit Trinkwasser versorgt.

Hinter Le Quéroy-Maillet bietet rechts die D412 einen Abstecher zu den *Grottes du Quéroy*, Tropfsteinhöhlen im Wald von *Bois Blanc*, durch deren Gängelabyrinth von über 1 km Länge im Sommer täglich Führungen stattfinden. Zurück auf der D699 biegt man in Pranzac links auf die D33 nach La Rochefoucauld ein. (Wer auf den Besuch verzichten möchte, kürzt [um 8 km] geradeaus auf der D699 nach Montbron ab.)

Kartenskizze Etappen 74 & 75

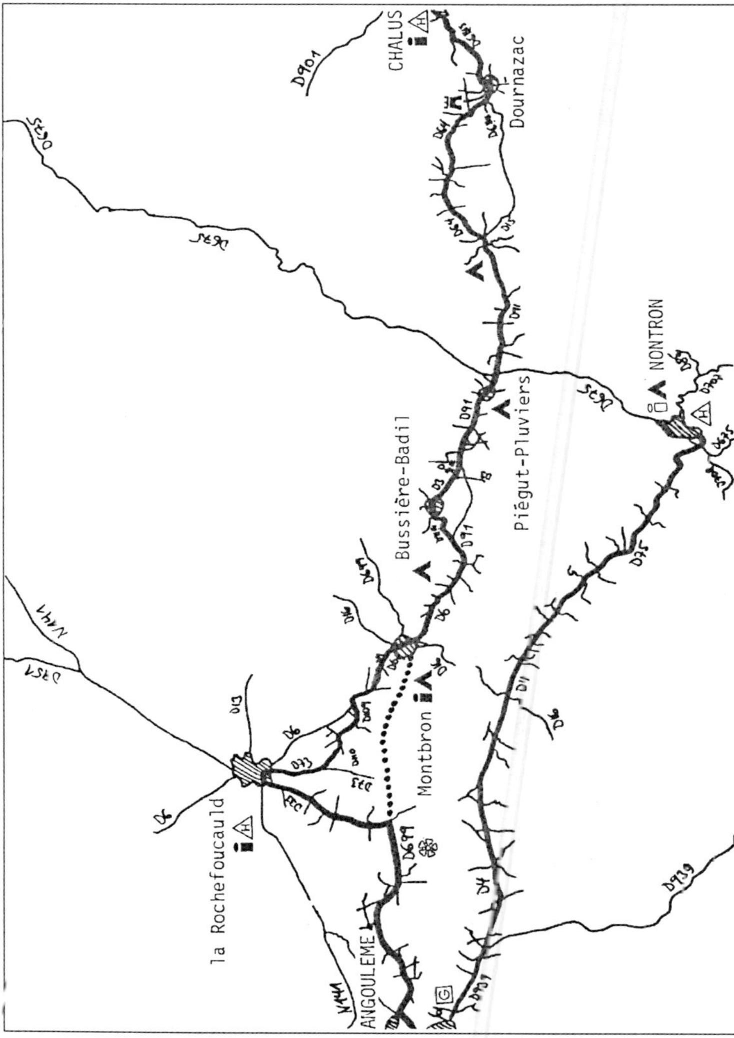

La Rochefoucauld (3.200 Einw., Dép. Charente) trägt den Namen seiner berühmtesten Familie. Diese ist bis heute Besitzerin des Renaissanceschlosses am Ufer der *Tardoire*. Es erinnert an die Loire-Schlösser und trägt doch einiges von seiner mittelalterlichen Geschichte an sich (12.-16. Jh.). Auch der zu den großen französischen Schriftstellern und Philosophen zählende La Rochefoucauld gehört dem Stammbaum nach hierher, auch wenn er in Paris zu Hause war. Hinüber in die hübsche Altstadt führt eine schmale Brücke aus dem 17. Jh., in die kleine Erweiterungen oder Buchten eingearbeitet wurden, damit die Fußgänger ausweichen konnten, um Fuhrwerke vorbeizulassen.

Information: SI, R des Halles, 16110 La Rochefoucauld, ✆ 0545630745.
Verkehrsverbindungen: Züge nach Angoulême und Limoges.
Hotel: L'Auberivières**, Rte de Limoges, ✆ 0545631010, 10 Z., so & erste Augusthälfte geschlossen (Innenstadt; mit Klimaanlage).

Die Route verläßt La Rochefoucauld auf der D73 Rchtg. Chazelles und zweigt nach 5 km links auf die D110 nach *Rancogne* ab. Die Strecke führt durch das Tal der *Tardoire*. Von der Brücke kurz hinter Rancogne liegt flußaufwärts ein Schloß idyllisch zwischen Platanen, Pappeln und Erlen, während in den bewaldeten Hängen flußabwärts Grotten und Höhlen auftauchen. Weiter zur D6 und rechts nach **Montbron** mit einer romanischen Kirche. (*Abkürzung:* In La Rochefoucauld gleich auf die D6.)

Information: OTSI, 16220 Montbron, ✆ 0545236009.
Camping: Municipal, Rte de Limoges, ✆ 0545707021/7467, 52 Stpl., Mitte Juni-Mitte Sept.

Hinter Montbron steigt die Straße für einige Kilometer ziemlich lange, aber zum Glück nicht übermäßig steil an. Kurz vor *Eymouthiers* wird der Radler dann mit einem freien Blick ins Tal der Tardoire belohnt.

Camping: Gorges du Chambon, 16220 Eymouthiers, ✆ 0545707170, 120 Stpl., Apr-Mitte Sept (mit Pool, 3 km nördlich).

Es geht weiter auf der D6, die nach dem Wechsel des Départements D91 heißt. Dann folgt die Abzweigung nach *Bussière-Badil*, das über die D91^{E1} erreicht wird. Dort steht eine schlichte romanische Kirche, die im 15. Jh. befestigt wurde. Von den Befestigungen bestehen nur noch zwei Wachtürme, während die Kirche gut erhalten ist. Wenn man Bussière-Badil auf der D3 Rchtg. Piégut-Pluviers verläßt, trifft man bald wieder auf die D91, mit der bald das *Limousin* (dort D15) und *Marval* erreicht sind.

Camping: Les Garennes, Rte du Stade, 24360 Piégut-Pluviers, ✆ 0553564022, 27 Stpl., Juli-Mitte Sept; Le Grand Lac, 87440 Milhagnet-Marval, ✆ 0555787385, www.legrandlac.com, 145 Stpl., Apr-Okt.

In Marval links auf die D67 und kurz danach rechts auf der D64 (hinter dem Friedhof von La Chapelle links) bis zum **Château de Montbrun**, das von einem

Wassergraben umgeben ist. Der hohe Turm in der Mitte und die Rundtürme an jeder Ecke lassen erahnen, warum Richard trotz Löwenherz das Schloß vergeblich belagerte. Auf der D64 weiter zur D6^{Bis}, mit der man links Châlus erreicht (weiter mit Etappe 119).

Châlus (2.000 Einw., Dép. Haute-Vienne) liegt an der Grenze der alten Provinz *Perigord*, in den Ausläufern des Massif Central und mitten in den *Monts de Châlus*, einem von Wäldern, kleinen Seen und Flüssen geprägten Gebiet, dessen höchste Erhebungen bei 500 m liegen. Bereits Kelten, besonders Gallier, hatten sich hier niedergelassen, und während des Hundertjährigen Krieges lag Chalus im Grenzland. Den berühmtesten Kampf um die Burg führte Richard Löwenherz 1199, bei dem er sein unglückliches Ende fand (eine an sich harmlose Pfeilwunde hatte sich entzündet). Geschichte und Sage der Stadt und des Königs sind im *Château de Châlus-Chabrol* dokumentiert, von dem Gebäudeteile aus dem 11. und dem 13. Jh. erhalten sind. Zu dem Schloß gehört auch der früher 42 m, heute noch 27 m hohe, schwer befestigte Turm, der *Donjon* aus dem 11. Jh., dessen einziger Zugang 6 m über dem Boden liegt. Das Eindringen wird den heutigen Eroberern durch eine Treppe jedoch leicht gemacht und bietet einen herrlichen Weitblick.

Information: OTSI, 28 Av François Mitterand, 87230 Châlus, ✆ 0555785113.
Verkehrsverbindungen: Züge von Nexon nach Limoges.
Hotel: Richard Cœur de Lion*, 29 av Jean-Jaurès, ✆ 0555784342, 6 Z.

Etappe 76:
Sainte-Foy-la-Grande – Bergerac – Couze-et-St-Front (46 km / 20 – 40 m)

Diese Etappe setzt die Dordogneroute fort. Sie führt mehr oder weniger weit entfernt am Fluß entlang, dessen Aussehen ihn allerdings noch wie einen gewöhnlichen Strom erscheinen läßt. Erst hinter Bergerac beginnen die Hügel am Ufer höher zu werden, so daß man allmählich den Charme des Oberlaufs erahnen kann, der sich im Verlauf der Etappe 86 über dem Flußtal ausbreitet.

Zuerst überquert man die Dordogne nach Port-Sainte-Poy, dort rechts auf die D20 (Richtung Mussidan), nach 6 km bei Le Fleix erneut rechts auf die D32 bis nach **Bergerac**, das ein besonderes Museum über die 1960 hier in der Gegend angesiedelte Tabakpflanze besitzt: Musée du Tabac (Okt-Ostern so, sonst mo & so vorm. geschlossen).

Information: OTSI, 97 r Neuve d'Argenson, 24100 Bergerac, ✆ 0553570311.
Verkehrsverbindungen: Züge nach Bordeaux und Sarlat.
Hotel: Le Family**, 3 r du Dragon, ✆ 0553578090, 8 Z., ganzj.
Camping: La Pelouse, 8bis r J.J. Rousseau, ✆ 0553570667, 70 Stpl., ganzj.

Kartenskizze Etappen 76 & 77

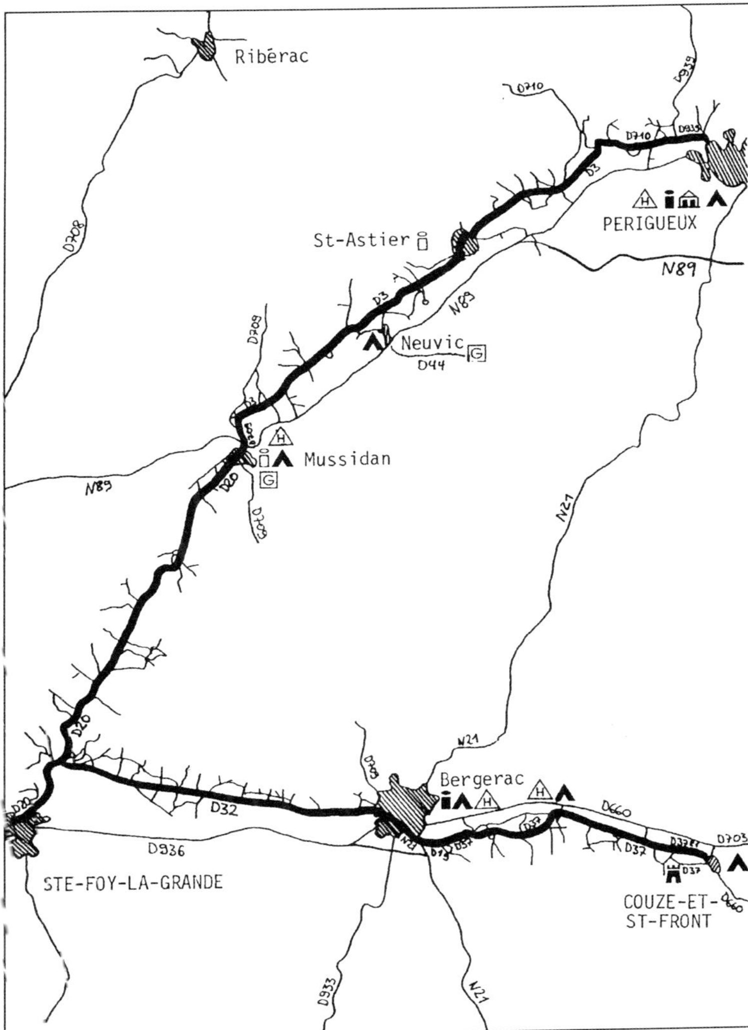

Man überquert im Ort die Dordogne, dann direkt links, etwa 2 km auf der N21 (Richtung Castillonnès/Villeneuve-sur-Lot), dann erneut links auf der D19 (Richtung Saint-Aubin) und gut 1 km weiter links auf der D37, der man durch Cours-de-Pile hindurch und nach einem Schlenker zurück an das Dordogne-Ufer folgt.

Hotel: Beau Rivage**, Av Pierre Constantin, 24520 Mouleydier, ✆ 0553232021, 10 Stpl., Nov-Sept.
Camping: La Gravière, Mouleydier, ✆ 0553232238, 70 Stpl., Juli-Anf. Sept.

In Varennes biegt die D37 nach rechts ab; die Strecke führt weiter geradeaus auf der $D37^{E1}$ nach **Couze-et-Saint-Front** (Anschluß an Etappen 84, 86 & 87). Von Varennes aus kann man einen kleinen Abstecher (knapp 2 km Umweg) zum **Château de Lanquais** unternehmen (zum Teil Barock, zum Teil Mittelalter und mit alter Ausstattung im Inneren).

Camping: Les Maury Bas, 24150 Couze-et-Saint-Front, ✆ 0553611836, 41 Stpl., Apr-Okt.

Etappe 77:
Sainte-Foy-la-Grande – Mussidan – Saint-Astier – Périgueux
(68 km / 20 – 105 – 86 m)

Sainte-Foy-la-Grande verläßt man auf der D20 (nach Port-Ste-Foy über die Dordogne, dort rechts). Nach längerer Waldfahrt erreicht man **Mussidan**.

Information: SI, 9 r de la Libération, 24400 Mussidan, ✆ 0553817387.
Verkehrsverbindungen: Züge nach Périgueux und Bordeaux.
Hotel: Du Midi***, 9 r Villechanoux, ✆ 0553810177, 9 Z., ganzj.
Gîte d'étape: Le Bourg*, Pl Victor Hugo, Hôtel de Ville, ✆ 0553810407/1270, 78 B., ganzj.
Camping: Le Port, ✆ 0553812009, 60 Stpl., Mitte Juni-Mitte Sept.

Im Ort endet die D20, man fährt über die N89 hinweg auf die D709. 2 km weiter in *St-Front-de-Pradoux* rechts auf die D3, immer der *Isle* entlang.

Information: SI, R de la Fontaine-St-Astier, 24110 Saint-Astier, ✆ 0553541385.
Gîte d'étape: Lycée Agricole de Périgueux***, Domaine des Chaulnes, 24110 Grignols, ✆ 0553036868, 26 B., ganzj. (6 km östlich Neuvic).
Camping: Le Plein Air Neuvicois, Rte de Planèze, 24190 Neuvic-s-l'Isle, ✆ 0553815077, 121 Stpl., Juni-Sept; Municipal les Cuves, 24430 Razac-sur-l'Isle, ✆ 0553032686, 30 Stpl., Juni-Sept.

Dann fährt man geradeaus auf die von links einmündende D710, danach rechts auf die D939, der man bis Périgueux folgt.

Périgueux (30.000 Einw., Dép. Dordogne) erscheint widersprüchlich. Den lauten Ausfallstraßen stehen idyllische Uferpromenaden an der Isle im Südwesten gegenüber. Ebenso häßliche Neubauten und schöne alte Häuser.
Die Stadt ist aus zwei Teilen zusammengewachsen: der Cité, Nachfahre des gallo-römischen Vesuna (Hauptstadt der Petrocores) und früher Sitz des Bischofs, sowie dem um ein Kloster entstandenen bürgerlichen Puy-St-Front. Erst die gemeinsame Feindschaft zu den Engländern ließ beide Teile vereinen (1251). Von ihren beiden Stadtmauern steht noch je ein Turm: Tour de Vésone und Tour Mataguerre. Und ihre beiden Kirchen: die frühere Kathedrale St-Étienne (11. Jh., neben Cahors die älteste Kuppelkirche in Frankreich) und die jetzige, Saint-Front (12.-13. Jh., die größte Kuppelkirche). Sie ist mit ihren fünf Kuppeln auf griechischem Kreuz (Haupt- und Querschiff gleich lang) San Marco in Venedig nachempfunden. Ihr fremdartig-überladenes Aussehen mit den unzähligen Glockentürmchen und geschuppten Dächern hat sie allerdings ihrem Restaurateur Abadie zu verdanken, dem Erbauer von Sacré-Cœur in Paris. Innen ist sie ebenso kahl wie eindrucksvoll. Gleichfalls lohnend ist die Besichtigung der vorbildlich restaurierten Altstadt. Durch schmale Gäßchen, vorbei an historischen Häusern (15./16. Jh.) gelangt man zum interessanten Musée du Périgord (di geschlossen) mit reicher prähistorischer Sammlung.

Information: OTSI, Rd Point Tour Mataguerre, 26 pl Francheville, 24000 Périgueux, ✆ 0553531063.
Verkehrsverbindungen: Züge nach Bordeaux, Brive, Lyon und Clermont-Ferrand.
Hotel: Bristol***, 74 r V. Hugo, ✆ 0553533363, 20 Z., ganzj. (nordwestlich der Altstadt); Les Charentes**, 16 r Denis Papin, ✆ 0553533713, 12 Z., ganzj.
Jugendherberge: FJT (FUAJ), R des Thermes Prolongés, ✆ 0553068140, 16 B., ganzj.
Camping: in Boulazac (südlich): Barnabe-Plage, 80 r des Bains, ✆ 0553534145, 56 Stpl., ganzj.; L'Isle, Rte de Brive, ✆ 0553535775, 100 Stpl., Apr-Sept; s. auch Etappe 83.

Etappe 78:
Nontron – St-Jean-de-Côle – Thiviers – Excideuil – Hautefort
(68 km / 182 – 253 – 210 m)

Diese weitgehend ruhige Strecke führt weiter durch das ***Périgord Vert*** *zu einigen sehenswerten Orten, die man zwar nicht in der Fülle wie im Vézère-/Dordogne-Gebiet antrifft, die aber durch ihre Lage etwas abseits der größeren Straßen auch im Sommer nicht überlaufen sind. Das Land ist hügelig, jedoch ohne größere Steigungen.*

So geht es in Nontron rechts (von Angoulême kommend vor dem Schloß) auf der D3 zunächst bergauf, auf der schmaler werdenden Straße bald jedoch wieder hinunter durch Le Sablon direkt nach Villars. Dort ist es nicht mehr weit zu einem der wenigen stilreinen Renaissanceschlösser in Südfrankreich, dem

Château Puyguilhem (16. Jh.), und zu einer Höhle mit prähistorischen Malereien, den *Grottes de Villar* (4 km nordöstlich). Von Villars gelangt man auf der D98 nach **Saint-Jean-de-Côle**, einem reizenden mittelalterlichen Städtchen mit einer merkwürdigen Kirche (11.-12. Jh.): sie besteht nur aus einem Chor mit drei eigenartig angebauten Kapellen.

Hotel: Le St-Jean**, Rte de Nontron, 24800 St-Jean-de-Côle, ✆ 0553522320, 5 Z., ganzj.

Weiter geht es mit der D707 bis **Thiviers**, dessen Kirche aus romanischer Zeit einzig ihre Grundmauern bewahrt hat, an deren Halbsäulen noch die Kapitelle erhalten sind.

Information: SI, Pl du Maréchal Foch, 24800 Thiviers, ✆ 0553551250.
Hotel: Des Voyageurs**, R Pierre Semard, ✆ 0553550966, 30 Z., ganzj.
Verkehrsverbindungen: Züge nach Périgueux und Limoges.

Im Ort auf die N21, der man ein Stück nach rechts folgt, bis links die D76 nach **Excideuil** abzweigt. Dieser Ort besitzt ein nicht sonderlich gut erhaltenes Schloß der berühmten Familie Talleyrand.

Information: SI, Pl du Château, 24160 Excideuil, ✆ 0553629556.
Hotel: Le Rustic**, 1 pl du Champ de Foire, ✆ 0553624960, 5 Z., ganzj.
Camping: Du Pont Rouge, ✆ 0553624372, 33 Stpl., Juli-Aug.

Im Ort links auf die D705 und gleich danach schräg rechts wieder auf die D76 bis diese an der D704 endet, dort rechts bis St-Agnan, wo die Straße nach Hautefort ($D62^{E1}$) abzweigt. Schöner ist der ebenfalls ausgeschilderte Weg, der rechts von der $D62^{E1}$ abzweigt und sich durch dichten Wald dem Ort von der anderen Seite nähert. Die allzu starke Anpreisung von **Hautefort** in den Reiseführern hat mittlerweile zu einem größeren Andrang im Sommer geführt. Aber sowohl der Ort selbst als auch das Schloß sind tatsächlich sehenswert. Die in Südfrankreich seltene Barockanlage (17. Jh.) steht an der Stelle einer mittelalterlichen Burg des Bertran de Borns (eines berühmten Troubadours) und ist von einer ausgedehnten Parkanlage umgeben. Die meisten Ausstellungsstücke wurden allerdings ein Opfer der Flammen, die 1968 einen Großteil des Schlosses verwüsteten.

Information: OTSI, Pl René Lavaud, 24390 Hautefort, ✆ 0553504027.
Hotel: Du Parc**, Pl Réné Lavaud, ✆ 0553508898, 5 Z., Mitte März-Mitte Dez.
Camping: Le Clupeau, 24390 Cherveix Cubas, ✆ 0553504321, 33 Stpl., Juni-Sept (nördlich, an der D704, 6 km vor Hautefort).

Kartenskizze Etappen 78 – 80

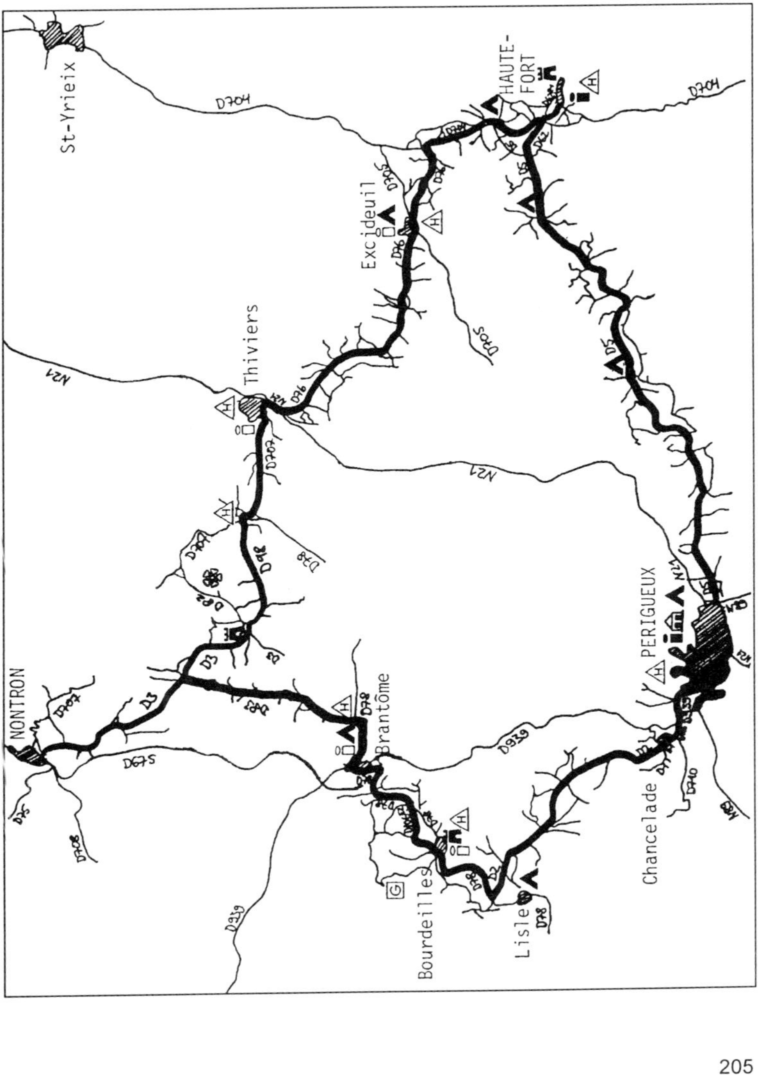

Etappe 79:
Nontron – Brantôme – Bourdeilles – Périgueux (61 km / 182 – 221 – 86 m)

*Diese abwechslungsreiche Strecke führt durch die ausgedehnte Waldlandschaft des **Périgord Vert** mit einem hügeligen Beginn, einer entspannenden Mitte und einem hügeligen Ende.*

Man verläßt Nontron wie auf der vorigen Etappe auf der D3 Richtung Villars, bis man in Le Sablon die D83 erreicht. Wer noch Zeit für ein Schloß und prähistorische Grotten hat, sollte hier geradeaus weiterfahren (s. vorige Etappe). Ansonsten folgt man der D83 rechts auf einer sehr erholsamen Fahrt entlang der Dronne, bis sie hinter Champagnac zur D78 stößt. Dort rechts nach **Brantôme** (das letzte Stück zweigt links auf eine kleinere Straße ab). Der Ort besitzt einige schöne Häuser und eine alte Abtei (11. Jh.).

Information: SI, Pavillon Renaissance, 24310 Brantôme, ✆ 0553058052.
Hotel: Alienor**, 9 av du Dr Devillard, ✆ 0553058536, 12 Z., ganzj. (ein Ort voller Luxusherbergen, dies ist die einzige preiswerte).
Camping: Municipal (D78), Av André-Maurios, ✆ 0553057524, 170 Stpl., Mai-Sept; Les Ecuries de Puynadel, Camping Equitation, ✆ 0553061966, 30 Stpl., Apr-Sept.

Aus Brantôme geht es rechts auf der D78 (Richtung Bourdeilles), die unmittelbar neben der Dronne verläuft. Ab und zu geben die Bäume am Ufer den Blick frei. Unterwegs ergibt sich die Möglichkeit, auf eine noch kleinere Straße abzubiegen, die D106^{E2}, die weiterhin am rechten Ufer verläuft, während die D78 die Dronne überquert. Man ist nun ganz mit sich und dem idyllischen Fluß allein. Der Kalkfels kündigt das Périgord Blanc an und bildet manch interessante Formation.

Schließlich wird **Bourdeilles** erreicht, das sehr schön anzusehen ist mit einer gotischen Brücke, einer alten Mühle und dem Schloß. Letzteres besteht aus zwei Teilen. Der rechte, mittelalterliche spielte als französischer Vorposten im Hundertjährigen Krieg eine wichtige Rolle. Der linke stammt aus der Renaissance (16. Jh.) und beherbergt eine Reihe alter Möbelstücke.

Information: SI, Mairie, 24310 Bourdeilles, ✆ 0553034296.
Hotel: Les Tilleuls**, ✆ 0553037640, 6 Z., Mai-Okt.
Gîte d'étape: Mairie*, Le Bourg, Paussac-St-Vivien, ✆ 0553045482, 16 B , ganzj. (nordwestlich).
Camping: Le Pont, 24350 Lisle, ✆ 0553046580, 45 Stpl., Juni-Mitte Sept (südlich).

Weiter geht es auf der D78 Richtung Lisle, 2 km vor Erreichen des Ortes biegt man jedoch links ab auf die kleine D2 (Richtung Chancelade). Unterwegs kann man rechts einen Abstecher zu der schön und einsam im Wald gelegenen Kirche des **Prieuré de Merlande** unternehmen. Sie ist reich mit romanischen Kapitellen ausgestattet (12. Jh.) und wurde von der Abtei *Chancelade* gegründet. Diese (Augustinerkloster, 12. & 16. Jh.) erreicht man auf der D2, die letzten

100 m auf der D1, und fährt von dort (über D1/D710) zur D939, rechts nach **Périgueux** (s. Etappe 77).

Etappe 80:
Périgueux – Hautefort (44 km / 86 – 210 m)

Die Strecke verbindet günstig Périgueux und Hautefort auf einer guten, breiten und dennoch ruhigen Straße.

Man fährt zunächst auf der N89 (Richtung Brive), biegt am Ortsende von Lesparat jedoch links ab auf die D5 (an der Auberge de la Truffière, schlecht ausgeschildert). Wer die Abzweigung verpassen sollte, kann eine später (N221) links fahren und kurz danach rechts auf die D5 in Richtung Flughafen. Man gelangt zur Auvézère, der man flußaufwärts folgt, leider meist außer Sichtweite, dafür über Hügel hinweg, mit ein paar Kirchlein am Hang oder Wegesrand.

Camping: L'Ilôt, 24640 Cubjac, © 0553053979, www.domainelafaurie.com, 50 Stpl., Apr-Sept; Les Tourterelles, 24390 Tourtoirac, © 0553511117, 93 Stpl., Mai-Sept.

Schließlich gelangt man auf die D62 (ohne abzubiegen, die D5 schwenkt links), der man geradeaus durch St-Agnan hindurch auf die $D62^{E1}$ nach **Hautefort** (s. Etappe 58) folgt. Schöner ist die ebenfalls ausgeschilderte Straße, die rechts abgeht und sich der Stadt durch zuerst dichten Wald nähert, bis er zurücktritt und man sich plötzlich im Ort befindet. Den schönsten Blick auf das Schloß hat man eh nicht von der $D62^{E1}$, sondern von der D704 aus (s. Etappe 82).

Etappe 81:
Hautefort – Objat – Vigeois – Uzerche (61 km / 210 – 126 – 405 – 333 m)

Diese Strecke führt in das südliche Limousin, eine liebliche und wasserreiche Landschaft, in der sich immer wieder die Möglichkeit ergibt, in einen Bach oder See zu springen. Die Strecke ist hügelig und völlig ruhig mit vielen kleinen Aussichtsstellen, die zum Verweilen einladen. Und die Streckenführung ist weniger kompliziert, als es beim ersten Blick auf die Karte erscheinen mag, da man weitgehend nur drei Straßen folgt.

Zur ersten kommt man mit der D62 ab Hautefort in Richtung Ayen: Nach einer Weile stößt man zur D71, der man halblinks in gleicher Richtung folgt. Schließlich erreicht man geradeaus *Saint-Robert* und die D5, während die D71 links abbiegt.

Camping: Bellevue, 19310 St-Robert, © 0555251112, 25 Stpl., Mitte Juni-Mitte Sept.

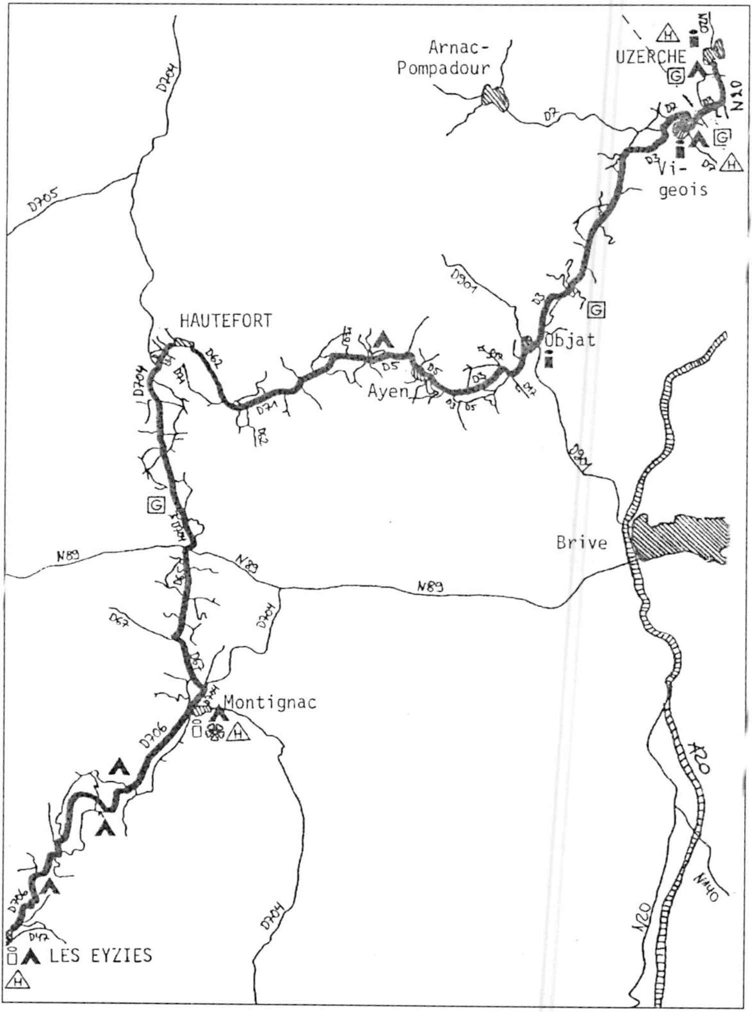
Arnac-
Pompadour
UZERCHE
N10
Vi-
geois
D7
D3
D705
D704
D901
HAUTEFORT
Objat
D62
D5
Ayen
D71
Brive
N89
D67
Montignac
D706
D704
A20
N20
N140
D47
LES EYZIES

Die D5 schwenkt bei Le Rale rechts, durchquert *Ayen*, passiert einen Hügel mit Rundblick und Orientierungstafel und stößt zur D3. Dieser Straße folgt man zunächst links zur D17, dort ein paar hundert Meter rechts und wieder links, durch *Objat* hindurch. Nach ca. 20 km gelangt man zur D7 und rechts nach *Vigeois*.

Information: OTSI, Pl Jean Lagarde, 19130 Objat, ✆ 0555259673; OTSI, Pl du Champ-de-Foire, 19410 Vigeois, ✆ 0555989644.
Verkehrsverbindungen: Von Objat Züge nach Brive und Nexon/südlich Limoges.
Hotel: Du Midi*, Vigeois, Pl du Champ de Foire, ✆ 0555989045, 11 Z.
Gîte d'étape: Mairie, Vigeois, ✆ 0555989110/93, 19 B., ganzj.; La Bontat*, Le Pont du Saillant, 19240 Allasac, ✆ 0555847394/7698, 20 B., Mai-Okt (gîte cycliste, traumhaft in den Gorges de la Vézère gelegen, 4 km unterhalb Voutezac).
Camping: Pontcharal, Vigeois, ✆ 0555989086 & 0555989193, 88 Stpl., Juni-Mitte Sept (2 km südöstlich am See); Le Bois Coutal, ✆ 0555737193/1933, 25 Stpl., Mitte Apr-Mitte Okt (à la ferme, 6 km südöstlich).

Dort setzt die nun erheblich breitere D3 wieder ein, der man links zur N20 folgt, auf der nach 4 km Uzerche erreicht wird. Von hier kann man die Fahrt durch das Limousin mit Etappe 125 oder 137 fortsetzen.

Uzerche (3.200 Einw., Dép. Corrèze) liegt bildschön am Berg über einer Schleife der Vézère. Wer von der D3 über die Dächer der Stadt blickt, möchte einem alten Sprichwort Glauben schenken: Wer ein Haus in Uzerche hat, hat ein Schloß im Limousin. Man sieht herrschaftliche Stadtpalais aus dem 15.-17. Jh., Glocken- und Wachtürme mit Zwiebeldächern, überragt von der Kirche St.-Pierre, einem romanischen Bauwerk, das während des Hundertjährigen Krieges befestigt wurde. Man kann sich vorstellen, daß diese Stadt nie eingenommen wurde. Sie hat sogar einer sieben Jahre langen Belagerung durch die Araber standgehalten.

Information: OTSI, Pl de la Lunade, 19140 Uzerche, ✆ 0555731571.
Verkehrsverbindungen: Züge nach Limoges/Paris, Tulle und Toulouse.
Hotel: Teyssier***, R Pont Turgot, ✆ 0555731005, http://hotelteyssier.free.fr, 14 Z., mi geschlossen.
Gîte d'étape: Faucou*, ✆ 0555730258, 6 B., ganzj.
Camping: La Minoterie, ✆ 0555731700/1275, 55 Stpl., Juni-Mitte Sept.

Etappe 82:
Hautefort – Montignac – Les Eyzies (52 km / 210 – 315 – 74 m)

Diese Etappe führt zu den unvergleichlichen Grotten an der Vézère. Viele haben hervorragend erhaltene prähistorische Höhlenmalerien, andere bizarre Tropfsteinformationen. Einzigartig ist auch die Zahl, in der sie hier zu finden sind.

Man verläßt Hautefort auf dem kleinen Sträßchen (D72), auf dem man gekommen ist (falls nicht: am Schloß vorbei hinunter). Kurz danach folgt man links einer Abzweigung hinunter, die etwas steiler als die andere Straße ist, fährt geradeaus über die D71 hinweg, auf der D72 zur D704 und dann links immer Richtung St-Rabier *(in Gegenrichtung: bei La Chabroulie rechts)*. 2 km hinter La Chabroulie bietet sich ein herrlicher Rückblick auf Hautefort. Man folgt weiter der erstaunlich angenehm zu befahrenden D704 durch St-Rabier und danach zur N89, einer gräßlich breiten und lauten Straße, die überquert wird; nach La Bachellerie. Von hier geht es auf der D65 über 5 % bergauf (auf 3½ km). Diese Steigung ließe sich nur auf der N89 & D704 vermeiden, die zwar flach verlaufen, aber äußerst unangenehm zu befahren (s.o.) und zudem 4 km länger sind. Auf der D65 hingegen hat man seine Ruhe und bei Erreichen des höchsten Punktes (*Pater Noster*) eine schöne Abfahrt vor sich. Im Tal der Laurence trifft die Strecke auf die D67, der sie nach links folgt und in deren Verlauf man sich noch einmal erholen kann, bevor es in den Vézèretrubel geht. Auf der D704 geht es rechts bis *Montignac*, das berühmt wurde durch die in seiner Nähe entdeckte **Grotte de Lascaux**, „sixtinische Kapelle der Höhlenmalerei" genannt. Doch ihre ganze Pracht ist seit rund 40 Jahren dem Normalbesucher nicht mehr zugänglich, sie hatte zu sehr gelitten. Als Ersatz hat man nebenan ein Lascaux II gebaut, in der das meiste rekonstruiert wurde. Auch schön zwar, aber halt nicht vom Neandertaler gemalt.

An der Vézère bei Montignac

Information: SI, Pl Bertran-de-Born, 24290 Montignac, ✆ 0553518260.
Hotel: Hostellerie La Roseraie, 11 pl d'Armes, ✆ 0553505392, 14 Z., Mitte März-Mitte Nov.
Gîte d'étape: Le Bourg*, 24210 St-Rabier, ✆ 0553506115/6051, 18 B., ganzj.
Camping: Le Bleufond, ✆ 0553518395, 90 Stpl., April-Mitte Okt.

Nun fährt man zunächst am rechten, später am linken Vézèreufer immer auf der D706. Für diese Fahrt sollte man möglichst früh unterwegs sein (vor allem zur Urlaubszeit im Sommer); in Licht und Luft der Morgenstille ist sie ein besonderes Erlebnis mit ihren Kalkfelsen, Höhlenwohnungen, Kapellen und Schlössern. Es ist nichts Außergewöhnliches dabei, aber die vielen kleinen Stellen bestechen durch ihre Abwechslung. Manche sind auf Stichstraßen zu erreichen, und man lernt ihre Namen mit der Zeit kennen: auf den zahlreichen Hinweisschildern. Begegnen wird man auch den „Nationaltieren" des Périgord: den Gänsen, die hier gestopft und gemästet werden und deren Leber zu Pastete verarbeitet wird.

Camping: La Castillanderie, 24290 *Thonac*, ✆ 0553507679, 65 Stpl., Apr-Okt;
bei 24290 *St-Léon-s-Vézère*: Le Paradis, ✆ 0553507264, 200 Stpl., April-Mitte Okt; Municipal, ✆ 0553507313, 20 Stpl., Mai-Mitte Sept;
bei 24620 *Tursac*: Le Vézere-Périgord, ✆ 0553069631, www.le-vezere-perigord.com, 103 Stpl., Mai-Sept; Le Pigeonnier, ✆ 0553069690, 25 Stpl., Juni-Sept; Bouyssou, ✆ 0553069808, 20 Stpl., Mitte Juni-Aug; La Ferme du Pelou, ✆ 0553069817, 65 Stpl., Mitte März-Mitte Nov; La Ferme d'Acceuil Fournet, ✆ 0553069823, 25 Stpl., ganzj., La Ferme de la Brauge, La Brauge, ✆ 0553296826, 25 Stpl., ganzj.

Les Eyzies (900 Einw., Dép. Dordogne) kann sich zu Recht eine prähistorische Hauptstadt nennen, und sie zeigt es auch mit all den kleinen Andenken-Neandertalern und dem großen, der unter einem Felsüberhang wachend über das Tal blickt. Vor den Höhlenbesuchen sollte man sich einen Überblick verschaffen: im reichhaltigen Musée Préhistorique (di geschlossen). Erst nach langem Streit hat man die Echtheit der Höhlenmalereien (30.000-10.000 v. Chr.) überall anerkannt. Einer der Beweise war die feine Sinterschicht, die der Kalk im Lauf der Jahrtausende über den Kunstwerken ausbildete und der sie auch ihre Erhaltung zu verdanken haben. Über die Höhlen verteilt sind diverse Techniken (aus verschiedenen Epochen) zu beobachten, von denen man manche in die Kategorie „abstrakte Kunst" einstufen könnte. Der Sinn der Abbildungen wird wie üblich im kultisch-religiösen Bereich gesucht, daher auch ihre Abgelegenheit in den Höhlen. Die in der Nähe gelegenen Stätten im einzelnen: Font-de-Gaume (farbige Malereien, Felsritzungen, Reliefs), Les Combarelles (Felsritzungen verschiedenster Tierarten), zwei eindrucksvolle Tropfsteinhöhlen: Le Grand Roc und Carpe-Diem, schließlich Gisement de Laugerie (prähistorische Ablagerungen).

Information: OTSI, Pl de la Mairie, 24620 Les-Eyzies-de-Tayac, ✆ 0553069705.
Verkehrsverbindungen: Züge nach Limoges, Agen, Sarlat und Bordeaux.
Hotel: Hostellerie du Passeur****, Pl de la Mairie, ✆ 0553069713, www.hostellerie-du-passeur.com, 19 Z., März-Okt.
Camping: Le Mas, Sireuil, ✆ 0553296806, 136 Stpl., Mai-Mitte Sept; La Rivière, ✆ 0553352085, 120 Stpl., Apr-Mitte Okt.

Etappe 83:
Périgueux – Lacropte – Les Eyzies (46 km / 86 – 250 – 74 m)

Die Strecke eröffnet eine zweite Möglichkeit, zur Vézère und deren Höhlen zu gelangen. Sie führt weitgehend durch Wald, auf hügeliger, einsamer Straße.

Man orientiert sich in Périgueux zunächst Richtung Brive. Nach der Abzweigung (rechts) nach Bergerac und einer Eisenbahnüberquerung biegt man rechts ab auf die D2 nach Pommier und Atur und folgt der Straße 17 km weiter bis Lacropte, dort links auf die D45, über die D710 hinweg (kurz rechts und wieder links).

Camping: 24750 Atur: Le Grand Dagne, ✆ 0553042101, 80 Stpl., Apr-Sept; am See bei 24330 La Douze: Naturiste Laulurie en Périgord, ✆ 0553067400, 63 Stpl., Mitte Mai-Mitte Sept (FKK).

Man bleibt nun immer auf der Straße, die öfter ihren Namen wechselt: D47 (die D45 biegt links ab), dann D32^{E} und wieder D47. Unterwegs besteht links eine Abstechermöglichkeit auf der D32 (6 km je Strecke) zur **Grotte de Rouffignac**, einer sehr weitläufigen Höhle, in der man mit einer Elektrobahn an den Malereien (viele Mammuts) vorbeigefahren wird. Schließlich erreicht die D47 **Les Eyzies** (s. Etappe 82).

Etappe 84:
Couze-et-St-Front – Beaumont – Monpazier (26 km / 40 – 201 – 190 m)

Mit dieser Etappe kann nicht nur an die Lotroute (Etappe 95) angeknüpft, sondern auch ein lohnender Umweg zu zwei mittelalterlichen Bastiden unternommen werden. Die nächste Etappe führt dann wieder zur Dordogne zurück, deren schönster Abschnitt eh erst dort beginnt.

In Couze-et-St-Front fährt man rechts auf der D660 nach **Beaumont**, einer englischen Bastide, von deren alter Stadtbefestigung noch ein Tor (13. Jh.) erhalten ist.

Information: SI, Mairie, 24440 Beaumont-du-Périgord, ✆ 0553223912.
Camping: Domaine de la Colombière, ✆ 0553224086, 60 Stpl., Mai-Sept; Le Conderc, Naussannes, ✆ 0553224040, 82 Stpl., Apr-Sept (FKK).

Weiter auf der D660 gelangt man zur noch eindrucksvolleren Bastide **Monpazier** (s. Etappe 38).

Etappe 85:
Monpazier – Belvès – Siorac (21 km / 190 – 77 m)

Von Monpazier führt die D53 auf einer schönen Fahrt direkt nach *Belvès*.

Information: SI, 1 r des Filhols, 24170 Belvès, ✆ 0553291020.
Camping: Le Moulin de la Pique, ✆ 0553290115, 200 Stpl., Mai-Mitte Okt; Les Nauves, Bas Rouge, ✆ 0553290787, 100 Stpl., Apr-Mitte Sept.

2 km weiter erreicht die D53 die D710, der man nach links bis **Siorac** folgt.

Information: SI, Mairie, Siorac-en-Périgord, 24170 Belvès, ✆ 0553316029.
Hotel: Pte Reine***, Rte de Belvès, ✆ 0553316042, 39 Z., Mitte Apr-Okt.
Gîte d'étape: La Carral*, Le Relais de l'Aurival, 24220 Le Coux-et-Bigaroque, ✆ 0553312250, 50 B., ganzj. (andere Dordogneseite).
Camping: La Faval, Le Coux-et-Bigaroque, ✆ 0553316044, 100 Stpl., Apr-Sept; Les Valades, ✆ 0553291427, 46 Stpl., März-Okt; Le Clou, Meynard Haut, ✆ 0553316332, 100 Stpl., Apr-Sept; Municipal, Le Port, Siorac-en-Périgord, ✆ 0553316381, 66 Stpl., Mitte Juni-Mitte Sept.

Etappe 86:
Couze-et-St-Front – Le Buisson – Siorac (26 km / 40 – 90 – 77 m)

Diese und die folgenden drei Etappen ergänzen sich zu einer einzigartigen Rundfahrt, die landschaftlich wie kulturell zu den eindrucksvollsten in Südwestfrankreich zählt. Wer sie nicht ganz abradeln möchte, sollte die nächsten beiden Etappen wählen, mit einer kleinen Variante am Schluß.

Am bezauberndsten ist die ***Dordogne*** *morgens. Selbst im Sommer bildet sich (nach klarer Nacht) über dem Wasser eine Nebelbahn, die allmählich die Hänge emporsteigt, um sich dann in der Sonne aufzulösen. In Zeiten, in denen die Sonne dazu nicht kräftig genug ist, hält sich der Nebel und bildet aus den Hängen bizarre Gestalten, in denen die Schlösser wie in einem Märchen erscheinen. Ein wenig Glück gehört auch dazu, sonst kann es passieren, daß man im Nebel gar nichts mehr sieht. Im Sommer freilich ist das unwahrscheinlich, eher wird sich der Nebel bereits um 9 h aufgelöst haben. Zwar hat man auch dann noch grandiose Ausblicke auf die Flußschleifen, sie sind aber nicht so unvergleichlich schön wie im Morgenlicht. Auch unabhängig davon lohnt sich das Frühaufstehen, da man dann die Dordogne ungestört entlangfahren kann. Später dürfte man inmitten des Autoverkehrs im Sommer sogar einigen anderen Radtouristen begegnen (erst hinter Domme werden die Etappen merklich ruhiger).*

Man folgt flußaufwärts der D8 und 3 km weiter der D29. Rechts besteht über die D28/D25 eine Abstechermöglichkeit (4 km Umweg) zu dem letzten im Périgord erhaltenen Zisterzienserkloster **Cadouin**. Es war dank einer Reliquie (eines der vielen 'Leichentücher' Christi) im Mittelalter Ziel zahlreicher Pilger (Kirche 12. Jh., Kreuzgang 15. Jh.).

Jugendherberge: Pl de l'Abbaye (FUAJ), 24480 Cadouin, ✆ 0553732878, 73 B., Feb-Mitte Dez (besonders schöne JH in altem renovierten Klostertrakt).

Schließlich erreicht man *Le Buisson* und auf der D25 dann **Siorac** (s. Etappe 85). (Wer mit Etappe 89 weiterfährt, kann in Le Buisson über die Dordogne und rechts auf der D51 und D703 nach St-Cyprien fahren.)

Information: SI, Jardin Public, 24150 Lalinde, ✆ 0553610855; SI, 24480 Le Buisson-de-Cadouin, ✆ 0553220609.
Hotel: Le Résidence**, Lalinde, R du Prof. Testut, ✆ 0553610181, 10 Z., Mai-Sept.
Camping: Moulin de la Gouillou, Rte de Sauveboeuf, Lalinde; ✆ 0553610291, 100 Stpl., Mai-Okt; Le Parc, Sauvebœuf, ✆ 0553610230, 27 Stpl., Juni-Mitte Sept; Les Bo Bains, Badefols-s-Dordogne, ✆ 0553735252, 97 Stpl., Mitte Apr-Sept; Du Pont de Vicq, Vicq, ✆ 0553220173, 130 Stpl., Mitte Apr-Sept; Domaine de Fromengal, ✆ 0553631155, 54 Stpl., Apr-Okt.

Etappe 87:
Couze-et-St-Front – Trémolat – Les Eyzies (38 km / 40 – 120 – 74 m)

Couze verläßt man auf der D8 am linken Dordogneufer. Bei Lalinde (s. vorige Etappe) ein schöner Blick über den Fluß; von der D8 weiter geradeaus auf die D29. Kurz hinter der Stelle, wo sich die Straße rechts vom Fluß abwendet, biegt man links ein auf die D28 durch Traly zur D31, der man durch Larives mit einigen Kurven über die Dordogne nach **Trémolat** folgt. Hier steht eine kleine Wehrkirche mit Kuppelkonstruktion (11. Jh.). 2 km nördlich bietet sich ein schöner Ausblick auf die Cingle de Trémolat, eine große Schleife, die der Fluß hier beschreibt.

Nachdem die D31 im Ort zweimal abbog (erst links, dann rechts), erreicht man nach einer Hügelüberquerung zwei schöne Aussichtspunkte, dann Limeuil und schließlich die D703, der man noch knapp 2 km nach rechts bis *Le Bugue* folgt. In der Nähe befindet sich die **Caverne de Bara-Bahau** mit den wahrscheinlich ältesten, noch recht undeutlichen Zeichnungen von vor fast 30.000 Jahren.

Information: SI, Pl de l'Hôtel de Ville, 24260 Le Bugue-en-Périgord, ✆ 0553072048.
Hotel: Le Cygne***, 2 r du Cingle, ✆ 0553071777, 11 Z., Mitte Dez-Mitte Jan geschl.
Camping: La Linotte, ✆ 0553071761, 88 Stpl., Mitte Apr-Mitte Okt; Le Rocher de la Granelle, La Borie, ✆ 0553072432, 100 Stpl., Apr-Sept.

Auf der D703 geht's noch vor der Eisenbahnüberführung und Vézère-Brücke links auf eine nicht numerierte kleine, sehr ruhige Straße, der man folgt, bis sie an der D47 endet. Dort rechts über die Vézère nach **Les Eyzies** (s. Etappe 82).

Kartenskizze Etappen 83 – 89

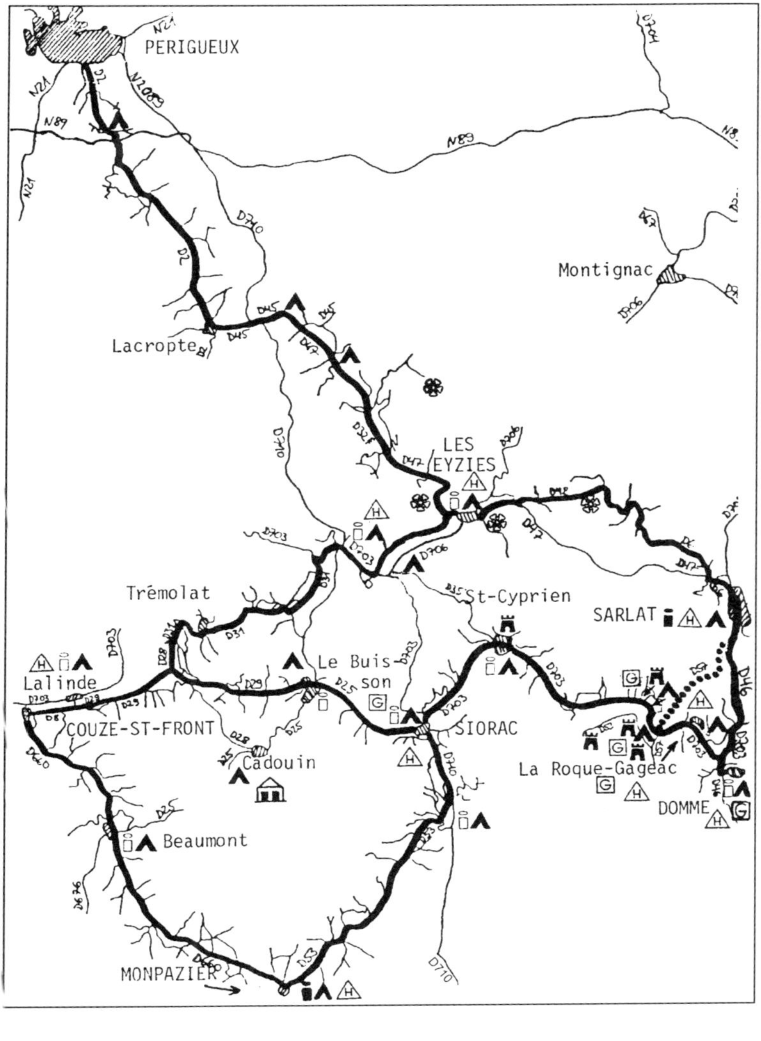

Etappe 88:
Les Eyzies – Sarlat – Domme (33 km / 74 – 212 m)

Man verläßt Les Eyzies an den *Grotte de Font-de-Gaume* und *Grottes des Combarelles* vorbei zunächst auf der D47 Richtung Sarlat. Links führt die D48 zum **Abri du Cap Blanc** (4 km eine Strecke), wo monumentale (natürlich prähistorische) Tierreliefs zu sehen sind – ein Pferd mißt gar 2 m. 2 km weiter fährt man rechts auf der D6 durch Marquay auf einer herrlich ruhigen Strecke, bis sie an der Hauptstraße endet. Dort links, immer noch auf der D6 nach Sarlat, zur Hauptstadt des *Périgord Noir*. Dies wird der Eichen wegen so genannt, deren Wälder die Hügel bewachsen und dem Land zu seinem Trüffelreichtum verhelfen.

Sarlat (11.000 Einw., Dép. Dordogne) umgibt den Besucher, der vom Boulevardring in die Altstadt tritt, unmittelbar mit dem ihm eigenen Flair. Prächtig verzierte Renaissancehäuser neben spätgotischen Bauten und schlichteren aus klassizistischer Zeit. Ein Gang durch die Stadt wird unwillkürlich zu einer Reise durch die Kunstgeschichte. Das Nebeneinander der vielen Baustile stört keineswegs, sie harmonieren sogar, und das bereits seit dem 17. Jh. Danach nämlich konnte sich die Stadt kaum noch Neubauten leisten. Sie fiel in Vergessenheit und wurde erst in den sechziger Jahren durch eine großangelegte Restauration wieder zu Leben erweckt (Unterkunft rechtzeitig sichern!). Samstag ist Markttag, und im Sommer findet alljährlich ein großes Theaterfestival auf dem Pl de la Liberté statt, dessen Tribünen dann allerdings die schönen Häuser verdecken. Zu dieser Zeit ist die Stadt schon fast zu lebhaft. Wer dem Gedränge entkommen will, sollte morgens durch die Gassen streifen, oder noch besser abends, wenn von all den Restaurants das Besteckgeklimper nach außen dringt.
Man beginnt am leicht zu findenden Pl de la Liberté (s.c., am Rathaus), von dort einen schmalen, steilen Weg hinauf (nördlich) mit eindrucksvollen Blickwinkeln in Hinterhöfe, auf ziegel- oder steinbedeckte Dächer und in noch schmalere Gäßchen. Obwohl die meisten Herrschaftshäuser (Hôtel de Mirandol, de Malville, Plamon) hier in dieser Stadthälfte liegen, lohnt sich auch der Besuch des von der schnurgeraden R de la République abgetrennten Westteils, der noch weitgehend unrestauriert ist, aber ebenfalls fesselnde Blickwinkel freigibt (etwa auf eine unter einem Haus durchgebaute Gasse). Schließlich sollte man wieder in den anderen Teil wechseln, am Geburtshaus des Boétie vorbei zur Kathedrale St-Sacerdos, die gleich drei Stilarten vereint: romanischer Glockenturm, gotisches Gewölbe und klassizistisches Portal. In der Nähe befindet sich noch eine Reihe weiterer interessanter Bauten, so die ganz eigenartige Laterne des Morts (Totenlaterne), deren Bestimmung bis heute ungeklärt ist.

Information: OTSI, Pl de la Liberté, 24200 Sarlat, ✆ 0553592767.
Verkehrsverbindungen: Züge nach Bordeaux und Brive.

Hotel: Du Lion d'Or***, 48 av Gambetta, ✆ 0553590083, 21 Z., Apr-Mitte Nov; Attica**, Av de la Dordogne, ✆ 0553281800, www.attica.fr, 46 Z., ganzj.
Camping: Les Perières, ✆ 0553590584, 100 Stpl., Apr-Sept; Le Montant, ✆ 0553591850, www.camping-sarlat.com, Mitte Mai-Mitte Sept; Le Caminel (D47), ✆ 0553593716, 90 Stpl., Mitte März-Mitte Nov; Les Acacias (D704), La Canéda, ✆ 0553310850, 89 Stpl., Apr-Sept;
St-André-d'Allas: Le Montant, ✆ 0553591850, 75 Stpl., Mai-Sept; Le Moulin du Roch (D47), ✆ 0553592027, 195 Stpl., Mai-Mitte Sept; De Villeneuve (D47), ✆ 0553303090, 100 Stpl., Mitte Apr-Okt; Les Charmes, ✆ 0553310289, 85 Stpl., Apr-Mitte Okt; 3 weitere Plätze in Carsac-Aillac.

Weiter geht es auf der D46 (am Ortsrand vor der Eisenbahnunterführung rechts) durch *Vitrac* und über die Dordogne bis Cénac. Links geht es hinauf nach Domme.

Hotel: Latreille, Le Port, 24200 Vitrac, ✆ 0553283319, 8 Z., März-Mitte Jan.
Camping: La Sagne, ✆ 0553310096, 30 Stpl., Juni-Sept.

Domme (1.000 Einw., Dép. Dordogne) ist grandios. Man weiß nicht, wo man zuerst hinschauen soll: auf das Panorama, das die Dordogne bietet, die Lage der kleinen Stadt auf einem steil abfallenden Fels oder ihr Inneres mit drei Stadttoren, alten Häusern und Markthalle. Oder ihr Innerstes: eine Tropfsteinhöhle (Grotte du Jubilé). Gegründet wurde Domme als Bastide (1283), bei der sich jedoch aufgrund der Lage das bewährte Schachbrettmuster nicht anwenden ließ.

Information: OTSI, Pl de la Halle, 24250 Domme, ✆ 0553317100.
Hotel: Quatre Vents***, ✆ 0553215757, www.hotel-les4vents.com, 14 Z..
Gîte d'étape: Simon*, Cénac, ✆ 0553283277, 25 B., ganzj.; La Cabane, 24220 Vézac, ✆ 0553295228, 18 B., ganzj. (kurz vor D703).
Camping: Le Bosquet, ✆ 0553283739, 60 Stpl., Apr-Mitte Okt; Le Moulin de Candou, ✆ 0553310369, 60 Stpl., Juni-Mitte Sept;
in *La Rivière*: Le Perpétuum, ✆ 0553283518, 120 Stpl., Apr-Okt; La Rivière, ✆ 0553283346, 50 Stpl., Mai-Sept);
Cénac Plage, ✆ 0553283191, 112 Stpl., Juni-Mitte Sept; Le Pech de Caumont, Cénac, ✆ 0553282163, 100 Stpl., Apr-Sept; Le Bras, Bras, ✆ 0553283420, 30 Stpl., Mitte Juni-Mitte Sept.

Wer nicht auch die nächste Etappe fahren möchte, sollte kurz hinter Sarlat einen kleinen Umweg machen: rechts die D57 (Richtung Beynac) hinauf und weiter, bis man nach einer schönen, langen Abfahrt zur Dordogne gelangt.

Etappe 89:
Siorac – St-Cyprien – La Roque-Gageac – Domme (28 km / 77 – 212 m)

Mit diesem Teil beginnt der wohl schönste Abschnitt der Dordogne (Fortsetzung mit nächster Etappe). Man überquert in Siorac zunächst den Fluß und folgt der

D703 rechts zum hübschen **St-Cyprien**, über dem das *Château de Fages* thront, ein durch private Initiative restauriertes Schloß aus dem 16. Jh.

Information: SI, R Gambetta, 24220 Saint-Cyprien, ✆ 0553303609.
Camping: De Garrit, ✆ 0553292056, 90 Stpl., April-Sept.

Weiter auf der D703 gelangt man nach **Beynac**, eindrucksvoll an Felsen gebaut, und hoch oben die weithin sichtbare Burg (13. Jh.).

Information: SI, La Baline, 24220 Beynac-et-Cazenac, ✆ 0553294308.
Gîte d'étape: La Grange*, Mairie, Le Bourg, ✆ 0553313400, 19 B., ganzj.
Camping: Le Capeyrou, ✆ 0553295495, 100 Stpl., Juni-Sept.

Man durchradelt den landschaftlich schönsten Abschnitt, auf dem drei Burgen zugleich zu sehen sind. Besonders lohnt sich der steile, aber kurze Aufstieg zur Burg **Castelnaud**, die eine Ausstellung mit mittelalterlichem Kriegsgerät beherbergt. Das Beeindruckendste jedoch wird der unübertreffliche Ausblick über das weite Flußtal sein. Gegenüber sieht man Beynac – wie im Hundertjährigen Krieg, als die Engländer von hier die Franzosen beobachteten.

Gîte d'étape: Mairie*, Le Bourg, 24250 Castelnaud-la-Chapelle, ✆ 0553295121, 19 B., ganzj.
Camping: Maisonneuve, Castelnaud-la-Chapelle, ✆ 0553295129, 110 Stpl., April-Mitte Okt; Lou Castel, ✆ 0553298924, 57 Stpl., Mitte Apr-Aug.

Von Castelnaud führt die D53 (flußabwärts) zu zwei weiteren Schlössern: das **Château Fayac** (15./16. Jh., nicht zu besichtigen), das man bereits von der D703 aus gesehen hat, und das **Château Les Milandes** (15. Jh.), in dem Josephine Baker ihr internationales Kinderzentrum eingerichtet hatte und dessen Innenausstattung heute besichtigt werden kann.

Mit der D703 gelangt man von Beynac schließlich nach *La Roque-Gageac*, einem malerisch am Hang gebauten Dorf.

Hotel: La Belle Etoile***, 24250 La Roque-Gageac, ✆ 0553295144, 16 Z., Apr-Okt.
Gîte d'étape: Le Colombier*, La Roque-Gageac, ✆ 0553283339, 12 B., Apr-Okt (5 km außerhalb).
Camping: Bei 24240 *Vézac*: Les Deux Vallées, ✆ 0553310981, 100 Stpl., ganzj. (D57); La Cabane, ✆ 0553295228, 98 Stpl., Apr-Mitte Okt (D703); La Plage, ✆ 0553295083, 83 Stpl., Apr-Sept; Les Magnanas, ✆ 0553295179, 67 Stpl., Juni-Sept; Le Relais Moto des Sources, Le Brugal, ✆ 0553594593, 25 Stpl., ganzj.;
bei *La Roque-Gageac*: Beau Rivage, ✆ 0553283205, 199 Stpl., März-Sept; Le Lauzier, ✆ 0553295459/0553295166, 66 Stpl., Mitte Mai-Mitte Sept; Verte-Rive, ✆ 0553283004, 60 Stpl., Juli-Mitte Sept.

Nun sind es nur noch wenige Kilometer, bis man rechts mit der D46 über den Fluß und wieder links nach **Domme** gelangt (s. Etappe 88).

Etappe 90:
Domme – Souillac – Lacave – Carennac – St-Céré
(90 km / 212 – 70 – 152 m)

Die Rundfahrt an der Dordogne kann noch erweitert werden. Während diese Etappe weiter dem Fluß folgt, führen die nächsten beiden nur wenig südlich davon über den Causse de Gramat mit einem völlig anderen Landschaftsbild. Für den, der keine Rundfahrt unternehmen, aber dennoch von beiden Routen etwas sehen will, besteht etwa auf der Hälfte eine günstige Wechselmöglichkeit.

Von Domme geht es wieder hinunter, auf der D46 über die Dordogne, auf der D703 rechts durch Vitrac (s. Etappe 88) zum **Château Montfort**, einst vom berühmt-berüchtigten Simon de Montfort erobert (wie fast alle anderen Dordogneschlösser auch). Der heutige, aus dem 15./16. Jh. stammende Bau steht an exponierter Stelle an einer engen Flußschleife. Kurz danach kommt man zur D704, der man nach rechts folgt, über die Dordogne hinweg, gleich hinter St-Rome hart links auf die D50, womit man die doch recht befahrene D703 verlassen hätte, um nun über kleine, romantische Sträßchen zu fahren, die weitgehend dem Flußverlauf folgen.

Links von **Veyrignac** sieht man ein hübsch gelegenes Schlößchen (17. Jh.) und ein Stück weiter das frühere Schloß der Familie Fénelon (14./15. Jh.), in dem der Erzbischof Fénelon de Cambrai geboren wurde.

Gîte d'étape: L'Ilot*, Le Bourg, 24370 St-Julien-de-Lampon, ✆ 0553294611, 20 B., Apr-Mitte Nov.
Camping: Bei *St-Julien-de-Lampon*: Le Mondou, Le Colombier, ✆ 0553297037, 60 Stpl., Mitte Juni-Sept; Du Bourniou, ✆ 0553298339, 160 Stpl., Mitte Juni-Mitte Sept; bei 24200 *Carsac-Aillac* (auf der anderen Dordogneseite): Aqua Viva (D704[A]), ✆ 0553592109, 165 Stpl., Anf Apr-Mitte Okt; Le Plein Air des Bories, ✆ 0553281567, 90 Stpl., Juni-Mitte Sept; Le Rocher de la Cave (D704), ✆ 0553281426, 100 Stpl., Mai-Sept.

Man überquert die Départementsgrenze und fährt nun auf der D43.
Vor Cieurac links, hinter dem Ort wieder über die Dordogne nach Souillac.

Souillac (4.000 Einw., Dép. Lot) ist wegen der es durchschneidenden N20 weniger schön, hat aber eine romanische Kirche, deren Inneres mit einer Reihe hervorragender Skuplturen aufwartet, die früher einmal das Portal bildeten. Darunter befinden sich der „Bestienpfeiler" und der noch berühmtere „tanzende Jesaja". Dessen beschwingt-bewegte Haltung ist einzigartig inmitten der sonst so steifen romanischen Menschendarstellungen.

Information: OTSI, 9 bd Malvy, 46200 Souillac, ✆ 0565378156.
Verkehrsverbindungen: Züge nach Limoges, Toulouse und Perpignan.
Hotel: La Roseraie***, 42 Av de Toulouse, ✆ 0565378269, 26 Z., Apr-Mitte Okt.
Gîte d'étape: Le Bournet*, 46200 Pinsac, ✆ 0565322394, 30 B., ganzj. (4 km südlich, reservieren!).

Camping: La Paille Basse, ✆ 0565378548, 220 Stpl., Mitte Mai-Mitte Sept; Les Ondines, ✆ 0565378644, 140 Stpl., Mai-Sept.

Man verläßt Souillac auf der N20 (Richtung Cahors), biegt jedoch noch vor der Flußbrücke links ab auf die D43. 5 km weiter überquert die Strecke dann die Dordogne. Von der Brücke hat man einen schönen Blick auf das malerisch am Ufer gelegene *Château La Treyne* (Turm 14. Jh., Rest 17. Jh.). Danach folgt ein kurzer Anstieg nach **Belcastel**, dessen Burg auf einem steilen Felsen liegt. Auf einer weiten Kehre geht es hinunter. Unterwegs trifft man auf die D23, der man nach links folgt. Dieser Schlenker verschafft bereits einen ersten Eindruck von der trockenen Vegetation des Causse de Gramat. Schließlich erreicht man die **Grotte de Lacave**, eine großartige Tropfsteinhöhle, die in Elektroschlitten besichtigt werden kann (April-Mitte Okt).
(Hier beginnt die Verbindung nach Rocamadour, Etappe 92, über die zunächst stark, aber bald schwächer ansteigende D247.)

Und weiter nach Meyronne, dort links auf der D15 erneut über den Fluß bis St-Sozy, dort direkt rechts auf die D114 nach *Creysse*.

Camping (auf dem letzten Stück): Bei 46200 *Pinsac*: Verte Rive, ✆ 0565378596, 65 Stpl., Ostern-Sept; Municipal, ✆ 0565320602, 40 Stpl., Mitte Juni-Sept; Les Combettes (aire nat.), ✆ 0565370019, Apr-Mitte Sept, 25 Stpl.;
bei *Lacave*: La Rivière, ✆ 0565370204/65378602, 110 Stpl., Juni-Sept; Le Bourgnou (à la ferme), ✆ 0565326301, 6 Stpl., Juni-Sept; Le Bougayrou (à la ferme), ✆ 0565378720, 8 Stpl.;
La Plage, *Meyronne*, ✆ 0565322326, 50 Stpl., Mitte Juni-Mitte Sept; Les Borgnes, *St-Sozy*, ✆ 0565322148, 100 Stpl., Juni-Sept; Du Port, 46600 *Creysse*, ✆ 0565322082/2759, 100 Stpl., Mai-Sept.

In Creysse links auf die D23 (Richtung Martel), bis nach einer Linkskurve rechts die D43 nach Gluges abzweigt. Noch am Ortsanfang von Gluges rechts zur N140, der man rechts wieder über die Dordogne folgt, dahinter links auf die D43 durch Floirac bis **Carennac**. Hier befindet sich ein sehenswertes Kloster mit reichlich romanischen Skulpturen an Portal und Kapitellen, einem Kreuzgang (romanisch und Gotique flamboyant) sowie einer interessanten und seltenen Renaissanceskulptur (Grablegung Christi).

Information: OTSI, Cs du Prieuré, 46110 Carennac, ✆ 0565397375.
Camping: L'Eau Vive, ✆ 0565109739, 33 Stpl., Mai-Sept.

Hinter Carennac beginnt die D30 (Richtung St-Céré), der man folgt, bis links die D43 nach *Prudhomat* abbiegt, über dessen Dächern sich imposant das **Château de Castelnau** (11. Jh., di geschlossen) erhebt, ein besonders schönes Beispiel mittelalterlicher Verteidigungskünste. Mindestens so schön ist der Blick von der Burg auf den Zusammenfluß von Dordogne und Cère. Während die D43 zum Château hinaufführt, folgt die Strecke der D19, dann der D940 nach St-Céré.

Saint-Céré (4000 Einw., Dép. Lot) liegt hübsch eingebettet in die sich ringsum erhebenden, bis zu 500 m höheren Berge an der Wegscheide zwischen Auvergne und Quercy, Limousin und Périgord. Viele herrschaftliche Häuser aus dem 15. Jh. deuten an, daß die Stadt ihre Lage früher (besser) zu nutzen wußte. Eine besondere Augenweide ist das *Château de Montal*, das 3 km vor St-Céré steht. Jeanne Balsac d'Entraygues ließ für seinen Bau eigens Künstler von der Loire holen, die im 16. Jh. dieses wunderbare Schloß errichteten. Die Renaissance-Treppe im Innern ist ein wahres Meisterwerk (Palmsonntag-Okt, außer Juli/Aug sa geschlossen).

Information: OTSI, Pl de République, 46400 Saint-Céré, ✆ 0565381185.
Hotel: Maury, 9 pl de la République, ✆ 0565382999, 11 Z.
Gîte d'étape: 46130 Loubresse*, ✆ 0565382552 & 0565381830, 12 B., ganzj. (5 km westlich der D30, 5 km vor St-Céré).
Camping: De Soulhol, ✆ 0565381237, 150 Stpl., April-Sept.

Etappe 91:
Domme – Gourdon (25 km / 212 – 70 – 256 m)

Die erste Veränderung, die gegenüber der Flußroute auffällt, ist der hügelige Straßenverlauf. Man fährt von Domme hinab und folgt der D46 nach links, zunächst durch *Saint-Martial-de-Nabirat* hindurch.

Camping: Le Carbonnier, 24250 St-Martial-de-Nabirat, ✆ 0553284253, 150 Stpl., Mitte Apr-Mitte Sept; Calmesympa, La Gréze, ✆ 0553284315, 25 Stpl., Mitte Apr-Okt.

Weiter auf der D46 (im Dép. Lot D6) zur D673. Dort links, hinauf in das schon aus der Ferne zu erkennende Gourdon.

Gourdon (5000 Einw., Dép. Lot) hat eine hübsche Altstadt, die von einem Boulevardring umgeben ist. Und wenn in ihr lebhaftes Treiben herrscht (Urlaubszeit; Wochenmarkt samstags), versinkt der Ring in ein heilloses Verkehrschaos, was durchaus originell-amüsant sein kann (ein Fahrrad kommt überall durch ...).
Außer den Altstadtgassen bieten sich noch zwei Ausflüge an. Nach Norden (D704) zu den *Grottes de Cougnac*, die neben Stalaktiten und Mammutzeichnungen auch eine Besonderheit zeigen: eine seltene Menschendarstellung. Schließlich kann das gotische Kirchlein Notre-Dame-des-Neiges besichtigt werden (südlich, Schlüssel beim OTSI), nett gelegen und über einer Quelle gebaut. Der Boden ist daher recht feucht, und die Wände sind moosbegrünt.

Information: OTSI, 26 r de Majon, 46300 Gourdon, ✆ 0565275250.
Verkehrsverbindungen: Züge nach Toulouse und Paris.
Hotel: Le Nouvel Hotel**, 1 bd de la Madeleine, ✆ 0565410023, 12 Z., ganzj.

Kartenskizze Etappen 90 – 93

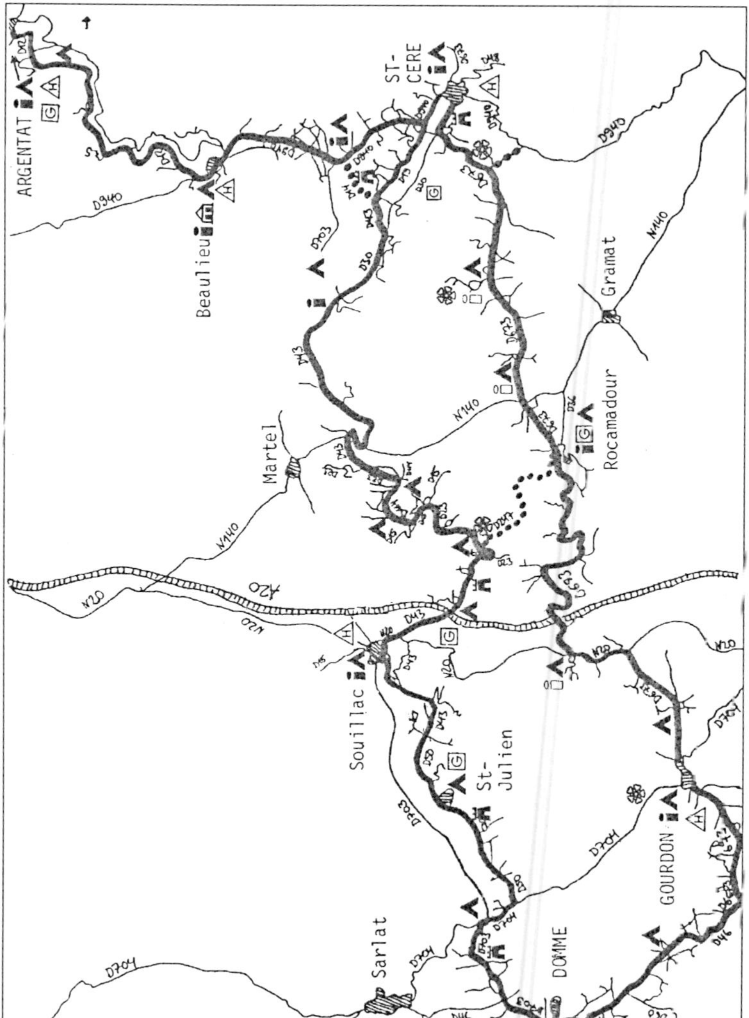

Camping: Ecoute s'il pleut, Le Quercy, ✆ 0565410619, 160 Stpl., Juni-Sept; La Peyrugue (à la ferme), Le Paradis, Rte de Salviac, ✆ 0565416501/0565301363, 25 Stpl., Juni-Mitte Sept.

Etappe 92:
Gourdon – Payrac – Rocamadour – Padirac – Saint-Céré
(62 km / 256 – 140 – 360 – 152 m)

Ab Gourdon sind es noch 9 km auf der breiten und erstaunlich leeren D673 bis zur ebenso breiten, aber wesentlich unangenehmeren N20, der man 3½ km nach links bis *Payrac* folgt.

Information: SI, Maison des Association, 46350 Payrac, ✆ 0565379427.
Camping: Les Pins, ✆ 0565379632, 125 Stpl., Apr-Mitte Sept; Le Panoramic, Rte de Loupiac, ✆ 0565379845, 33 Stpl., ganzj.; Le Picouty, ✆ 0565379878, 43 Stpl., Mitte Juni-Aug; Le Rêve, Le Vigan (5 km hinter Gourdon), ✆ 0565412520, 52 Stpl., Mai-Sept.

Man verläßt die durch die N20 etwas entstellte Stadt über die D673 rechts bis Rocamadour. Diese Fahrt ist in der recht trockenen Vegetation sehr eindrucksvoll. Sie führt über Kalkplateaus und durch tief eingeschnittene Täler. Die Flüsse darin sind meist nicht zu sehen; sie verlaufen unterirdisch. Dafür breitet sich ein saftiggrüner Grasteppich aus, der in scheinbarem Widerspruch zu dem dürftigen Bewuchs an den Hängen steht. Am schönsten ist der Abschnitt zwischen Les Vitarelles und L'Hospitalet. Da die Abfahrt jedoch kürzer als die anschließende Steigung ist, könnte die Fahrt in Gegenrichtung etwas angenehmer sein. Dennoch: Die Steigungen sind weniger groß, als man vermuten könnte; so sind die vielen Pfeile auf der Michelinkarte reichlich übertrieben. (Am steilsten ist noch das Stück unmittelbar hinter Payrac: ca. 4 % auf 4 km.) Wenn man schließlich *L'Hospitalet* erreicht hat, wird man mit einem grandiosen, fantastischen Blick auf Rocamadour belohnt, wie es steil an einen Felshang gebaut ist, der weit in das zerklüftete Tal hinabfällt. Man braucht jedoch nicht nach **Rocamadour** hinunterzufahren (außer zur Quartiersuche vielleicht); gegenüber seiner Lage ist der nach Lourdes zweitberühmteste französische Wallfahrtsort nämlich weniger schön und rechtfertigt kaum den mit einem Besuch einhergehenden, mühseligen Wiederaufstieg.

Information: OTSI, Hôtel de Ville, 46500 Rocamadour, ✆ 0565336259 (Winter geschl).
Gîte d'étape: Blanat**, ✆ 0565336827, 8 B., 15 Stpl. (à la ferme), ganzj. (östlich, südlich der Route).
Camping: 8 Plätze, darunter: Le Roc, ✆ 0565336850, 36 Stpl., Apr-Okt; Le Relais du Campeur, ✆ 0565336328, 100 Stpl., Mitte Apr-Sept; Les Campagnes (aire nat.), Rte Souillac, ✆ 0565336337, 25 Stpl., Apr-Okt.

Von L'Hospitalet geht es weiter auf der D673 zunächst bis *Alvignac.*

Information: SI, R Centrale, 46500 Alvignac, ✆ 0565336642.

Verkehrsverbindungen: Noch vor der N140, einsam in der Landschaft, der Bahnhof „Rocamadour-Padirac", Station für Züge nach Brive und Rodez.
Camping: Municipal Le Samayou, ✆ 0565336062/30, 35 Stpl., Mitte Juni-Mitte Sept.

Und weiter auf derselben Straße nach *Padirac*, wo die D90 zu der **Gouffre de Padirac** (April-Mitte Okt) führt, einer der größten zu besichtigenden Tropfsteinhöhlen mit einem riesigen Saal (Grand-Dôme), zu dem die Besucher in Booten auf einem unterirdischen Fluß hingefahren werden. Der Ort ist allerdings durch seinen Bekanntheitsgrad recht stark frequentiert.

Information: SI, Mairie, 46500 Padirac, ✆ 0565334717.
Camping: Des Chênes, ✆ 0565336554, 120 Stpl., Mai-Sept.

Man fährt noch eine Weile auf dem Causse de Gramat, bis die D673 zur Bave hin abfällt (Abkürzungsmöglichkeit zu Etappe 94 über die D125). Während der Abfahrt bieten sich schöne Ausblicke. Rechts liegt eine kleinere Grotte (*Grotte de Presque*, Mitte April-Sept) und im Tal das *Château de Montal* kurz vor **St-Céré** (s. Etappe 90).

Etappe 93:
Saint-Céré – Beaulieu-s-Dordogne – Argentat (42 km / 152 – 126 – 188 m)

Die letzte leichte Etappe der Dordogneroute beginnt auf der D940 (Richtung Tulle) nach *Bretenoux* (unmittelbare Verbindung zu Etappe 90 über D14).

Information: OTSI, Av de la Libération, 46130 Bretenoux, ✆ 0565385953.
Verkehrsverbindungen: Ab Biars (2 km nördlich) Züge nach Brive und Aurillac; letztere fahren durch die *Gorges de Cère*, durch die nichts und niemand fährt als dieser Zug.
Camping: La Bourgnatelle, ✆ 0565108904, 135 Stpl., Mai-Sept.

8 km weiter auf der D940 erreicht man **Beaulieu**, das früher eine wichtige Station auf dem Pilgerweg nach Santiago de Compostela war. Die damals erbaute Abteikirche Saint-Pierre (12. Jh.) hat ihre komplette, interessant konzipierte Chorpartie in unsere Zeit retten können, ebenso wie ihr eindrucksvolles Portal.

Information: OTSI, Pl Marbot, 19120 Beaulieu-sur-Dordogne, ✆ 0555910994.
Hotel: Le Turenne, 1 bd St-Rodolphe de Turenne, 15 Z., ✆ 0555911016.
Jugendherberge: La Riviéra Limousine (FUAJ), Pl du Monturu, ✆ 0555911382, 28 B., Mitte März-Mitte Nov.
Camping: Des Iles, ✆ 0555910265, 120 Stpl., Mai-Sept; Du Pont, ✆ 0555910057/1131, 130 Stpl., Mitte Juni-Mitte Sept; Panama (bei Altillac, östlich), ✆ 0555911116, 30 Stpl. Juli/Aug.

Noch ein Stück weiter auf der D940, bis rechts die D12 nach **Argentat** abzweigt. Nun radelt man die letzten geruhsamen Kilometer an der Dordogne entlang, bevor der Fluß hinter Argentat zwischen den immer enger zusammenrückenden

Hängen zu langgestreckten Seen aufgestaut wird. Von hier geht es (mit den Etappen 135ff) hinauf in das Massif Central, wo man die Dordogne noch einmal wiedersehen kann: in Schluchten, als weiter See oder noch junger Gebirgsbach.

Information: OTSI, 30 av Pasteur, 19400 Argentat, ✆ 0555281605.
Hotel: Fouillade***, 11 pl Gambetta, ✆ 0555281017, 15 Z., Nov-Mitte Dez geschl.
Gîte d'étape: La Charrière, Argentat, ✆ 0555280625, 25 B., Juni-Sept; Garel, 19400 Hautefage, ✆ 0555280677, 4 B. & 20 Zeltpl., ganzj. (südöstlich, 6 km von Argentat über D980/D111, Nähe Etappe 136).
Camping: vor Argentat bei Monceaux 6 Plätze, darunter: Soleil d'Oc, ✆ 0555280597/8484, 70 Stpl., Ostern-Okt; Le Vaurette, ✆ 0555280967, 120 Stpl., Mai-Mitte Sept; Le Chambon, ✆ 0555280770, 100 Stpl., Apr-Sept.

Etappe 94:
Saint-Céré – Rueyres – Livernon – Corn (37 km / 152 – 354 – 220 m)

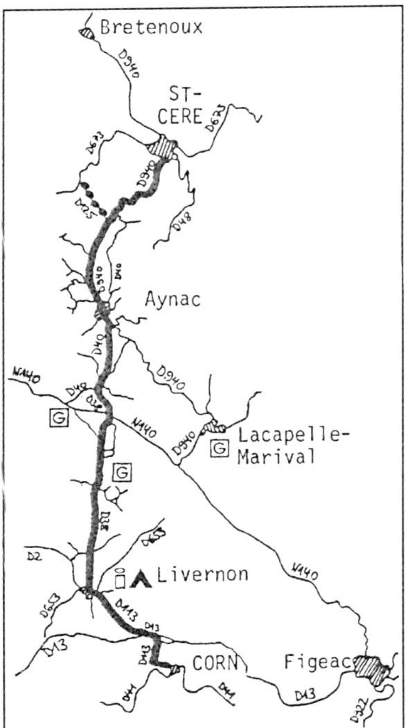

Diese Etappe stellt eine günstige Verbindung zwischen der Dordogne- und der Lot-Route her. Sie steigt zunächst hinauf (etwa 150 m auf 7½ km, also nicht allzu stark), überquert den Causse de Gramat, um schließlich in das Tal der Célé hinunterzuführen.

Man verläßt St-Céré auf der D940 (Richtung Figeac), bis (gut 1 km) hinter Aynac rechts die D40 nach Rueyres führt. Dort geht die Straßenführung in die D38 über (die D40 biegt rechts ab). Man folgt der D38 über die N140 hinweg immer geradeaus bis *Livernon*.

Information: SI, Mairie, 46320 Livernon, ✆ 0565404570.
Camping: Municipal, ✆ 0565405733, 17 Stpl., Juni-Sept.

In Livernon links, am Ortsausgang wieder rechts auf die D113 bis zur D13, dort links, bis 1 km weiter die wieder einsetzende, jetzt schmalere D113 rechts hinunter nach **Corn** führt (Anschluß an Etappe 98/99). An der Strecke befinden sich einige Quartiermöglichkeiten:

Gîte d'étape: Résidence le Galau, 46120 Lacapelle-Marival, ✆ 0565409237/8300, 10 B., ganzj. (östlich); Thémines*, ✆ 0565408503, 15 B., Ostern-Okt (2 km westlich, an der D40); Brandouly, 46320 St-Simon, ✆ 0565405727, 25 B., ganzj.

Etappe 95:
Monpazier – Biron – Bonaguil – Luzech – Cahors
(93 km / 190 – 220 – 128 m)

Diese Etappe setzt sich aus zwei völlig verschiedenen Abschnitten zusammen. Zunächst führt sie durch waldreiches, hügeliges Gebiet, vorbei an zwei imposanten Châteaux, der zweite Teil dann am Lot entlang durch die weiten Weinfelder des Cahors-Anbaugebietes. Damit beginnt zugleich die Lotroute, die dem Fluß bis fast zur Quelle in den Cevennen folgt.

Man verläßt Monpazier im Süden auf der D2 (Richtung Villeréal). Nach 5 km zweigt links, bei Le Cambou, die D53 nach *Biron* (s. Etappe 38) ab, das durchquert wird. Danach erreicht man einen Zipfel des Dép. Lot-et-Garonne, wo die Straße nun D510 heißt. Man fährt durch Lacapelle-Biron, kommt auf der D420 weiter, bis diese zur D240 stößt, der man schließlich rechts nach St-Front-s-Lémance folgt. Dort links, 1½ km auf der D710 (Richtung Sauveterre-la-Lémance), dann rechts auf der D440 durch Lastreilles hindurch und gut 1 km danach hart links auf ein kleines Sträßchen. Dieses führt zunächst durch einen weiten Rechtsbogen (nicht links abbiegen!), dann einem Bach entlang abwärts. Und dann sieht man das **Château de Bonaguil**! Umgeben von Wald, eine mächtige, trutzige Burgruine. Um so erstaunlicher, daß sie erst im 15./16. Jh. erbaut wurde, als man anderenorts begann, solche Kolosse wieder abzureißen, um statt dessen hübsche Renaissanceschlößchen zu errichten. Der verrückte Bauherr war wohl nicht „up to date" und hätte beinahe sein Werk in unsere Zeit retten können – schließlich war hier im Inneren Frankreichs längst die letzte Schlacht des Mittelalters geschlagen. Aber dann kam die Französische Revolution, und die Burg wurde doch noch zerstört (Führungen tägl. März-Sept, Feb & Okt-Nov nur so nachm.).

Das Sträßchen, über das man gekommen ist, stößt kurz darauf zur D158, der man nach rechts folgt (Richtung Fumel), an der D673 angelangt wieder rechts bis zur D911, dort links (Richtung Puy-l'Evêque), der Beginn der Lotroute. Nach gut 5 km rechts eine Abzweigung über Bahn und Lot nach Touzac. Von hier geht's immer auf der D8 bis Cahors. Man folgt weitgehend den Lotschleifen, in denen sich der Fluß durch die Rebstöcke schlängelt. Unterwegs liegt am anderen Ufer **Puy-l'Evêque**, ein Weinhandelszentrum, das die D8 jedoch nicht berührt.

Information: OTSI, Mairie, Pl du Rampeau, 46700 Puy-l'Evêque, ✆ 0565213763.
Camping: Club de Vacances Les Vignes, Rte de Vire, Le Mouré, ✆ 0565308112, 90 Stpl., Apr-Sept.

Kartenskizze Etappen 95 – 97

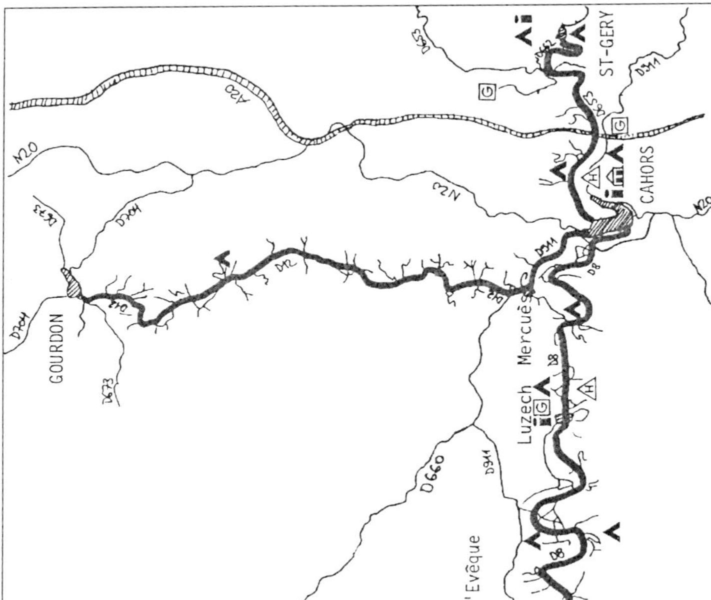

Der größte Weinhandelsort, den man durchquert, ist einige Kilometer weiter das nette Städtchen **Luzech** in einer interessanten Lage: an einer besonders engen Flußkehre, an gleich vier Ufern! Und weiter bis **Cahors** (s. Etappe 41).

Information: OTSI, Maison des Consuls, R de la Ville, 46140 Luzech, ✆ 0565201727.
Hotel: Le Barry***, R du Barry, ✆ 0565303350, 7 Z.
Gîte d'étape: Qu Pélissié*, ✆ 0565307232, 20 B., ganzj.
Camping: L'Alcalde, Luzech, ✆ 0565307232, 33 Stpl., Mai-Sept; Le Ch'timi, 46700 Touzac, ✆ 0565365236, 70 Stpl., Mitte Mai-Sept; La Tuque (FKK), Bélaye, ✆ 0565213434, 90 Stpl., Apr-Sept; Base Nautique Floiras, Anglars-Juillac, ✆ 0565362739, 12 Stpl., Apr-Mitte Okt; De la Source, 46220 Prayssac (nördlich an der D911), ✆ 0565224392, 33 Stpl., Ende Juni-Mitte Sept; Camping VVF, Prayssac, ✆ 0565224198, 60 Stpl., Juni-Sept; De l'Écluse, 46140 Douelle, ✆ 0565309809, 17 Stpl. Mai-Okt.

(In Gegenrichtung findet man wie folgt zur D8: über die Pont Valentré, dann rechts und später, ohne den Lot erneut zu überqueren, links auf die D8.)

Etappe 96:
Gourdon – Concorès – Cahors (41 km / 256 – 300 – 128 m)

Diese mittlere Verbindungsstrecke zwischen Dordogne- und Lotroute führt durch eine ländlich-ruhige Gegend in stetem Auf und Ab – und, was bei den vielen Kurven ein wenig verwundert, (fast) auf einer einzigen, guten Straße, der D12.

Man biegt hinter Gourdon von der D673 (Richtung Cazals) links auf eben die D12 ab, immer Richtung Cahors. Zunächst führt sie angenehm an der Ceou entlang nach *Concorès*.

Camping: Du Moulin des Donnes, 46310 Concorès, ✆ 0565310390, 66 Stpl., Mitte Apr-Mitte Sept.

Nun steigt sie an, um hinter Uzech wieder abzufallen. Zwischen St-Denis-Catus und Boissières überquert sie einen weiteren, aber kleineren Hügel, bis sie vor Mercuès zur breiten D911 stößt. Dort links bis **Cahors** (s. Etappe 41).

Etappe 97:
Cahors – Saint-Géry (20 km / 128 – 121 m)

Auf der Fortsetzung der Lotroute wird man mit einer Strecke belohnt, die teilweise in die Wand der Lotschlucht geschlagen ist und herrliche Ausblicke bietet.

Dazu verläßt man Cahors auf der D911 Richtung Villefranche. In Arcambal geht links auf der D8 nach Galessie und im Dorf erneut links. Das winzige Sträßchen folgt dem Lot und stößt dann nach einer Rechtskurve zur D49, der man links über den Lot zur D653 folgt. Dort rechts und nach wenigen Metern erneut rechts auf der D662 dem „Circuit des Vallées du Lot et du Célé“ folgend nach Vers.

Wen eine Steigung nicht schreckt, der sollte in Galessie nicht abbiegen und der D8 weiter bergauf folgen und die sich dabei bietenden herrlichen Ausblicke genießen. Erst in Parrayne geht es dann wieder hinab zum Lot (hinter St-Géry trifft man wieder zur D662, s. folgende Etappe).

Information: OTSI, Le Bourg, 46090 Vers, ✆ 0565312822.
Gîte d'étape: Ladevèze***, Cours, ✆ 0565314279, 20 B., ganzj. (6 km nördlich, deutschsprachig!, inkl. Halbpension, reservieren).
Camping: Lamagdeleine, ✆ 0565350597, 29 Stpl., Mitte Juni-Mitte Sept (zwischen Cahors und Vers); La Chêneraie, Vers, ✆ 0565314029, 24 Stpl., Mai-Mitte Sept; L'Arquette, Vers, ✆ 0565314324, 66 Stpl., Mai-Sept.

Hier beginnt die eigentliche Rundfahrt an Lot und Célé, da man nun den Durchgangsverkehr verlassen hat. Die Lotroute wird im weiteren Verlauf (nächste Etappe) bis Figeac nicht dem Lot, sondern der Célé folgen, da diese Strecke schöner zu fahren ist. Alles ist ein wenig kleiner: die Straße, der Fluß – eine angenehm-wohltuende Fahrt. Wer jedoch nach Süden, etwa nach Albi oder in das Haut-Languedoc, vorstoßen möchte, der kann bis Cajarc noch dem Lot folgen, auf den man unterwegs einige reizvolle Blickwinkel hat. Diese beiden Etappen werden ab **Saint-Géry** beschrieben, das 5 km von Vers entfernt liegt.

Camping: Municipal, 46330 St-Géry, ✆ 0565314008, 33 Stpl., Mitte Juni-August.

Etappe 98:
Saint-Géry – Cabrerets – Corn (46 km / 121 – 220 m)

Man folgt zunächst noch der D662, bis nach 9 km links die D41 abzweigt. Nach einer Weile erreicht diese **Cabrerets**, eingerahmt von zwei Châteaux. Von dort kann man über die D13 und die steil ansteigende D198 nach 3 km zu einer der bedeutendsten Grotten mit prähistorischen Höhlenmalereien gelangen: zur **Grotte du Pech-Merle** (Palmsonntag-Okt). Nach einer Einführung in einem kleinen Museum geht die einstündige Führung zu einer der umfangreichsten Ansammlungen von Malereien verschiedener Zeitepochen. Da jedoch immer nur eine bestimmte Anzahl an Besuchern hereingelassen werden kann, empfiehlt es sich, etwas Zeit mitzubringen. Das sollte aber ebensowenig vom Besuch abhalten wie der steile Anstieg: Die Höhle ist einfach großartig.

Information: OTSI, 46330 Cabrerets, ✆ 0565312712.
Gîte d'étape: Liauzu, ✆ 0565312704, 11 B., Ostern-Oktober; Espinières*, 46330 Orniac, ✆ 0565313217, 25 (Sommer 42) B., ganzj. (1 km nördlich Liauze).
Camping: Cantal, ✆ 0565312712, 60 Stpl., Ostern-Sept.

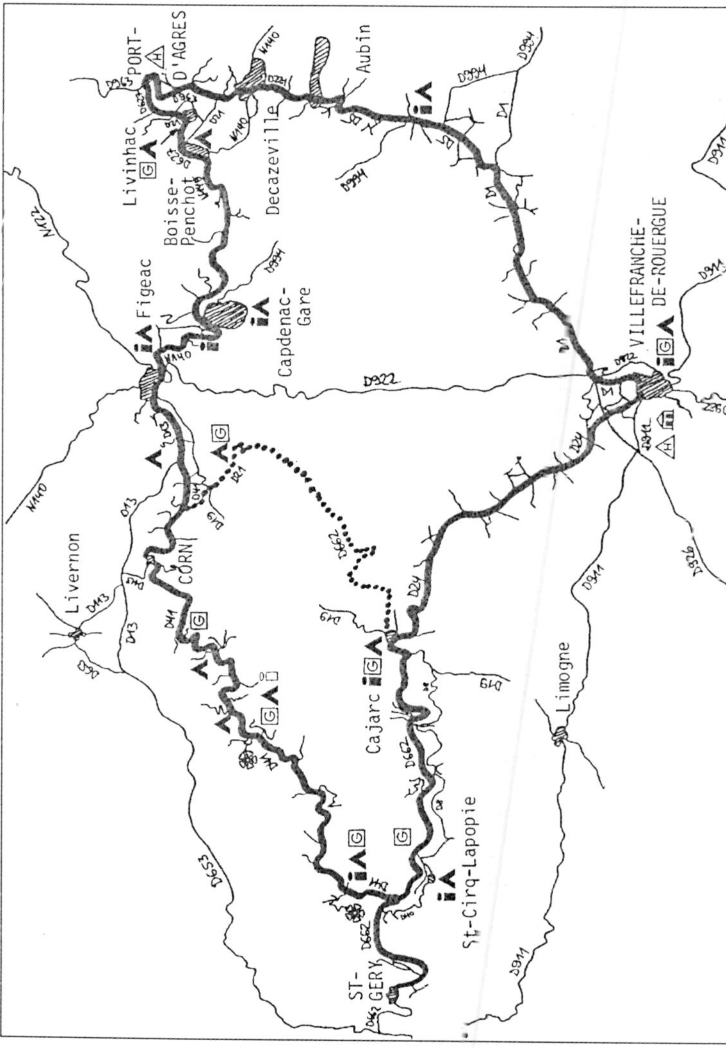
PORT-D'AGRES
Aubin
Livinhac
Boisse-Penchot
Decazeville
Figeac
Capdenac-Gare
VILLEFRANCHE-DE-ROUERGUE
Livernon
CORN
Cajarc
Limogne
St-Cirq-Lapopie
ST-GERY

Man radelt weiter die Célé entlang, bis **Marcilhac** erreicht ist. Hier steht eine interessante Kirchenruine mit frühromanischen Skulpturen (11. Jh.). Ein Stückchen weiter, links steil den Hang hinauf, liegt eine weitere Tropfsteinhöhle (Palmsonntag-Okt). Und vergnüglich radelt man, immer auf der D41, nach **Corn** mit einem Anschluß zur Dordogne (Etappe 94).

Information: SI, 46160 Marcilhac-sur-Célé, ✆ 0565406143.
Gîte d'étape: Marcilhac-s-Célé, ✆ 0565406143/6268 (Mairie), 11 B., Ostern-Okt; Espagnac-Ste-Eulalie, ✆ 0565400524/0069 (Mairie), 10 B., ganzj.
Camping: Le Pré du Monsieur, Marcilhac, ✆ 0565407788/6143, 53 Stpl., Apr-Mitte Sept; Municipal, Marcilhac, ✆ 0565406143, 53 Stpl., Apr-Mitte Sept; Le Célé, St-Sulpice, ✆ 0565406464, 30 Stpl., Mitte Apr-Mitte Okt; Le Moulin Vieux, 46320 Brengues, ✆ 0565400041, 81 Stpl., Mai-Sept; Municipal, Brengues, ✆ 0565400682/0571, 49 Stpl., Juni-Sept.

Etappe 99:
Corn – Figeac – Livinhac – Port-d'Agrès (44 km / 220 – 280 – 185 m)

Man folgt auf der D41 der Célé weiter flußaufwärts. (5 km hinter Corn besteht über die D21/D662 die Möglichkeit, die Lot-Célé-Rundfahrt fortzusetzen.)

4 km hinter Boussac führt rechts die D18 über die Célé zur D19. Dort links und weiter geradeaus mit der D662 nach **Figeac**, wo nur noch wenig an die frühere Station der Jakobspilger erinnert: Es ist eine unscheinbare Kleinstadt mit 11.000 Einwohnern.

Information: OTSI, Place Vival, 46100 Figeac, ✆ 0565340625.
Verkehrsverbindungen: Züge nach Brive und Rodez.
Gîte d'étape: La Cassagnole, Faycelles, ✆ 0565340308, 15 B. (südwestlich, an D21).
Camping: Les Rives du Célé, Domaine du Surgié, ✆ 0565345900, 103 Stpl., Apr-Sept; Pech Ibert, Béduer, ✆ 0565400585, 18 Stpl., Mitte März-Dez; La Belle Epoque, Le Coustal, Camboulit, ✆ 0565400442, 15 Stpl., Mitte Juni-Mitte Sept.

Weiter geht es, leider ein paar Kilometer auf der N140, über einen kleinen Berg zum Lot, der *Capdenac* vom ungleich größeren Capdenac-Gare trennt.

Information: OTSI, Mairie, 46100 Capdenac, ✆ 0565341723; OTSI, 14 r Carnot, 12700 Capdenac-Gare, ✆ 0565647487.
Verkehrsverbindungen: Züge nach Brive und Rodez.
Camping: Les Rives d'Olt, Bd Paul Ramadier (Capdenac-Gare), ✆ 0565647013 & 0565808887, 53 Stpl.; Ostern-Anf Mai & Juni-Sept.

Die Etappe folgt weiterhin der N140, nun am rechten Flußufer des Lot. Dieses wird auch nicht bei *Boisse-Penchot* verlassen, da man links auf die D627 einbiegt, dem Flußverlauf also weiter folgt, ohne dabei den Ort zu durchqueren. Man fährt auf der nun endlich ruhigen Strecke immer auf der D627. Kurz vor

Livinhac stößt man allerdings zur D21 und folgt ihr nach links, also nicht in den Ort hinein.

Gîte d'étape: Communal, 12300 Livinhac-le-Haut, ✆ 0565633385/84, 20 B., ganzj.
Camping: Roquelongue, Boisse-Penchot, ✆ 0565633967, 66 Stpl., März-Dez; Municipal Beau Rivage, Livinhac-le-Haut, 25 Stpl.; Pont de l'Est, La Rivière Haute, ✆ 0565633759, Mitte März-Mitte Okt.

Die D21 führt nach nur kurzer Fahrt dicht an den Lot heran, dort biegt man schräg rechts ab auf die wiedereinsetzende D627 nach **Port-d'Agrès**. Dieses Dorf erreicht man die letzten hundert Meter rechts auf der D963.

Hotel: Du Pont à St-Parthem**, Rte d'Aurillac, Port d'Agrès, 12100 Decazeville, ✆ 0565640265, 22 Z., März-Dez.
Camping: Port de Lacombe, Base de Loisirs, 12300 Flagnac, ✆ 0565641006, www.campingportdelacombe.com, 97 Stpl., Apr-Sept (2 km südlich).

Etappe 100:
St-Géry – Cajarc – Villefranche-de-Rouergue (57 km / 121 – 300 – 254 m)

Der erste Teil nach Cajarc führt immer am *Lot* entlang auf der D662. Eindrucksvoll sind die Tunnelfahrten durch die senkrechten Steilfelsen, deren Größe man aus der Ferne erst richtig erfassen kann, wenn gerade ein Radfahrer hindurchfährt.

In Bouziès besteht alternativ die Möglichkeit, auf der D40/D8 am anderen Ufer zu fahren. Diese Straße ist recht hügelig, bietet aber besonders schöne Ausblicke auf den Lot. Mit ihr erreicht man **St-Cirq-Lapopie**, das auch von der D662 aus zu sehen ist, wie es mit alten Türmen und Häusern malerisch an den Hang gebaut ist. Früher war hier einiges los, sogar Richard Löwenherz hat die damals mächtige Festung (vergeblich) belagert.

Information: OTSI, 46330 Saint-Cirq-Lapopie, ✆ 0565312906.
Gîte d'étape: Le Roucayral, Tour-de-Faure, ✆ 0565302078, 21 B., ganzj.
Camping: La Plage, ✆ 0565312416/65302951, 50 Stpl., ganzj.; La Truffière, ✆ 0565302022, 50 Stpl., Mai-Sept.

An zahlreichen Scheunen und Bauernhäusern vorbei stößt die D662 schließlich zur D19, der man links nach *Cajarc* folgt.

Information: OTSI, 46160 Cajarc, ✆ 0565407289.
Gîte d'étape: Cajarc, Pl du Foirail, ✆ 0565407151/6520, 20 B., ganzj.; Mas de Failaille, 12260 Salvagnac-Cajarc, ✆ 0565294225, 18 B., März-Okt (beide an der Strecke).
Camping: Du Ruisseau de Trail, Larnagol, ✆ 0565312339, 33 Stpl., Juni-Mitte Sept; Du Terriol, ✆ 0565407274, 45 Stpl., Juni-Sept.

(In Cajarc besteht die Möglichkeit, die Lot-Célé-Rundfahrt fortzusetzen: über die D662, bei Faycelles links mit der D21 zur D41. Gîtes: s. Figeac, Etappe 99.)

Hinter Cajarc beginnt auf der D24 ein längerer, aber recht ruhiger Anstieg. Danach bleibt man auf der Höhe und erreicht an immer lichter werdenden Bäumen vorbei schließlich **Villefranche-de-Rouergue** (s. Etappe 45).

Etappe 101:
Villefranche-de-Rouergue – Decazeville – Port d'Agrès
(48 km / 254 – 547 – 185 m)

Der Vorteil dieser Strecke liegt in ihrer direkten Verbindung von Aveyron und Lot. Die erste Hälfte führt auf einer breiten, belebten Straße, der D1 (zunächst noch Richtung Figeac), eine langgezogene Steigung hinauf (4 km hinter Villefranche beschreibt sie eine Rechtskurve, bevor es Richtung Rodez bergauf geht). Am höchsten Punkt bei Cavagnac links auf der D5 nach *Montbazens*.

Information: OTSI, Mairie, 12220 Montbazens, ✆ 0565637794.
Camping: Parc de Jaunac, ✆ 0565637589, 20 Stpl., Mai-Okt.

Weiter führt die D5 hinab in ein altes, wenig anziehendes Kohlerevier (Hauptsehenswürdigkeit neben einem kleinen Regionalmuseum in *Aubin*: eine stillgelegte Mine südlich von Decazeville). Zwei kleine, steile Hügel (auf der D221) weiter erreicht man *Decazeville*, das man geradewegs durchquert, dabei der Hauptstraße ein Stück schräg links folgt, bevor es schräg rechts auf der D963 (Richtung Maurs) bis **Port-d'Agrès** (s. Etappe 99) geht.

Etappe 102:
Port-d'Agrès – Pont de Coursavy (14 km / 185 – 200 m)

Nun beginnt der *Lot*, in die Berge einzutreten. Die Hänge werden höher, steiler, rücken enger zusammen, kurz, es bilden sich Schluchten. Diese Strecke erhöht ihren landschaftlichen Reiz noch durch das Fahren auf einer kleinen und ruhigen Straße, der D42. Zwei Klein-Dörfer werden durchquert, und schließlich gelangt man zu einem Kreuzungspunkt – einer Lotbrücke. Nichts steht da außer halt dieser Brücke, der **Pont de Coursavy**. Und man hat nun die Qual der Wahl zwischen drei Etappen in alle Himmelsrichtungen, jede eindrucksvoll und jede völlig anders.

Geradeaus führt die nächste. Links bietet Etappe 133 (noch relativ schonend) den Aufstieg in die Auvergne, rechts Etappe 105 eine schöne Fahrt durch das Rouergue mit einem Höhepunkt gleich zu Beginn: **Conques**, dessen Besuch

(7 km je Weg) sich selbst dann lohnt, wenn man eine der erstgenannten Etappen wählt.

Kartenskizze Etappen 102 – 105

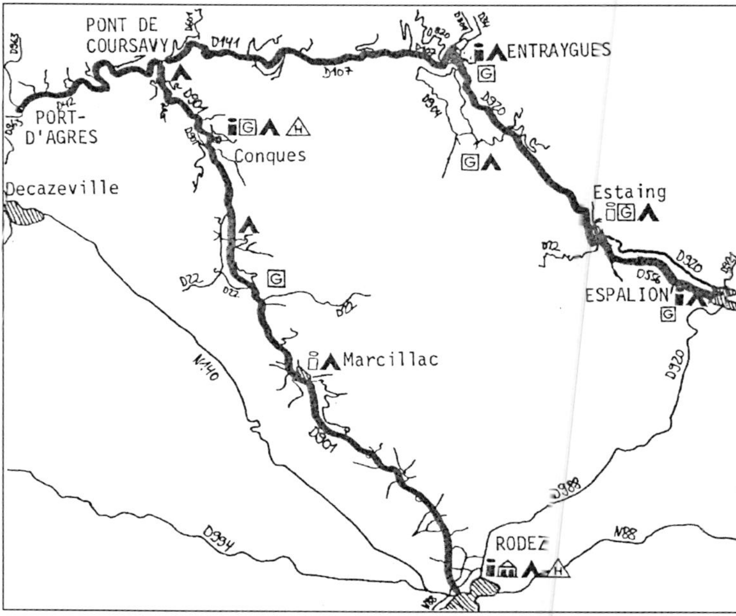

Etappe 103:
Pont de Coursavy – Entraygues (22 km / 200 – 230 m)

Die *Lotroute* wird auf einer rundherum schönen Strecke fortgesetzt. Die Brücke liegt bereits im Dép. Cantal, und wie so oft hat die Lot-Uferstraße nun einen anderen Namen: D141. Auf halber Strecke dann überquert man erneut die Dép.grenze, gelangt so mit der D107 zur Mündung der Truyère und rechts mit der D920 über eine mittelalterliche Brücke in das reizvoll gelegene **Entraygues**. Von hier führt eine weitere eindrucksvolle Strecke in das Massif Central hinauf (Etappe 132).

Information: OTSI, 30 Tour de Ville, 12140 Entraygues-sur-Truyère, © 0565445610.

Gîte d'étape: ASV'OLT, Val de Saures, ✆ 0565445490 & 0571499581, 12 B., ganzj.
Camping: Du Val de Saures, ✆ 0565445692 & 0565445331, 141 Stpl., Mai-Sept.

Etappe 104:
Entraygues – Estaing – Espalion (27 km / 230 – 343 m)

Man durchradelt nun den schmalsten Abschnitt des Lot, die *Gorges du Lot* mit drei allesamt hübschen Orten. Besonders ihre alten Brücken im Spiegel des Flusses sind nett anzusehen. Nur leider ist das kleine Sträßchen einer breiteren und befahreneren Straße, der D920, gewichen.

Gîte d'étape/Camping: Les Chalets de St-Jacques, le bellevue, 12190 Golhinac, ✆ 0565445073, 17 B./43 Stpl., März-Nov; Le Battedou, ✆ 0565486162, 20 B., Mai-Sept (nur Gîte) (zu beiden Gîtes rechts 2 km den Berg hinauf).

Am Ende der Schlucht erreicht man *Estaing*.

Information: SI, Mairie, 12190 Estaing, ✆ 0564440322.
Gîte d'étape: Communal, Qu du Lot, ✆ 0565447174, 25 B., ganzj. (reservieren).
Camping: La Chantellerie, ✆ 0565447277/7032, 60 Stpl., Mai-Sept; La Cavalerie (à la ferme), L'Ouradou, ✆ 0565447194, 20 Stpl., Mitte Jun-Mitte Sept.

In Estaing über den Lot und links auf der schön kleinen D556 nach **Espalion** (Abt. des Musée de Rouergue: Sitten und Gebräuche). Ganz in der Nähe, ein wenig flußaufwärts, findet man die bemerkenswerte Kirche von *Perse* (Gründung 11. Jh.); klein aber fein. Fortgesetzt wird die Lotroute in Richtung Mende mit Etappe 156.

Information: OTSI, R St-Antoine, 12500 Espalion, ✆ 0565441063.
Gîte d'étape: Centre d'hébergement, Rte de St-Pierre, ✆ 0565480408, 20 B.
Camping: Roc de l'Arche, Bout du Foirail, ✆ 0565440679/0565481828, 95 Stpl., Mitte Mai-Mitte Sept.

Etappe 105:
Pont de Coursavy – Conques – Rodez (43 km / 200 – 632 m)

Die Höhenangaben könnten einige Steigungen versprechen; dem ist aber nicht so. Bis auf den Abstecher nach Conques weist die Strecke nur eine einzige Steigung auf, und die verteilt sich über die gesamte Etappe! Allerdings fängt sie ganz langsam an, wird überhaupt erst hinter Marcillac-Vallon spürbar und erreicht dann mit etwa 4 % ihren steilsten Abschnitt. Diese Bedingungen und dazu noch die denkbar einfachste Streckenführung – immer auf der D901 – prädestinieren die Etappe auch für das Fahren in Gegenrichtung. Der Nachteil dabei ist freilich, daß man zu sehr zum „Durchheizen" durch all die hübschen Orte verleitet wird.

Gleich hinter der Brücke (rechts) beginnt die Etappe mit einer Fahrt durch das der vielen Bäume wegen dunkle Tal des Dourdou.

Camping: Le Moulin, Les Passes, 12320 Grand Vabre, ✆ 0565728728 36 Stpl., Mai-Mitte Sept.

6½ km dauert die Fahrt durch das Tal, bis sie links auf einem heftigen, aber kurzen Anstieg nach Conques erst einmal unterbrochen wird.

Conques (400 Einw., Dép. Aveyron) war seit dem frühen Mittelalter dank der Reliquie der Sainte-Foy ein bedeutender Wallfahrtsort und wurde für die Pilger zur ersten wichtigen Station auf der Route von La Puy nach Santiago de Compostela, ungeachtet des beschwerlichen Weges. Das Dorf liegt nämlich auf einer abgeflachten Stelle eines sonst stark abfallenden Hanges in einem einsamen Seitental.

Schon bald sieht man über die Dächer der wenigen Häuser hinweg die romanische Kirche Sainte-Foy (11. Jh.), und während man sich der Westfassade nähert, erblickt man ein überwältigendes Tympanon: Die vollständig erhaltene Darstellung des Jüngsten Gerichts wartet mit unglaublichem Detailreichtum und Originalität auf. Vielleicht läßt sich zwischen all den Engeln und Dämonen, Heiligenscheinen und Teufelsfratzen, heilender Hand und Höllenschlund sogar etwas von der Gedankenwelt des Mittelalters erfassen. Betritt man die Kirche, so fällt außer den ungewöhnlich hohen Säulen vor allem die erstaunliche Breite des Grundrisses auf: Man war durch die eingeengte geografische Lage dazu gezwungen gewesen, um all die Pilger unterbringen zu können.

Damals befand sich in der Kirche noch etwas Besonderes, das heute außerhalb zu sehen ist: der Kirchenschatz, der im Gegensatz zu den meisten anderen in Frankreich sämtliche Wirren der Geschichte (und Einschmelzverführungen verarmter Kirchengemeinden) überlebt hat. So kann man heute einige prunkvoll-glänzende Goldschmiedearbeiten besichtigen, darunter die berühmte Statue der Sainte-Foy, deren Goldhülle übersät ist mit Edelsteinen.

Information: OTSI, Pl de l'Abbatiale, 12320 Conques, ✆ 0565728500 & 0565698330.
Hotel: Auberge St-Jacques***, ✆ 0565728636, 11 Z., Feb-Dez.
Gîte d'étape: Le Bourg, ✆ 0565698668/8511, 24 B., ganzj.
Camping: Beau Rivage, ✆ 0565698223, 60 Stpl., April-September.

Beim Verlassen von Conques kommt man wieder zu der Wegscheide, an der man auf dem Hinweg von rechts gekommen ist; folglich geht es jetzt links hinunter. Dabei ist der unsinnigen Beschilderung keine Beachtung zu schenken beide Straßen führen zur D901. Dort angelangt folgt man nach links weiterhin dem Tal des Dourdou. Nachdem es breiter geworden ist, wird *Saint-Cyprien-sur-Dourdou* erreicht.

Camping: Municipal, La Citarelle, 12320 St-Cyprien-s-Dourdou, ✆ 0565698316 & 0565728052, 21 Stpl., Apr-Okt.

Und weiter geht es an Dourdou und Ady nach *Marcillac*.

Information: SI, Mairie, 12700 Marcillac-Vallon, ✆ 0565717225.
Gîte d'étape: La Grange**, 22 B. und L'Oustal**, 13 B., beide Nauviale, ganzj. (vor Marcillac an der Strecke; vorher reservieren bei Y. Randeynes, 536 av de Fareyres, 12300 Decazeville, ✆ 0565434028/0608426773).
Camping: Le Cambou, Av G. Bessière, ✆ 0565717496, 39 Stpl., Mitte Juni-Mitte Sept.

Die nun folgende Fahrt auf dem Causse de Comtal durchquert das besonders interessant anzusehende **Salles-la-Source** (Abteilung des Musée du Rouergue: Umwelt, Mensch und Technik). Schließlich gelangt man nach Rodez, der alten Hauptstadt des Rouergue, die ziemlich anstrengend auf einem Hügel liegt und von einem wirren Straßengewühl umgeben ist.

Während das Hineinfinden einfach ist (immer hinauf), muß man beim Herausfahren aufpassen: Richtung Conques am Ende des großen Boulevards unterhalb der Kirche (Av Victor Hugo) rechts, dem Straßenverlauf durch einige Kurven hindurch folgen. Richtung Réquista vom selben Ausgangspunkt, jedoch links.

Rodez (26.000 Einw., Dép. Aveyron) besitzt mit der weithin sichtbaren Kathedrale eine der wenigen großen gotischen Kirchen (13.-16. Jh.) in Südfrankreich. Ihre Fassade wie auch der Glockenturm demonstrieren eindrucksvoll das gotische Baugefühl: Alles strebt nach oben. Innen dagegen wirkt sie kahl, geschmückt nur von einer großen Rose im Stil der Gotique flamboyant sowie von holzgeschnitzter Orgel und Chorgestühl (17. Jh.). Um die Kirche herum herrscht meist reges Treiben, besonders lebhaft geht es in der Altstadt am Samstag zu, dem Markttag. Ein interessantes Fahrgefühl vermittelt der Pl d'Armes unterhalb der Kirche: Während man den Boulevard hinunterblickt, tuckert man über den abschüssigen Platz – Stufen hinab! Riesig breit und doch kaum von oben zu sehen. Am Ende des Boulevards befindet sich im Karthäuserkloster ein Nationalgestüt, das sich vor allem mit der Aufzucht von Anglo-Arabern beschäftigt (zu besichtigen ganzj. 14.30-17.00 h, ✆ 0565680406).

Information: OTSI, Pl Foch, 12000 Rodez, ✆ 0565680227.
Verkehrsverbindungen: Züge nach Paris, Toulouse und Millau.
Hotel: Du Midi***, 1 r Béteille, ✆ 0565680207, 34 Z., Mitte Jan-Mitte Dez.
Jugendherberge: FJT „Quatre Saisons" (FUAJ), 26 bd des Capucines, Onet le Château, 12004 Rodez Cedex, ✆ 0565775105, 60 B., ganzj.
Camping: De Layoule, ✆ 0565670952, 79 Stpl., Juni-Sept.

Etappe 106:
Rodez – Cassagnes-Bégonhès – Réquista – Lincou
(54 km / 632 – 687 – 225 m)

Auf dem Weg vom Aveyron zum Tarn sieht man von allem etwas, nämlich ein schönes Flußtal (Viaur), Felder, mehr Wälder und noch mehr Hügel. Die Strecke ist (dennoch) gut zu fahren, und die vielen erfrischenden Abfahrten und Blickwinkel trösten etwas über die Steigungen hinweg.

Das erste Stück, nach Überqueren des Aveyron und Unterfahren der Eisenbahn, ist jedoch auf der recht verkehrsreichen N88 zurückzulegen, bevor es in La Primaube schräg links auf die D902 abgeht, der man immer geradeaus folgt. Auf halber Strecke etwa wird *Cassagnes-Bégonhès* durchquert.

Camping: Le Glandou, ✆ 0565467009 & 0565742524, 38 Stpl., Mitte Juni-Mitte Sept.

Und weiter geht es durch *Réquista* und auf einer herrlichen Abfahrt hinunter zum Tarn bei **Lincou**.

Information: OTSI, Pl Charles de Gaulle, 12170 Réquista, ✆ 0565461179.
Camping: Les Châlets du Tarn, Château de Lincou, 19 Stpl., Mitte Juni-Mitte Sept.

Etappe 107:
Albi – Ambialet – Lincou (49 km / 174 – 225 m)

Diese Etappe setzt die *Tarnroute* mit einer sehr schönen und abwechslungsreiche Strecke fort. Sie verläßt Albi auf der D999, biegt jedoch noch vor der Überquerung der N88 links ab auf die D100, der man nach *Saint Juéry* folgt. Im Ort links (Richtung Arthès) und vor der Tarnbrücke rechts auf die D172. Auf dieser ruhigen Straße radelt man immer geradeaus am Tarn entlang, dessen Tal von allmählich ansteigenden, bewaldeten Hügeln begrenzt wird. Bei **Ambialet** ist ein besonders reizvoller Flußabschnitt erreicht: ein Mäander, an dessen schmalster Stelle sich der Tarn fast berührt. 1 km rechts die D74 hinauf bietet sich ein schöner Ausblick auf diese sehenswerte Flußschleife.

Gîte d'étape: J. Delpoux*, 81350 Sérénac, ✆ 0563564353/0563553957, 15 B., ganzj. (nordwestlich).
Camping: Aux Rives du Tarn, Les Bourdariès, ✆ 0563795829, 33 Stpl.; RPR de Loisirs Les Roussinas, ✆ 0563709043, 10 Stpl., ganzj.

Hinter Ambialet wechselt die D172 das Flußufer.

Gîte d'étape: La Bourelie**, Paulinet, 81250 Alban, ✆ 0563558457, 24 B., ganzj.
Camping: Vallée de l'Amitié, 81340 Trébas, ✆ 0563558407, 50 Stpl., Mai-Mitte Sept, Municipal de Villeneuve-s-Tarn, Curvalle, ✆ 0563559340, 16 Stpl., ganzj.

Kartenskizze Etappen 106 & 107

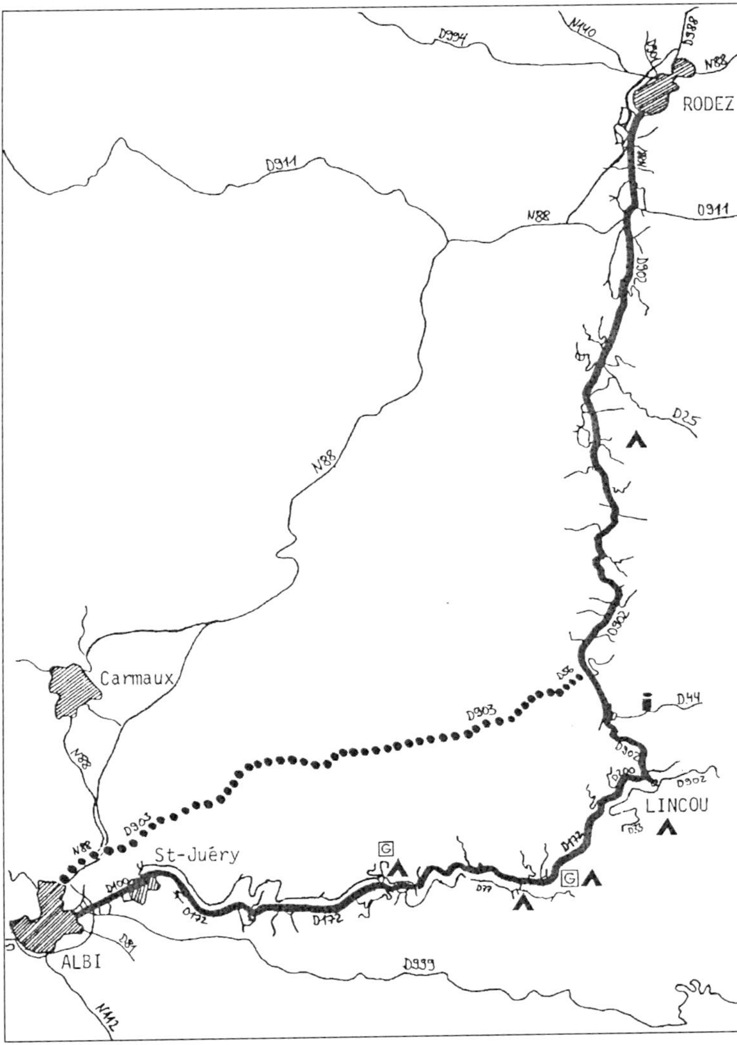

Und man fährt weiter flußaufwärts, ab der Grenze zum Dép. Aveyron auf der D200, bis **Lincou**. Von dort geht es weiter mit den Etappen 112 und 113. Wer letztere wählt, kann der D200 geradeaus weiter folgen, bis sie rechts am anderen Tarnufer zur D902 stößt.

Wer hingegen von Albi nach Rodez fahren und den anstrengenden Aufstieg vom Tarn nach Réquista vermeiden möchte, kann eine etwas schonungsvollere und (um 17 km) kürzere, aber auch langweiligere Alternative wählen. Dazu verläßt man Albi von der Tarnbrücke auf der N88 (Richtung Rodez). Bald teilen sich die Fahrspuren, und rechts zweigt die D903 Richtung Réquista ab. Hinter St-Jean-Delnous biegt man links auf die D56 (ausgeschildert Richtung Rodez, 48 km), die auf einer schönen, steilen Waldabfahrt direkt zur D902 führt.

Etappe 108:
Mazamet – Le Vintrou – Anglès (24 km / 241 – 759 – 745 m)

Mit dieser Etappe geht es hinauf in den Parc Régional du Haut Languedoc mit erfrischenden Stauseen und schattigen Waldfahrten. Das Groß der Steigung verteilt sich auf dieser Strecke auf die ersten 16 km (selten über, meist unter 6 %), danach setzt man die Fahrt durch den Wald auf hügeliger, einsamer Straße fort.

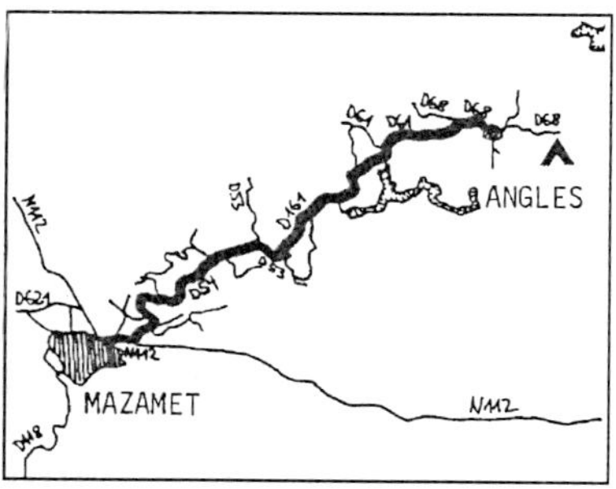

Man verläßt Mazamet auf der N112 (Richtung Béziers), doch biegt bald links die D54 nach Bout-du-Pont-de-Larn ab, das durchquert wird; an der D53 geht es dann rechts nach Le Vintrou. Den Ort durchfährt man in einer großen Linkskurve, an deren Ende man geradeaus zur D161 gelangt, während die D53 rechts abbiegt. Der D161 folgt man, bis sie zur von links kommenden D61 stößt, und dieser wiederum geradeaus bis zur D68. Dort rechts nach **Anglès**.

Camping: Le Manoir de Boutaric, Rte de Lacabarède, 81260 Anglès, ✆ 0563709606, 160 Stpl., Mai-Okt.

(In Gegenrichtung: der Weg nach Le Vintrou ist ab der Abzweigung von der D68 links auf die D61 ausgeschildert.)

Etappe 109:
Anglès – Lacaune – St-Affrique – Millau (103 km / 745 – 1020 – 329 m)

Diese sehr reizvolle Strecke führt durch gleich drei verschiedene Landschaftsformen: Bis Lacaune noch durch dichten Wald, an einem schön gelegenen See vorbei. Dahinter Felder, in verschiedenen Farben harmonisch über die Hügel geschwungen. Schließlich hinunter über rot gefärbte Böden dorthin, wo der Kalk beginnt und die Vegetation trockener wird. Dabei führt die Strecke auf nicht allzu starken, aber langgezogenen Steigungen und Gefällen über die Monts de Lacaune. Am Ende wartet dann eine Überraschung: das riesige und doch filigran wirkende Viaduc de Millau.

Hinter Anglès zweigt von der D681 links die D52 ab, der man hinunter zum **Lac de la Raviège** folgt und weiter links um das Ende des Sees, über die Staumauer, dann ein Seitental hinauf, Richtung Lacaune, immer auf der D52. Da das Ufer des Sees, an dem man vorbeikommt, in Privatbesitz ist, muß man rechts die D52^{B} oder D62 entlangfahren, um zu einer Badestelle zu gelangen. Man entfernt sich auf der D52 also wieder vom See und stößt schließlich zur D607, der man nach links folgt. *(In Gegenrichtung: Richtung La Raviège abzweigen.)* Dann überquert man die 1000 m-Grenze und fährt hinunter nach **Lacaune** *(in Gegenrichtung: D607 Richtung La Salvetat).*

Information: OTSI, Pl du Gén. de Gaulle, 81230 Lacaune, ✆ 0565370498.
Hotel: Central Hotel Fusies***, R de la République, ✆ 0563370203, 52 Z.
Gîte d'étape: Château de Calmels*, ✆ 0563370498/0018, 40 B., ganzj.
Camping: Le Gourp (aire nat.), ✆ 0563370359, 26 Stpl., Juni-Sept; Le Clot, Les Vidals, ✆ 0563370359, 26 Stpl.

Hinter Lacaune geht es zunächst jene 200 m hinauf, die man zuvor herabgefahren ist. Man verläßt den Ort geradeaus Richtung Murat-s-Vèbre/St-Sernin-s-Rance. Nach 2 km jedoch trennen sich die beiden Richtungen, es geht links auf der D607 weiter auf dem Weg nach St-Sernin-s-Rance, jedoch nur bis zum Col de Sie, dort hart rechts Richtung Belmont-s-Rance noch ein Stück hinauf mit der ruhigen D52, dann auf einer langen Abfahrt (ab Dép.grenze D32) etwa 15 km lang hinunter nach *Belmont-sur-Rance*.

Information: SI, Mairie, 12370 Belmont-s-Rance, ✆ 0565999366.
Camping: Val Fleuri, ✆ 0565999513, 43 Stpl., Juni-Aug.

Weiter auf einer hügeligen Strecke zur stärker befahrenen, aber erträglichen D999, der man rechts bis Millau folgt. Bereits nach 1½ km kreuzt dabei Etappe 90 bei Saint-Pierre, und auf der nun flacher werdenden Straße erreicht man *Saint-Affrique*, das in einer hübschen Umgebung an der Sorgues gelegen ist. Von dort kann der Weg über D993/D3 auf ruhiger, aber recht hügeliger Strecke abgekürzt werden, oder es gibt ein paar Kilometer weiter einen Abstecher in das durch seinen Schimmelkäse weltberühmte **Roquefort-sur-Soulzon**.

Information: SI, Av Lauras, 12250 Roquefort-sur-Soulzon, ✆ 0565599319.
Gîte d'étape: Faragout**, 12360 Camarès, ✆ 0565998578, 16 B., ganzj. (ein aufregender, teilweise nicht asphaltierter Umweg über Montlaur).
Camping: Municipal, St-Affrique, ✆ 0565982900, 47 Stpl., Mitte Juni-Mitte Sept.

Die Straße führt nun recht zügig nach Millau, unterwegs wechselt man (in Saint-Rome-de-Cernon) von der D999 auf die D992. Kaum erreicht man das Tal des Tarn, erhebt sich auch schon das jüngste architektonische Meisterwerk von Sir Norman Forster gen Himmel: das **Viaduc de Millau**. Nach 14-jähriger Planungs- und 3-jähriger Bauzeit wurde mit dieser 2460 m langen, spektakulären Brücke das letzte Stück der Autobahn von Paris nach Perpignan im Dezember 2004 vollendet. Die sieben Pfeiler erheben sich bis zu 345 Meter (!) über den Tarn (20 Meter mehr als der Eiffelturm).

Die Lederstadt **Millau** (Handschuhe u.a.) selber ist weniger interessant, bietet aber einem ausgedürsteten Radler manch kühles, schattiges Plätzchen. Zudem bietet sie sich als Ausgangspunkt zu den herausragenden Strecken am Tarn an (s. Etappen 159ff).

Information: OTSI, Av Merle, 12100 Millau, ✆ 0565600242, www.millau.fr
Verkehrsverbindungen: Züge nach Paris und Béziers.
Hotel: La Capelle***, 7 pl de la Fraternité, ✆ 0565601472, 46 Z., Mitte Apr-Sept.
Jugendherberge: FJT „Sud Aveyron Accueil" (FUAJ), 26 r Lucien Costes, ✆ 0565612774, 60 B., ganzj.
Camping: 8 Plätze, darunter: De Cureplat, 121 av Millau-Plage, ✆ 0565601575, 237 Stpl., Apr-Sept; Le Cun du Larzac (aire nat.), Rte de St-Martin, Pierrefiche, ✆ 0565611438, 25 Stpl., ganzj.

Etappe 110:
Anglès – La Salvetat-s-Agout – Murat-s-Vèbre – Saint-Gervais-s-Mare
(61 km / 745 – 842 – 450 m)

Diese waldreiche Strecke durchquert den Parc Régional du Haut Languedoc zwischen Gebirgszügen hindurch (Monts de l'Espinouse und Monts de Lacaune) und an großen Stauseen entlang auf sehr schöner und angenehmer Fahrt.

Bereits kurz hinter Anglès gelangt man zum **Lac de la Raviège**: wie bei Etappe 109 hinter dem Ort links (von der D68) auf die D52, der man hinunter zum See folgt. Dort rechts über die D52^{B} (ab Départementsgrenze D14) den See entlang bis *La Salvetat-sur-Agout*.

Information: OTSI, Pl des Archers, 34300 La Salvetat-sur-Agout, ✆ 0467976444.
Camping: 5 Plätze, darunter: La Blaquiere, Rte de Lacaune, ✆ 0467976129, 60 Stpl., Apr-Aug; CCE Calcia, Les Bouldouires, ✆ 0467976345, 64 Stpl., ganzj.

Man verläßt den Ort auf der D607 (Richtung Lacaune), biegt jedoch bald rechts auf die D150 zum *Lac de Laouzas* ab. Hier links immer am See entlang, zunächst auf der D62, bis diese links dem Viau in ein Seitental folgt. An dieser Stelle rechts weiter am Seeufer entlang in Richtung Nages/Murat. Man überquert den See an dessen äußerstem Zipfel und gelangt so zur D162 links durch Nages hindurch nach *Murat*.

Information: SI, Pl de la Mairie, 81230 Murat-sur-Vèbre, ✆ 0563374747.
Camping: Rieu-Montagné, 81320 Le Laouzas, ✆ 0563372471, 171 Stpl., Juni-Mitte Sept; Villelongue (aire nat.), ✆ 0563372855, 25 Stpl., Mitte Apr-Okt; Les Adrets, Murat-sur-Vèbre, ✆ 0563374116, 13 Stpl., Mitte Juni-Sept; Azureva, ✆ 0563374067, 25 Stpl., Juli-Aug; Lacanal (aire nat.), ✆ 0563372510, 12 Stpl., Juni-Aug; PR de Loisirs du Sirom Laouzas (aire nat.), ✆ 0563374576, 17 Stpl., ganzj.

Dort rechts auf der D622 (ab Départementsgrenze D922) über ein paar Ausläufer der Monts de l'Espinouse hinunter nach **Saint-Gervais**.

Gîte d'étape: Les Sagnes*, 34610 St-Genies-de-Varensal, ✆ 0567236095/6486, 18 B., ganzj. (2 km nördlich der D922).
Camping: Le Clocher de Nayran, Lieu-dit Les Bouissounades, 34610 Saint-Gervais-sur-Mare, ✆ 0567236416, 50 Stpl., ganzj.

Etappe 111:
Lincou – Brousse-le-Château – Millau (65 km / 225 – 500 – 379 m)

Mit dieser Etappe beginnt die Route entlang dem Tarn, der sich hier eindrucksvoll durch Sandstein und Schiefer in einem tiefen Tal schlängelt. Es ist zwar nicht ganz so imposant wie in den Kalkschluchten weiter flußaufwärts (s. Etappen 131ff), aber dafür wesentlich ruhiger.

Hinter Lincou folgt man links der D902 flußaufwärts, bis links die D54 abzweigt, die durch das hübsch gelegene *Brousse-le-Château* hindurch bis *Broquiès* führt.

Hotel: Le Relais du Chasteau***, 12480 Brousse-le-Château, ✆ 0565994015, 12 Z., ganzj.

Im Ort rechts auf der D25 ein Stück hinunter, bis noch oberhalb des Flusses links die D200 nach Le Truel abzweigt. Hiernach wird die bislang so geruhsame Fahrt leider durch zwei heftige Steigungen gestört. In Le Truel auf die D31, rechts über den Tarn hinüber und wieder links, geradeaus hinauf auf der D200, weiter geradeaus an deren Ende, durch *Ayssènes* hindurch, wo man bereits die dritte Staustufe passiert. Weiter geradeaus bergauf, weitgehend – in „luftiger" Höhe – dem Flußverlauf folgend, auch wenn man zur D73 stößt, mit der man zur D993 gelangt. Von hier ist es rechts 1 km bis *St-Rome*.

Information: SI, Pl Terral, 12490 Saint-Rome-de-Tarn, ✆ 0565625089.
Camping: La Cascade des Naisses, ✆ 0565625659, 47 Stpl., Apr-Sept; La Base Nautique de Rebouisses, ✆ 0565581106, 33 Stpl., Mai-Okt.

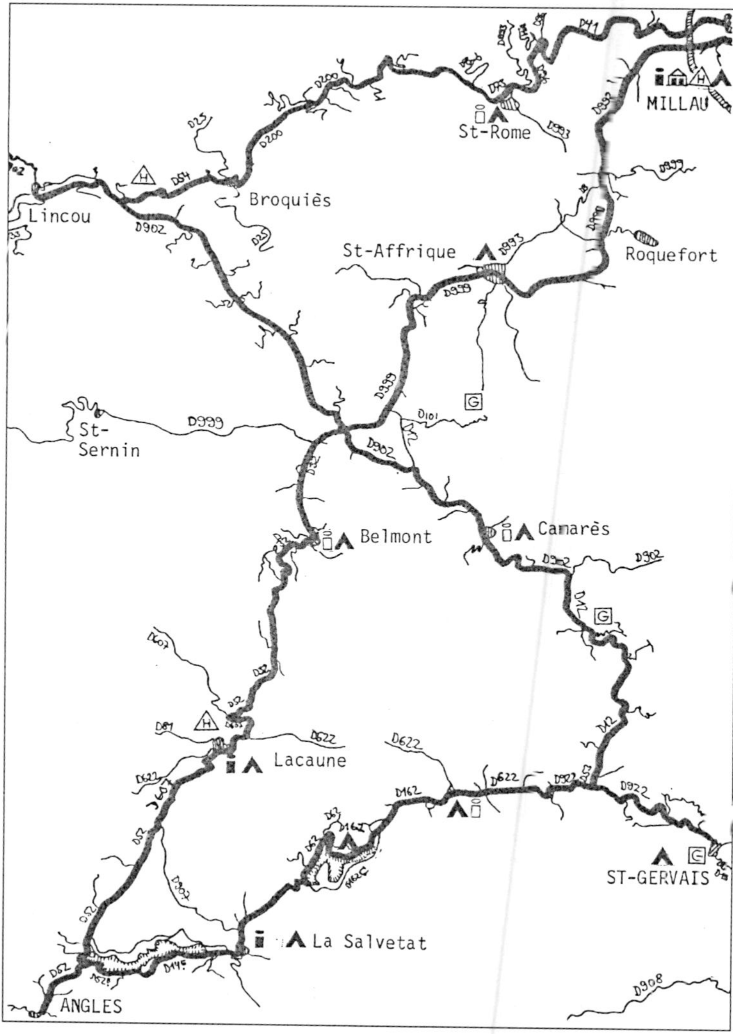
MILLAU
St-Rome
Broquiès
Lincou
St-Affrique
Roquefort
St-
Sernin
Belmont
Camarès
Lacaune
ST-GERVAIS
La Salvetat
ANGLES

Die Strecke führt jedoch nicht rechts nach St-Rome, sondern geradeaus über die D993 hinweg auf die D96, der man folgt, bis sie zur D41 stößt, auf der schließlich rechts **Millau** (s. Etappe 87) erreicht wird.

Etappe 112:
Lincou – Camarès – St-Gervais-s-Mare (80 km / 225 – 940 – 450 m)

Diese Strecke ist nicht nur reichlich hügelig, sie ist auch sehr vielfältig: ein Stück weiter im Tal des Tarn, über den rötlichen Sandstein der Gegend um Camarès, schließlich in das frische, waldreiche Obere Languedoc über Ausläufer der Monts de l'Espinouse.

Der erste Teil der recht einfachen Streckenführung verläuft wie Etappe 89 auf der D902 zum Tarn hinunter, gut 9 km flußaufwärts, dann entlang dem Gos aus dem Tal wieder hinauf, über die D999 bei Saint-Pierre hinweg (Kreuzungspunkt mit Etappe 87) zunächst nach *Camarès*.

Information: SI, 29 Grand'Rue, 12360 Camarès, ✆ 0565495376.
Gîte d'étape: La Boussière-de-Blanc*, Brusque, ✆ 0565495517, 13 B., ganzj.; Brox, Brusque, ✆ 0565995699, 20 B., ganzj.
Camping: Le Rougier, Résid. du Château, ✆ 0565995936 & 0565462436, 20 Stpl., Mitte Mai-Mitte Sept.

Und weiter auf der D902, bis rechts die D12 abzweigt (Richtung Béziers), der man durch Brusque hindurch zum Col de Coustel (dabei ca. 3-6 % Steigung auf 10 km) folgt. Hier ist das Dép. Hérault erreicht, die Straße heißt nun D53 und führt zur D922, der man auf einer herrlichen Abfahrt links bis **Saint-Gervais** (s. Etappe 88) folgt.

Etappe 113:
Saint-Gervais-s-Mare – Hérépian – Roujan (40 km / 450 – 600 – 132 m)

Von Saint-Gervais geht es immer bergab, auf der D922 entlang der Mare. Am Ende der Abfahrt erreicht man in *Hérépian* das Orbtal.

Gîte d'étape: Ferme du Mas de Riols*, 34260 La-Tour-s-Orb, ✆ 0467231053/2005, 26 B., ganzj.; Les Trois Vallées**, Bd Jean Moulin, 34600 Bédarieux, ✆ 0467233005, 48 B., ganzj.
Camping: La Sieste, Vereilles, La Tour-sur-Orb, ✆ 0467237296/7538, 66 Stpl., Mitte Juni-Aug; Municipal, La Tour-sur-Orb, ✆ 0467950544/3191, 26 Stpl., Juni-Sept; Municipal, Bd Jean Moulin, Bédarieux, ✆ 0467233019, 55 Stpl.

Weiter geht es durch Hérépian schräg links auf die D909^{A}, zu der nach 5 km von links die kleinere D909 stößt, die der Straße nun ihren Namen gibt und direkt nach *Béziers* (s. nächste Etappe) führt. Diese Etappe jedoch folgt nach 3 km links der D13 durch Faugères hindurch bis **Roujan**.

Etappe 114:
Béziers – Roujan (21 km / 70 – 132 m)

Diese Etappe bietet zwar nichts Besonderes, kann jedoch in dreierlei Art als Zubringer dienen: einmal über die D154/136/909 zum Parc Régional du Haut Languedoc (s. vorige Etappe), zum anderen in Verbindung mit Etappe 117 als ruhige Alternative zu der Route entlang der Küste (= die nächsten beiden Etappen) über D909/D15/D39/D33.

Camping: L'Oliveraie, 34480 Laurens, ✆ 0467902436, 115 Stpl., ganzj.; La Pascale, 34290 Servian, ✆ 0467392968, 40 Stpl., Mitte März-Mitte Okt; Du Moulin à Vent, Alignan-du-Vent, ✆ 0467249244, 33 Stpl., Juli-Aug.

Schließlich kann man die Mittelmeerroute in Richtung Cevennen verlassen: in Béziers vom nördlichen Ende der großen Allée (All Paul Riquet) über Av Mal. Foch/Albert Ier zum D909 (Richtung Bédarieux). Nach 6 km jedoch halbrechts auf der D15 nach **Roujan** (weiter mit Etappe 118).

Etappe 115:
Béziers – Agde – Sète (45 km / 70 – 0 m)

Diese Verlängerung der Mittelmeerroute ist zweigeteilt: zunächst auf einem schönen, entspannenden Radweg entlang dem Canal du Midi, dann auf der leider alternativlosen N112. Man sollte sie morgens oder besser noch abends in Angriff nehmen, da ihr sonst der Autoverkehr den Reiz nimmt, denn den hat sie durchaus: Wasser so weit das Auge reicht, das Meer auf der rechten Seite und links vom Binnensee nur durch eine große Düne getrennt. Sogar die oft schwere Luft, feucht und salzig, die einem das Hemd auf dem Körper verklebt, kann dieser Fahrt nicht den Reiz nehmen. Und dann taucht ein Berg auf, der sich wie ein Knubbel auf dem Landstreifen erhebt – Sète hat von dieser Seite seinen schönsten Anblick.

In Béziers orientiert man sich Richtung Agde, biegt jedoch gleich nach der Abzweigung Richtung Autobahn an einem Gewerbegebiet rechts ab, unterquert die Bahn und überquert den Kanal. Unmittelbar danach führt ein schmales Sträßchen links Richtung Villeneuve-lès-Béziers. Nach ca. 1 km verläßt die Straße den Kanal, und der Radweg beginnt. Bei Vias erreicht man schließlich die N112, die man geradeaus nach Vias überquert. Im Ort rechts und an der Hauptstraße erneut rechts in das traditionsreiche, aber heute nur noch touristische **Agde**. Im 6. Jh. v. Chr. gegründet, einstmals Bischofssitz, bedeutender

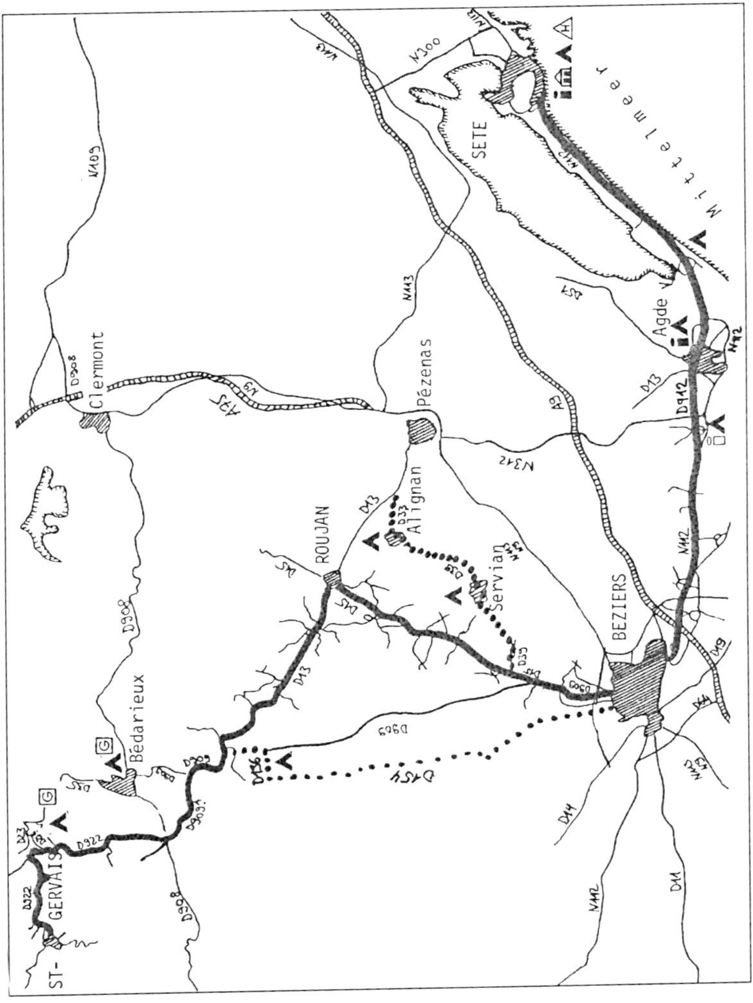
Clermont
Pézenas
ROUJAN
Alignan
Servian
BEZIERS
Agde
SETE
Mittelmeer
Bédarieux
ST-
GERVAIS

Hafen ... – heute eine Wehrkirche, der Hafen heruntergekommen, der Ort im Winter verlassen, im Sommer dagegen um so gefüllter. Keine Frage, daß es hier an Unterkünften nicht mangelt: Über 60 Campingplätze (!) finden sich zwischen Vias und Marseillan-Plage.

Information: SI, Bd de la Liberté, 34450 Vias, ✆ 0467940242; OTSI, Arcades de la Mairie, R Louis Bages, 34300 Agde, ✆ 0467942968.
Verkehrsverbindungen: wie Sète (s.u.), jedoch seltener.

Sète (40.000 Einw., Dép. Hérault) entstand während des Baus am Canal du Midi (17. Jh.), als ein Platz für einen neuen Hafen gesucht wurde. Heute ist dieser zum zweitwichtigsten (nach Marseille) am Mittelmeer geworden und erstreckt sich über zahlreiche Becken und Kanäle entlang der südlichen Durchgangsstraße.
Die Stadt hat eine eigentümliche Lage: Sie ist fast völlig von Wasser umgeben und im Halbrund um den Mont Saint-Clair gebaut, der einen weiten Ausblick bietet. Zu Beginn des südlichen Aufstiegs liegt der Seemannsfriedhof, auf dem der Dichter Paul Valéry begraben ist. Oberhalb davon das Musée Paul Valéry (di & an Feiertagen geschlossen) mit verschiedenen kleineren Sammlungen (u.a. über Kunst, Literatur, Seefahrt).

Information: OTSI, 60 grand'rue Marion-Roustan, 34200 Sète, ✆ 0467747171.
Verkehrsverbindungen: Züge nach Perpignan sowie selten nach Nizza, Genf und Paris (häufiger: Marseille, Avignon); Fähren u.a. nach Tanger und Alger.
Hotel: Family**, 28 qu Mar. de Lattre de Tassigny, ✆ 0467740503, 15 Z., ganzj. (es gibt natürlich zahllose Hotels an der Küste, dies ist eines der preiswerten).
Jugendherberge: Villa Salis (FUAJ), R du Gén. Revest, ✆ 0467534668, 80 B., ganzj.
Camping: Le Castellas, ✆ 0467516300, 990 Stpl., Mitte Apr-Mitte Sept.

Etappe 116:
Sète – Montpellier (29 km / 0 – 50 m)

Zwischen den großen Verkehrsrouten bietet sich unverhofft eine ruhige Alternative, immer in Nähe der Etangs. Sète verläßt man noch mit der N112, biegt jedoch nach 7,5 km rechts auf die D60 ab. Sie führt durch *Frontignan-Plage* bis Les Aresquiers. Dort links, teilweise auf einem schönen Radweg entlang der D114, bis hinter Vic-la-Gardiole rechts die D116 abzweigt. Dieser Straße folgt man nun über ihre verschlungenen Wege durch *Villeneuve* hindurch, links über die Autobahn und rechts direkt nach Montpellier hinein.

Information: SI, 29 av de Mireval, 34750 Villeneuve-les-Maguelone, ✆ 0467697578.
Camping: Zwischen Frontignan und Vic-la-Gardiole 16 Plätze, u.a.: Le Clos Fleuri, Vic ✆ 0467781568, www.camping-clos-fleuri.fr, 121 Stpl., ganzj.; in *Villeneuve*: De l'Arnel Rte de Palavas, ✆ 0467694711, 213 Stpl.

(In Gegenrichtung verläßt man Montpellier am besten über die D986 Richtung Palavas-les-Flots. Nach ca. 4 km geht es rechts [Richtung Maurin] mit der D132 direkt zur D116, auf die man noch vor der Autobahnbrücke links einbiegt.)

Montpellier (225.000 Einw., Dép. Hérault) zählt zu den Großstädten mit Ausstrahlung. Es macht Spaß, in der Stadt immer wieder Neues zu entdecken. Von der hochgelegenen Promenade du Peyrou (mit kleinem Wasserschloß) tritt man durch den Arc de Triomphe in die auf drei Hügeln erbaute Altstadt. Die Gassen führen denn auch auf und ab, vorbei an zahlreichen schönen Bürgerhäusern (Hôtel Lunaret/des Trésoires de France/St-Côme) aus dem 17./18. Jh. Die Cafés und verstaubten, zum Stöbern einladenden Buchläden lassen erkennen, daß die traditionsreiche Universität (1289 gegründet) eine bedeutende Rolle im Leben der Stadt spielt und wesentlich zu ihrem Stil beigetragen hat. So bedeutende Herren wie Petrarca, Nostradamus und Paul Valéry haben an ihr gewirkt; ihre Medizinische Fakultät (12. Jh.) zählt zu den ältesten überhaupt. In der Pharmazeutischen Fakultät ist ein Museum über die Geschichte von Pharmazie, Medizin, Chirurgie und Wissenschaft eingerichtet (Anmeldung unter ✆ 0467632047). Westlich der Esplanade trifft man auf das Musée Fabre (mo geschlossen) mit einer besonders umfangreichen Gemäldesammlung.
Entgegen vielen anderen Städten der Umgebung verdankt Montpellier seine Entstehung nicht den Römern, sondern einer kleinen Kirche, um die sich die Stadt zur Zeit der Jakobspilger entwickelte. Im 12./13. Jh. blühte sie auf durch Handel und geschickte Politik, die durch bürgerliche Konsuln wesentlich mitbestimmt wurde. So konnte sich die Stadt während des Albigenserkreuzzuges erstaunlich lange halten, mußte dann aber doch das Schicksal der übrigen südwestfranzösischen Städte teilen. Erst mit dem Ende der Religionskriege begann sich die Stadt als Verwaltungszentrum des Niederen Languedoc wieder zu erholen und ersetzte ihre mittelalterlichen Häuser durch neue, die noch heute das Bild der Altstadt prägen.

Information: OTSI, 30 all J. Delattre Tassigny, Esplanade Comédie, 34000 Montpellier, ✆ 0467586758.
Verkehrsverbindungen: Züge nach Hendaye, Perpignan, Nizza, Clermont-Ferrand, Paris, Genf und Straßburg; Flüge nach Paris (Flughafen M.-Fréjorgues, 8 km südöstlich).
Hotel: Parc***, 8 r Achille Bege, ✆ 0467411649, www.hotelduparc-montpellier.com, 19 Z., ganzj. (ruhiges Hotel in einem Gebäude aus dem 18. Jh. mit Frühstücksterrasse, wenig nördlich des Altstadtrings); Littoral**, R A. France, ✆ 0467922810, 22 Z. (zentral, nah beim Tour Babote).
Studentenwerk: 2 rue Monteil, Montpellier Justice, ✆ 0467415000, 6 Wohnheime und 4 Mensen.
Jugendherberge: R des Écoles Laïques, Impasse de la Petite Corraterie (FUAJ), ✆ 0467603222, 89 B., Mitte Jan-Mitte Dez.

Etappe 117:
Roujan – Pézenas – Montpellier (56 km / 132 – 20 – 50 m)

Die weitgehend ruhige Strecke führt auf ihrem ersten Teil über die D13 nach Pézenas. Unterwegs trifft von rechts die D33 (aus Alignan) zu der Straße, die Abkürzung von Etappe 114 (Landalternative Béziers-Montpellier)

Pézenas (8.000 Einw., Dép. Hérault) war vor Montpellier die bedeutendste Stadt des Niederen Languedoc. Durch den Tuchhandel reich geworden, errichtete sie im 16./17. Jh. eine unglaubliche Fülle prächtiger Stadtpaläste, die sich auf einem einzigartigen Rundgang noch heute bestaunen lassen (unbedingt beim OTSI hereinschauen). Mit derlei Pracht und Macht ausgestattet, erdreistete sich die Stadt sogar, sich für unabhängig zu erklären, womit der König freilich gar nicht einverstanden war. Doch auch nach dem folgenden Führerwechsel verlor sie nicht an Bedeutung, ganz im Gegenteil, es wurde weitergebaut; Molière fand hier zu erstem Ruhm. Erst gegen Ende des 17. Jh. begann ein stetiger Niedergang, durch den das so eindrucksvolle Stadtbild kaum mehr verändert wurde.

Information: OTSI, Pl Gambetta, 34120 Pézenas, ✆ 0467983545.
Hotel: Genieys***, 9 av A. Briand, ✆ 0467981399, 28 Z., Nov geschlossen.
Gîte d'étape: Castelsec****, ✆ 0467980402, 48 B., ganzj.
Camping: Domaine de Montrose, Tourbes, ✆ 0467985210, 146 Stpl., Juni-Sept; St-Christol, Faubourg des Cordeliers, ✆ 0467980900, 150 Stpl., Mai-Sept; Municipal Castelsec, Parc Loisirs de Castelsec, ✆ 0467980402, 34 Stpl., Mitte Apr-Mitte Okt; Les Cigales, Hameau de Conas, ✆ 0467989799, 45 Stpl., Mitte Juni-Mitte Sept; St-Christol, Chn de St-Christol, ✆ 0467980900, 93 Stpl., Mitte Apr-Mitte Sept.

Man folgt der N113 (Richtung Montpellier) bis *Montagnac*.

Information: SI, Pl E.-Combe, 34530 Montagnac, ✆ 0467241855.
Camping: La Piboule, ✆ 0467240131, 56 Stpl., Mitte März-Mitte Dez.

Nun beginnt eine besonders beeindruckende Fahrt durch eine typische Landschaft des Midi, durch die rauhe Garrigue. In Montagnac geht es links auf die D5, zunächst bis zu einem Zisterzienserkloster, der **Abbaye de Valmagne** (Kirche und Kreuzgang 13./14. Jh.), und weiter nach *Villeveyrac*.

Camping: Borepo, Domaine St-Raymond, 34140 Villeveyrac, ✆ 0467780727, 90 Stpl., Ostern-Sept.

Im Ort rechts auf die D2, bis geradeaus die wieder einsetzende D5 durch Montbazin, Cournonsec und Cournonterral hindurch nach **Montpellier** (s. Etappe 116) führt. (Dort geht die D5 in die Rue Fg-Figuerolles über.)

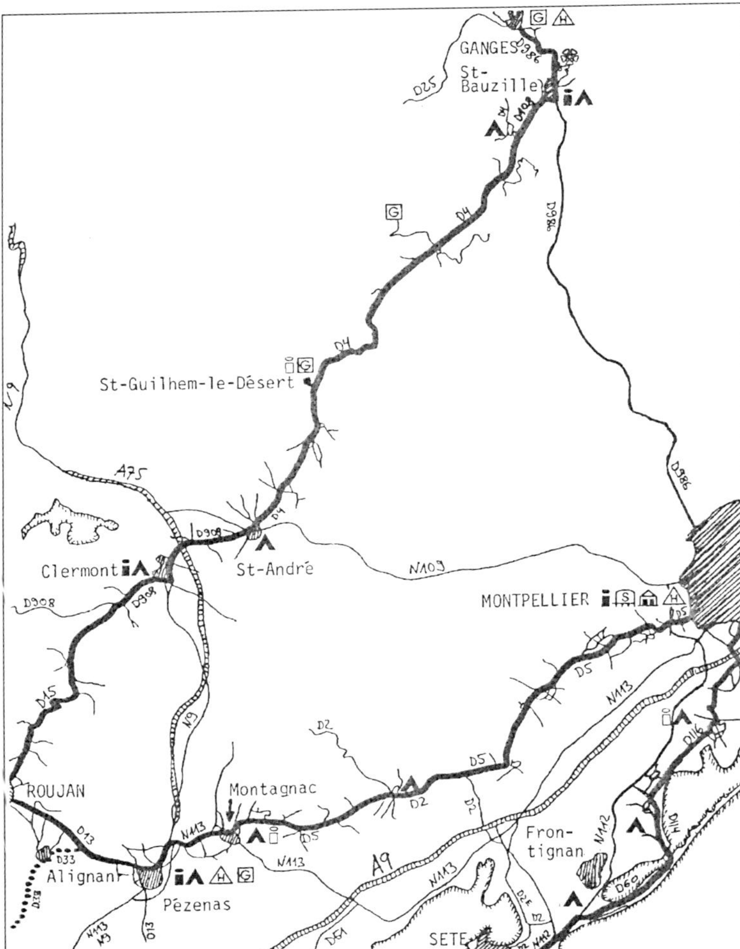
GANGES
St-Bauzille
St-Guilhem-le-Désert
Clermont
St-André
MONTPELLIER
ROUJAN
Montagnac
Alignan
Pézenas
Frontignan
SETE
D986
D25
D108
D4
D908
D15
A75
N9
N109
D5
N113
D2
D13
D33
A9
N112
D116
D114
D60
D51
D13

Etappe 118:
Roujan – Clermont-l'Hérault – Saint-Guilhem-le-Désert – Ganges
(76 km / 132 – 61 – 303 – 183 m)

Roujan verläßt man auf der D15, der man folgt, bis sie an der D908 endet. Dort rechts nach *Clermont-l'Hérault* mit einer alten Wehrkirche (14. Jh.)

Information: OTSI, R René Gosse, 34800 Clermont-l'Hérault, ✆ 0467962386.
Camping: Le Lac du Salagou, ✆ 0467960618, 400 Stpl., ganzj.

Nach der Ortsdurchquerung gelangt man zur N9, der man kurz nach links folgt, bis rechts die wieder einsetzende D908 nach *St-André-de-Sangonis* abzweigt.

Camping: Le Septimanien, Route de Brignac, 34725 Saint-André-de-Sangonis, ✆ 0467578423, 78 Stpl., Apr-Mitte Okt.

Nachdem man vor dem Ort schräg rechts auf die N109 gestoßen war, mit der St-André durchquert wurde, beginnt am Ortsausgang links die kleine, ruhige D4, die durch Lagamas und St-Jean-de-Fos auf einer herrlichen Fahrt durch die **Gorges de l'Hérault** führt. Man passiert die steinerne *Pont du Diable* (11. Jh.), die sehenswerte *Grotte de Clamouse* und gelangt flußaufwärts nach St-Guilhem-le-Désert.

Saint-Guilhem-le-Désert (300 Einw., Dép. Hérault) liegt inmitten einer wilden, rauhen Umgebung am Eingang einer Seitenschlucht, die den mittelalterlichen Bauten eine eindrucksvolle Wirkung verleiht – besonders der romanischen Kirche. Diese wurde im 11. Jh. errichtet, ein Vorraum stammt sogar aus noch früherer Zeit. Berühmt geworden ist ihre Apsis mit einer seltenen äußeren Galerie. Frühchristliche Reliefs und Skulpturen stellen eine weitere Besonderheit dar. Allerdings ist ein großer Teil im Zug des Geschichts- und Kulturexports in das Museum „The Cloisters" in New York gelangt, wo er nun neben dem halben Kreuzgang von St-Michel-de-Cuxa (Roussillon) zu bewundern ist. St-Guilhem verdankt seine Entstehung einem Enkel Karl Martells und „heldenhaften" Ritter, Wilhelm Kurznase genannt, der die Araber bis hinter Barcelona zurückdrängen konnte. Im Alter zog er sich als Mönch hierhin zurück und baute ein Kloster, das wegen seiner Reliquien (Splitter vom Kreuz Jesu und Wilhelm selber) später zu der ersten wichtigen Station auf dem Südweg der Jakobspilger wurde.

Information: OTSI, 2 r de la Front du Portal, 34150 Saint-Guilhem-le-Désert, ✆ 0467574433.
Gîte d'étape: L. Peltier, 38 r Font du Portal, ✆ 0467573400, 19 B., Feb-Nov.

Man folgt mit der D4 weiter dem Hérault. Nach einer Weile jedoch biegt die Straße vom Tal ab und schlängelt sich den Hang hinauf (etwa 4 % auf 5 km).

Gîte d'étape: SICA* Gîtes des Hautes Garrigues, 34380 Saint-Jean-de-Bueges, ✆ 0467731004, 12 B., ganzj. (6 km nordwestlich von Causse-de-la-Selle).

Schließlich kehrt die Straße wieder zum Hérault zurück, bleibt meist jedoch außer Sichtweite. Noch vor Brissac biegt man rechts ab auf die D108 nach *Saint-Bauzille-de-Putois*, das man auf der anderen Seite des Hérault mit der $D108^E$ erreicht.

Information: OTSI, Pont de Serody, 34190 Saint-Bauzille-de-Putois, ✆ 0467737795.
Gîte d'étape: Le Mas du Bruyère*, Montoulieu, ✆ 0467737348, 27 B., ganzj.
Camping: In *Brissac*: Le Val d'Hérault, ✆ 0467737229, 135 Stpl., Mitte März-Sept; Domaine d'Anglas, ✆ 0467737018, 100 Stpl.; Domaine d'Aubanel (à la ferme), ✆ 0467737498/7970, 12 Stpl., Juni-Sept; in *Bauzille*: Les Muriers, Chn des Sauzèdes, ✆ 0467737363, 80 Stpl., Juni-Sept.

Im Ort kommt man zur D986, der man nach links bis Ganges folgt. Auf dem Weg dorthin ist ein kleiner Umweg über die steile und schmale $D108^E$ (Beginn noch in Saint-Bauzille) möglich, um eine überwältigende Tropfsteinhöhle, die **Grotte des Demoiselles**, zu besuchen. Die Straße führt wieder zur D986 zurück, der man hart rechts in die Seidenweberstadt **Ganges** folgt, hinter der sich die Cevennen aufbauen. Von hier läßt sich die Fahrt nach Nordwesten zu den *Gorges du Tarn* (Etappe 162) oder zum Fuß der *Corniche des Cévennes* Richtung Nordosten (Etappe 163) fortsetzen.

Hotel: La Poste***, 8 r des Anciens Combattants, 34190 Ganges, ✆ 0467738588, 24 Z., Mitte Jan-Nov.

Etappe 119:
Châlus – Solignac – Limoges (51 km / 378 – 453 – 223 – 294)

Diese Etappe führt weiter durch das hügelige, wald- und wasserreiche Limousin mit vielen kurzen Steigungen. Auf dem letzten Drittel durchradelt man eine besonders schöne Strecke. Dadurch muß man allerdings einen Haken schlagen. Wer schneller nach Limoges kommen will, kürzt die Etappe – auf ruhigen Straßen – um 13 km ab. Dazu fährt man ab Les Cars mit der D20 und nach 3 km der D46 durch Beynac zur D32. Dort rechts, bis links die D11 nach Limoges abzweigt.

Die Etappe jedoch folgt der D15 durch Les Cars hindurch und weiter nach *Nexon* mit Veranstaltungen einer nationalen Zirkusschule.

Information: OTSI, Conciergerie du Château, 87800 Nexon, ✆ 0555582844.
Camping: Étang de la Lande, ✆ 0555583544, 50 Stpl., Juni-Sept (mit Chalets****).

Man überquert die D704 und verläßt die D15 hinter *St-Jean-Ligoure*. Links führt die $D32^A$ auf einem Hügelkamm oberhalb von Briance und Ligoure entlang, einen Fluß zur Rechten, den anderen zur Linken. Am Zusammenfluß steht in fantastischer Lage das **Château de Chalusset**. Der Platz hat Tradition: Zur Eisenzeit war dort eine Wiege der Keramikkunst des Limousin. Die trapezförmige Burg, für 20.000 Menschen gebaut, ist noch heute ein imposantes Werk des Mittelalters (12. Jh.), auch wenn ihr der Zahn der Zeit sehr zugesetzt hat. Nachdem sich nämlich plündernde Hugenotten der Burg ermächtigt hatten und 1593 unterlagen, wurde sie zerstört.

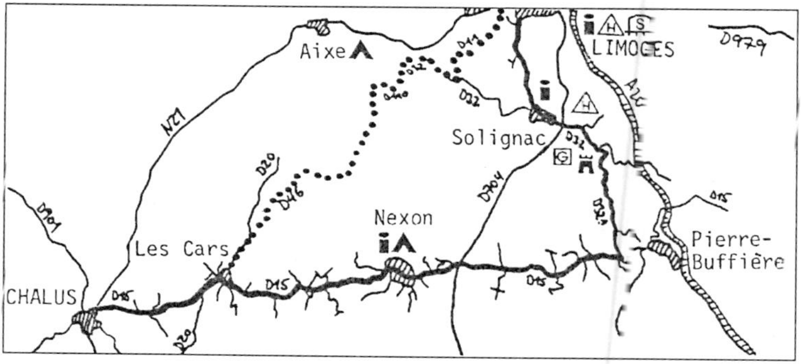

Weiter geht es an der D32 mit einem Rückblick zur Burg links nach **Solignac** mit einer gotischen Brücke und sehenswerten romanischen Kirche (12. Jh.), die auf eine Gründung durch den Hl. Eloi zurückgeht, eine legendenumrankte Gestalt aus den Zeiten König Dagoberts (7. Jh.).

Information: OTSI, Pl Georges Dubreuil, 87110 Solignac, ✆ 0555004231.
Hotel: Le St-Eloi***, 66 av St-Eloi, ✆ 0555004452, www.lesainteloi.fr, 15 Z., Jan & Aug/Sept geschl.

Am Ortsende rechts und gleich wieder links halten, dann führt eine kleine Straße direkt nach Limoges. *(In Gegenrichtung: in Limoges auf die D11 am südlichen Vienneufer, noch vor der Eisenbahnbrücke jedoch links.)*

Limoges (134.000 Einw., Dép. Haute-Vienne) hat zwei Gesichter. Das erste ist das der Industrievororte und der Centres Commerciaux an den Ausfallstraßen. Wer sich davon nicht abschrecken läßt, wird das zweite Gesicht entdecken: das einer pulsierenden, aber gleichwohl freundlichen Innenstadt. Tourismus spielt in Limoges eine untergeordnete Rolle, was man auch daran sieht, daß viele Hotels und Geschäfte im August geschlossen haben. So kann man das ganz alltägliche Treiben in den kleinen Straßen und Gassen der *Quartiers du Château* betrachten. Dabei wechseln moderne Fassaden mit Gebäuden im Empirestil. Der Place de la République ist eigentlich ein moderner, großzügig angelegter Platz, doch findet man auf ihm die Überreste des Klosters St-Martial (Führung Juli-Sept). Geht man zum Ufer der Vienne hinunter, kommt man in die *Cité*, ehemals eigenständiger und mit der Schloßstadt konkurrierender Ort, in dem der Bischof seinen Sitz hatte. Heute ist hier ein großer Park angelegt, in dem die gotische Kathedrale St-Étienne und das Musée Municipal (Okt-Juni di geschlossen) liegen. Darin ist eines der Aushängeschilder von Limoges dokumentiert, im Musée Adrien-Dubouche (di geschlossen) das andere: Emaille bzw. Porzellan. Seit dem 12. Jh. werden in Limoges Emaillearbeiten hergestellt, und man sollte sich den Produktionsprozeß in einem der Ateliers anschauen (z.B. am Place Wilson). Porzellan wird seit Mitte des 18. Jh. gebrannt, als bei St-Yrieix-la-Perche besonders reines Kaolin entdeckt wurde. Gegenwärtig kommt aus Limoges die Hälfte der französischen Porzellanerzeugung. Im Museum Adrien-Dubouche sind etwa 10.000 Stücke aus aller Welt ausgestellt und wird eine audio-visuelle Darstellung des Fabrikationsverfahrens angeboten.

Information: OTSI, Bd de Fleurus, 87000 Limoges, ✆ 0555344687.
Verkehrsverbindungen: Züge in alle Richtungen, Flüge nach Paris.
Hotel: Paix***, 25 pl Jourdan, ✆ 0555343600, 31 Z. (an einem Platz zwischen Altstadtring und Cité); L'Arédien*, 37 r Armand-Barbès, ✆ 0555773172, 18 B., Aug geschl.
Studentenwerk: CROUS, 396 r Camille Guérin, 87036 Limoges, ✆ 0555431700, 5 Mensen und 4 Wohnheime mit 1613 Plätzen.
Gîte d'étape: Domaine de Moulinard, 87220 Boisseuil, ✆ 0555069122, 13 B., Mai-Sept. (östlich von Solignac).
Camping: Les Grèves, 87700 Aixe-s-Vienne, ✆ 0555701298, 80 Stpl., Mitte Juni-Mitte Sept (10 km südwestlich nahe der Abkürzung).

Etappe 120:
Limoges – Saint-Léonard-de-Noblat – Peyrat-le-Château
(58 km / 296 – 460 – 428 m)

Südlich der Monts d'Ambazac führt die Strecke über mit Laubwäldern bedeckte Hügeln, vorbei an zahlreichen Bächen, Flüssen und Seen. Weiter nach Osten geht es auf die Montagne Limousine und das allmählich ansteigende Zentralmassiv zu.

Man verläßt Limoges, ohne die Vienne zu überqueren, auf der D29. Dem Flußverlauf folgend erreicht man bald *St-Priest-Taurion*. Von dort führt hinter der Bahnunterführung rechts die sehr hügelige D39 nach St-Léonard-de-Noblat.

Saint-Léonard-de-Noblat (5.300 Einw., Dép. Haute-Vienne) kann auf ein hübsches Aussehen und zwei historisch bedeutende Personen verweisen: den Chemiker und Physiker Gay Lussac und den heiligen Gründervater der Stadt, dessen Namen sie trägt. Er wurde besonders wegen der ihm zugeschriebenen Kraft der Gefangenenbefreiung verehrt (natürlich nur die ungerechterweise Eingesperrten). In der Altstadt steht das Collégiale Saint-

Léonard (11./12. Jh.). Die in Limousiner Romanik aus grauem Granit erbaute Kirche hat einen bemerkenswerten Glockenturm mit sechs Etagen, von denen die unteren vier eine quadratische, die beiden oberen aber eine achteckige Form haben. Der Übergang zwischen den unterschiedlichen Formen wird durch spitz zulaufende Giebel hergestellt. Von den vielen alten Häusern aus dem 12. bis 18. Jh., die im mittelalterlichen Stadtzentrum erhalten sind, sind das Maison Fargeaud d'Epied aus dem 13. Jh. (gegenüber der Kirche) und das Museum Gay Lussac (Juli/Aug.) hervorzuheben.

Information: OTSI, Pl du Champ de Foire, 87400 Saint-Léonard-de-Noblat, ✆ 0555562506.
Verkehrsverbindungen: Züge nach Limoges.
Hotel: Gd St-Léonard****, 23 av du Champs-de-Mars, ✆ 0555561818, 14 Z., Mitte Dez-Mitte Jan geschlossen (Schloßhotel).
Camping: Beaufort, ✆ 0555560279, 98 Stpl., Mitte Juni-Mitte Sept.

Man verläßt St-Léonard auf der D13 Richtung Peyrat-le-Château. Nach längerer Fahrt über bewaldete Hügel, durch Heidelandschaft und kleine Dörfer trifft die Strecke auf die D5, die rechts nach Peyrat führt. 2 km hinter der Kreuzung ist ein kleiner Abstecher möglich, indem man die $D5^{A1}$ nach links nimmt. Nach wenigen Metern bietet sich ein Blick auf den *Barrage du Mont Larron*, das erste von acht Stauwerken, die den natürlichen Lauf der Maulde verändern. Von diesem Stauwerk, an das auch eine Fabrik angeschlossen ist, werden die anderen sieben elektronisch gesteuert.

Weiter auf der D5 ist bald **Peyrat-le-Château** erreicht, das seine Touristen vor allem dem naheliegenden See verdankt. Sehenswert ist auch ein Befestigungsturm aus dem 12. Jh.

Information: OTSI, R du Lac, 87470 Peyrat-le-Château, ✆ 0555694875.
Hotel: Golf du Limousin**, Auphelle, Lac de Vassivière, ✆ 0555694134 www.golfdulimousin.com, 18 Z., Mai-Okt.
Gîte d'étape: Nergout, 5 r Fougères, 87120 Beaumont-du-Lac, ✆ 0555693127, 16 B., ganzj. (reservieren!).
Camping: 6 Plätze, z.T. am See, darunter: Céréode de Pierrefite, Beaumont-du-Lac, ✆ 0555691588, 45 Stpl., Mitte Juni-Aug (mit Badestrand und sogar Kinderclub); Le Moulinde l'Eau, ✆ 0555694101; Champseau (à la ferme), ✆ 0555694143.

Etappe 121:
Limoges – Ambazac (29 km / 294 – 447 m)

Diese und die folgende Etappe führen durch die Monts d'Ambazac, ein kleines bewaldetes Gebirge mit nur mäßig langen und steilen Anstiegen, die sehr angenehm zu fahren sind.

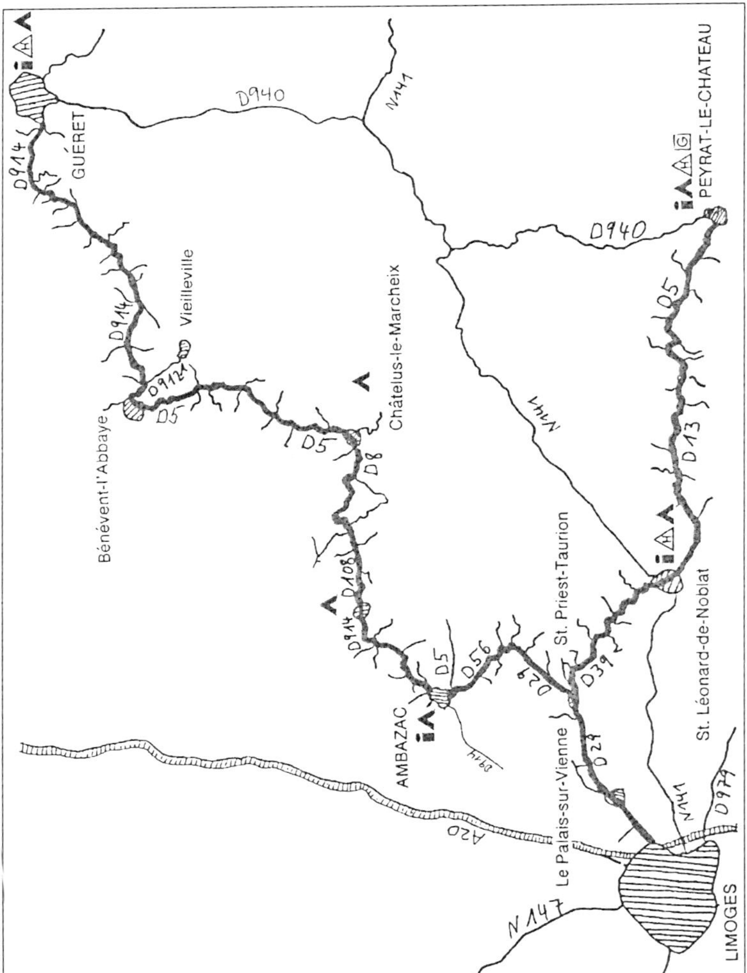
GUÉRET
PEYRAT-LE-CHATEAU
Vieilleville
Châtelus-le-Marcheix
Bénévent-l'Abbaye
St. Priest-Taurion
St. Léonard-de-Noblat
AMBAZAC
Le Palais-sur-Vienne
LIMOGES
D940
N141
D914
D912
D5
D8
D108
D56
D29
D39
D13
A20
N147
D979

Bis St-Priest-Tourion (s. vorige Etappe) und weiter nach St-Martin-Terressus folgt die Strecke auf der D29 dem Lauf der Vienne und Taurion. Es bieten sich gute Ausblicke in die von Hügeln umgebenen Täler der Flüsse, die kurz hinter Le Palais und vor St-Martin gestaut werden. In St-Martin biegt man nach links ab in die D56, überquert den Taurion und gelangt alsbald, nach dem Erklimmen der anderen Talseite, nach **Ambazac** (s. Etappe 6).

Etappe 122:
Ambazac – Bénévent – Guéret (65 km / 447 – 523 – 436 m)

Diese Etappe beendet die „Tour des monts" und führt in die alte Provinz La Marche, Übergangsgebiet zwischen dem Massif Central und dem Tal der Loire. Hier verlieren die Hügel an Höhe, und der Wald wird häufiger von landwirtschaftlich genutzten Flächen abgelöst.

Die D914 leitet von Ambazac nach *La Jonchère-St-Maurice*. Dort ist eine Baumschule anzusehen, die mehrere hundert Koniferenarten gezüchtet hat. In La Jonchère rechts auf der D108 (später D8) nach *Châtelus-le-Marcheix*. Die Straße schlängelt sich in Serpentinen, aber ohne unmenschlich lange oder steile Anfahrten (mit einer Ausnahme) durch die bewaldeten Berge, und manchmal gibt der Wald den Blick in die Täler frei. Die Kirche von Châtelus liegt hoch oben am Berg über dem Tal des Taurion.

Camping: Pont du Dognon, 87240 St-Laurent-les-Egl., ✆ 0555565725/5613, 93 Stpl., Mitte Apr-Mitte Okt; Les Lignières, Chn du Brouillat, 23430 Châtelus-le-Marcheix, ✆ 0555643009, 27 Stpl., Apr-Sept (Nähe Barrage de l'Etroit).

Gleich hinter Châtelus führt links die D5 nach Bénévent-l'Abbaye an den *Gorges du Taurion* vorbei. In Mourioux nähert sich dann langsam das Ende der *Monts*, der Wald wird von Äckern und Weiden unterbrochen.

Bénévent-l'Abbaye ist nach einem Kloster benannt, das hier einst bestand. Neben einigen Klostergebäuden ist vor allem noch die Kirche (12. Jh.) zu sehen, die von außen durch ein großes Schiff und einen massigen Glockenturm auffällt, während sie im Inneren 38 mit symbolischen Skulpturen versehene Kapitelle birgt. Vom Ort aus kann man den *Puy de Goth* erklimmen, der bei klarem Wetter einen Blick bis zum Puy de Dôme bietet.

Bénévent Richtung Bourganeuf/Vieilleville verlassen, nicht Richtung Guéret/Le Grand-Bourg! Erst 2 km hinter dem Ort zweigt die Strecke nach links auf die D914 ab, die durch *Montaigut-le-Blanc* mit einem mächtigen Donjon bis **Guéret** (s. Etappe 8) führt.

Etappe 123:
Guéret – Évaux-les-Bains (57 km / 436 – 378 – 469 m)

Die Etappe führt durch die Haute-Marche, zu der auch – hinter Gouzon – die Combraille zählt. Zusammen mit Etappe 131 nähert sie sich recht behutsam dem Massif Central. Es ist ein hügeliges Gebiet, in dem Wälder mit Feldern und Äckern wechseln, geädert von vielen jungen Flüssen und punktiert von kleinen Seen.

Die Route verläßt Guéret auf der N145 Richtung Montluçon. Nach 1 km rechts ab auf die D4 nach St-Laurent/Pionnat. Hinter St-Laurent wird die *Creuse* überquert, wobei die Taldurchquerung sehr schön, wenn auch mit dem obligaten Anstieg verbunden ist. In Pionnat trifft man auf die D65 nach Jarnages, dort auf der D990 ins Dorf hinein, am Dorfplatz links Richtung Parsac und sofort wieder rechts auf die D65 nach Gouzougnat zur D997 nach *Gouzon* (Kirche mit hübschen Portalen).

Information: SI, Rte de Chénérailles, 23230 Gouzon, ✆ 0555622692.
Camping: La Voueize, ✆ 0555817322, 50 Stpl., Mai-Sept.

Man verläßt Gouzon auf der N145 Richtung Montluçon. 500 m hinter dem Ort rechts auf die D915 Richtung Chambon-sur-Voueize/Évaux-les-Bains. Dieser Streckenabschnitt ist nur leicht hügelig, mit recht gerader Streckenführung, geeignet zum Tempomachen, ohne daß Langeweile aufkommt, denn die Straße ist von Hecken, Feldern und kleinen Wäldchen gesäumt. Plötzlich taucht dann **Chambon-sur-Voueize** am gegenüberliegenden Hang des Voueize-Tales auf; der Ort mit seinen roten Ziegeldächern, um die Église Ste-Valerie herum gruppiert, bietet einen pittoresken Anblick. Über die D917 Richtung Boussac ist ein Ausflug in die Schlucht der *Gorges de la Voueize* möglich.

Information: SI, Av G. Clemenceau, 23170 Chambon-sur-Voueize, ✆ 0555821589.
Camping: La Pouge, R du Stade, ✆ 0555821321, 50 Stpl., Apr-Okt.

Die D915 führt durch das Tal der *Tardes* mit sanft ansteigenden bewaldeten Hängen nach **Évaux-les-Bains**, dem einzigen Thermalbad des Limousin. Es wurde bereits von den Römern benutzt. Mit dem leicht mineralisierten Wasser aus den z.T. warmen Quellen werden vor allem Rheumaleiden behandelt. Die Église St-Pierre-et-St-Paul fällt besonders durch ihren ocker- und rostrotfarbigen Stein auf.

Information: OTSI, Pl de l'Eglise, 23110 Évaux-les-Bains, ✆ 0555655090.
Verkehrsverbindungen: Züge nach Montluçon/Bourges und Ussel.
Camping: Ouches de Budelle, ✆ 0555655582/5020, 50 Stpl., Apr-Okt.

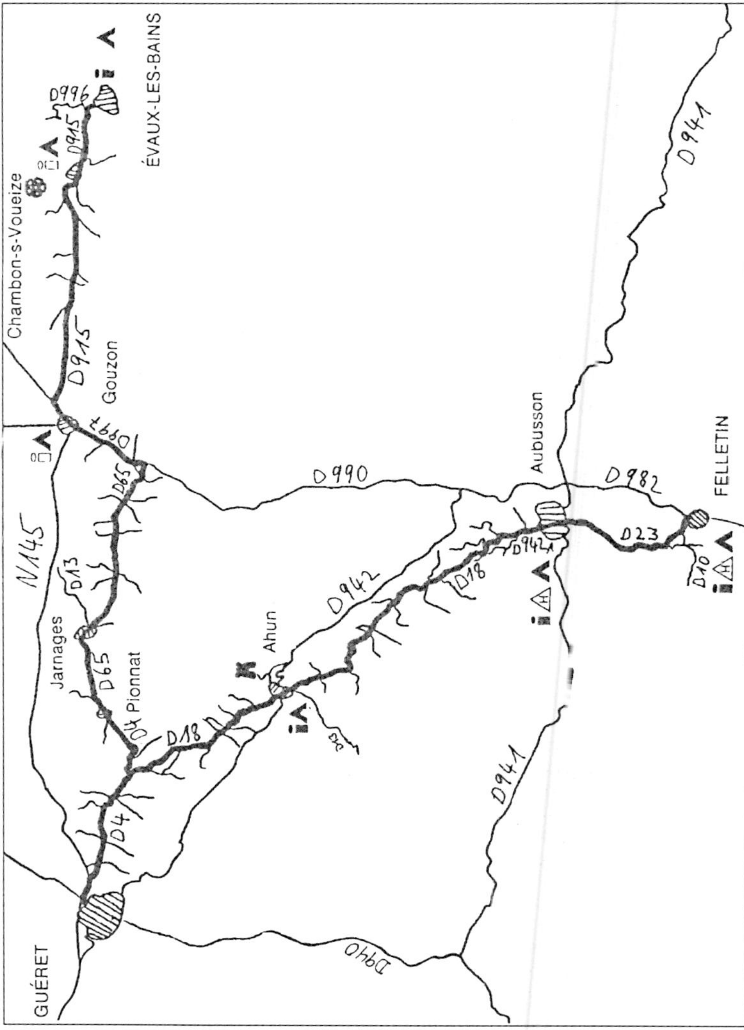

ÉVAUX-LES-BAINS
D996
D915
Chambon-s-Voueize
Gouzon
D997
D65
N145
D13
Jarnages
Pionnat
D4
D18
Ahun
D942
Aubusson
D990
D982
FELLETIN
D23
D10
D941
D940
GUÉRET

Etappe 124:
Guéret – Aubusson – Felletin (52 km / 436 – 383 – 500 m)

Die Etappe führt aus der Hügellandschaft der Haute-Marche in die Montagne limousine. Dem Oberlauf der Creuse folgend, fährt man bis an die Grenze des Plateaus des Millevaches, in dem der Fluß entspringt. Der Wald verdrängt in dieser Landschaft mit zunehmender Höhe die Äcker und Felder.

In Guéret macht die N145 Richtung Montluçon den Anfang. 1 km hinter dem Ortsausgang rechts ab auf die D4 Richtung St-Laurent/Pionnat. 2 km hinter St-Laurent beschreibt die D4 eine scharfe Linkskurve ins Tal der Creuse hinunter. Dieser Abfahrt folgt man nicht, sondern fährt rechts auf die D18. Creuse-Zuflüsse kreuzen diesen Weg in fast regelmäßigen Abständen, und so geht es durch hügeliges Gelände über das Dorf Seidoux nach **Ahun**. Von hier ist ein Abstecher ins nur 2 km entfernt liegende *Moutier-d'Ahun* möglich, wo im Mittelalter ein Kloster stand. Das Schiff der Klosterkirche fiel während der Religionskriege einem Brand zum Opfer; im 17. Jh. wurden aber die anderen Gebäudeteile wieder hergerichtet, wobei sehenswerte Holzvertäfelungen rund um den Chor und Chorumgang angebracht wurden.

Information: OTSI, Pl Defumade, 23150 Ahun, ✆ 0555625593.
Camping: Municipal, Rte de Limoges, ✆ 0555624024, 33 Stpl., Mai-Sept.

In Ahun kreuzt man die D942 und hält sich auf der D13 Richtung Pontarion. Am Ortsausgang zweigt dann die D18 links ab nach Aubusson; 2 km hinter Ahun biegt man einmal kurz rechts/links ab. Hinter Maneyroux führt die Straße ins Tal der Creuse hinab, über La Rochette und durch den *Forêt de Blessac* am Flußufer entlang zur $D942^{A}$ und nach Aubusson.

Aubusson (6.200 Einw., Dép. Creuse) ist ein Zentrum der Wandteppichweberei. Diese Handwerkskunst wurde im 15. Jh. aus Flandern im Gefolge einer flämisch-bourbonischen Adelsheirat mitgebracht. Seit Ende des 17. Jh. stagnierte sie jedoch, bis sie Jean Lurçat ab 1937 gemeinsam mit jungen Malern revolutionierte. Die meisten Galerien befinden sich in der Grande Rue, wie auch das Hôtel de Ville, in dem klassische und moderne Arbeiten ausgestellt sind. Auf der anderen Seite der Creuse befindet sich das Centre Culturel et Artistique Jean Lurçat, das neben einer audio-visuellen Dokumentation zeitgenössische Arbeiten von Lurçat, Gromaire und anderen bietet. Neben dem OTSI steht das Maison du Vieux tapissier, ein Haus aus dem 16. Jh., in dem eine Webstube rekonstruiert wurde.

Information: OTSI, R Vieille, 23200 Aubusson, ✆ 0555663212.
Verkehrsverbindungen: Züge nach Felletin, Guéret, Montluçon und Limoges.
Hotel: Le Chapitre**, 53-55 Grande Rue, ✆ 0555661854, 12 Z.
Camping: La Croix Blanche, ✆ 0555661800, 95 Stpl., Apr-Sept.

Über die D23 wird **Felletin** erreicht, ein weiteres Zentrum der Wandteppichherstellung. 1689 wurde Felletin königliche Manufaktur, was aber nicht verhinderte, daß es mit den Wandteppichen im künstlerischen Sinne bergab ging, bis Jean Lurçat auch hier der Teppichknüpferei neue Impulse verlieh.

Information: OTSI, Pl Quinault, 23500 Felletin, ✆ 0555665460.
Verkehrsverbindungen: Züge nach Aubusson, Limoges, Guéret und Montluçon.
Hotel: Au Barbichet**, 5 pl Courtaud, ✆ 0555664022, 11 Z., so abds geschlossen.
Camping: Les Combes, ✆ 0555661643, 30 Stpl., ganzj.

Etappe 125:
Uzerche – Treignac – Millevaches (67 km / 333 – 928 m)

Diese Etappe führt auf einer sehr schönen Strecke durch die Montagne limousine immer ein bißchen höher hinaus auf das Plateau de Millevache.

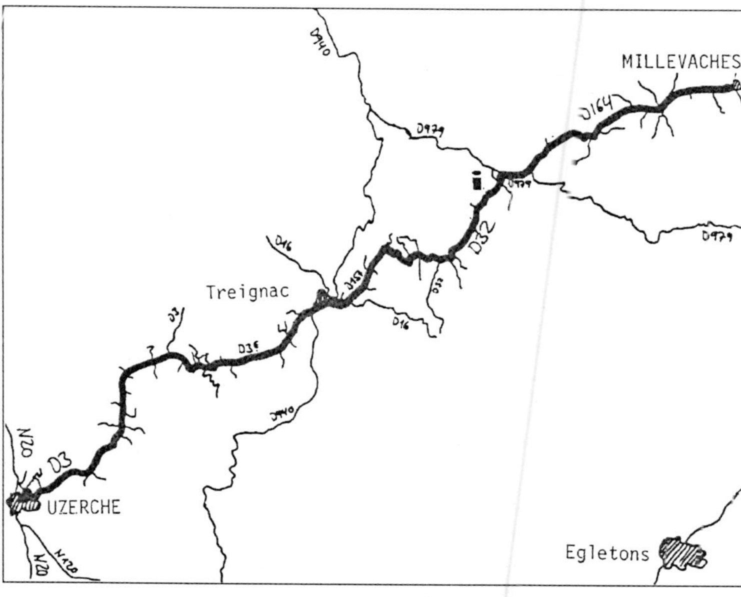

Auf der D3 geht es aus Uzerche Richtung Eymouthiers im Prinzip entlang der Vézère. Diese fließt aber in einem Tal, das keiner Straße erlaubt, ihr zu folgen, so daß man sich mit ab und zu erreichten Aussichtspunkten begnügen muß.

15 km hinter Uzerche zweigt nach rechts die D3^E nach Treignac ab und überquert nach weiteren 4 km die Vézère. Am Ortseingang von Treignac beginnt ein Wanderweg zum Rocher des Folles mit einem Blick in die Schlucht. Von dem Weg aus sieht man **Treignac** am Hang des Vézère-Tales liegen. Die Stadt ist das westliche Tor der Montagne limousine. Sie liegt pittoresk am linken Ufer der Vézère, mit vielen alten Häusern in der Oberstadt. Sehenswert sind die Kirche mit Schieferdach und sechseckigem Glockenturm sowie das örtliche Museum.

Die D16 verläßt Treignac Richtung Egletons, biegt kurz darauf aber auf die D157 nach Gourdon ab. Wenn die beiden Steigungen dieses Abschnitts absolviert sind, geht es recht locker auf der D32 nach **Bugeat**.

Information: OTSI, R du Feyt, 19170 Bugeat, ✆ 0555955257.
Verkehrsverbindungen: Züge nach Limoges und Meymac/Ussel.

Nun geht es auf das einsame **Plateau des Millevaches**, die „Hochebene der tausend Quellen". Vézere, Vienne und Corrèze entspringen hier und fließen nach Süden zur Dordogne; Creuse, Taurion und Maulde nach Norden zur Loire. Der ursprüngliche Wald auf dem Plateau ist verschwunden, er wurde während der Religionskriege niedergebrannt. Die Heidelandschaft, die gelegentlich den nackten Granit zeigt und in der die armseligen Landwirschaftsbetriebe weit verstreut liegen, wird heute durch forstwirtschaftlich angelegte Nadelwälder aufgelockert.

Im Ort rechts fährt man zunächst auf der D979 Richtung Meymac. Kurz hinter dem Ortsausgang dann links ab auf die D164 nach *St-Merd-les-Oussines* und weiter nach Millevaches. Die Strecke ist sehr reizvoll, aber mit vier längeren Steigungen kein leichter Abschnitt. Südlich von St-Merd liegen *Tourbière du Longéroux*, ein Torfgebiet und einzigartiges Biotop, sowie **Les Cars**, gallo-römische Ruinen, bestehend aus den Überresten eines Tempels, eines Mausoleums und eines römischen Herrschaftshauses. Zu dem Haus muß eine luxuriöse Badeanlage gehört haben, denn man erkennt noch das im Keller gelegene Beheizungssystem.

In **Millevaches**, das dem Plateau seinen Namen gegeben hat, steht neben der Kirche eines der im Limousin fast völlig verschwundenen Strohdachhäuser.

Etappe 126:
Millevaches – Felletin (31 km / 928 – 500 m)

Die Fahrt über das *Plateau de Millevache* wird auf der D36 fortgesetzt. Bald passiert man die Quelle der Vienne und den *Signal d'Audouze* an der höchsten Stelle des Plateaus mit einem schönen Rundblick. Hier ist die Wasserscheide zwischen Loire und Dordogne erreicht.

Gîte d'étape: Gîte Communal, Le Bourg, 23100 Féniers, ✆ 0555669151/9389, 12 B., ganzj.

Die Höhe wird – bei welliger Strecke – noch eine Weile gehalten. Erst beim Abstieg in das Tal der Creuse verläßt man das Plateau. Schließlich endet die im Dép. Creuse D19 benannte Straße an der D982. Dort links nach **Felletin** (s. Etappe 124).

(Wer weiter nach Crocq fahren möchte, kann über La Courtine auf der D21/D172/D996 abkürzen und dabei immer die Höhe halten – freilich bei stetem Auf und Ab.)

Kartenskizze Etappen 126 – 128

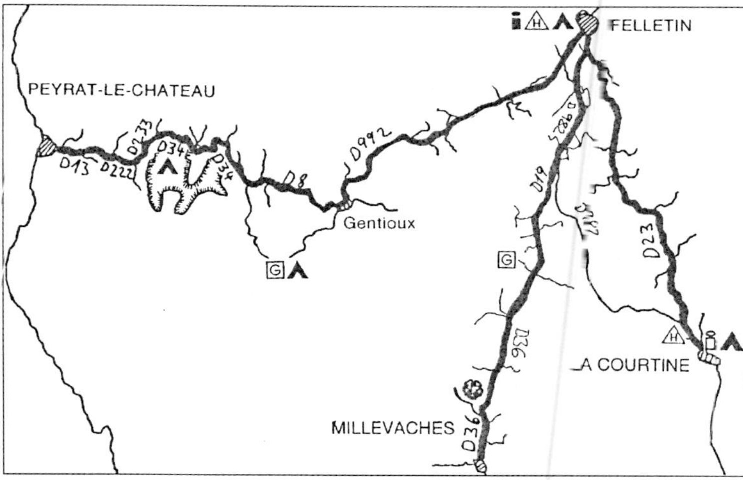

Etappe 127:
Peyrat-le-Château – Gentioux – Felletin (48 km / 428 – 760 – 500 m)

Die Etappe führt über das *Plateau des Gentioux*, das zu den Montagne limousine gehört. Man verläßt Peyrat auf der D13 und zweigt kurz vor dem **Lac de Vassivière** rechts auf die D222 ab. Eine Route rund um den See ist ausgeschildert (route circumlacustre). Man kann nun entweder den nördlichen oder südlichen Weg wählen, da es anschließend jenseits des Sees weitergeht. Im Süden bietet sich ein Abstecher auf die Ile de Vassivière an, die durch eine Brücke mit dem Festland verbunden ist; auf der Nordstrecke kommt man dafür an der Staumauer vorbei.

Im Osten des Sees führt die D35^{A} nach Lachaud, wo sie auf die D8 nach **Gentioux** trifft. Die Stadt ist als Zentrum der Steinmetzmigration bekannt. Diese Handwerker aus dem Gebiet des heutigen Départements Creuse und besonders eben aus Gentioux waren etwa seit dem 15. Jh. genötigt, wegen Arbeitsmangel in der Heimat in anderen Regionen Frankreichs Arbeit zu suchen. So verdienten sie anfangs in den Sommermonaten auswärts ihr Brot, kehrten aber im Winter zurück (neben anderen Bauwerken wurde auch der Deich von La Rochelle von ihnen gebaut).

Gîte d'étape: Communal, 23340 Faux-la-Montagne, ✆ 0555679304, 14 B., Feb-Dez.
Camping: Puy de Faux, Faux-la-Montagne, ✆ 0555679304 & 055947323, 50 Stpl., Mitte Mai-Mitte Okt (südlich, 5 km Umweg).

Die D992 folgt ab Le Chiroux dem Tal des Gourbillon und erreicht schließlich **Felletin** (s. Etappe 124).

Etappe 128:
Felletin – La Courtine (25 km / 500 – 790 m)

Man verläßt Felletin auf der D982, biegt jedoch nach 1,5 km links ab. Mit der D23 geht es nun allmählich bergauf, bis hinter Boucheresse ein militärisches Gebiet durchquert wird – abgesehen davon ist die Strecke schön. Schließlich endet die D23 an der D982, die links nach **La Courtine** führt (weiter mit Etappe 138).

Information: SI, Mairie, 23100 La Courtine, ✆ 0555667658.
Hotel: Le Petit Breuil**, ✆ 0555667667, 10 Z., so abds geschl. (3 km vor La Courtine).
Camping: La Peyrouse, La Courtine, ✆ 0555667658, 50 Stpl., Juli-Sept.

Etappe 129:
Felletin – Crocq (20 km / 500 – 768 m)

Diese und die nächste Etappe führen aus dem Plateau des Millevaches hinaus in die Hügellandschaft der Combraille und auf die Monts Dômes zu, die erloschenen Vulkane der Auvergne.

Man verläßt Felletin auf der D10 nach Crocq und hat auf den 20 km dorthin einige kräftige, aber nicht allzu lange Steigungen zu überwinden. Dabei bieten sich schöne Ausblicke auf das Plateau des Millevaches. **Crocq**, auf einer Bergkuppe gelegen, wird überragt von den Türmen einer Ruine. Die Festung aus

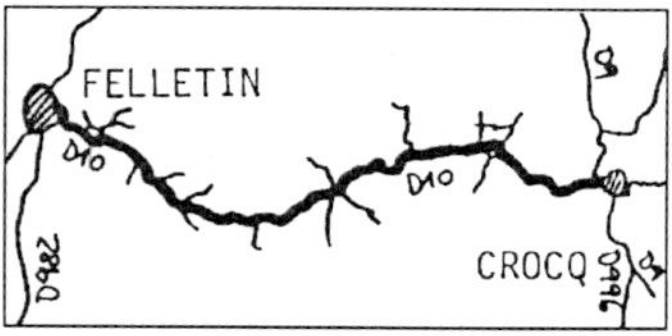

dem 12. Jh. war Geburtsort der Crocquants, einer Hugenottenbewegung, die sich über die ganze Mitte Frankreichs ausdehnte, bis sie zu einem Räuberheer verkam und schließlich ausgelöscht wurde. Von der Kirche in Crocq kann man bis zu den Monts Dore und Monts Dômes schauen.

Etappe 130:
Crocq – Saint-Georges-de-Mons – Volvic – Clermont-Ferrand
(80 km / 768 – 890 – 401 m)

Und weiter geht es auf einer abwechslungsreichen und ruhigen Strecke mitten in die Auvergne hinein. Die D10 führt über Basville zur N141, der man rechts nach *St-Avit* folgt (in dieser Gegend ist selbst auf Nationalstraßen nur mäßiger Verkehr). Dort links auf die D13 Richtung Montel-de-Gelat, jedoch 4 km hinter dem Weiler Sonazet rechts ab auf die D121 nach Tralaigues/Villosanges. Man überquert die D82, später die D206, und fährt in Villosanges weiter nach Grégottier. Bei der schönen Abfahrt gibt es einen Blick in das Tal der *Chancelade*. In Grégottier überquert man die D987 und fährt weiter auf der D19 nach Les Ancizes-Comps. Ein ziemlich langer Anstieg führt den bewaldeten Hang hinauf, doch oben angekommen belohnt ein schöner Ausblick in das Tal der *Sioulet*. Der Fluß erscheint hier, aufgestaut von der Barrage de Besserve, wie ein langgestreckter See. Man fährt dann ins Tal hinab, vorbei am Zusammenfluß von Sioulet und Sioule, und überquert letztere auf der Pont du Bouchet. Dann geht es wieder hinauf nach *St-Georges-de-Mons*.

Von hier ist ein Abstecher zum **Méandre de Queuille** möglich, einer engen Flußschleife, die eine bewaldete Halbinsel einschließt. Hoch oben von den Felsen blickt man hinab in die Schlucht. Dorthin geht es am Ortsausgang links Richtung Queuille. Ein zweiter Abstecher ist von Les Ancizes zum *Viaduc des Fades* möglich, einer 133 m hohen Eisenbahnbrücke.

Information: SI, Mairie, 63780 Saint-Georges-de-Mons, ✆ 0473867802, www.ville-st-georges-de-mons.fr.
Gîte d'étape: Comps-les-Fades, 63770 Les Ancizes-Comps, ✆ 0473868164, 30 B., Apr-Okt (auch Camping, s.u.).
Camping: Municipal, St-Georges, ✆ 0473867622 &7184 (NS), 46 Stpl., Juni-Sept.
in 63380 *Miremont*: Plage Confolant, ✆ 0473799276 & 0454389166, 90 Stpl., Juni-Mitte Sept; Municipal, Le Bourg, ✆ 0473797553/9252, 36 Stpl., Mai-Sept; in *Les Ancizes-Comps*: Comps-les-Fades, ✆ 0473868164, 90 Stpl., Apr-Okt.

Von St-Georges führt rechts die D90 über die nördlichen Ausläufer der **Monts Dômes**. Harmonisch schwingen die in Jahrtausenden abgetragenen Krater in der Landschaft. Früher waren sie einmal alle bewaldet, doch heute sieht man einige nur mit Gras bewachsen. Gegen Ende der D90 fährt man am Fuß der *Chaîne des Puys* entlang, einer besonders schönen Vulkankette (deren traumhaften Anblick man am besten vom Gipfel des Puy de Dôme genießt). An der D941 geht es links sehr steil hinunter nach **Volvic**, vorbei an seiner wohlschmeckenden Quelle. Gleich nebenan (hinter dem Ort) sollte man nicht versäumen, das **Château de Tournoël** anzusehen. Seine verfallenen Gemäuer, umrahmt von tiefem Wald, strahlen etwas Gespenstiges aus – wie die Geschichten, die sich um die Burg ranken. Sie kann besichtigt werden (14. Jh., Ostern-Okt, di geschlossen) und bietet einen herrlichen Weitblick über Limagne, Forez und Livradois.

Information: OTSI, 23 pl de l'église, 63530 Volvic, ✆ 0473335873.
Verkehrsverbindungen: Züge nach Brive, Le Mont-Dore, Montluçon und Clermont-Ferrand.
Hotel: La Rose des Vents***, Luzet, ✆ 0473335077, www.hotel-volvic.com, 26 Z., Apr-Nov (3 km außerhalb, Richtung Le Cratère).
Gîte d'étape: Hôtel du Commerce, 3 pl de l'église, Volvic, ✆ 0473336064, ganzj.
Camping: Municipal, Volvic, ✆ 0473336339, 50 Stpl., Mitte Jun-Mitte Sep.

In Volvic zurück, fährt man links auf die D15, überquert die D986, durchquert Malauzat, dort rechts weiter auf der D15, über die D762, durch Sayat und Nohanent, nun auf der D762 nach Clermont-Ferrand. Es ist beeindruckend, wenn man am Fuß der Berge entlang fährt und sich plötzlich die große Stadt vor einem ausbreitet.

(In Gegenrichtung: Erst Richtung Puy de Dôme, dann rechts in die Av du Limousin. Von dort zweigt später rechts die D972 nach Nohanent ab.)

Clermont-Ferrand (163.000, mit Vorstädten 260.000 Einw., Dép. Puy-de-Dôme) ist schwarz. Seine Häuser sind aus Vulkangestein gebaut. Trotz der schon dadurch dunklen Mauern ist in der Altstadt manchem Haus sein Alter anzusehen – ein wenig trist, aber dennoch eindrucksvoll. Das Stadtbild erzielt seine besondere Wirkung, eben weil es anders ist: lebendig und untouristisch. Denn Clermont-Ferrand ist vor allem Universitätssitz, unumstrittenes Zentrum der Auvergne – und die Stadt von Michelin. Begonnen hatte es mit der Erfindung des auswechselbaren Fahrradschlauches Ende des 19. Jahrhunderts. Heute steht ein nicht geringer Teil der Bevölkerung bei diesem Reifenhersteller und größtem Arbeitgeber der Stadt in Lohn und Brot.
Eigentlich sind es zwei Städte: Clermont und Montferrand. Erstere geht auf eine Siedlung der Averner zurück, die auf dem Plateau im Süden eine ausgedehnte Befestigung besaßen: Gergovia. Dort erlitt Cäsar 52 v. Chr. seine größte Niederlage während des Gallienfeldzuges (nachzulesen im Bellum Gallicum – oder bei Asterix ...). Heute erinnert auf dem Place de Jaude ein heroisches Denkmal an den Gallierführer Vercingetorix. Clermont wuchs und wurde noch unter den Römern Bischofssitz, während der Völkerwanderung jedoch leergeplündert und zerstört. Dem Wiederaufbau im 10. Jh. verdankt

Clermont die verwinkelten Gassen der Altstadt. Damals wurde auch eine Kathedrale gebaut, die später für die ganze Region zum Vorbild werden sollte. Von den Kapellen über Chor, Längs- und Querschiff bis zum Vierungsturm wurde jedes Teil ein Stück höher gebaut: die „auvergnatische Pyramide". Mit der Kirche Notre-Dame-de-Port (12. Jh., schöne Kapitelle am Chorumgang) ist heute noch ein Vertreter dieser einzigartigen romanischen Stilrichtung in Clermont erhalten. Die Kathedrale jedoch wurde bald durch eine neue im hochgotischen Stil („rayonnante") ersetzt. Der Bau ist noch schwärzer als seine Umgebung. Er wurde im 13. Jh. von Deschamps begonnen und erhielt seine Türme erst im 19. Jh. von Viollet-le-Duc. Nicht zuletzt diese Kirche zeugt von der Bedeutung der damaligen Bischofsstadt Clermont. Im 11. Jh. wurde hier der erste Kreuzzug ausgerufen – von Papst Urban II., der durch ein (weiteres) Denkmal verewigt ist.
Ganz anders die Geschichte Montferrands: Es wurde im 12. Jh. im Stil einer Bastide (Schachbrettmuster) errichtet, als Festung des Grafen der Auvergne, dem das ganze Land rundherum gehörte – bis auf Clermont. Seine Altstadt besteht fast vollständig aus auvergnatischen Fachwerkhäusern, auch die eine Besonderheit. 1630 wurden die beiden Städte dann doch noch vereinigt. Und sieben Jahre zuvor hatte in Clermont ein Universalgenie das Licht der Welt erblickt: Blaise Pascal, dessen Experimente ihn bis zum Puy de Dôme hinaufführten.

Information: OTSI, Pl de la Victoire, 63000 Clermont-Ferrand, ✆ 0473933020.
Verkehrsverbindungen: Züge nach Paris, Nantes, Lyon, Dijon, Bordeaux, Nizza und Le Mont-Dore; Flüge nach Paris (Flughafen Cl.-F.-Aulnat).
Hotel: Lafayette****, 53 av de l'Union Sov., ✆ 0473918227, 48 Z.; Foch**, 22 r Maréchal Foch, ✆ 0473934840, 19 Z., ganzj.
Studentenwerk: CROUS, 25 r Étienne Dolet, ✆ 0473344400, 2400 Plätze in 4 Wohnheimen, 9 Mensen und Cafeterien.
Jugendherberge: Auberge du Cheval Blanc (FUAJ), 55 av de l'URSS, ✆ 0473922639, 58 B., Mai-Okt; Maison St-Jean (LFAJ), 17 r Gaultier de Biauzat, ✆ 0473315700, www.corumsaintjean.net, 20 B., ganzj.

Etappe 131:
Évaux-les-Bains – Châteauneuf-les-Bains – Volvic – Clermont-Ferrand
(94 km / 469 – 725 – 401 m)

Die hügelige Etappe geht auf der ersten Hälfte immer ein wenig mehr bergauf als bergab, führt aber durch eine vielfältige Landschaft in die Hauptstadt der Auvergne.

Sie beginnt in Évaux auf der D19 Richtung Château-s-Cher in das idyllische Tal der *Cher*. Noch vor Château geradeaus auf der D227 nach St-Hilaire. Dort geht es links auf der D988 durch Pionsat hindurch und dann rechts mit der D227 nach *St-Gervais-d'Auvergne*.

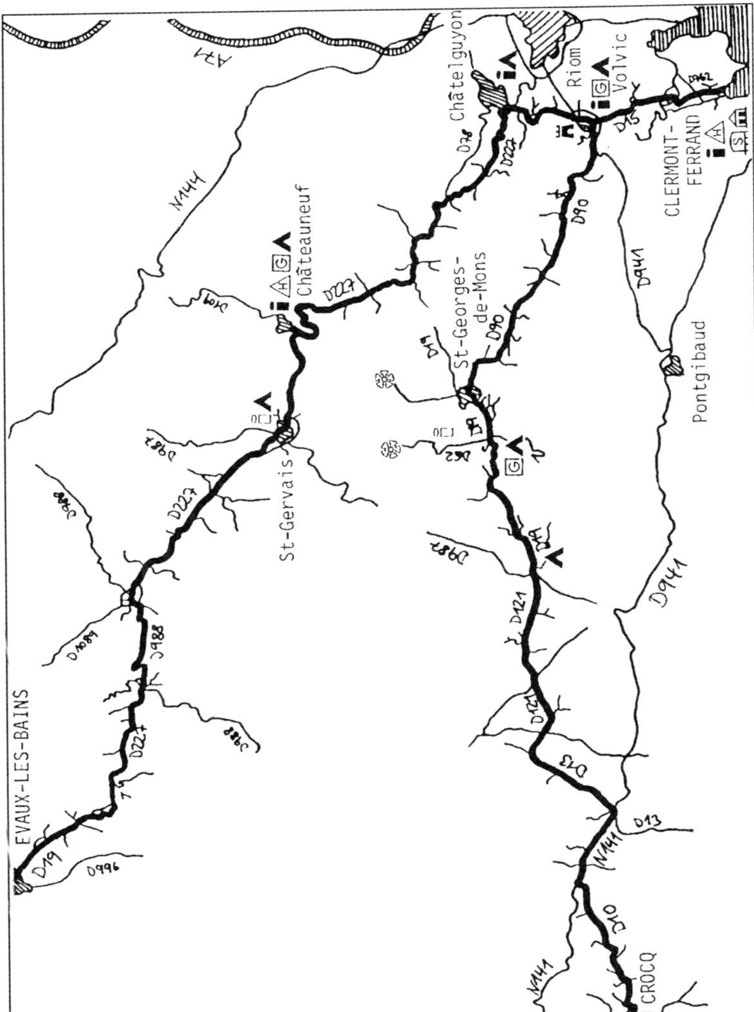
EVAUX-LES-BAINS
St-Gervais
Châteauneuf
St-Georges-de-Mons
Châtelguyon
Riom
Volvic
CLERMONT-FERRAND
Pontgibaud
CROCQ
A71
N144
D227
D988
D19
D996
D1089
D987
D109
D90
D78
D15
D941
D121
D13
N141
D10
D62
D19

Information: SI, R E. Maison, 63390 Saint-Gervais-d'Auvergne, ✆ 0473858494.
Verkehrsverbindungen: Züge nach Montluçon und Clermont-Ferrand.
Camping: L'Étang Philippe, ✆ 0473857484, 140 Stpl., Ostern-Sept.

Eine 5 km lange, herrliche Abfahrt auf D227 und D109 führt nach **Châteauneuf-les-Bains**, in das Tal der Sioule. Der Ort ist eine Thermalstation mit 22 Quellen. Einige liefern Tafelwasser, während andere, wärmere, zur Behandlung von Rheuma und Nervenleiden eingesetzt werden.

Information: OTSI, 63390 Châteauneuf-les-Bains, ✆ 0473866786.
Hotel: De la Poste**, „Les Bordas", ✆ 0473866898, 9 Z., ganzj.
Gîte d'étape: La Résidence du Parc (Sogeval Val), ✆ 0473430043, 50 B., Mai-Sept.
Camping: Municipal, Le Got, ✆ 0473866785/65, 75 Stpl., Ostern-Sept; Les Prés Dimanches, ✆ 0473864150, 45 Stpl., Mai-Sept; Clos de Balanède, Rte de la Piscine, ✆ 0473860247, 285 Stpl., Mitte Apr-Anf Okt.

Man verläßt Châteauneuf, wie man gekommen ist (Richtung Riom), fährt an der D227 jedoch links. Nach Überquerung der Sioule steigt der Weg auf einer Strecke von 7 km wieder an, bis sie hinter La Vareille ins Tal der Morge hinabführt. Dann ist auch schon die Grenze des *Parc régional des Volcans d'Auvergne* überschritten. Man fährt durch eine zauberhafte, unverdorbene Landschaft, in der sich immer wieder Ausblicke auf die im Süden liegenden Monts Dômes bieten. Die letzten Kilometer vor St-Hippolyte gehören dem Tal des „sorglosen Flüßchens", dem Vallée de Sans Souci. Gleich um die Ecke liegt *Châtelguyon*, eines der berühmten Thermalbäder der Auvergne.

Information: OTSI, Parc E. Clementel, 63140 Châtelguyon, ✆ 0473860117.
Hotel: Chante Grelet***, 33 av du Général de Gaulle, ✆ 0473860205, 35 Z., Mai-Sept; Des Voyageurs*, 33 r du Commerce, ✆ 0473860146, 19 Z., ganzj.
Camping: La Croze, St-Hippolyte, ✆ 0473860827/0188, 150 Stpl., Mai-Anf Okt.

Weiter geht es auf der D15 über Enval nach *Volvic*. Zum weiteren Streckenverlauf bis **Clermont-Ferrand** s. Etappe 130.

Etappe 132:
Entraygues – Chaudes-Aigues – Fridefont (76 km / 230 – 1057 – 956 m)

Von Entraygues fährt man auf der D34 in die Schluchten der Truyère hinein, denen aber leider keine durchgängige Straße folgt. So beginnt bereits nach wenigen Kilometern der lange Aufstieg in das Zentralmassiv. Die Straße biegt rechts ab und windet sich nach *Saint-Amans-des-Cots* hinauf (durchschnittlich 4 % auf 12 km).

Von hier kann man einen Abstecher (gut 2 km je Weg auf der D97/D599) zu einem schön gelegenen See, dem *Lac de la Selves*, unternehmen.

Information: SI, Le Bourg, 12460 St-Amans-des-Cots, ✆ 0565448161.

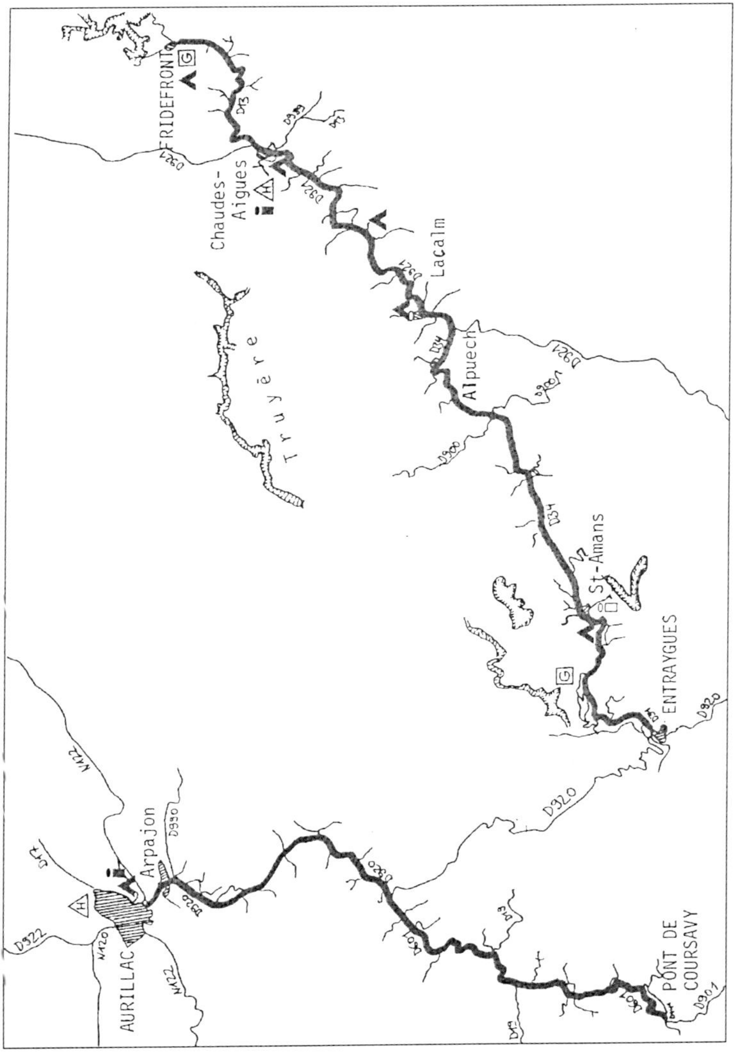
FRIDEFRONT
Chaudes-
Aigues
Lacalm
Truyère
Alpuech
St-Amans
ENTRAYGUES
Arpajon
AURILLAC
PONT DE
COURSAVY

Gîte d'étape: Auberge du Coustoubi, Campouriez, ✆ 0565448533, 12 B., ganzj. (zwischen Entraygues und St-Amans).
Camping: Les Tours, ✆ 0565448810/56, 195 Stpl., Juni-Mitte Sept; La Vergne, ✆ 0565448619/38, 35 Stpl., Mitte Juni-Mitte Sept.

Die Strecke folgt, noch immer aufwärts, weiter der D34 über den nördlichen Teil des Aubrac, eines einsamen und hügeligen Hochplateaus. Es ist in der Höhe von schier endlosen Wiesen und Weiden beherrscht, die im Sommer allerdings völlig ausgedörrt sind. Schließlich endet die D34 an der D921, links zunächst nach *Lacalm*.

Camping: Le Moulin, 12210 Lacalm, ✆ 0565443012, 25 Stpl., Mitte Juni-Mitte Sept; Le Tillet, 15110 Jabrun, ✆ 0571738080, 25 Stpl., Juni-Sept (8 km weiter, nicht weit östlich der D921).

Und weiter geht es nach **Chaudes-Aigues**, einem zwar kleinen Thermalbad (1300 Einw.), aber immer noch der größte Ort weit und breit.

Information: OTSI, 1 av Prés. G. Pompidou, 15110 Chaudes-Aigues, ✆ 0471235275.
Hotel: Arev'Hotel Casino de Chaudes-Aigues***, 29, pl du Gravier, ✆ 0471235243, 40 Z., ganzj.
Camping: Le Couffour, ✆ 0471235708/5247 (Nebensaison), 170 Stpl., Mai-Mitte Okt; Du Tillet (aire nat.), Le Tillet de Jabrun, ✆ 0471738080, 25 Stpl., Mitte Juni-Mitte Sept.

Am Ortsausgang biegt schräg rechts die D13 ab, die durch waldreicher werdendes Gebiet auf einer schönen Fahrt bis kurz vor **Fridefont** führt. Dort trifft man auf die Truyère-Rundfahrt (Etappe 122): zum Viaduc de Garabit geradeaus weiter auf der D13, Richtung Saint-Flour links nach Fridefont hinein.

Gîte d'étape: 15110 Fridefont, ✆ 0471235610, 15 B., Mitte Apr-Mitte Nov.
Camping: Municipal.

Etappe 133:
Pont de Coursavy – Aurillac (48 km / 200 – 800 – 631 m)

Hinauf in die Auvergne! Immer wieder hat man von der D601 fantastische Ausblicke auf das Lottal, so daß man sich etwas von der langen Steigung (5,5 % auf 10 km) ablenken kann. Das Tal ist längst aus dem Blickfeld verschwunden, und man radelt weiter auf der Suche nach dem höchsten Punkt. Aber der will nicht kommen. Wüßte man nicht, daß man gerade noch ein ganzes Stück hinaufgefahren ist, man könnte sich in diesem frischen und waldreichen Hügelland irgendwo im Norden Frankreichs fühlen. Doch man bewegt sich tatsächlich in über 600/700 m Höhe, bis Lacapelle ein bißchen mehr bergauf als bergab. Schließlich stößt die so ruhige D601 zur etwas stärker befahrenen D920, der man nach links folgt. Etwa 10 km vor Aurillac führt eine Straße hinunter in das Cèretal, aufgrund des beruhigenden Auslaufes eine herrliche Gelegenheit zum

„Heizen" (dennoch Vorsicht: Unebenheiten im Belag; 7 % Gefälle auf 1,4 km). Nach der Durchquerung von Arpajon-sur-Cère durchquert wird Aurillac erreicht *(in Gegenrichtung: auf die D920 Richtung Entraygues fahren).*

Aurillac (31.000 Einw., Dép. Cantal) wirkt ein wenig schläfrig, obwohl es mit Abstand die größte Stadt im Département ist (und seine Hauptstadt). Doch es geht behaglich zu zwischen all dem Holz und dunklen Gemäuer, das an den einst so riesigen Vulkan Cantal erinnert. Fast nichts ist der Stadt von ihrer Vergangenheit geblieben; sie war ein besonders geschundenes Opfer der Religionskriege. Beide Parteien wüteten abwechselnd, auch die damals reiche Abtei Saint-Geraud wurde nicht verschont. In ihr hatte der in der Nähe geborene erste französische Papst (Sylvester II., 999) seine frühen Lehrjahre verbracht. Dennoch hat Aurillac zwei Sehenswürdigkeiten: das Musée Jean-Baptiste Rames (Heimatmuseum, so vorm. & di geschlossen) und das interessante, im Château Saint-Étienne untergebrachte Maison des Volcans (Juli/Aug so vorm. geschlossen, sonst auch sa nachm./mo vorm.).

Information: OTSI, Pl du Square, 15000 Aurillac, ✆ 0471484658.
Verkehrsverbindungen: Züge nach Clermont-Ferrand, Brive, Toulouse und Paris (selten).
Hotel: Grand Hotel des Voyageurs*, 4 pl Pierre Semard, ✆ 0471480144, 15 Z., ganzj.
Camping: L'Ombrade, Chn du Gué Boulliaqua, ✆ 0471482887, 200 Stpl., Mai-Sept.

Etappe 134:
Aurillac – Anjony – Salers – Mauriac (73 km / 631 – 1050 – 722 m)

Diese wunderschöne Etappe führt in zwei großen Schlenkern durch den ***Cantal****, einen früher 3000 m hoch aufragenden Vulkan – in seiner Ausdehnung der größte in Europa. Die alten Lavaströme prägen noch heute sein Gesicht. Sie laufen sternförmig auseinander und fördern zwischen Weiden und dunkelbraunen Cantal-Rindern immer wieder den nackten Basalt zutage. Allerdings zwingen sie den Radler zu einem Zickzackkurs mit stetem Auf und Ab. Kämme werden überquert, und kleine Flußtäler bieten eine schöne Abwechslung. Die Fahrt durch diese karge, wildromantische Landschaft ist ein ganz besonderes Erlebnis, auch wenn man nicht in sein Herz vordringt, zum Puy Mary (1787 m). Denn der damit verbundene Aufstieg zum Pas de Peyrol (1582 m) ist nur etwas für Hartgesottene. Am „leichtesten" wäre noch der Anstieg von Aurillac aus. Wer andererseits der D922 (zu Beginn der N120) folgt, kann die Etappe zwar erheblich abkürzen (auf 56 km), dem entgehen aber die schönsten Abschnitte, und viel bequemer hat er es auch nicht. Zu empfehlen ist es höchstens, über den Col du Fontbulin (885 m) nach Anjony zu fahren und von dort der Etappe zu folgen. So werden die größten Anstiege vermieden, ohne Anjony und Salers zu versäumen.*

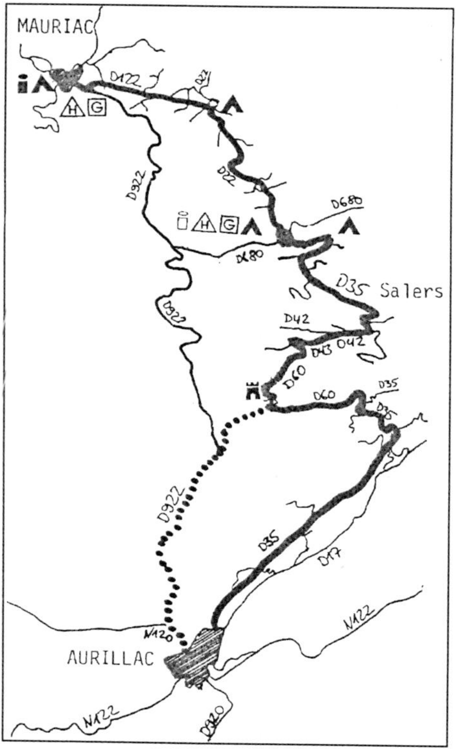

Aurillac verläßt man auf der D35, die rasch ansteigt, aber dann die Höhe hält und die Kammstraße (Route des Crêtes) über dem Jordannetal entlangführt. Schließlich erreicht man nach herrlichen Ausblicken hinter einem Paß Le Bruel, wo man links der D60 zunächst bergab, dann rechts den Hang hinauf nach *Tournemire* folgt. Links gelangt man zum malerisch gelegenen **Château d'Anjony** (tägl. nachm., Ostern-Okt). Es wurde von einem Begleiter Johannas von Orléans im 15. Jh. in Form eines Donjon gebaut. Vier 40 m hohe Türme stehen so eng beeinander, daß die Mauern kaum breiter als die Türme sind. Die Burg konnte alles beherbergen, was eine Adelsfamilie zum Leben brauchte. Davon zeugt noch heute die Innenausstattung, darunter sehr sehenswerte Fresken aus dem 16. Jh.

Zurück in Tournemire geht es links, auf der D60 über einen Kamm, bei Viellespeze rechts auf der D43 und wenig weiter erneut rechts auf der D42 bis St-Georges. Von dort folgt man links der D35 nach **Salers**. Dieses grandios gelegene Dorf besitzt eine beeindruckend homogene historische Bausubstanz mit vielen alten aus Vulkangestein errichteten Häusern. Es war früher Feste der Engländer und danach, im 15. bis 18. Jh., Gerichtssitz für die Obere Auvergne, was ihm zu einigem Wohlstand verhalf. Heute ist es eine Art Freilichtmuseum mit nur noch knapp 500 Einwohnern.

Information: SI, Mairie, 15410 Salers, ✆ 0471407233.
Hotel: Les Remparts***, Av de Barrouze, ✆ 0471407033, 18 Z., Mitte Jan-Mitte Dez.
Gîte d'étape: Mme Lafon, ✆ 0471407067/7641, 24 B.
Camping: Le Mouriol, Rte du Puy-Mary, ✆ 0471407309, 100 Stpl., Mitte Mai-Mitte Okt; zuvor in St-Paul-de-Salers: Apcher (à la ferme), ✆ 0471407226, 25 Stpl., Juni-Okt.

Weiter geht es mit der D22 nach *Anglars-de-Salers.*

Camping: Les Fraux, Le Bourg, 15380 Anglars-de-Salers, ✆ 0471400002, 25 Stpl., Juli-Anf Sept.

Dort links auf der D122, das letzte Stück rechts auf der D922 nach **Mauriac**, einem größeren Marktflecken mit bedeutender Viehmesse und dem bedeutendsten (wenn auch nicht besonders aufregenden) Vertreter der Romanik im Cantal, der Kirche Notre-Dame-des-Miracles (12./13. Jh.).

Information: OTSI, R Chappe d'Haute-Roche, 15200 Mauriac, ✆ 0471673026.
Verkehrsverbindungen: Autorail nach Laroquebrou und Bort-les-Orgues.
Hotel: Bonne Auberge des Voyageurs**, Pl de la Poste, ✆ 0471680101, 19 Z., Mitte Jan-Mitte Dez.
Gîte d'étape: Le Val St-Jean (Sogeval Val), ✆ 0473430043, 50 B., Anf Juli-Mitte Sept.
Camping: Val St-Jean, ✆ 0471673113 & 0473347553, 110 Stpl., Mitte Mai-Mitte Sept.

Etappe 135:
Argentat – Mauriac (54 km / 188 – 722 m)

Nun taucht die Dordogneroute in das Zentralmassiv ein und führt kräftig nach oben. Doch wenn es schon anstrengend ist, soll es auch schön sein. Die Dordogne zeigt nun ein neues Gesicht und beweist, daß sie zu den faszinierendsten Flüssen Frankreichs zählt. Mal lassen Staudämme sie zu einem See anschwellen, mal bieten sich herrliche Ausblicke in tiefe Schluchten, durch die sich der junge Fluß seinen Weg sucht.

Von Argentat geht es noch 10 km auf der D129 bis zur Barrage du Chastang direkt am Fluß entlang, bevor unterhalb der Staumauer rechts mit der D29 der Aufstieg beginnt: Âuf 5 km geht es über 200 Höhenmeter hinauf! An der D75 geht es nun leichter links am Lac de Feyt vorbei, durch Darazac bis Auriac, die Dordogne immer außer Sichtweite.

Camping: Lac de Feyt, 19220 Servières-le-Château, ✆ 0555282542& 0555282192, 84 Stpl., Mitte Apr-Sept; Municipal, Auriac, ✆ 0555282597/2302, 70 Stpl., Juni-Mitte Sept.

Erst hinter Auriac führt die D75 auf rauschender Fahrt wieder hinunter zum Fluß. Dort rechts mit der D105 bis zu einer weiteren, mächtigen Staumauer, der Barrage de l'Aigle, bevor es steil (mit Steigungen über 10 %) erneut aus dem Tal nach oben geht. Nach gut 5 km erreicht man eine Straßenkreuzung. Links folgt man der D682 auf der nächsten Etappe, geradeaus der D678 nach **Mauriac** (s. Etappe 134).

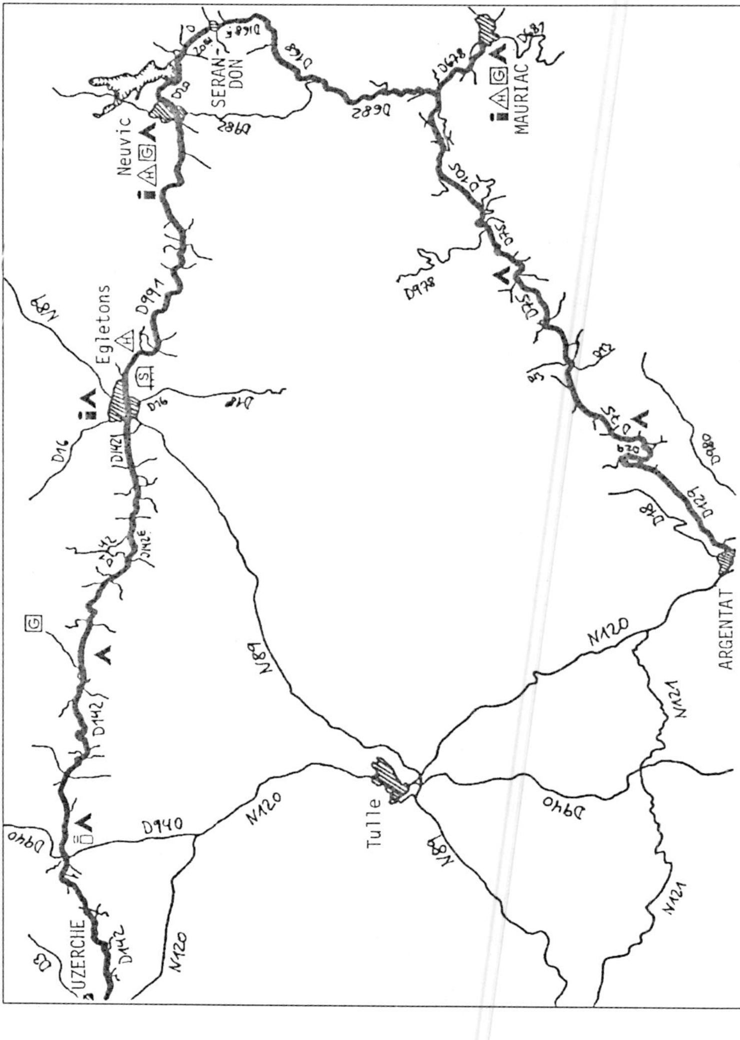
UZERCHE
D142
N120
D940
Tulle
N89
N120
D940
N121
ARGENTAT
D129
D980
D18
D75
D978
D105
MAURIAC
D678
D682
D982
SERAN-
DON
Neuvic
D991
Egletons
D76
D16
D1421
D142E

Etappe 136:
Mauriac – Sérandon (24 km / 722 – 380 – 630 m)

*Die Strecke führt zu den **Gorges de la Dordogne**, der sie auf herrlicher, aber nicht leichter Fahrt flußaufwärts folgt.*

Mauriac verläßt man auf der D678, bei *La Besse* biegt man rechts ab (Richtung Neuvic) und folgt der D682 über die Pont de St-Projet (eine Hängebrücke), wo die Straße in das Dordognetal eintritt und nun D982 heißt. Während sie links abschwenkt, biegt man schräg rechts ein auf die D168, der man über die Pont des Ajustants hinauf zum *Belvédère de Gratte-Bruyère* folgt, mit einem wunderschönen Blick über die breit aufgestaute Dordogne inmitten hoher bewaldeter Berge. Von dort geradeaus auf die $D168^{E}$, bis diese kurz vor **Sérandon** zur $D20^{E1}$ stößt. Rechts führt Etappe 139 weiter, links die nächste.

Etappe 137:
Uzerche – Egletons – Neuvic – Sérandon (83 km / 333 – 650 – 630 m)

Diese Etappe durch den Südosten des Limousin findet mangels Sehenswürdigkeiten in keinem Reiseführer Erwähnung und ermöglicht so völlig ruhiges und ungestörtes Radeln. Zwar ist das Land sehr hügelig, bietet aber dennoch eine relativ schonungsvolle Möglichkeit, in das Zentralmassiv vorzustoßen.

Man wendet sich erst einmal in die Richtung, aus der man gekommen ist (N20 Richtung Brive). Aber noch am Stadtausgang geht es links auf die D142, der man die ganze Strecke bis Egletons folgt. Noch zu Beginn wird *Chamboulive* durchquert.

Information: SI, Mairie, 19450 Chamboulive, ✆ 0555216840.
Camping: Chante Loiseau, ✆ 0555216909 & 0555204760, 67 Stpl., Mitte Juni-Aug.

Bei Puy-Grand muß man auf der D44 wenige Meter links und direkt wieder rechts abbiegen. Ähnliches (aber diesmal erst rechts, dann links) bei der Durchquerung von *St-Augustin* auf der D26.

Gîte d'étape: Trephy*, Chaumeil, ✆ 0555214034, 8 B., ganzj. (6 km nördlich am Fuß des Suc-au-May).
Camping: Municipal, St-Augustin, ✆ 0555213277, 20 Stpl., Juni-Sept.

Ca. 10 km weiter macht die D142 einen Umweg über Sarran, der mit der $D142^{E}$ abgekürzt werden kann. Diese trifft wieder zur D142, auf der man rechts schließlich **Egletons** erreicht. Kaum zu glauben, aber es besitzt eine Universität (Bauingenieurwesen) – für eine französische Kleinstadt eine Seltenheit.

Information: OTSI, 9 r de Ventadour, 19300 Egletons, ✆ 0555930434.
Verkehrsverbindungen: Züge nach Bordeaux (!) und Clermont-Ferrand.
Studentenwerk: Résidence Universitaire, ✆ 0555930573, 240 Plätze, 1 Mensa.
Hotel: Relais d'Egletons*, 117 av Ventadour, ✆ 0555932116, 7 Z.
Camping: Le Lac, ✆ 0555931475, 75 Stpl., ganzj. (1,5 km nördlich).

Weiter geht es auf der D991 an der Ruine des *Château de Ventadour* vorbei nach **Neuvic**.

Information: OTSI, R de la Poste, 19160 Neuvic, ✆ 0555958878.
Hotel: Château du Mialaret***, Rte d'Egletons, ✆ 0555460250, www.lemialaret.com, 10 Z., Ostern-Mitte Nov (ein kleines Schlößchen in idyllischer Umgebung).
Gîte d'étape: Moulin des Plaines, Rte de Bort, ✆ 0555959379, 20 B., Mitte Juni-Mitte Sept.
Camping: Le Lac, ✆ 0555958548, 100 Stpl., Juli/Aug; Le Mialaret, ✆ 0555460250, 100 Stpl., Apr-Okt; Centre Henri-Queuille, ✆ 0555958118, 85 Stpl., Mitte März-Mitte Okt.

Man durchquert den Ort und verläßt ihn auf der D20 in Richtung See, den man jedoch erst an der Staumauer im Süden erreicht. Von hier ist es knapp 1 km bis zu der Stelle, wo rechts die D20^{E1} nach **Sérandon** abzweigt.

Etappe 138:
La Courtine – La Bourboule – Le Mont-Dore (57 km / 790 – 7[illegible]4 – 1050 m)

Nun geht es aus dem Limousin auf einer schönen und ruhigen Fahrt mitten in die Auvergne hinein. Man fährt stets auf und ab, ohne daß dabei jedoch längere Steigungen überwunden werden müssen.

La Courtine verläßt man auf der D982 Richtung Ussel, biegt aber schon nach 1 km links ab. Auf der kleinen D8 geht es zur D21, dort links bis *Eygurande*.

Camping: L'Abeille, 19340 Eygurande, ✆ 0473430000, 65 Stpl., Anf Juni-Mitte Sept.

Im Ort links mit der D21 über die N89 hinweg, auf der D110 in das Département Puy-de-Dôme. Dort heißt die Straße D73 und führt nach *Messeix*. Im Dorf kurz rechts und wieder links auf die D31. Nun radelt man genüßlich oberhalb des jungen Dordognetales und kann auch mal einen Blick in die *Gorges d'Avèze* werfen. In *St-Sauves* geht es geradeaus, auf der D996 in den Kurort **La Bourboule**.

Information: OTSI, Pl de la République, 63150 La Bourboule, ✆ 0473655771.
Camping: Les Vernières, Av De-Lattre-de-Tassigny, La Bourboule, ✆ 0473811020, 165 Stpl., Mitte Apr-Sept; Les Clarines, Av Maréchal Leclerc, ✆ 0473810230, 190 Stpl., ganzj.; in 63950 St-Sauves: Le Pont de la Dordogne, ✆ 0473811[illegible]02, 50 Stpl., Mitte Mai-Mitte Okt.

In der Stadtmitte hält man sich links, überquert die Dordogne und fährt – noch immer auf der D996 – nach **Le Mont-Dore**, das auf drei Seiten von Bergen umschlossen ist. Seine Thermalquellen waren bereits den Avernern bekannt, heute ist es Sommer wie Winter von Kurgästen und Urlaubern bevölkert. Und mitten durch den Ort fließt ein junger, kleiner Fluß: die Dordogne. Man kann ihr auf einer allerdings anstrengenden Straße (D983) fast bis zur Quelle folgen, hoch oben, am Hang des *Puy de Sancy*, der mit 1885 m höchsten Erhebung des Zentralmassivs.

Information: OTSI, 4 av du Général-de-Gaulle, 63240 Le Mont-Dore, ✆ 0473652021.
Verkehrsverbindungen: Züge nach Clermont-Ferrand und (einmal tägl.) Paris.
Hotel: La Paix***, 8 r Rigny, ✆ 0473650017, 36 Z., Mitte Nov-Mitte Dez geschlossen, Modern'Hotel*, ✆ 0473650729, 15 Z., Feb-Sept.
Jugendherberge: Le Grand Volcan (FUAJ), Rte du Sancy, ✆ 0473650353, 90 B./4 Stpl., ganzj.
Camping: Domaine de la Grande Cascade, ✆ 0473650623 & 0473658603, 60 Stpl., Juni-Sept; Les Crouzets, ✆ 0473652160, 147 Stpl., Mitte Dez-Mitte Okt; L'Esquiladou (Le Queureuilh), ✆ 0473652000, 100 Stpl., Mitte Mai-Anf Okt; La Plage Verte (Rigolet-Haut, Rte de la Tour-d'Auvergne), ✆ 0473650985/0430, 100 Stpl., Mai-Sept.

Etappe 139:
Sérandon – Bort-les-Orgues (20 km / 630 – 400 – 649 – 430 m)

Man folgt der $D20^{E1}$ hinunter zur *Dordogne*, überquert sie auf der Pont de Vernejoux, und fährt nun auf der D15 im Dép. Cantal wieder aufwärts. Hinter Champagnac erreicht man den höchsten Punkt und biegt einige Kilometer weiter links ab auf die D130, der man bis zur D30 folgt, dort rechts und das letzte Stück bis **Bort-les-Orgues** links auf der D922. Die in einem Zipfel des Dép. Corrèze gelegene Stadt ist durch die oberhalb aufgestaute Dordogne zu einem Erholungszentrum geworden, aber nicht besonders sehenswert. Die recht stark befahrene D922 mag dazu ihren Beitrag leisten. Bort-les-Orgues verdankt seinen Namen den Basaltorgeln im Südwesten der Stadt. Wer weiter Richtung Clermont-Ferrand fahren möchte, kann sich den mühsamen Aufstieg ersparen, da er an noch imposanteren Basaltformationen vorbeikommen wird.

Information: OTSI, Pl Marmontel, 19110 Bort-les-Orgues, ✆ 0555960249.
Verkehrsverbindungen: Züge nach Nessargues (dort weiter nach Aurillac oder Clermont-Ferrand).
Gîte d'étape: Les Aubazines (Sogeval Val), ✆ 0573430043, 50 B., Mitte Mai-Ende Sept.
Camping: Les Aubazines, ✆ 0555960838, 135 Stpl., Mitte Juni-Mitte Sept; Beau-Soleil, ✆ 0555960031, 150 Stpl., Juni-Mitte Sept; zuvor in 15210 *Madic*: Municipal, ✆ 0571408449, 33 Stpl., Mitte Mai-Mitte Sept.

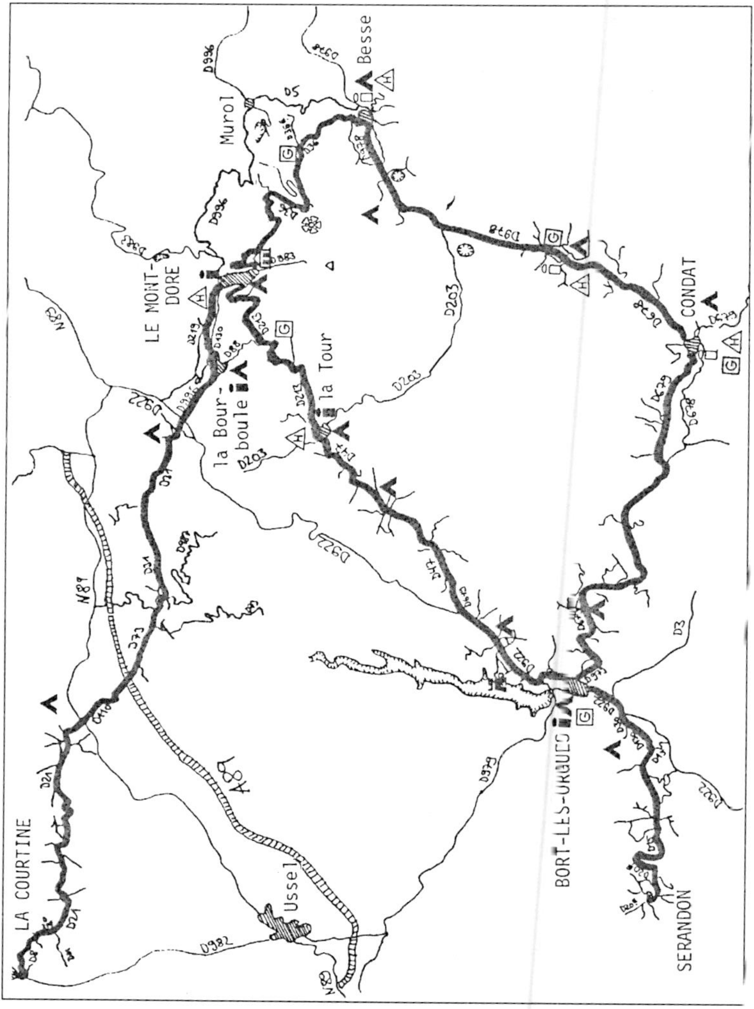
LA COURTINE
Ussel
BORT-LES-ORGUES
SERANDON
CONDAT
Besse
Murol
LE MONT-DORE
la Bour-boule
la Tour

Etappe 140:
Bort-les-Orgues – Condat (32 km / 430 – 800 – 703 m)

Diese schöne Strecke in den dicht bewaldeten **Gorges de la Rhue** führt – bis auf den hügeligen Beginn – stetig, aber leicht bergauf. Man verläßt Bort auf der D979, der man über einen Hügel zurück in das Dép. Cantal folgt. Auf der nun D679 benannten Straße erreicht man zunächst *Champs-sur-Tarentaine*.

Camping: De l'Étang, Merigot, 15270 Champs-sur-Tarentaine, ✆ 047178713625 Stpl., Mai-Sept; De l'Ecureuil, ✆ 0471787185, 25 Stpl., Mai-Sept; L'Ecureuil (à la ferme, südlich Sarran), ✆ 0471787185, 25 Stpl., Mai-Sept; Merigot (à la ferme), ✆ 0471787136, 25 Stpl., Apr-Okt.

Und weiter folgt man der Straße bis **Condat**.

Information: SI, Mairie, 15190 Condat, ✆ 0471785206.
Hotel: Hostellerie Le Lac des Moines***, ✆ 0471786596, www.hotel-lacdesmoines.com, 19 Z., ganzj.
Gîte d'étape: Caiffa, ✆ 0471785131/5206, 19 B., April-Mitte Nov.
Camping: La Borie-Basse.

Etappe 141:
Bort-les-Orgues – La Tour-d'Auvergne – Le Mont-Dore
(45 km / 430 – 1150 – 1050 m)

Es geht hinauf in die **Monts Dore**, und trotz der vielen Steigungen läßt sich die Strecke erstaunlich gut bewältigen: beim vergnüglichen Betrachten der herrlichen Landschaft und durch das Erfrischen an den kleinen Abfahrten zwischendurch. Der dickste „Klops" kommt gleich am Anfang, und ein häßlicher dazu, da man hinter Bort die verkehrsreiche D922 hochklettern muß. Ein Teil der Höhe, die man dabei überwindet, läßt sich bereits unten ablesen: an der mächtigen Staumauer (120 m). Oben erreicht man *Veillac*, hinter dem links ein kleines Sträßchen abzweigt (Richtung Le Monteil). Fährt man in dieses hinein und biegt direkt wieder rechts ab (an einem Hinweisschild zum Schloß), dann erreicht man nach wenigen Metern den schönsten Aussichtspunkt auf das tief unten am See liegende **Château de Val** (15. Jh.). Dieses einst hoch über der Dordogne thronende Schloß ist durch die Aufstauung unversehens zum Wasserschloß geworden. Die Straße endet an einer weiteren, die links zum Schloß hinunter-, rechts zur D922 zurückführt.

Camping: La Siauve, 15270 Lanobre, ✆ 0471403185, 220 Stpl., Juni-Mitte Sept.

Auf der D922 weiter Richtung Bourboule und (hinter La Pradelle) schräg rechts auf die D649. Endlich in Ruhe radelt man hinein in die auvergnatische Landschaft mit ihrem Nadelgehölz, Ginster und ausgedehnten Farnwäldern. Und hinein in das Dép. Puy-de-Dôme auf der nun D47 benannten Straße.

Camping: La Thialle, 63810 Bagnols, Rte de St-Donat, ✆ 0473222800, 90 Stpl., ganzj.

Über weite Wiesen, vorbei an einem kleinen Wasserfall erreicht man **La Tour-d'Auvergne**, das schon früh von der sich hochschlängelnden Straße zu erkennen ist. Hier tummeln sich vor allem Urlauber, die die Bergfrische suchen.

Information: OTSI, Sancy-Arteuse, R de la Pavade, 63680 La Tour-d'Auvergne, ✆ 0473215480.
Hotel: La Terrasse**, R Moulin, ✆ 0473215029, 28 Z., Mai-Sept.
Gîte d'étape: La Stèle, ✆ 0473215422, 15 B. (zwischen La Tour und Le Mont-Dore).
Camping: La Vallée, Rte de Bagnols, ✆ 0473215443, 50 Stpl., Mitte Juni-Mitte Sept; La Chauderie, Rte de Besse, ✆ 0473215501, 90 Stpl., Mitte Juni-Mitte Sept.

Kaum hat man den Ort auf der D213 hinter sich gelassen, breitet sich wieder Ruhe aus. Auf einer noch einmal längeren Steigung erreicht man einen dichten Nadelwald, den die Straße in zwei herrlichen Auf- und Abfahrten durchquert. Unterwegs kann man einen kurzen Abstecher auf der Straße Richtung La Bourboule (D88) machen, um links den Basaltkegel *Roche Vendeix* zu sehen. Schließlich geht es hinunter nach **Le Mont-Dore** (s. Etappe 138).

Etappe 142:
Le Mont-Dore – Besse-en-Chandesse – Condat
(53 km) / 1050 – 1451 – 703 m)

Auch diese Strecke ist wunderbar: sie führt um den *Puy de Sancy* herum und nach der Überquerung eines offenen, mit Gras bewachsenen Hochplateaus auf einer langen Abfahrt entlang der *Rhue* hinunter bis Condat. Zu Beginn ist auf der D36 ein ordentlicher Aufstieg (ca. 8 % auf 6 km) zum höchsten Paß in diesem Führer zu bewältigen. Doch es lohnt sich: Der **Col de la Croix St-Robert** bietet einen umwerfenden Panoramablick. Dann geht es hinunter in das *Vallée de Chaudefour* mit einer üppigen Vegetation und markanten Felsformationen. Ein Stück weiter bietet der *Rocher de l'Aigle* einen schönen Rückblick auf die Monts Dore. Bald danach wird **Besse-en-Chandesse** erreicht, wo es von Hotels und Appartementhäusern nur so wimmelt, das aber auch einen hübschen Altstadtkern hat.

Information: OT, Pl du Docteur-Pipet, 63610 Besse-Super-Besse, ✆ 0473795284.
Hotel: Le Clos***, La Villetour, ✆ 0473795277, www.hotel-le-clos.fr, 27 Z., Mitte Okt-Mitte Dez geschlossen (ordentliches Landhotel mit Schwimmbad, Sauna, etc.)
Gîte d'étape: Courbanges*** (HP), 63790 St-Victor-la-Rivière, ✆ 0473886659, 28 B., ganzj.

Camping: Bois de Gravière, 4 rte de Murol, ✆ 0473795205, 125 Stpl., Mitte Dez-Mitte Okt; Caravaneige, Super-Besse, ✆ 0473796020, 100 Stpl., Mitte Juni-Sept & Mitte Dez-Mitte Apr.

Weiter geht es rechts auf der D978. Nach wenigen Kilometern erreicht man eine Kreuzung, an der rechts eine Straße zum Wintersportort *Super-Besse*, links eine zu dem kreisrunden Kratersee **Lac Pavin** führt. Ab dieser Kreuzung wird es recht einsam, und wenn man Glück hat und der Wind richtig steht, fliegt man geradezu über die Wiesen des Hochplateaus. Unterwegs beginnt das Gefälle, das allmählich zunimmt, an die jung sprudelnde Rhue herantritt und **Égliseneuve-d'Entraigues** erreicht, wo das Maison des Fromages d'Auvergne (Mitte Juni-Sept) zu besuchen ist.

Information: SI, 63850 Égliseneuve-d'Entraigues, ✆ 0473719013 & 0473719003.
Hotel: D'Entraigues*, Pl de la Poste, ✆ 0473719009, 22 Z., ganzj.
Gîte d'étape: Les Rivaux, ✆ 0473719476, 40 B., ganzj.; Amis de la Nature, ✆ 0473719009, 10 B., Feb-Mitte Nov.
Camping: Municipal Entraigues, ✆ 0473719251, 100 Stpl., Mitte Juni-Mitte Sept.

Hinter dem Ort wechselt man das Département und die Straße ihren Namen (nun D678). Diese folgt weiter der Rhue nach **Condat** (s. Etappe 140) hinab.

Etappe 143:
Le Mont-Dore – Orcival – Royat – Clermont-Ferrand
(44 km / 1050 – 1264 – 401 m)

Diese Etappe zählt zu den schönsten. Von Le Mont-Dore folgt man einer recht erträglichen Steigung zum Col de Guéry. Zunächst auf der D996, die nach einer Weile rechts weiter nach Issoire führt. An dieser Abzweigung jedoch links auf die D983 (Richtung Clermont-Ferrand). Kurz vor der Paßhöhe radelt man an dem idyllisch gelegenen **Lac de Guéry** vorbei, dessen Wasser die meiste Zeit des Jahres lausig kalt ist. Jenseits des Passes bietet sich ein herrlicher Blick auf zwei imposante Basaltschlote, an denen das kantige, gespaltene Vulkangestein unzählige Meter in die Tiefe reicht: *Roche Tuilière* und *Roche Sanadoire*. Gleich danach zweigt nach einer Rechtskurve links die angenehm ruhige D27 ab. Auf der nun folgenden rasanten Abfahrt (durchschn. 6 %) kann man seine Blicke über die weithin offene Landschaft schweifen lassen. Unten in **Orcival** angekommen fährt man geradewegs auf eine besonders eindrucksvolle „auvergnatische Pyramide" zu, die Kirche Notre-Dame. Im dunklen, wirkungsvollen Innern fällt sogleich eine Madonnenstatue auf, die mitten im Chor postiert ist. Ihre mit Gold und Silber belegte Gestalt zeugt von der Bedeutung, die Orcival als Marienwallfahrtsort seit dem 12. Jh. hat.

Information: SI, 63210 Orcival, ✆ 0473659225.
Hotel: Du Mont-Dore**, ✆ 0473658206, 6 Z., Jan geschlossen.; Auberge du Lac de Guéry***, 63240 Le Mont-Dore, ✆ 0473650276, www.auberge-lac-guery.fr, 10 Z., Mitte Jan-Okt (direkt am See).
Gîte d'étape: Du Mont-Dore**, Orcival, ✆ 0473658206, 6 Z., Mitte Feb-Mitte Nov.
Camping: L'Etang de Fléchat, ✆ 0473658296, 83 Stpl., Mai-Sept; Camping Les Planchettes.

Man fährt die nun stärker befahrene Straße an der anderen Hangseite des Sioulet-Tales wieder hoch. Dabei gibt es einen schönen Rückblick auf Orcival. Schließlich endet die D27 an der D216, der man nach rechts folgt, bis sie zu einer großen Straßenkreuzung (Les 4 Routes) stößt.

Camping: La Haute Sioule, 63210 St-Bonnet, ✆ 0473658332, 70 Stpl., ganzj. (wenig südlich der D216 an der D27^{E}); Les Dômes (Les 4 Routes), Nébouzat, ✆ 0473871406, 70 Stpl., Mitte Mai-Mitte Sept.

Man überquert die Kreuzung und folgt der D941^{A} zum Col de la Moreno (ca. 5 %).

Gîte d'étape: Laschamp*, 63122 Ceyrat, ✆ 0473621250 & 0473622412, 30 B., ganzj. (östlich, an der D52, besonders schöne Gîte).

Man befindet sich nun mitten in der *Chaîne* (Kette) *des Puys*, auch *Monts Dômes* genannt. Leider nehmen hier die bewaldeten Hänge der benachbarten Puys die Sicht auf diese einzigartige Vulkanlandschaft. Erst wenn man der Straße weiter folgt, treten die Bäume zurück, und der Blick wird frei: auf den mächtigen **Puy de Dôme**, den weitaus größten der Vulkankegel (1465 m). Ob auf der Abfahrt nach Orcival oder über den Dächern von Clermont-Ferrand, seine weithin sichtbare Silhouette bestimmt das Bild der Monts Dômes. Eine steile Straße führt bis auf seine Kuppe hinauf, die leider für Räder gesperrt ist. Wer aber auf den Wanderwegen, z.B. vom Col de Ceyssat aus, hinaufgelangt, der wird mit einem überwältigenden Rundblick belohnt werden. Denn hinter dem seit keltischen Zeiten mystischen Berg reihen sich die sanft geschwungenen Vulkankegel traumhaft aneinander.

Nur wenig hinter dieser Straße biegt man rechts ab auf die D68, der man auf einer schönen, nicht allzu steilen Abfahrt durch den alten Kurort *Royat* hindurch nach **Clermont-Ferrand** (s. Etappe 130) folgt.

Information: SI, Pl Allard, 63130 Royat, ✆ 0473297470.
Verkehrsverbindungen: Züge (Bahnhof Royat-Chamalières) nach Clermont-Ferrand und Bordeaux.
Hotel: Villa-Romaine**, 40 bd Barrieu, ✆ 0473358286, 20 Z., Apr-Mitte Okt.
Camping: L'Oclède, Rte de Gravenoire, ✆ 0473359705, 200 Stpl., Apr-Okt; Le Chanset, 63122 Ceyrat, ✆ 0473613073, 262 Stpl., ganzj. (südlich).

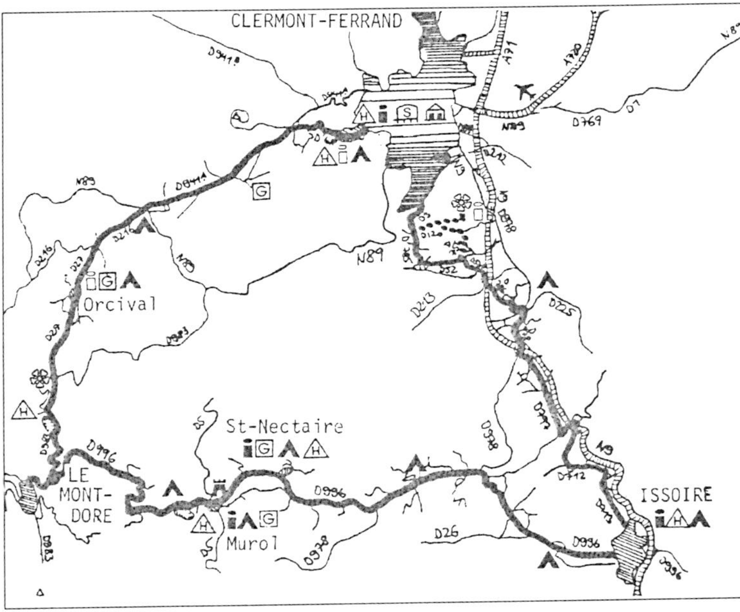

Etappe 144:
Le Mont-Dore – Murol – Saint-Nectaire – Issoire
(51 km / 1050 – 1401 – 386 m)

Gleich zu Beginn zwanzig Kilometer, die es in sich haben! Einem ordentlichen, aber nicht zu starken Anstieg (ca. 4-6 % auf 7 km) folgt eine herrliche, lange Abfahrt hinein in ein überwältigendes Panorama. Danach geht es zu zwei sehenswerten Vertretern auvergnatischer Romanik: St-Nectaire und St-Austremoine in Issoire.

Von Le Mont-Dore führt die leider nur morgens ruhige D996 (Richtung Issoire) hinauf zum **Col de la Croix Morand**. Die Paßhöhe bietet einen weiten Ausblick auf die abgeflachten, nur mit Gras bewachsenen Reste alter Vulkane, eine faszinierende Bergszenerie der Auvergne. Auf der Abfahrt könnte man sich im Traum wähnen, wären Verkehr und Kurven nicht. Aber auch das Gefälle (ca. 5-8 % auf 9 km) gebietet Vorsicht und erschwert zugleich die Umkehrung der

Etappe. Vorbei am Lac Chambon erreicht man **Murol**, über dem eine markante Schloßruine (14./15. Jh.) thront.

Information: OTSI, R Jassaguet, 63790 Murol, ✆ 0473886262.
Hotel: Des Dômes**, Groire, ✆ 0473886013, 31 Z., Schulferien geöffnet (mit Pool).
Gîte d'étape: La Chassagne*, 22 av de Clermont, 63122 Ceyrat, ✆ 0473614964 & 0619392805, 16 B., ganzj.
Camping: 11 Plätze zwischen Chambon und Murol, darunter: De Voissieres, Chambon-s-Lac, ✆ 0473886413, 65 Stpl., Mai-Okt (preiswertester Campingplatz); L'Europe, Rte de Jassat, Murol, ✆ 0473886046, www.camping-europ.com, 219 Stpl., Mitte Mai-Aug (mit Pool und Rutsche, einer der exklusivsten).

Nach einem kurzen Anstieg geht es auf der durchweg guten D996 leicht bergab. Man folgt bis Champeix der Sohle eines waldreichen Tales. Von den größeren und kleineren Orten, die durchquert werden, verdient einer besondere Erwähnung: **Saint-Nectaire**, das man gleich zu Beginn erreicht. Es besteht aus einem unteren Teil, einem alten Kurort für Nierenleiden, und einem oberen, über dem schön gelegen auf einer Anhöhe eine kleine romanische Kirche (12. Jh.) steht. Sie wurde in dem für die Auvergne typischen pyramidenförmigen Aufbau errichtet. Besonders sehenswert sind die Kapitelle des Chorumgangs und die Skulpturen im Kirchenschatz.

Information: OTSI, 63710 Saint-Nectaire, ✆ 0473885086.
Hotel: Le Belair**, Qu de Barberoux, ✆ 0473885042, www.hotel-lebelair.com, 11 Z. Mitte Feb-Mitte Okt.
Gîte d'étape: Clos du Vallon, ✆ 0473885092/41, 35 B., April-Okt.
Camping: La Clé des Champs, ✆ 0473885233, 84 Stpl., Apr-Mitte Okt; L'Oasis, Rte des Granges, ✆ 0473885268, 100 Stpl., Mitte Apr-Sept; Le Viginet, ✆ 0473885380, 90 Stpl., Juni-Sept; Les Vallées Vertes; entlang der weiteren Strecke: Hutte des Dômes, Saillant, ✆ 0473885022, 46 Stpl., Apr-Sept; Municipal de la Prade, Montaigut-en-Combraille, ✆ 0473850909, 14 Stpl., Mitte Juni-Mitte Sept; Les Grottes, Perrier, ✆ 0473890317, 60 Stpl., Mitte Apr-Mitte Sept.

Leider fehlt dem Tal etwas die Romantik, dafür ist die Straße zu befahren. Erst hinter Champeix wird es ruhiger, auf der Fahrt über einen mit ausgedehnten Feldern bedeckten Hügel in das weite Becken des Allier nach Issoire.

Issoire (14.000 Einw., Dép. Puy-de-Dôme) fällt zunächst dadurch auf, daß es völlig flach ist. Bald wird auch erkennbar, daß es hauptsächlich von der Industrie lebt; etwa 50 % der französischen Aluminiumgewinnung stammen von hier. Die Altstadt schließlich zeigt, daß Issoire eine lange Vergangenheit hat, auch wenn die meisten Bauten ein Opfer der Religionskriege geworden sind. Sehenswert ist vor allem die Kirche St-Austremoine, die größte der „auvergnatischen Pyramiden“. Die auf drei Seiten dicht dabeistehenden Häuser lassen allerdings nur schwer die Ausmaße erkennen. Dafür ist der Blick auf die freie Chorseite um so eindrucksvoller. Innen dann wird man überrascht von einer ornamentalen, bunten Ausmalung, was äußerst selten in französischen Kirchen anzutreffen ist, obwohl sie alle im Mittelalter einmal bemalt waren. In

Issoire stammt die Bemalung allerdings aus dem 19. Jahrhundert und wurde nach Lust und Laune ausgeführt, woran sich ein heftiger Streit unter den Kunstkritikern entzündete. Doch davon sollte man sich nicht beeindrucken lassen. Denn die Farben verfehlen ihre Wirkung nicht.

Information: OTSI, Pl Général de Gaulle, 63500 Issoire, ✆ 0473890354.
Verkehrsverbindungen: Züge nach Clermont-Ferrand, Le Puy und Alès.
Hotel: Tourisme**, 13 av de la Gare, ✆ 0473892368, 13 Z., Mitte Jan-Mitte Dez.
Camping: Le Mas, ✆ 0473890359, 140 Stpl., Apr-Okt.

Etappe 145:
Clermont-Ferrand – Issoire (42 km / 401 – 500 – 386 m)

Man verläßt Clermont im Süden des Boulevardrings auf der Av de la Libération. Hinter einer Eisenbahnbrücke beginnt links die D3 (Av du Gén. Leclerc), führt links und wieder rechts als Rte de Romagnat durch den gleichnamigen Ort hindurch und dann sehr steil (10 % für ca. 1-2 km) den Berg hinauf. Bald gelangt man an eine Kreuzung, an der es geradeaus über die D3 und D785 nach Chanonat wieder hinunter geht, wo links die D52 nach *La Roche-Blanche* führt. Wer hingegen noch genügend Kraft verspürt, sollte es keinesfalls versäumen, an der Kreuzung links zu fahren und das hoch aufragende **Plateau de Gergovie** zu bezwingen. Nach einem äußerst mühseligen Anstieg kann man den Grund erahnen, warum die Römer dort von Galliern ein letztes Mal zurückgeschlagen wurden. Vom einstigen gallischen Oppidum sind zwar nur noch ein paar herumliegende Steine übriggeblieben, aber der fantastische Blick über das Alliertal entschädigt allemal für die Anstrengung.

Ein Stück muß man die Straße wieder zurück, jedoch nicht bis zur Kreuzung. Unterwegs zweigt links die D120 ab und führt steil hinab durch Gergovie und *La Roche-Blanche*. Dort orientiert man sich Richtung Autobahn. Die $D52^A$ endet an der D213. Dort geradeaus auf der D786 über die Autobahn nach *Veyre-Monton*.

Information: SI, Plateau de Gergovie, 63670 La Roche-Blanche, ✆ 0473794298.
Camping: La Font de Bleix, Le Lot, 63730 Les Martres-de-Veyres, ✆ 0473392649, 40 Stpl., Feb-Dez (östlich).

Im Ort führt rechts eine winzige Straße hinab zur D8, und diese kurz links zur breiten D978. Man folgt ihr rechts erneut über die Autobahn und gleich danach links auf der D797 bis zur D229. Links, unter der Autobahn nach Coudes, zweimal rechts und erneut unter der Autobahn hindurch. Dann führt rechts eine kleine Straße nach Sauvagnat. Dort links mit der D712 nach Le Pougelet und rechts haltend auf der D713 bis **Issoire** (s. Etappe 144).

Etappe 146:
Issoire – La Chaise-Dieu – Vorey (85 km / 386 – 1082 – 550 m)

Diese Etappe überquert auf guten und für ihre Breite erstaunlich ruhigen Straßen die reizvolle Waldlandschaft der **Monts du Livradois**. *Es ist ausgedehnter und weniger steil als das weiter östlich liegende Forez. Dennoch führt auch hier die Straße zunächst in einer langgezogenen Steigung bergan, bevor eine ganze Weile die Höhe gehalten wird. Durch die unzähligen Kurven bleibt es dabei stets abwechslungsreich. Und für die vielen kleinen Abfahrten hat man genau das richtige Gefälle, um sie genießen zu können.*

Issoire wird in Richtung Saint-Germain-l'Herm verlassen. Auf der D996 gelangt man nach Parentignat, wo die D999 rechts das Alliertal verläßt und in das Livradois hinaufsteigt (erst ca. 6 %, dann weniger).

Information: SI, 63580 Vernet-la-Varenne, ✆ 0473713976.
Gîte d'étape: La Geneste**, ✆ 0473713532, 20 B., ganzj.; La Bride des Fougères, ✆ 0473713513, 14 B. (reservieren).
Camping: Bellevue, ✆ 0473713041, 70 Stpl., Mitte Juni-Mitte Sept.

Die Steigung hält an, bis die 1000 m-Grenze überquert ist. Nun folgt die Etappe bis Bellevue-la-Montagne einem Höhenzug, so daß sie nun ohne größere Steigungen hügelig weiterführt. Bevor Bellevue erreicht wird, durchquert man zwei größere Ortschaften, darunter *Saint-Germain-l'Herm*.

Hotel: De France**, Rte de la Chaise-Dieu, 63630 Saint-Germain-l'Herm, ✆ 0473720027, www.hotel-de-france63.fr, 14 Z., Nov & Jan geschlossen.

Mit dem Département wechselt die Straße ihren Namen: bisher D999 (Puy-de-Dôme), nun D499 (Haute-Loire). Schließlich erreicht sie La Chaise-Dieu.

La Chaise-Dieu (800 Einw., Dép. Haute Loire) war eine im 11. Jh. gegründete Abtei mit riesigen Besitzungen und schier unerschöpflichem Reichtum, bis sie in der französischen Revolution aufgelöst wurde. Papst Clemens VI. verbrachte hier seine Jugend, und zu den Äbten zählten die späteren Kardinäle Richelieu und Mazarin. Während das äußere Erscheinungsbild der heutigen Ortschaft kaum solche Berühmheiten erahnen läßt, birgt das Innere der gotischen Abteikirche St-Robert (14. Jh.) einige Kostbarkeiten. Über dem großen und schön geschnitzten Chorgestühl (15. Jh.) hängen aus Wolle und Seide gewebte Wandteppiche (16. Jh.), was in Südfrankreich äußerst selten anzutreffen ist. Auf der Rückseite, im Chorumgang, ist ein interessantes Fresko (15. Jh.) erhalten: der Totentanz, bei dem der Tod die Menschen mit sich nimmt und sich dabei auch noch über sie lustig macht – über den Papst wie den Mönch, König wie Bauer, Kaufmann wie Troubadour.

Information: OTSI, Pl de la Mairie, 43160 La Chaise-Dieu, ✆ 0471000116.

Kartenskizze Etappe 146

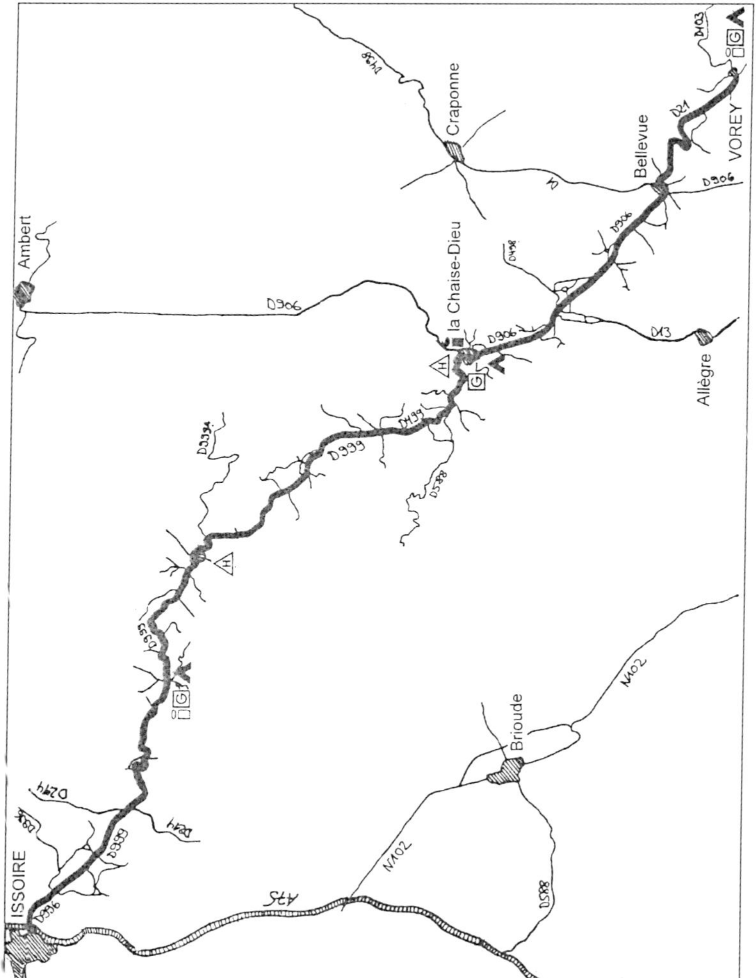

Hotel: Monastère et Terminus**, Pl de la Gare, © 0471000073, www.hotel-monastere-terminus.com, 14 Z., Apr-Okt.
Gîte d'étape: La Pénide, © 0471000676/0105, 29 B., ganzj.
Camping: Les Prades, Rte de Vichy, © 0471000788, 100 Stpl., Juni-Sept.

Man verläßt den Ort auf der D906 (Richtung Le Puy) und folgt der Straße bis *Bellevue-la-Montagne*. Dort links. Aber Achtung! Bevor man sich die breite und steile D1 (Richtung Craponne) zu weit hinunterstürzt, muß man hinter dem letzten Haus rechts auf die kleine D21 abbiegen, um auf einer schönen, wald- und kurvenreichen Abfahrt (erst ca. 6 %, dann weniger) zur Loire zu gelangen. Auf der D103 links nach **Vorey** hinein (oder rechts direkt zur nächsten Etappe).

Information: SI, R Louis Jouvet, 43800 Vorey, © 0471037809.
Verkehrsverbindungen: Züge nach St-Étienne und Le Puy.
Hotel: Les Rives de l'Arzon***, R Pierre-Chabannes, © 0471011300, www.hotel-rives-arzon.fr, 10 Z., ganzj.
Gîte d'étape: Communal, © 0471034039, 19 B., ganzj.
Camping: Les Moulettes, Chn de Felines, © 0471037048, 40 Stpl., Mai-Sept.

Etappe 147:
Vorey – Le Puy-en-Velay (22 km / 550 – 630 m)

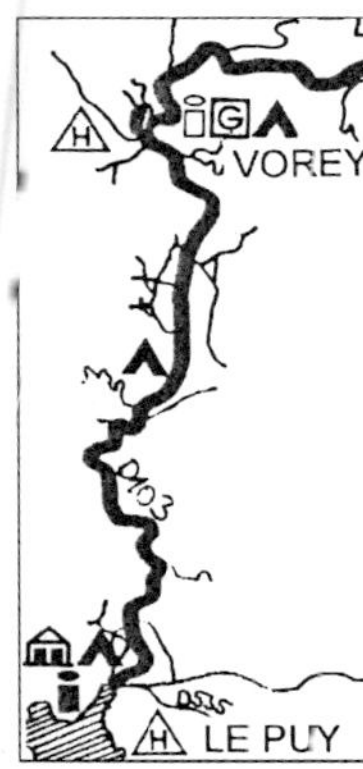

Die Loire bestimmt den Verlauf dieser Etappe auf der D108, auf dem ersten Teilstück zwischen Vorey und Lavoûte-s-Loire in dem sich etwas öffnenden Tal. Dann jedoch rücken die Berge wieder eindrucksvoll enger zusammen. Man radelt durch die *Gorges de Peyredeyre* bis nach Le Puy.

Le Puy-en-Velay (20.000 Einw., Dép. Haute-Loire) hat ein einzigartiges Stadtbild, das es Vulkaneruptionen vor über 10 Mio. Jahren verdankt. Das meiste der einstigen Vulkankegel ist freilich abgetragen. Doch auch die Reste und die den Ort umgebenden Hänge als Kulisse sind beeindruckend. So im Norden der Stadt die 85 m hohe Aiguilhe (Nadel), ein bizarrer, fast senkrechter Basaltschlot, auf dessen Spitze eine kleine Kirche steht. Nebenan der Rocher Corneille, der nach drei Seiten steil abfällt. Doch auf ihm hat man unübersehbar eine riesige Madonna errichtet. Hintergrund ist die Bedeutung Le Puys als Marienwallfahrtsort seit dem Mittelalter. Während der Pilgerzüge nach Santiago de Compostela war dies der Sammelpunkt für eine der vier Hauptrouten. Man besaß damals unzählige Reliquien und eine berühmte schwarze Madonna. Sie fiel

allerdings der französischen Revolution zum Opfer und wurde später nachgebildet.
Die Kathedrale sah Mitte des letzten Jh. derart mitgenommen aus, daß man sie stark restaurieren mußte. Doch sobald in der schönen, verschachtelten Altstadt zu Füßen des Rocher Corneille ihre Fassade auftaucht, spielt das Alter keine Rolle mehr, zu sehr fesselt diese eigenartige Kirche. Sie ist einmalig. Im romanischen Stil erbaut, mutet sie fast orientalisch an mit ihren verschiedenfarbigen Steinen, den damit erzeugten Ornamenten und einer interessanten, wenngleich nicht vollkommenen Kuppelkonstruktion. Der angeschlossene Kreuzgang ist gleichfalls sehenswert. Schließlich lohnt sich ein Besuch des am Jardin Vinay (südlich der Altstadt) gelegenen Musée Crozatier, eines Heimatmuseums, in dem sich eine Abteilung der Spitzenklöppelei widmet. Diese Gewerbe war lange Zeit Lebensgrundlage für das Velay, dessen Zentrum Le Puy ist. Heute wird mancherorts noch weitergeklöppelt – zur Freude der Touristen, die dann dankbar die eine oder andere Spitze erstehen.

Information: OTSI, Place Breuil, 43000 Le Puy-en-Velay, ✆ 0471093841.
Verkehrsverbindungen: Flüge nach Paris; Züge nach Lyon und St-Georges-d'Aurac (dort weiter nach Clermont-Ferrand oder Nîmes).
Hotel: St-Jacques***, 7 pl Cadelade, ✆ 0471072040, 12 Z., ganzj.
Jugendherberge: Centre Pierre Cardinal (FUAJ), 9 rue Jules Vallès, ✆ 0471055240, 70 B., ganzj.
Camping: Bouthezard, ✆ 0471095509, 80 Stpl., Palmsonntag-Mitte Okt; zuvor in 43800 Lavoûte-s-Loire: Municipal, Les Longes, ✆ 0471081879, 57 Stpl., Mai-Mitte Sept.

Etappe 148:
Condat – Murat – Saint-Flour (61 km / 703 – 1210 – 881 m)

*Den Weg nach Murat legt man auf einer herrlichen, ruhigen Fahrt zurück, die dicht an das Herz des **Cantal** heranführt. Auf dem zweiten Teil dann gelangt man in die alte Hauptstadt der Haute-Auvergne, nach St-Flour.*

In Condat überquert man die Rhue und biegt links ab auf die D679, der man aufwärts folgt, bis rechts die D16 abzweigt. Diese Straße führt durch ein kleines bewaldetes Gebiet, das von einem Wildbach, der Santoire, durchflossen wird.

Gîte d'étape: Communal, 15190 Lugarde, ✆ 0471784047/4295, 19 B., Mai-Okt; 2 gîtes communals* in 15300 Dienne, ✆ 0471208011, 50 bzw. 12 B., ganzj.

Die Bäume werden spärlicher, die Steigung ist kaum noch spürbar, und so radelt man frei und unbeschwert durch die alte, naturbelassene Vulkanlandschaft mit ihren weitgeschwungenen Wiesen. Man folgt noch immer der Santoire, auch wenn die Straße endet und die Strecke geradeaus auf der D3 weiterführt. Dann jedoch verläßt sie den Bach und steigt etwas mehr an. Die umliegenden Gipfel werden höher und die Szenerie noch reizvoller. Schließlich endet die Straße, und man folgt links der D680 das letzte Stück auf den *Col d'Entremont*. Nun geht es auf einer ordentlichen Abfahrt (bis zu 8 %) hinunter nach **Murat**, einem recht lebendigen Gebirgsdorf, dessen alte Häuser steil an einen Vulkanfelsen gebaut sind. Puy Mary und Plomb du Cantal sind nicht weit, und so bietet sich der Ort für viele Wanderer als Basislager an. (Und für „Pässefreaks", die vom Col d'Entremont über den höchsten Paß des Cantal, den Pas de Peyrol, zu Etappe 134 gelangen können.)

Information: OTSI, Hôtel de Ville, 15300 Murat, ✆ 0471200947.
Hotel: La Santoire**, Ségur-les-Villas, ✆ 0471207068, www.hotel-santoire.com, 28 Z., Feb-Nov (mit Pool, Saune, Fitness etc.).
Camping: Stalapos, ✆ 0471200183, 250 Stpl., Juni-Sept & Ende Dez-Apr.

Der nun folgende Streckenabschnitt führt über ein hügeliges Hochplateau, an dessen Ende eine schöne Abfahrt steht. Es geht an bestellten Feldern vorbei, hier und da ein Gehöft oder ein kleineres Dorf. Die Landschaft wird etwas besiedelter. Man hält sich im Ort etwas links und biegt dann in Richtung St-Flour auf die D926 schräg rechts ab. Nach etwa 5 km geht es links auf die D31 durch Beynac, vor Coltines kurz links und wieder rechts auf der D40 nach St-Flour, dort hinauf in die Oberstadt.

Saint-Flour (7.000 Einw., Dép. Cantal) hat eine gemütliche Altstadt in ungewöhnlicher Lage: auf einer großen Basaltplatte, die zum L'Ander steil abfällt. Dieser strategisch günstigen Lage wegen wurde die Stadt nie erobert. Hugenotten rannten hier ebenso vergeblich an wie die Engländer im Hundertjährigen Krieg, als St-Flour zeitweilig der südlichste Stützpunkt der Franzosen war. Auch heute noch wirkt sich die Lage günstig aus. Es verirren sich nur wenige Autos in die Altstadt – der Abhang macht sie zu einer Sackgasse.
Inmitten der aus dunklem Basalt erbauten Häuser steht die Kathedrale (14./15. Jh.), in deren recht düsterem Inneren eine einmalige schwarze Christusstatue aufgestellt ist. Nebenan kann man sich im Musée de la Haute-Auvergne (Juni-Sept tägl., sonst außer sonn- und feiertags) über Geschichte und Kultur der Region informieren.

Information: OTSI, 2 pl d'Armes, 15100 Saint-Flour, ✆ 0471602250.
Verkehrsverbindungen: Züge nach Paris und Béziers (selten).
Hotel: Grand Hotel de l'Europe***, 12 cs Spy des Ternes, ✆ 0471600364, www.saint-flour-europe.com, 44 Z., ganzj. (in Oberstadt, toller Blick aus einigen Z.); De France*, 28 r des Lacs, ✆ 0471600475, 16 Z., Jan & im Okt-März so geschlossen; südöstlich bei St-Georges, 1 km südlich der N9 kann man im Sommerschloß der Bischöfe von St-Flour aus dem 15. Jh. übernachten: Château de Varillettes****, ✆ 0471601584, www.chateaudevarilettes.com, 12 Z., Apr-Okt.
Camping: Roche-Murat (N9), Rte de Clermont-Ferrand, ✆ 0471604363, 121 Stpl., Apr-Okt; Les Orgues, Av du Dr.-Mallet, ✆ 0471604401, 85 Stpl., Mitte Mai-Mitte Sept.

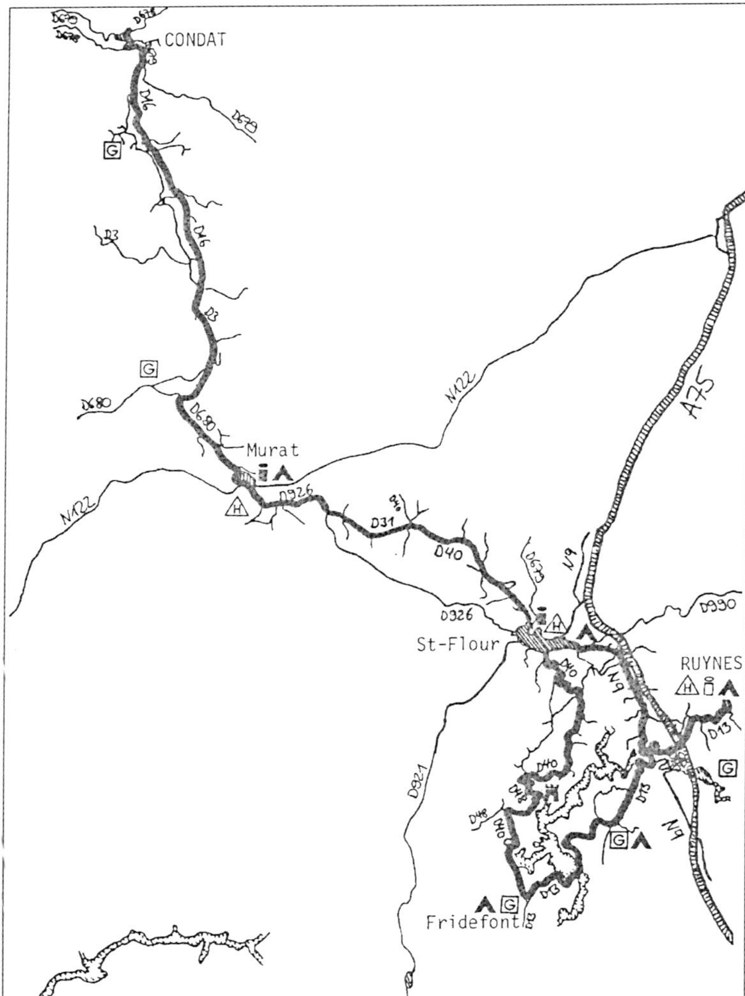
CONDAT
D16
D679
G
D3
D16
D3
G
D680
D680
Murat
N122
A75
H
D926
N122
D31
D40
N9
D990
D926
H
St-Flour
RUYNES
H
D40
N9
D13
D40
G
D921
D48
D48
D40
D13
G
N9
D13
G
Fridefont

Etappe 149:
Saint-Flour – Fridefont (27 km / 881 – 669 – 956 m)

Die folgenden Etappen umrunden auf schönen kleinen Sträßchen den Truyère-stausee. Dabei bieten sich immer wieder herrliche Ausblicke auf das weite, verästelte Wasser, umgeben von bewaldeten oder mit Gras bewachsenen Hängen.

Die Strecke ist allerdings sehr hügelig. Mal führt sie dicht an das Ufer heran, mal oben am Hang entlang, dann wieder schiebt sich ein Hügel zwischen Straße und See.

In St-Flour biegt man von der D921 (Av de Verdun) südwärts ab auf die D40 (Richtung Alleuze). Man folgt der kurvenreichen Straße bis zu ihrem Ende bei La Barge. Dort fährt man geradeaus auf die D48 und kommt kurz darauf zu den malerisch auf einem Landsporn gelegenen Ruinen des **Château d'Alleuze** (13. Jh.), das zuletzt Stützpunkt eines adligen Banditen war und bereits 1405 von den terrorisierten Bewohnern St-Flours angezündet wurde. Seitdem ragen die Gemäuer inmitten der dicht bewaldeten Hügel und (heute) des sie umgebenden ruhigen Wassers empor.

Wenige Kilometer weiter zweigt links die D40 ab, der man über die Staumauer (Barrage de Grandval) nach **Fridefont** (s. Etappe 132) folgt.

Etappe 150:
Fridefont – Ruynes-en-Margeride (26 km / 940 – 669 – 914 m)

Von Fridefont geht es auf der D13 weiter, die über einen Arm des Sees nach *Faverolles* führt.

Gîte d'étape: Les Compagnons du Buffadou, 15320 Faverolles, ✆ 0471234084, 10 B.
Camping: Municipal, Le Bourg, ✆ 0471234991, 35 Stpl., Mitte Juni-Mitte Sept.

Und weiter auf der D13 bis zur N9. Man steht nun vor einer gigantischen Eisenkonstruktion, dem **Viaduc-de-Garabit**. 564 m lang überspannt diese Eisenbahnbrücke das Truyèretal in einem einzigen Bogen. Solch ein Werk konnte natürlich nur von einem ausgeheckt werden: Gustave Eiffel.

Man überquert die Truyère links auf der N9 und erreicht direkt danach wieder die D13, der man rechts unter dem Viadukt hindurch bis **Ruynes-en-Margeride** folgt, wo ein Ecomusée über die Margeride anzusehen ist.

Information: SI, Mairie, 15320 Ruynes-en-Margeride, ✆ 0471234332.
Verkehrsverbindungen: s. Saint-Flour (Etappe 148), Bahnhof außerhalb an der D13.

Hotel: Moderne**, ✆ 0471234117, 20 Z., März-Mitte Okt.
Gîte d'étape: Rozière, Pratlong, Chaliers, ✆ 0471234606, 16 B., ganzj. (südlich).
Camping: Le Petit Bois, ✆ 0471234159, 240 Stpl., Mai-Mitte Okt.

Etappe 151:
Saint-Flour – Ruynes-en-Margeride (19 km / 881 – 835 – 914 m)

Der dritte Teil der Truyère-Umrundung ist zugleich eine Abkürzung von St-Flour auf dem Weg Richtung Rhône oder Tarn. Und seit dem Bau der Autobahn ist die Fahrt auf der N9 (Richtung Saint-Chély) gar nicht so unangenehm. Bald erreicht man das **Viaduc-de-Garabit**. Noch vor der Überquerung der Truyère führt links die D13 unter dem Viadukt hindurch nach **Ruynes-en-Margeride** (s. vorige Etappe).

Etappe 152:
Ruynes-en-Margeride – Saugues (38 km / 914 – 1345 – 960 m)

Zwischen den Vulkanlandschaften des Cantal und Velay (um Le Puy) erstreckt sich ein Granitgebirge, die ***Margeride****. Ein karges Land, das von mehr oder weniger bestellten Feldern und ausgedehnten Nadelwäldern bedeckt ist. Die Strecke führt einmal 'rauf, einmal 'runter, halt über den Gebirgszug hinweg.*

Man startet auf der D4 zum höchsten Punkt der Etappe. Dabei nervt weniger die Stärke (um 3 %) als die Länge der Steigung (16 km). Dafür hat man unterwegs und vor allem oben schöne Ausblicke auf eine unberührte, etwas verschlafene Landschaft.

Gîte d'étape: Prat-Niolat, 15320 Claviers, ✆ 0471234083, 25 B., ganzj. (vor dem höchsten Punkt rechts, etwas abseits der D4).

Die Straße überschreitet die Grenze zum Dép. Lozère und heißt nun D123. Man folgt ihr abwärts, bis sie an der D989 endet. Dort links, vorbei an *Paulhac*.

Gîte d'étape: Edmond Martin, 48140 Paulhac-en-Margeride, ✆ 0466317346, 16 B.

Die Strecke wechselt erneut das Département und die Straße ihren Namen. Auf der D589 gelangt man geradewegs nach **Saugues**.

Information: OTSI, Crs Gervais, 43170 Saugues, ✆ 0471778121.
Gîte d'étape: Communal, Av du Gévaudan, ✆ 0471778446/8062, 12 B., Mitte Mai-Sept; Rue des Roches, ✆ 0471778345, 20 B., ganzj.
Camping: Sporting de la Seuge, ✆ 0471778062, 112 Stpl., Mitte Juni-Mitte Sept.

Kartenskizze Etappen 152 – 155

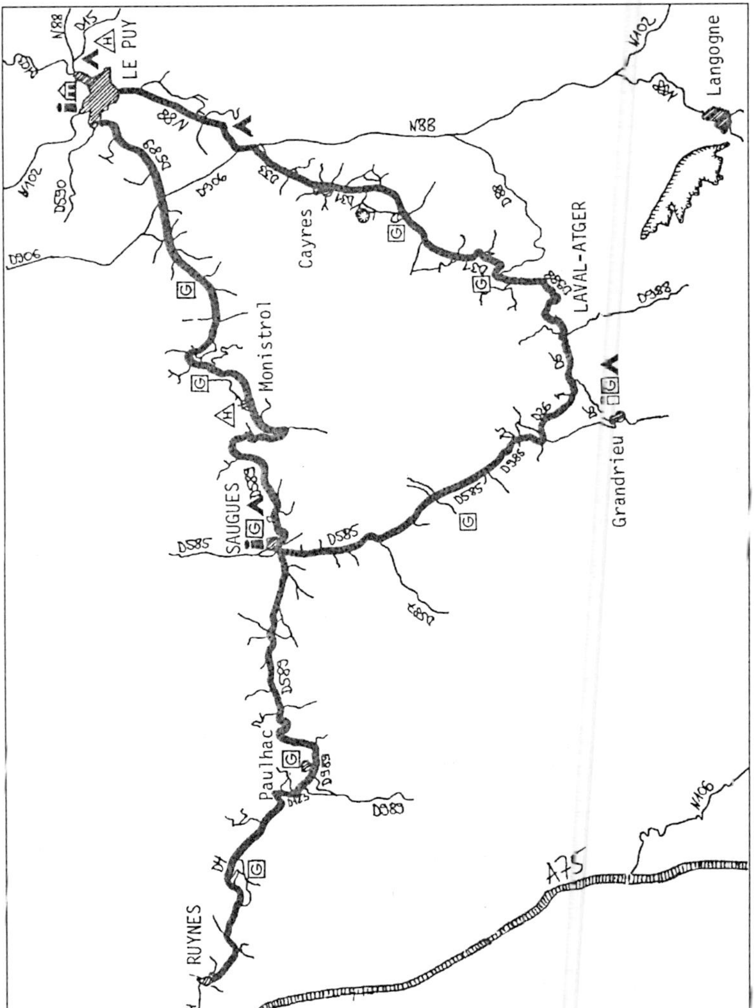

Etappe 153:
Saugues – Le Puy-en-Velay (44 km / 960 – 619 – 1143 – 630 m)

Diese Strecke verdankt ihren besonderen Reiz der abwechslungsreichen Umgebung. Mal trockener, mal feuchter, Schluchten und Berge, Granit und Basalt. Die Streckenführung ist denkbar einfach: die ganze Zeit auf der D589.

Zunächst überquert man einen kleinen Ausläufer des Margeride, um dann in einen tiefen Riß des Zentralmassivs abzutauchen, in die **Gorges de l'Allier**. Unten am Fluß liegt inmitten der eindrucksvollen Szenerie *Monistrol-d'Allier*. Auf der Michelinkarte tummeln sich die Steigungspfeile: Der folgende, 10 km lange Anstieg wird anstrengend.

Hotel: Les Gorges**, 43580 Monistrol-d'Allier, Qu le Vivier, ✆ 0471572450, 21 Z. (auch für *), April-Sept.
Gîte d'étape: C. Dufour*, Route de Pratelaux, Saint-Privat-d'Allier, ✆ 0471572550, www.lacabourne.com, 50 B. ganzj.

Nachdem man aus der Schlucht wieder herausgekommen ist, müssen direkt anschließend die *Monts du Devès* überquert werden.

Gîte d'étape: Montbonnet, 43370 Bains, ✆ 0471575080, 30 B., April-Okt.

Gleich hinter Montbonnet bietet sich ein schöner Ausblick auf die Basaltregion des Velay, in das die Straße auf einer herrlichen, nicht allzu steilen Abfahrt hinunterführt. Schließlich erreicht man **Le Puy** (s. Etappe 147).

Etappe 154:
Le Puy-en-Velay – Cayres – Chapeauroux – Laval-Atger
(40 km / 630 – 1150 – 850 m)

*Diese abwechslungsreiche Etappe führt über ein recht angenehm zu überquerendes Hochplateau in die **Gorges de l'Allier**.*

Lediglich zu Beginn hat man eine größere, fast 10 km lange Steigung zu überwinden und mit stärkerem Verkehr zu kämpfen: auf der N88 (Richtung Langogne). Bald jedoch verteilen sich die Autos, und es wird zunehmend flacher. Die Umgebung verrät nichts darüber, daß man sich in 1000 m Höhe befindet. Vor Montagnac biegt man rechts ab auf die D33, eine kleinere Straße, der man bis *Cayres* folgt.

Hotel: Moderne**, 43510 Cayres, ✆ 0471573344, 13 Z., Mitte Feb-Dez.
Camping: L'Iris, 43370 Solignac-s-Loire, ✆ 0471031146, 45 Stpl., Mitte Juni-Mitte Sept.

Dort geradeaus, am Ortsende rechts auf die D31. Kurz danach bietet sich ein Abstecher (rechts über die D312) zu dem hübsch gelegenen **Lac du Boucher** an. Seine kreisrunde Form deutet auf den vulkanischen Ursprung der Gegend hin. Doch häufiger als im Cantal verstreuen sich kleine Dörfer und Gehöfte über das Land. Schließlich senkt sich die D31 zum Allier hin ab und gibt bald den Blick auf die Schluchten frei. Sie endet an der D88, die rechts den Allier und die Grenze zum Dép. Lozère überquert. Auf der anderen Seite liegt *Chapeauroux*.

Verkehrsverbindungen: Züge nach Clermont-Ferrand und Alès (selten).
Gîte d'étape: Communal, 43510 Le Bouchet-St-Nicolas, ✆ 0471573021/3222, 18 B., Mitte Mai-Sept; Eaux-Vives, 48600 Chapeauroux, ✆ 0466463618, 14 B., Apr-Okt.
Camping: Ranc, Chapeauroux, ✆ 0466463118, 27 Stpl.

Die nun D988 benannte Straße führt sehr schön und nur allmählich ansteigend an einem Fluß entlang nach **Laval-Atger**.

Etappe 155:
Saugues – Laval-Atger (27 km / 960 – 1153 – 850 m)

Diese Strecke kürzt den Weg über Le Puy ab und führt über die Ausläufer der Margeride.

Von Etappe 152 kommend biegt man noch vor Saugues hart rechts auf die D585 ab (Richtung Grandrieu), die über die Hügel des kargen Landes führt. An der Grenze zum Dép. Lozère wird die Straße schmaler und heißt nun D985. In Ancette biegt man links auf die D59 ein und kurze Zeit später schräg rechts auf die D26, der man folgt, bis sie zur D5 stößt.

Information: SI, Mairie, 48600 Grandrieu, ✆ 0466463026.
Gîte d'étape: Chazelles, 43170 Thoras, ✆ 0471744247, 8 B., Mai-Okt; Ass. Diocésaine Paroisse de Grandrieu, ✆ 0466463007, 16 B., Juli-Aug.
Camping: in Grandrieu: Le Valadio, ✆ 0466463750/3026, 13 Stpl., Mitte Juni-Mitte Sept.

Die Straße führt rechts nach *Grandrieu*; man folgt ihr jedoch links hinunter in das Chapeaurouxtal nach **Laval-Atger**.

Etappe 156:
Espalion – St-Geniez-d'Olt – La Canourgue (54 km / 343 – 700 – 563 m)

Der letzte Teil der Lotroute führt zwar durch wechselnde Landschaften und reizvolle Städtchen, aber nur wenig am Lot entlang.

Zu Beginn folgt man noch dem Fluß auf der D6, bis er hinter *Saint-Côme-d'Olt* überquert wird.

Gîte d'étape: Del Romiou, 12500 Saint-Côme-d'Olt, ✆ 0565440724/09, 20 B., März-Okt.
Camping: Belle Rive, R du Terral, ✆ 0565440585, 65 Stpl., Mitte Juni-Mitte Sept.

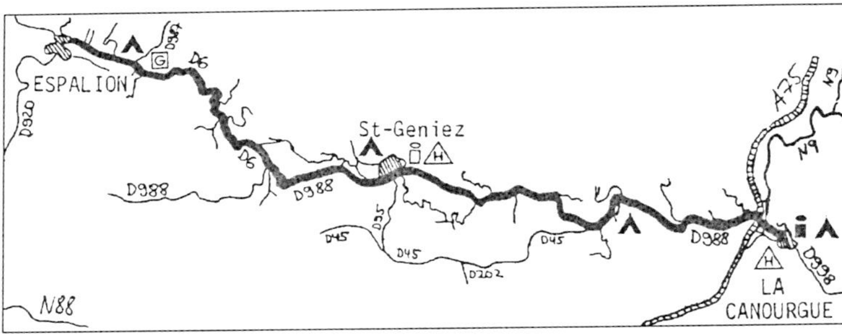

Bald danach führt die Straße auf einer längeren Steigung (über 10 km) einen Causse hinauf. Schließlich endet sie an der D988, der man nach links recht steil wieder in das Lottal hinunterfolgt und dort ein wenig später *Saint-Geniez-d'Olt* durchquert.

Information: SI, Mairie, 12130 St-Geniez-d'Olt, ✆ 0565704342.
Hotel: Moderne**, 28 r de la Tuillère, ✆ 0565474441, 10 Z., ganzj.
Camping: Marmotel, ✆ 0565704651/4220, 100 Stpl., Mitte Juni-Mitte Sept; La Boissière, Rte de la Cascade, ✆ 0565704043, 190 Stpl., Mitte Apr-Sept; Brise du Lac, Cabanac, Sainte-Eulalie-d'Olt, ✆ 0565474476, 25 Stpl., Mai-Okt.

Hinter dem Ort geht es wieder bergauf, allerdings weniger stark; und nach einem hügeligen Abschnitt erneut hinunter, bis man bei *Saint-Laurent-d'Olt* den Lot wiedersieht.

Camping: Galinières, 12560 St-Laurent-d'Olt, ✆ 0565474526, 40 Stpl., Juli-Aug.

Die Straße folgt nun dem Fluß bis an ihr Ende. Auf der N9 überquert man rechts den Lot und verläßt ihn kurz danach endgültig, indem man links auf der D998 nach **La Canourgue** fährt.

Information: OTSI, Mairie, 48500 La Canourgue, ✆ 0466328367/8147.
Verkehrsverbindungen: Züge nach Béziers und Clermont-Fd (Bahnhof am Lot).
Hotel: Le Portalou***, Pl du Portalou, ✆ 0466328355, 11 Z.
Camping: Les Sources de l'Urugue, Rte des Gorges du Tarn, ✆ 0466328873, 50 Stpl., Juni-Mitte Sept.

Etappe 157:
La Canourgue – Sainte-Enimie (26 km / 563 / 470 m)

Eine beeindruckende Fahrt über den **Causse de Sauveterre**, eines der kahlsten Kalkplateaus. Die ganze Etappe folgt der D998, zu Beginn auf einer erträglichen Steigung, die an dem einzigen Bach weit und breit entlang führt.

Gîte d'étape: Le Cros-Bas, 48230 Chanac, ✆ 0466482252, 8 B. (7 km die D32 nördlich); La Baraque de Trémolet, La Canourgue, ✆ 0466488101, 20 B., Ostern-Aug (10 km auf D32 südwestlich, nur 5 km vom Point Sublime mit dem schönsten Blick in die Schlucht!, reservieren); Mas Rouch, ✆ 0466488122, 18 B., Ostern-Okt (1½ km nördlich des Point Sublime, reservieren).

Man radelt noch eine Weile über die Höhe, bis man bei Cabrunas am Abbruch des Plateaus steht und tief hinunter in die Tarnschluchten sieht. Und gleich darauf führt die Strecke auf einer recht steilen und faszinierenden Abfahrt dorthin. Das letzte Stück links auf der D986 nach **Sainte-Enimie**, einem an sich hübschen Ort mit einigen älteren Häusern, dessen Anblick jedoch im Sommer durch die Touristenscharen etwas getrübt ist (s. auch Etappen 159-161).

Information: OTSI, Hôtel de Ville, 48210 Sainte-Enimie, ✆ 0466485344.
Hotel: Auberge du Moulin***, ✆ 0466485308, 10 Z., Apr-Mitte Nov.
Camping: Les Fayards, ✆ 0466485736/5225, www.camping-les-fayards.com, 90 Stpl., Apr-Sept; Couderc, Rte de Millau, ✆ 0466485053, 80 Stpl., Apr-Sept; Le Site de Castelbouc, ✆ 0466485808, 60 Stpl., Mitte Apr-Mitte Sept; Les Gorges du Tarn, ✆ 0466485051, 16 Stpl., Apr-Sept, Arnal, Prades, ✆ 0466485445, 17 Stpl.

Etappe 158:
Laval-Atger – Mende – Sainte-Enimie (87 km / 850 – 1264 – 470 m)

Es bleibt spannend. Eine sehr abwechslungsreiche und (für ihre Höhenunterschiede) gut zu befahrende Strecke führt am Rand der Margeride entlang, in das Lottal bei Mende und weiter über den Causse de Sauveterre in die Gorges du Tarn.

Zu Beginn fährt man auf der nur allmählich ansteigenden D988 das schöne Tal des Chapeauroux hinauf. Erst wenige Kilometer vor ihrem Ende verläßt sie den Bach und stößt in *Châteauneuf* zur N88.

Information: SI, 48170 Châteauneuf-de-Randon, ✆ 0466479113.
Gîte d'étape: Auberge du Meylet, 48600 Auroux, ✆ 0466695540 (3-4 km außerhalb, steil, reservieren).
Camping: La Gravière, Auroux, ✆ 0466695234/5517, 49 Stpl., Mitte Juni-Mitte Sept; La Chan, 48300 Pierrefiche, ✆ 0466695801; L'Habitarelle, Châteauneuf-de-R., ✆ 0466479143, 40 Stpl., Mitte Juni-Mitte Sept.

Kartenskizze Etappen 157 & 158

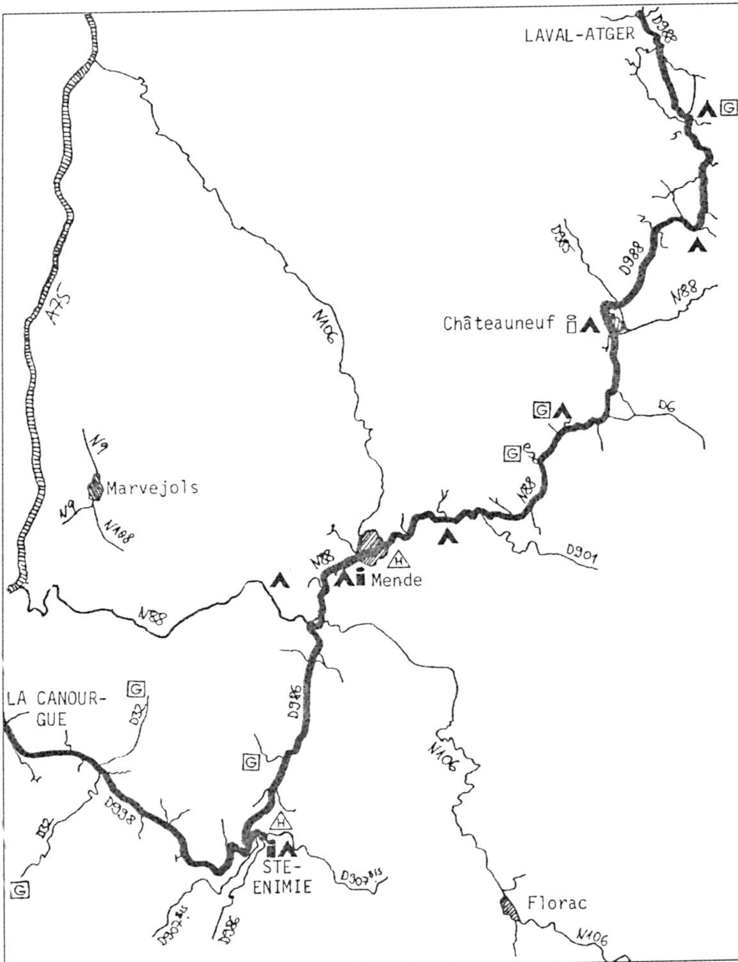

Nun rechts auf die für eine Route Nationale überraschend ruhige N88. Nach einiger Zeit taucht am Straßenrand ein Schild auf: *Col de la Pierre Plantée.*

Tatsächlich, ein Paß, aber auf der Michelinkarte zu Recht nicht markiert: ringsherum flaches, allenfalls leicht geneigtes Land. Durch eine lange Baumreihe folgt man der Straße, die sich dann doch stärker zu senken beginnt, zunächst bis *Laubert*.

Gîte d'étape: Centre d'Acceuil, 48170 Laubert, ✆ 0466477308, 13 B.; La Chiadenedo, 48000 Pelouse, ✆ 0466477058 & 0466495654, 350 B., ganzj. (3 km weiter).
Camping: Municipal La Pontière, Rte de Lac de Charpal, Laubert, ✆ 0466477037/7308, 33 Stpl., ganzj.

Und weiter geht es durch eine immer dichter bewaldete Umgebung hinab in das Lottal.

Mende (12.000 Einw., Dép. Lozère) ist ein hübsches Städtchen. Nicht allzu groß mit engen Straßen und doch erfüllt von erfrischender Betriebsamkeit. Denn Mende ist der größte Ort und Hauptstadt im bevölkerungsärmsten Département Frankreichs.
Inmitten der Altstadt wird der Wochenmarkt abgehalten, auf dem Platz vor der imposanten Kathedrale. Etwas nördlich liegt das Musée Ignon-Fabre mit archäologischer und völkerkundlicher Sammlung (Juni-Okt tägl., so geschlossen). Und eine der Lotbrücken ist besonders sehenswert: die mittelalterliche (13. Jh.), noch gut erhaltene Pont Notre-Dame.

Information: OTSI, 14 bd Bourillon, 48000 Mende, ✆ 0466650269.
Verkehrsverbindungen: Züge nach La Bastide-St-Laurent.
Hotel: Commerce***, 2 bd H. Bourrillon, ✆ 0466651373, 14 Z.; Gevaudan*, 2 r d'Aigues-Passes, ✆ 0466651474, 11 Z.
Camping: Tivoli, Rte des Gorges du Tarn, ✆ 0466650038, 100 Stpl., ganzj.; Municipal, Le Moulin, Badaroux (6 km vor Mende), ✆ 0466477132, 25 Stpl., Mitte Juni-Mitte Sept; Le Clos des Peupliers, Barjac, ✆ 0466470116, 95 Stpl., Mai-Mitte Sept (6 km westlich der Strecke an der N88).

Man folgt weiter auf der N88 dem Lot, bis bei Balsièges links die N106 (Richtung Florac) abzweigt. Kurz danach jedoch biegt man erneut ab und fährt rechts mit der D986 5½ km einen bewaldeten Hang zum **Causse de Sauveterre** hinauf. Am Ende der Steigung beginnt die Einöde. Steine und Gras, hier und da ein Feld. Ein welliges, verkarstetes Hochplateau.

Gîte d'étape: 48210 Champerboux, ✆ 0466485292/5073, 40 B., ab Ostern (Ende offen); La Périgouse, ✆ 0466485371, 34 B., ganzj. (beide westlich von Sauveterre).

Mit einem Mal sieht man wieder Bäume. Die Straße senkt sich nun und tritt an den Rand des Causse. 500 m blickt man in die Tiefe, wo sich der Tarn seinen Weg durch den Kalk bahnt. Am Ufer ist **Sainte-Enimie** (s. vorige Etappe) zu erkennen, das von hier oben am schönsten anzusehen ist. Daneben liegt ein altes Benediktinerkloster. Auf einer steilen Abfahrt geht es ganz hinunter zum Tarn.

Etappe 159:
Sainte-Enimie – Millau (Causses-Route) (76 km / 470 – 1000 – 379 m)

Diese Etappe bildet mit der nächsten eine einzigartige Rundfahrt über verkarstete Hochplateaus, die von tiefen Schluchten durchschnitten werden. Sie ist aber keineswegs ein Geheimtip. Auf der ganzen Strecke muß mit stärkerem Touristenverkehr gerechnet werden, vor allem in den Gorges du Tarn. Während die Orte an den Flüssen dadurch häufig an Reiz verloren haben, bleibt der Landschaftseindruck fast unberührt. Wer keine Rundfahrt machen, aber dennoch von beiden Etappen etwas sehen möchte, kann in Le Rozier wechseln (erst am Tarn, dann über den Causse Noir).

Das so faszinierend abrupte Abbrechen der Hochplateaus hat freilich auch einen Nachteil, der sich direkt nach dem Überqueren des Tarn auf der D986 bemerkbar macht: Es geht bergauf, und zwar recht ordentlich. Im Sommer sollte man daher sehr früh aufbrechen. Auf dem **Causse Méjean** oben angekommen, breitet sich eine ähnliche Landschaft aus wie auf dem Causse de Sauveterre, nur noch eindrucksvoller: im Westen die mühsam wiederaufgeforsteten Wälder, im Osten eine steppenartige Hügellandschaft – kahl, öd und leer. Eine eigenartige Stimmung liegt über dem Land. Rauh und einsam, nur wenige Gehöfte verlieren sich in der Weite. Um diese Stimmung einzufangen, sollte man etwas von der Strecke abweichen und einen kleinen Umweg über den Causse machen; über die D986 fließt der Touristenverkehr.

Gîte d'étape: Masdeval, 48210 Ste-Enimie, ✆ 0466485213, 16 B., März-Nov (östlich); Rieisse, Ste-Enimie, ✆ 0466485263/5106, 20 B., April-Sept (westlich).

In Hures-la-Parade besteht die Möglichkeit, die Strecke erheblich abzukürzen (um 15 km!). Die schmale D63 führt allerdings auf einer z.T. gefährlichen Abfahrt ins Tal. Folgt man der D986 weiter, so bietet sich wenig später rechts ein Abstecher (1½ km ein Weg) zum **Aven Armand** an, einer besonders schönen Tropfsteinhöhle. Noch einige Kilometer über den höchsten der Causses, bis die Straße steil abfällt und an der Jonte zur D996 stößt. Rechts nach **Meyrueis**.

Information: OTSI, Tour de l'Horloge, 48150 Meyrueis, ✆ 0466456033.
Hotel: Family***, ✆ 0466456002, 48 Z., Apr-Okt.
Gîte d'étape: La Draille*** (HP), ✆ 0466456537/0684605025, 24 B., Mitte März-Mitte Okt; Salvinsac*, La Cascade, ✆ 0466454545, 14 B., Mitte Apr-Okt.
Camping: Le Capelan, ✆ 0466456050, www.campingcapelan.com, 100 Stpl., Mai-Ende Sept; Le Champ d'Ayres, Rte de la Brèze, ✆ 0466456051, www.campinglechampdayres.com, 85 Stpl., Apr-Mitte Sept; Le Pré de Charlet, Rte de Florac, ✆ 0466456365, 70 Stpl., Mai-Sept.

Nun geht es auf einer traumhaften Abfahrt (mit der D996) durch die **Gorges de la Jonte**, die die Causses Méjean und Noir spalten. Bei *Le Rozier* mündet die

Jonte in den Tarn. Von dort kraxelt man erneut hinauf (7 km): links mit der D29 am mittelalterlichen *Peyreleau* vorbei auf den **Causse Noir**.

Information: OTSI, 48150 Le Rozier, ✆ 0465626089.
Gîte d'étape: In 12720 Peyreleau: S. Duffau****(HP), ✆ 0465626093, 30 B., Apr-Okt; Zanarelli**, Les Busserolles, Alayrac, ✆ 0465626723 & 0682492424, 22 B., März-Nov.
Camping: Brouillet, Le Rozier, ✆ 0466626398, 165 Stpl., Apr-Sept; Brudy Plage, ✆ 0565626020, 20 Stpl., Mai-Aug.

Das Landschaftsbild ist völlig anders als das des Causse Méjean: überall Nadelbäume, viele Hügel und einzelstehende Kalkfelsen. Dann zweigt rechts die D110 ab, von der ein Stück weiter eine andere Straße links nach Maubert und dann zum **Chaos de Montpellier-le-Vieux** führt, einer ganz besonderen Natursehenswürdigkeit. Diese lange Zeit mythenumrankte Ansammlung bizarrer Felsformationen kann allerdings nur zu Fuß auf verschiedenen Wanderwegen besichtigt werden. Aber auch von der Straße aus lassen sich die zwischen den Bäumen emporragenden Felsen betrachten.
Man fährt zurück zur D110 und dort links über eine hügelige Strecke, bis sie abzufallen beginnt und mehrere herrliche Ausblicke auf den Abbruch des Causse, den Tarn und das dahinterliegende Land freigibt. Danach geht es wieder steil hinunter zur D991, der man rechts nach **Millau** folgt (s. Etappe 109). (Den Weg zur Etappe 162 kann man abkürzen, indem man ein sehr schmales Sträßchen – Vorsicht! – von der D110 nach La Roque-Sainte-Marguerite hinunterfährt.)

Blick auf Saint-Flour

Kartenskizze Etappen 159 – 161

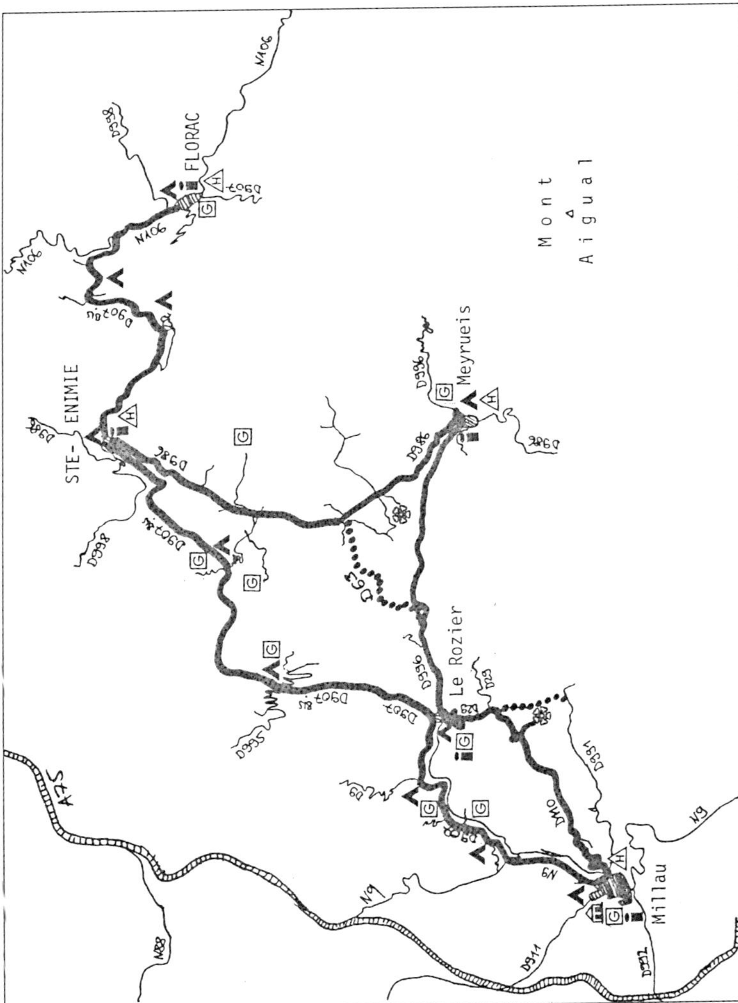

Etappe 160:
Millau – Sainte-Enimie (Gorges-du-Tarn-Route) (56 km / 379 – 470 m)

Nach den anstrengenden Causseüberquerungen folgt nun eine erholsame Fahrt am Tarn entlang. Nur 100 m steigt der Fluß zwischen Millau und Sainte-Enimie an. Begleitet von den mächtigen Felswänden der Causses taucht man bald in die ***Gorges du Tarn*** *ein.*

In Millau ist der Weg kaum zu verfehlen, man überquert den Tarn Richtung Nant, biegt jedoch gleich links ab und folgt einem kleinen, ruhigen, bisweilen etwas hügeligen Sträßchen entlang dem Tarn bis Paulhe. Dort rechts mit der D187 nach Le Rozier (s. vorige Etappe). Im Ort links, wieder über den Tarn und auf der D907 nach rechts zum spektakulärsten Flußabschnitt: Die Abbrüche der Causses rücken zu einer engen Schlucht zusammen, ihre Höhen sind teilweise nur wenig mehr als 1 km voneinander entfernt. Die Straße verläuft etwas oberhalb des Tarn und muß sich etliche Male in Tunneln durch die mehr als 500 m beinahe senkrecht nach oben ragenden Felswände bahnen. Bietet das gegenüberliegende Ufer genügend Platz, tauchen ab und zu kleine Dörfer auf, die meisten von ihnen verlassen. Auch zwei Schlösser (Peyreleau und Caze) und besonders interessante Felsen (vor allem im Cirque des Baumes) lassen sich unterwegs entdecken. An der Départementsgrenze zwischen Aveyron und Lozère hat der Straßenname einen Zusatz bekommen, so daß man auf der D907^{bis} schließlich **Sainte-Enimie** (s. Etappe 157) erreicht.

Gîte d'étape: M. Froment*, 12640 *La Cresse*, ✆ 0565590907, 20 B., ganzj.; Namasté, Peyrelade, 12640 Rivière-s-Tarn, ✆ 0565597230, 19 B., ganzj; Le Ménial, 48210 Les Vignes, ✆ 0566488175, 18 B.; Hauterives**, 48210 Ste-Enimie, ✆ 0466484599, 10 B., Mitte Apr-Mitte Okt.
Camping: Zwischen Millau und Le Rozier (21 km) 26 Plätze (Mai-Sept); darunter: in 12520 *Aguessac*: Municipal, ✆ 0565598467/8015, 75 Stpl., Mai-Mitte Sept; La Barque (aire nat.), ✆ 0565597203, 22 Stpl., Mai-Sept; in *Rivière-sur-Tarn*: Peyrelade, ✆ 0565626254, 190 Stpl., Mitte Mai-Mitte Sept; Le Pont, Boyne, ✆ 0565626112, 33 Stpl., Apr-Aug; auf der weiteren Strecke u.a. in 12640 *Les Vignes*: Beldoire, ✆ 0566488279, 142 Stpl., April-Sept; La Blaquière, ✆ 0566485493/8172, 72 Stpl., Mai-Mitte Sept; Terrados, ✆ 0566488337, 65 Stpl., Ostern-Mitte Sept; in *La Malène*: Municipal Le Pradet, ✆ 0566485855, 50 Stpl., Apr-Mitte Okt.

Etappe 161:
Sainte-Enimie – Florac (27 km / 470 – 550 m)

Die Strecke folgt dem Tarn auf der D907^{bis} durch die sich nun etwas öffnende Schlucht.

Gîte d'étape: Le Ceret-Castelbouc*, 48210 Ste-Enimie, ✆ 0466484548/5557, März-Nov.

Camping: in *Montbrun*: Les Oisiers, ✆ 0466485179, 60 Stpl., Mai-Mitte Sept; Prat de Milou, ✆ 0466485098; in 48320 *Ispagnac*: Le Pré Morjal, ✆ 0466442377, 123 Stpl., Apr-Okt; Le Vieux Moulin, ✆ 0466442067; L'Aiguebelle, ✆ 0466442026, 100 Stpl., Apr-Okt; Les Cérisiers, ✆ 0466442124, 75 Stpl., Mai-Sept.

Schließlich endet die Straße an der N106, der man rechts nach **Florac** folgt.

Information: OTSI, Av Jean Monestier, 48400 Florac, ✆ 0466450114, www.ville-florac.fr.
Hotel: Archibald***, 4 av Maurice Tour, ✆ 0466450001, 27 Z., ganzj.
Gîte d'étape: Le Presbytère*, 18 r du Pêcher, ✆ 0466452454, 16 B., Jan-Nov.
Camping: Le Pont du Tarn, ✆ 0466451826, 174 Stpl., Apr-Mitte Okt; La Thière, ✆ 0466450402, 35 Stpl., Juli-Aug; Velay, ✆ 0466451219, 50 Stpl., Juli-Sept; Pont Neuf, ✆ 0466452872, 29 Stpl., Juni-Sept.

Etappe 162:
Millau – Nant – Le Vigan – Ganges (92 km / 379 – 800 – 183 m)

Diese Etappe ermöglicht die zweitleichteste Überquerung der Wasserscheide zwischen Atlantik und Mittelmeer. Sie ist landschaftlich wesentlich reizvoller als die Fahrt entlang dem Canal du Midi, der – allerdings mit Abstand – leichtesten Möglichkeit.

Millau verläßt man auf der D991 und fährt in die **Gorges de la Dourbie**, zwar nicht so spektakulär wie die des Tarn, aber auch sehr eindrucksvoll. In *La Roque-Sainte-Marguerite* stößt von links die Abkürzung von Etappe 159 zur Strecke. Die Straße wird schmaler, und im Nordosten verändert sich die Landschaft. An den Causse Noir schließen sich die fruchtbaren Cevennen an. In *Nant* dann endet die D991.

Information: SI, Mairie, 12230 Nant, ✆ 0565622512.
Camping: 6 Plätze, darunter: Val de Cantobre, ✆ 0565584300, 160 Stpl., Mitte Mai-Mitte Sept (nördlich); Le Roc qui Parle, ✆ 0565622205, 88 Stpl.; Les 2 Vallées, ✆ 0565622689, 93 Stpl., Ende Juni-Ende Aug; Les Vernedes, ✆ 0565621519, 45 Stpl., März-Okt.

Im Ort geradeaus auf die D999, der die Strecke bis zum Etappenziel folgt.
In *Saint-Jean-de-Bruel* verläßt man die Dourbie.

Information: SI, 32 Grand'Rue, 12230 Saint-Jean-de-Bruel, ✆ 0565622887.
Camping: La Claparede, ✆ 0565622341, 56 Stpl., März-Okt.

Nun beginnt die einzige größere Steigung der Etappe (ca. 6 % auf 3 km). Bald darauf wird die Wasserscheide überquert. Nach einem kurzen, hügeligen Abschnitt beginnt eine schöne, lange Abfahrt am Rand der *Cevennen* entlang.

Kartenskizze Etappe 162

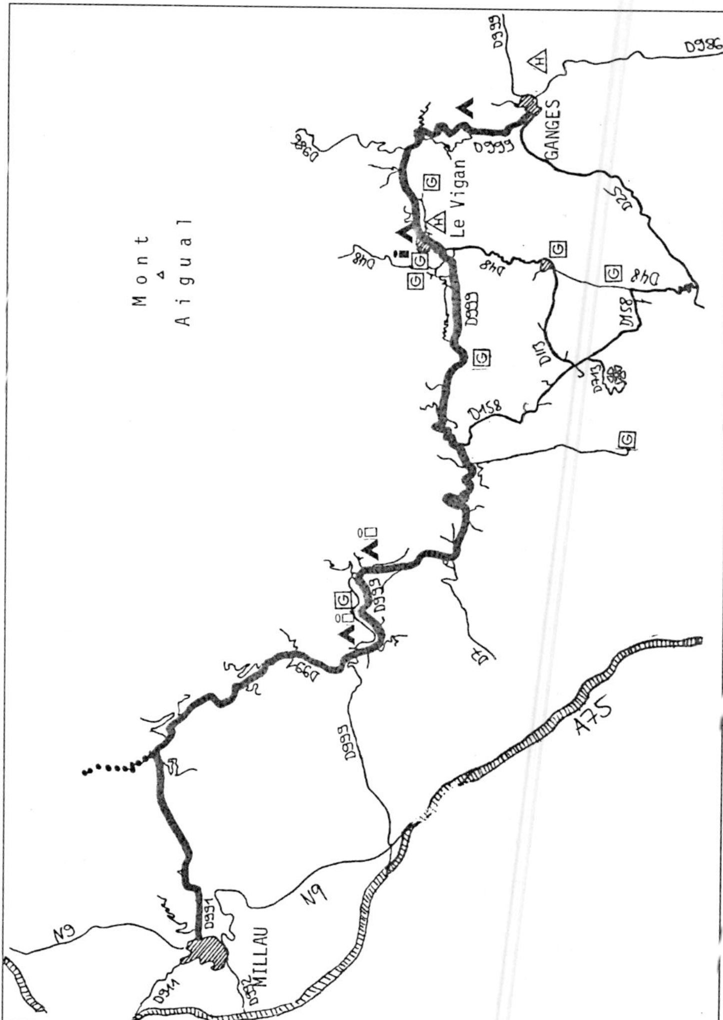

Hinter Alzon kann man einen Umweg zu einer eindrucksvollen Natursehenswürdigkeit unternehmen: dem **Cirque de Navacelles**, einem früheren engen Mäander der Vis, der heute vom Fluß abgeschnitten ist. Man fährt über die D158/D713 zu einem Aussichtspunkt, der den Blick in diesen gewaltigen Talkessel freigibt. Zwar führt eine Straße dort hinunter, aber die ist steil und extrem schwierig, besonders für Radfahrer. Zurück gelangt man über die D713/D158/D113/D48 (13 km Umweg) oder, noch schöner (zumal man die „rote" D999 vermeidet), durch die **Gorges de la Vis** direkt nach Ganges über die D713/D158/D48/D25 (insgesamt 10 km Umweg).

Gîte d'étape: in *Alzon* rechts über die D814: Mairie*, 30770 Vissec, ✆ 0467815058, 15 B., ganzj.; am Weg nach *Le Vigan*: Communal*, Chn des Condamines, 30120 Montardier, ✆ 0467815246, 14 B., ganzj.; am Weg nach *Ganges*: Le Revel*, Rogues, ✆ 0467815089, 9 B., ganzj.

Die D999 erreicht die Arre und wird nun flacher; bald taucht dann umgeben von einer Schieferregion das frühere Seidenweberstädtchen **Le Vigan** auf (interessantes Heimatmuseum: Musée Lévenal, Apr-Okt di geschlossen, sonst nur mi geöffnet).

Information: OTSI, Maison de Pays, 30120 Le Vigan, ✆ 0467810172.
Hotel: Le Mas de la Prairie***, Av Sergent Triaire, ✆ 0467818080, 25 Z.
Gîte d'étape: Mas de la Fauzette*, 30120 Arre, ✆ 0467820749, 19 B., ganzj. (Nov-März nur bei Reservierung); Bréau*, Bréau-et-Salagosse, ✆ 0467810216, 10 B., ganzj. (westlich an der D272[A]); Maison de Pays*, Pl Triaire, Le Vigan, ✆ 0467810171, 15 B.; Domaine de Roubignac*, 30440 Roquedur, ✆ 0467810038, 12 B., ganzj. (südlich).
Camping: Le Val de l'Arre, Rte de Ganges, ✆ 0467810277, 190 Stpl., Apr-Sept.

Auf dem Weg nach **Ganges** (s. Etappe 118) liegen noch weitere Unterkünfte:

Camping (in 30440 St-Julien-de-la-Nef): Isis en Cévennes, Domaine St-Julien, ✆ 0467738028, www.isisencevennes.com, 128 Stpl., Ostern-Okt.

Etappe 163:
Florac – Saint-Jean-du-Gard – Anduze (67 km / 550 – 1028 – 131 m)

Quelle différence! Im Westen die mächtigen, schroffen Felswände des trockenen Causse Méjean und auf der anderen Seite die strukturierten Gebirgszüge der grünen Cevennen. Diese werden im Verlauf der Strecke auf einer einzigartigen Fahrt über einen Höhenkamm, der ***Corniche des Cévennes****, ganz durchquert.*

Hinter Florac radelt man zunächst auf der hügeligen D907 am Tarnon entlang, bevor geradeaus die D983 auf einer kräftigen Steigung (erst 6 km lang stärker, dann nachlassend) zum *Col du Rey* hinaufführt. Unterwegs sollte man einen Blick zurückwerfen. Selten bekommt man in der Natur einen solch faszinierenden 90°-Winkel zu Gesicht wie hier beim Abbruch des Hochplateaus. Ist man am (ersten) Paß angelangt, so ist der anstrengende Teil der Etappe bereits geschafft. Nur wenig geht es jetzt noch höher, bevor eine wunderschöne stufenweise Abfahrt beginnt (d.h. mit kleineren Steigungen zwischendurch). Immer wieder ergeben sich herrliche Ausblicke auf die bewaldeten, fast kantig wirkenden Berge. Man sollte möglichst morgens oder abends unterwegs sein, nicht nur weil dann vom Touristenstrom nur wenig zu spüren ist, sondern auch der langen Schatten wegen, die die Sonne wirft und die die Konturen der Berge schärfer hervortreten lassen.

Gîte d'étape: in 48400 Barre-des-Cévennes: Relais, ✆ 0466450514, 10 B., Mitte Apr-Mitte Okt; La Croisette, ✆ 0466450528, 30 B., ganzj. (3 km südöstlich des Col de Rey).
Camping: Bel Air, Rte de la Corniche, 48110 Le Pompidou, ✆ 0466603830/3237, 12 Stpl., Juni-Okt.

Die Straßenbezeichnung wechselt unterwegs mehrmals: Am Col du Rey beginnt die D9, hinter der Départementsgrenze am Col de St-Pierre heißt sie D260, und nach der nun stärkeren, 7 km langen Abfahrt trifft man im Gardontal auf die D907, der man nach links folgt. Kurz darauf erscheint **Saint-Jean-du-Gard**, ein hübscher kleiner Ort, der davon profitiert, daß die Hauptverkehrsstraße außen herum führt. Er hat ein interessantes Museum mit einer Ausstellung über Volkskunst und Brauchtum in den Cevennen: das Musée des Vallées Cévenoles (Mai-Sept so vorm. & mo geschlossen, sonst nur so nachm. geöffnet oder nach Voranmeldung, ✆ 0466851048).

Weidende Cantal-Rinder

Information: OTSI, Pl Rabaud-St-Étienne, 30270 Saint-Jean-du-Gard, ✆ 0466853211.
Gîte d'étape: Le Moulinet*, Route de Lasalle, ✆ 0466851098, 15 B., ganzj.
Camping: Mas de la Cam, Rte de St-André-de-Valborgue, ✆ 0466851202, 140 Stpl., ganzj.; Les Sources, Rte de Mialet, ✆ 0466853803, 92 Stpl., ganzj.; La Forêt, Falguÿère, ✆ 0466853700, www.campingalaforet.com, 60 Stpl., Mai-Mitte Sept.

Wer von hier direkt nach Anduze fahren möchte, folgt weiter der D907.

Kartenskizze Etappen 163 & 164

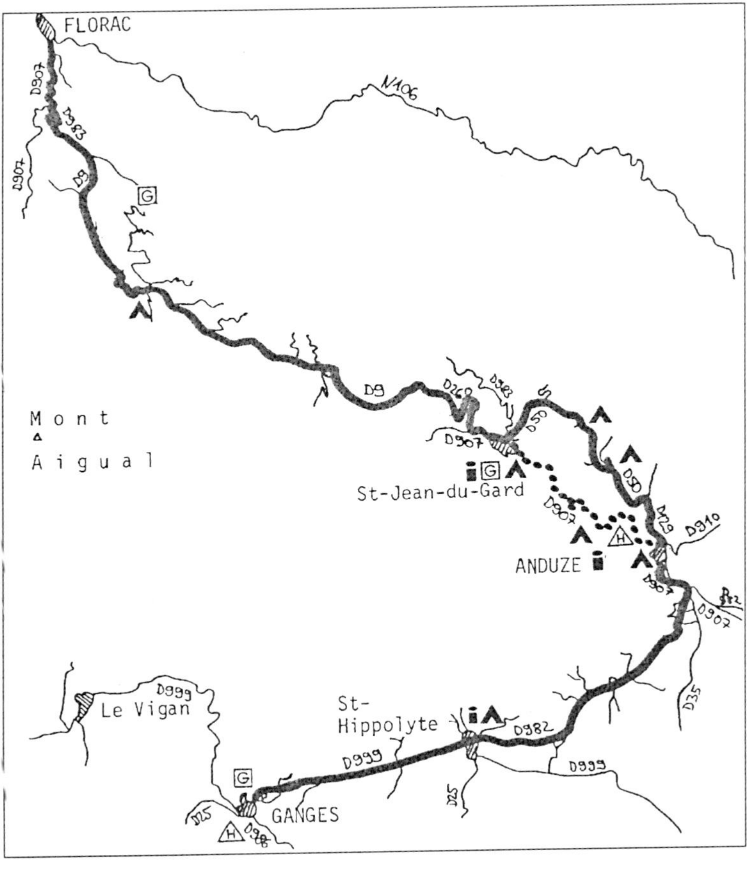

Camping: in 30140 Thoiras: La Pommeraie, Rte de Lasalle, ✆ 0466852052, www.la-pommeraie.fr, 200 Stpl., ganzj.; Cévennes Provence, Corbès, ✆ 0466617310, www.camping-cevennes-provence.fr, 220 Stpl., Mitte März-Okt.

Es ist jedoch ein kleiner Umweg (von 5 km) auf einer schöneren und ruhigeren Straße zu empfehlen. Von der Mitte des Ortes auf dem kürzesten Weg (nördlich) zur D907, über sie hinweg auf die D983 und kurze Zeit später rechts mit der D50 über einen Hügel in ein kleines, schönes Tal, dem man hinunterfolgt, durch *Mialet* hindurch und vor Luziers links zum **Mas-Soubeyran**. Dieses Gehöft gehörte einem Führer der Hugenotten, die sich nach Aufhebung des Edikts von Nantes (s. *Zeugen der Geschichte*) in die Cevennen geflüchtet hatten. Nur wenige Jahrzehnte später wurden sie auch hier aufgerieben und in Galeeren gesteckt oder in Aigues-Mortes eingekerkert. Bei Mas-Soubeyran treffen sich heute alljährlich die französischen Protestanten zur „Assemblée du Désert". Auch eine ständige Gedenkstätte hat man hier eingerichtet: das Musée du Désert (März-Nov).

Camping: in Mialet: L'Affenadou, ✆ 0466850538, 100 Stpl., Mai-Sept; Les Plans, ✆ 0466850246, 350 Stpl., Juni-Sept; La Muse (à la ferme), 66850083, 6 Stpl., Mai-Sept; in Luziers: La Rouquette, ✆ 0466850095, 98 Stpl., Mitte Juni-Mitte Sept.

Man folgt der D50 bis Générargues, dort rechts auf der D129 bis zur D910 und kurz rechts über den Gardon nach **Anduze**. 2 km vor dem Ort liegt der Bambouserau de Prafonce, Europas größte Bambusplantage.

Information: OTSI, Plan de Brie, 30140 Anduze, ✆ 0466619817.
Hotel: La Régalière***, 1435 rte de St-Jean-du-Gard, ✆ 0466618193, 12 Z., Mitte März-Mitte Nov.
Camping: Malhiver, Rte de Nîmes, ✆ 0466617604, 97 Stpl., Mai-Mitte Sept; Le Pradal, Rte de Générargues, ✆ 0466618160, 133 Stpl., ganzj.; Castel Rose, 610 chn Recoulin, Labahou, ✆ 0466618015, www.castelrose.fr, 300 Stpl., Apr-Sept; Veyrac (Aire nat.), ✆ 0466617487, 20 Stpl., Apr-Mitte Okt.

Etappe 164:
Anduze – Saint-Hippolyte-du-Fort – Ganges (35 km / 131 – 211 – 183 m)

Diese günstige Verbindungsstrecke am Rand der Cevennen ist recht einfach zu befahren. Anduze verläßt man auf der D907 und biegt in Boisset rechts ab auf die D982, der man durch Durfort bis *Saint-Hippolyte-du-Fort* folgt.

Information: OTSI, „Les Casernes", 30170 Saint-Hippolyte-du-Fort, ✆ 0466779165.
Hotel: Cigaloise****, Rte de Nîmes, ✆ 0466776459, 10 Z., ganzj.
Camping: Du Figaret, Rte de Lasalle, ✆ 0466772634, 50 Stpl., Juni-Aug.

Nun führt die D999 direkt nach **Ganges** (s. Etappe 118).

Etappe 165:
Ganges – Montpellier (45 km / 183 – 330 – 50 m)

Diese Etappe führt die ganze Zeit über die D986, eine recht breite, noch erträgliche Straße. Gleich zu Beginn (5 km hinter Ganges) lohnt sich ein Umweg über die D108[E] zur **Grotte des Demoiselles** (s. Etappe 118). Die Straße stößt in St-Bauzille-de-Putois (s. Etappe 118) wieder zur D986. Auf der weiteren Strecke ist man weitgehend mit sich, der Straße und den Autos allein. Einmal aber lohnt ein Halt: in *Saint-Martin-de-Londres* mit einer romanischen Priorei (11. Jh.).

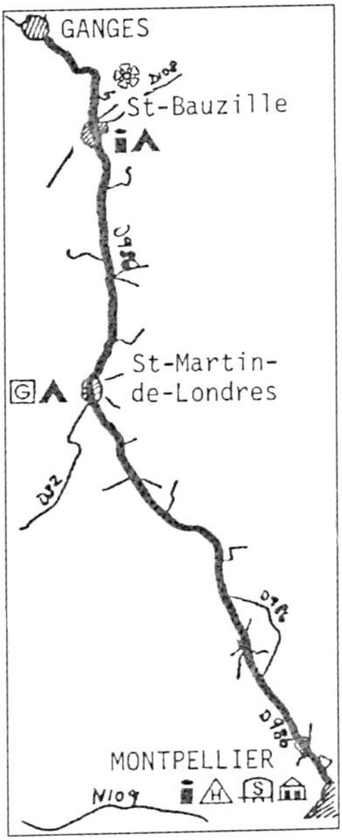

Gîte d'étape: Bergerie du Bayle*, Le Frouzet, 34380 St-Martin-de-Londres, ✆ 0467557216, 29 B., Feb-Mitte Dez.
Camping: Pic St-Loup, 34380 St-Martin-de-Londres, ✆ 0467550053, 80 Stpl., April-Sept.

Schließlich erreicht man **Montpellier** (s. Etappe 116).

Register

Ausführliche Informationen bzw. bei mehreren Seitenangaben die jeweilige Hauptnennung sind durch **halbfette** Seitenzahlen gekennzeichnet; die Seitenzahlen der Abbildungen sind *kursiv* gedruckt.

CYKLOS-Fahrrad-Reiseführer

Frankreich ist nicht das einzige Fahrrad-Reisegebiet. Für die wichtigsten radtouristischen Gebiete vor allem Europas erscheinen Fahrrad-Reiseführer mit Routenbeschreibungen auf bis zu 320 Seiten. Alle Bände dieser Reihe sind speziell für den deutschsprachigen Radtouristen konzipiert und recherchiert worden.

2005/2006 sind folgende Fahrrad-Reiseführer lieferbar:

Irland per Rad
Schottland per Rad
England per Rad
Island per Rad
Norwegen per Rad
Finnland per Rad
Südschweden per Rad
Dänemark per Rad
Belgien/Luxemburg per Rad
Nordost-Frankreich per Rad
Südost-Frankreich per Rad
Südwest-Frankreich per Rad
Korsika per Rad
Jakobsweg per Rad (Spanien)
Mallorca per Rad
Portugal per Rad Bd. 1 (Süden: Algarve – Alentejo)
Portugal per Rad Bd. 2 (Norden)
Teneriffa & Gomera per Rad
Lanzarote & Fuerteventura per Rad
Peloponnes per Rad
Zypern per Rad
Mittel-Griechenland per Rad (Attika – Thessalien – Epirus)
Rhodos & Dodekanes per Rad
Ostägäische Inseln per Rad
Kreta per Rad
Slowenien per Rad
Südtirol per Rad
Toskana per Rad (inkl. Umbrien)
Sizilien per Rad
Schweiz per Rad

Fortsetzung nächste Seite

Weitere CYKLOS-Fahrrad-Reiseführer:

Österreich per Rad
Tschechien per Rad
Masuren per Rad
Polen per Rad – Bd. 2 (Süden)
Südafrika per Rad
Thailand per Rad
Neuseeland per Rad

Jeder Band mit etwa 250-320 Seiten kostet € 12,80 – 20,00 [D].

Die genannten Bücher sind zu beziehen in jeder Buchhandlung oder direkt vom

Verlag Wolfgang Kettler
Bergstr. 28
D-15366 Neuenhagen
✆ (03342) 202173
🖹 (03342) 202168
eMail: kontakt@kettler-verlag.de
www.kettler-verlag.de